晚學盲言（下）

錢穆

東大圖書公司

下冊

下篇 德性行為修養之部

晚學盲言（下）

下篇 德性行為修養之部

四六　生與死

生必有死，乃人生共同一大問題。世界各地人類對此問題具有甚深異見。姑扼要言之。埃及人認人死可復活，遂發明了木乃伊及金字塔。今日猶稱其為古代之傑作，群相瞻仰，無可模仿。實則木乃伊終未復活。此則當時聰明絕頂之發明，乃從至愚極蠢之想法來，此亦人類一莫大諷刺。至今人類已不建金字塔，不造木乃伊，然從至愚極蠢之想法中，產出聰明絕頂之發明，其例尚多，則誠大堪警惕。

耶穌上十字架，自言將復活。至今耶教中復活節仍為一大典禮。試問果誰見耶穌之復活？縱使耶穌復活，亦非盡人之死皆得復活。然則此一舉世風行之絕大典禮，亦從一至愚極蠢之想法來。人生同有此希望，雖至愚極蠢，仍得流傳。可知凡屬流傳，非盡可信。

至耶教之一般信仰，分人生為兩截。一為生前塵世，則屬凱撒世界。一為死後天堂，則為上帝與耶穌之世界。故生前則爭財爭權，求富求貴，惟凱撒之是瞻。死後則求恕求贖，悔罪悔惡，惟耶穌之是依。兼顧並及，斯為耶教民族共由之大道。最近羅馬教宗若望六世前去波蘭，數百萬人在共產政權下，渴望宗教信仰之自由，重獲上帝神力之佑護。舉國若狂，盛況空前。即在義大利境內，其人民擁戴共產主義，三十年來不斷恐怖活動，使義大利政府長陷於不安寧之狀態中。安得使波蘭義大利兩地人民各饜其望，生則享無產階級無上之人權，死則又有神權下靈魂之安定，彼此雙全，寧非兩地人民之無上希望。但耶穌所管與凱撒所管，又何得會通而合一，此誠人類莫大一問題。

釋迦既怕死亦畏生，求得不死，莫如無生。於是生老病死遂視為人類四大痛苦。佛教不信靈魂，卻認有前世之業，六道輪迴，投胎轉世，痛苦無竭。惟信佛法，消除業障，成大涅槃，得大解脫，到時則無人類生存。此與耶教之有世界末日大意略同。惟世界末日乃上帝之懲惡，而涅槃境界則人類之自覺醒自修為所致。故其他宗教多尚神，而佛法則尚法尚己，最後則期求其己之絕滅，歸於大空，此為佛法在各宗教中一大異之所在。

以上舉其大者，其小者不詳言。惟中國人對人類死生之想法則與各民族皆不同。中國人先分人生為兩方面，一曰身生活，又一曰心生活。身生活屬於氣質，今稱物質生活。心生活謂之德性，今稱精神生活。中國人之靈魂觀亦與其他各民族異。中國人分魂魄為二。魄屬體，故曰體魄。人死骨肉埋於地下，魄亦隨之。骨肉腐朽，魄亦隨失。魂則不附體而遊散，故曰魂氣，亦曰神魂。後死者製為木主神位，使死者之魂有所依主，而藏之宗廟，歲時節令，以祭以拜。故古人祭在廟，不在墓。死者之魂，亦與生者之心相通，乃得顯其存在。逮及三世五世，死者之魂與生者之心已漸疏遠隔絕，則宗廟中之神位亦移去。年代既久，斯神魂亦失其存在。

故中國人所重在生，不在死。孔子曰：「祭神如神在。我不與祭，如不祭。」神在祭者之心中，祭乃祭者自盡其心。至於心外是否真有神，是否真能來受享，孔子似所不問。故曰：「慎終追遠，民德歸厚。」葬祭其死，可使生者德性歸厚，厚死即所以厚生。不僅死者可以長留生者之心中，抑且身體髮膚受之父母，生者之體即從死者來，是死生身心實相通。即從物質軀體言，六尺之軀，百年之壽，此乃個人之小生命。上自父母，下及子孫，一線相承，大生命猶尚超其軀體小生命而存在。故中國人特重血統家族觀念。一陰一陽，一晝一夜，同是一天。一死一生，一存一亡，同是一生命，即同是一人。故曰不孝有三，無後為大。無後則我此小生命中斷，父母祖宗之生命傳統由我而中止，此為不孝之大。

身生活如此，心生活則猶有大於此者。人群之生，其心相通，不限於家族血統之一線。身之外有家，家之外有鄰里鄉黨，以至於有國有天下。同此人生，心生活皆相通，成一大生命。此一生命則超血統，而成道統。身家國天下皆一統於道，一切有血統之小生命，皆在此道統之大生命中，此道上通於天。天之大德曰生，生從天來，能上通天德，則此生命可以曠天地亙古今而不絕。《中庸》曰：「小德川流，大德敦化。」小德乃個人之小生命。父傳子，子傳孫，一如川流。聖人具大德，則如天之敦化，亦大生命之所賴以永存，其他各民族僅見川流之變動，不覺敦化之常存。或又必分川流與敦化以為二，不知其融合而為一，乃與中國人生觀多別。

春秋時代，魯國叔孫豹先於孔子，而以立德、立功、立言為三不朽。此為中國人對死生問題千古永傳之名言。何以謂立德不朽，如舜之孝，至於周公，即不啻舜之復活。迄於後世，孝子輩出，《詩》曰：「孝子不匱，永錫爾類。」果使中國民族長在，中國文化不滅，則在中國社會上將永遠有孝子出現。就孝子之肉體生命言，固各已消失。但就孝德及孝子之心言，則長留後代生命中不匱不朽，斯舜與周公乃及一切孝子之生命皆不朽。此乃小生命在大生命中之不朽。苟無大生命，則何來有小生命。就個人之小生命言，則皮膚骨肉之身生命必有死，而心情德性之心生命，則可永傳無死。此乃中國人觀念。

又如堯以天下讓舜，舜以天下讓禹，讓之一德，亦永為中國後代重視。吳太伯三以天下讓，周初有吳太伯，即猶堯舜之復活。伯夷、叔齊之讓國，讓有大小，而同一讓德，是伯夷、叔齊亦即堯、舜、吳太伯之復活。孔子論伯夷、叔齊求仁得仁又何怨，仁之為德，惟在心生活大生命中始見。重視個體小生命必有爭，重視心生活大生命則始有讓。亦必重視心生活大生命乃始有孝。孝與讓，德相通，皆孔子之所謂仁。仁即人類在大生命中之一種心生活，故朱子釋仁曰：「心之德，愛之理。」若就個體小生命言，則所愛唯此一身，而此身則必死而無存。西方人既重個體小生命，則必重此身之死，乃有宗教。然宗教愛上帝，非人與人相愛，故其不朽則必在靈魂之上天堂。中西雙方觀念不同，宜其思想行為之見於實際人生者多不同。

立德之次有立功。生為天之大德，亦即天之大功。耶穌釘死十字架上，耶教徒乃不許人世復有第二耶穌，是則耶穌在人世，僅有立功，未為能立德。人人不得為耶穌，以至世界末日之終必來臨，此非上帝於人類以一大懲罰乎？即亞當夏娃，亦膺罪被謫而生。則與中國人觀念天之大德曰生之涵義大相反。中國人意見，人類生生不絕，此即天地之大德。中西雙方同戴一天，而其異則無可會通。耶穌為上帝獨生子，而在中國則天降斯民，人皆可以為堯舜。此又何說以相通。釋迦則主人自憑己力得大涅槃，天亦無如之何。此與中西雙方又不同，惟與中國人觀念較相近。佛教入中國，有禪宗，即身成佛，立地成佛，人人現前當下一心之悟，皆得成佛。悟立信謝，悟在己不在佛，只憑己心，斯亦不再須有心外之佛法。

中國言立功，每指大禹之治水。禹父鯀，治水無功，殛死於羽山。禹繼父業，終成父志，是即禹之大孝。在外十三年，三過家門而不入。子生方呱呱，亦不一視。急公忘私，此見禹之為人之德。試讀中國史，凡建功者莫不有德，背德則無功。亦有當其身若無功，而功傳後世，亦其德使然。如岳武穆，朱仙鎮召回，復國之功未見。文文山軍敗被俘，保國之功以敗，兩人皆不保其首領，而功垂萬世。故立功皆以立德，專於事上求，則其功必淺，或竟無功。

又次為立言，亦必有德之言。言有德，斯有功。如叔孫豹言三不朽，即有德之言，其為功亦大矣。近日國人率譏中國乃一封建社會，然叔孫豹明言世祿非不朽，此決非封建社會人觀念。倘謂孔子亦封建社會人，但孔子為中國立言不朽之最高榜樣，何嘗教人常困縛在封建社會中。人生必能超社會，乃能超時代而不朽。今日國人方自負得為工商社會人，得為民主自由時代人，得為全盤西化人，鄙薄孔子。不知身死即朽，而孔子言則猶當垂世。一則囿於社會囿於時代，雖有此生，非有此德。一則上通於天，下通於群，有德方有言。則盈世之鄙薄，又何傷孔子之毫髮。曾子曰：「鳥之將死，其鳴也哀。人之將死，其言也善。」人將死，其囿方解，其德或露，故有善言。今日工商自由社會亦臨將死之際，容有善言，如鳥哀鳴，則亦天地生人之大德，而人生乃亦終有其可望。

孔子曰：「學而時習之，不亦說乎？」孔子之德生於天，然亦成於其學。學以成己，其悅如何。孔子又曰：「有朋自遠方來，不亦樂乎？」一門師生講學，成己亦以成人，其為樂又如何。然天有不可知，人之生能上達天德，斯亦宜有不可知。就私人小生命言，人不我知，此亦可慍。

就人之大生命言，則世代相傳，後生可畏，豈知來者之不如今。言垂於世，有私淑艾者。孔子百年後出孟子，私淑艾於孔子。自此以來，兩千年私淑艾於孔孟者，又何止千百人，斯皆孔孟之復活長生而不朽。亦有未聞其言而遙符其德者。均在大生命中，其德相符，亦即己之不朽，而又何知不知之辨，故人不知而不慍。

中國後世多以文章為立言，然亦必有德，其言始不朽。陶淵明詩：「采菊東籬下，悠然見南山。」菊到處可採，山到處可見，然淵明之採菊見山，乃有淵明之心之德之存在表現。誦此十字，而冥然有會，則淵明其人亦恍惚如在誦者之心中。此亦即淵明之不朽。陶淵明後有杜子美，皆以有德之言成其不朽。即如李太白「舉杯邀明月，對影成三人」，一己獨酌，若覺有三人同歡，此亦太白一時之心情與意境，亦即其心德之流露。誦其詩，想見其人，斯亦即太白之不朽。又如陳子昂「前不見古人，後不見來者，念天地之悠悠，獨愴然而涕下」，此與李太白心情意境又異。一人忽若成三人，斯即不孤寂。舉世忽若只一人，其孤寂之感又如何。然在此大生命中，必有會心之人。或前在古人，或後在來者。斯則子昂之不孤寂，乃更在太白一人獨酌之上矣。此即子昂之不朽。故凡所不朽，皆在己心，而又何求於後世之不朽，此即其心之至德矣。

中國人重心生活，故其詩人亦多直吐胸臆，道其心事，自古詩三百首以來皆然。故曰：「詩言志。」心牽於事，即不成志。諸葛孔明澹泊明志，其心澹泊，即不牽於事。詩之外有文，戰國時有樂毅〈報燕惠王書〉，有〈魯仲連義不帝秦〉，皆千古至文，亦皆直道己志，不為事牽，乃卓然見其為人，即卓然見其居心。苟心隨事轉，心不為主而為奴，所謂心為形役，僅知有身生活，則生老病死四字足以盡之。魯仲連曰：「惟有蹈東海以死。」死者此身，非此心。孔明亦曰：「鞠躬盡瘁，死而後已。」死者亦此身，其心報先帝以馳驅，亦馳驅此身。心則主宰此馳驅，此謂之志。志不俱死，既非苦痛，亦非空幻。中國人生之不朽，即不朽在大生命中，亦即在此方寸間之一心。故誦中國之詩文，而中國之人生亦宛然在目。西方人生與中國異，亦即觀其文學而可知。今國人惟求西化，移西方心易己心。見中國古人心，厭惡之惟恐不遠。讀中國古詩文，謚之曰死文學。若就五千年中國文化大傳統言，則誰死誰不死，宜仍當有辨。

惟心生活則仍必寄託於身生活。不論其身之在廊廟，在市井，在田野，在山林，處身有別，而心則可通。此相通處，即心之德。如人身耳目、手足、五官、六臟各有所司，而通於一身。主宰此相通者即心。心不在焉，視而不見，聽而不聞，行屍走肉，身又何貴。身在家，則求通一家之心。身在國與天下，則求通一國一天下之心。故齊家、治國、平天下，一是皆以修身為本。

修身則以正心誠意致知為本，此心此意此知，則又必外見於物。《大學》八綱領首格物。不論在農村社會、封建社會、工商自由社會，物各不同，必當隨物而格。此格字，即孔子從心所欲不逾矩之矩字。即在一家之中，父母、兄弟、姊妹乃至夫婦，此心皆有愛，而所愛有分寸之不同。

貴合格，不貴過格與不及格。則《大學》之格物即孔子之中道。一家然，一國一天下亦然。大生命一氣相通，而有理存其間。故朱子言：「仁者，心之德，愛之理。」德在心在內，理在物在外。故朱子言：「眾物之表裡精粗無不到，而吾心之全體大用無不達。」心物一，即內外一，天人一。亦即我之大生命所在。

《大學》三綱領曰：「在明明德，在親民，在止於至善。」明德即此心。此心即人類之大生命。故明明德則必親民。即在犬馬，亦非終日踶囓吞噬之為生。程子曰：「觀雛雞可以知仁。」雛雞之相處，與其母，亦有相親相安之狀，亦即其心其德，其仁其善。即此亦是大生命中一表現。儻悖德違仁而徒務外在之功言，則為禍為害之烈，乃別有其不朽。故中國儒家孔孟以來，即少言叔孫之三不朽，即防其德、功、言三者之皆化而外在，失其中心內在之一德。今則人生進步，乃有資本主義、帝國主義之相爭相殺。徒慕其經濟之財力，與其武裝之強力，而曰惟我個人之自由。此吾國人今日之所心慕。而西方人則尚存一身後天堂可資歸宿，否則又何至善之可止。幸吾國人其三思之。

抑中國古人言，凡有生必同有此身此心此德，此心此德皆稟賦之於天。此不專為中國人言，乃同為天下人言。故曰：「中國而夷狄則夷狄之，夷狄而中國則中國之。」舜東夷之人也，文王西夷之人也，先得此心此德之同，乃同為中國之大聖。孔子欲居九夷，或曰九夷陋，孔子曰：「君子居之，何陋之有。」釋迦耶穌亦夷狄之人，其道來中國，中國人同以聖人視之。但孔子之與釋迦、耶穌，其果孰為聖人之正乎，於何正之，亦正之於我國人之心之德之同。今日吾國人既不以孔子為正，又不以釋迦、耶穌為正，乃一正之於銀行中之美鈔，武裝庫之原子彈。而反之於心，終有未安。舉世之亂，乃由此起。故中國古人之所言，依然可證驗之於當世。今日吾國人之所非未必非，所是未必是，亦惟有曰：「明明德以親民，以止於至善」而已。

人生有死，此乃人類惟一大事，即釋迦、耶穌、孔子所欲格之惟一重要之物。但三家對此所知各有不同，然三家之所從格，則同由誠意正心來。今日世人所知曰美鈔，曰原子彈。賴美鈔以為生，是曰貪生。遭原子彈而死，則為枉死。於貪生中求免枉死，今日人類生死問題則此一語足以盡之。但今日美鈔之主要任務則為製造原子彈。是不啻以貪生為借徑，以枉死為歸宿。此誠一種至愚極蠢之想法。而美鈔之與原子彈，則終不能不認為是一種聰明絕頂之發明。惟與中國人之所謂格物而致知，則有其不同而已。

果如孔子言，「後生可畏，焉知來者之不如今」，則芸芸眾生中，寧不再有釋迦、耶穌、孔子之復生。是則非有世界末日，即為大涅槃，否則為天下太平。此三境界之展開，終為人生必有之三結局。美鈔之與原子彈，則皆產生於耶教世界中，是耶穌之人生原始罪惡論，亦信而有徵矣。若果世界末日來臨，或亦可謂其猶近似於釋迦所想望之一大涅槃。惟吾中華子孫則霑溉於孔子之教言以為生者，亦積兩千五百年之久，天下太平，終非世界末日。此則當警惕者，亦終以吾中華子孫為尤然矣。

若使孔子而生今日，誦李太白詩，方其月夜獨酌，豈不有釋迦、耶穌兩影可以伴飲。孔子而時代化，是亦可陶然而醉矣。若誦陳子昂詩，則知我者天，亦可愴然而涕下。然而前有古人，後有來者，則吾心之愴然亦從心之所欲而已。其與良夜之獨酌復何異哉。是則孔子生今日，亦必誦太白子昂之詩，是亦終不失為一中國之人生。君子居之，何陋之有。今日吾國人亦多乘桴而浮海，此亦皆可為今日之孔子，其亦終將有契於孔子之所言乎。企予望之，企予望之。

四七　樂生與哀死

(一)

樂生哀死，為人生兩大事。西方社會信有靈魂，生前死後與現此生世各不同。如生世為一家，父母子女，生前不如此，死後亦不如此。故孝父母僅當生現世之事。抑且家人集居，同財不同權，故西方有母權父權之分。父母死，即無權，子女得自由，對死父母自亦少哀思。其靈魂上天堂，又何哀。其靈魂下地獄，必其生世有罪孽，亦不足哀。

故西方人在生世，僅知對生求樂，不知對死有哀。其歷史人物能對後人留哀思者亦極少。如古代亞力山大，凱撒，近世如拿破崙，生掌大權，來自武力，死後僅供景慕，不留人以哀思。其他軍事家、政治家、哲學、文學、藝術、科學各界諸偉人，當生享名獲利，受其所業之報酬，死後亦留有景慕，無哀思。埃及古帝皇，死後有金字塔。巴黎有凱旋門。美國華盛頓市，華盛頓大銅像矗立。雅典、羅馬，以及其他各處，古蹟森然，皆增景慕，非存哀思。要之，西方社會可稱乃一無可哀思之社會。其唯一可供人哀思者，惟耶穌。但耶穌乃猶太人，其十字架精神誠堪哀思。進教堂聽頌禱詩，亦多哀思聲。教中人物如聖女貞德之類，亦可生哀思，然為數甚僅。西方乃一個人主義之社會，人與人間惟有爭，對人之死，宜無可哀，亦無足深怪矣。

中國則大不然。中國人生僅自然大生命中一現象一枝節。身體髮膚受之父母，我生即從父母來，父母之死不啻若己身之死。如是則父母之生，已變而為己身之生。故曰節哀順變，則其哀亦可知。故中國古代家宅其西偏為生人所居，東偏為死者神位所藏。歲時祭祀，即在家中。後世農村多聚族而居，亦必有祠堂，即在村中。歲時禮拜，哀死亦即所以樂生。

《詩》有風雅頌，頌專以致哀死，而最為禮之大者。周人尊文王，又尊后稷，歲首必祭，天下諸侯皆集。清廟之歌，一頌而三歎，莊嚴肅穆，〈大〉〈小雅〉迴不能及。然則哀死豈不猶遠在樂生之上。《中庸》言：「喜怒哀樂之未發，謂之中；發而皆中節，謂之和。」後人遂以喜、怒、哀、樂、愛、惡、欲為七情。人惟有情，方其未發，藏於內，故曰中。其存藏於中者，僅此一情，非有七也。及其受外面事物刺激而發，其狀異，遂目之曰哀樂。然哀樂非有二情。其發而中節，不失其分寸，則當曰和。不僅與外面事物和，其藏於內者，亦仍一和，非有哀與樂之分別。父母在堂，壽登耄耋，孝子不勝其情，既歌且舞，人目其情曰樂。及其父母死亡，孝子不勝其情，既泣且踴，人目其情曰哀。孝子內心非有二情，但其發而有異。乃是此孝子之心與父母和合為一，故其情亦與父母之壽考與死亡之異和合為一。故情藏於中，因於外而發，貴其能內外相和合，斯曰中節。哀樂如此，喜怒亦然。獨怒之發，每易與外不相和合。然武王一怒而天下平，則怒亦一和。苟能中節，則怒亦如喜，非有相異。中國古人言，發乎情，止乎禮，禮即其節。又曰：「禮之用，和為貴。」人生無情，則又何禮何和之有。

人之生命惟一情，生則樂，死則哀。順於生則喜，逆於生則怒。生所需則愛，生所厭則惡。此皆生命自身內部一自然動向，即謂之欲。如飢欲食，與之食則喜，奪之食則怒。遇食則樂，失食則哀。可食則愛，不可食則惡。使無欲食之心，則上之六情皆不見。此欲食之心與生俱來，謂之性。性則在內未發，發而向外則曰欲。生命對外，複雜多端，變化無窮，乃有可欲有不可欲。故《中庸》言「天命之謂性」，即言其與生俱來。「率性之謂道」，即本乎性而發於外，一切人生皆即道。「修道之謂教」，則道亦須修。如飢欲食，但食不能不擇，又不能無節，又須食而知味。僅知飲食，則為一事，可謂不知道。

中國乃一農耕人生，日與生命相處，種植耕耘，日夜勤勞，惟以養育生命為事。與畜牧不同。

畜牧則大群牛羊，任其自為生長。稻麥五穀，則由農人助之生長。《孟子》曰：「心勿忘，勿助長。」實則此心之不忘，即在助之長。《孟子》之所謂助，則謂不中節之助。故農業民族乃特與生命有情，熟知各種生命內部自生自長之真情，而從外助其長。中國文化之最高可珍貴處即在此。

中國人哀死之情，成為一種禮俗，普遍全社會，其事至明顯，其義至深厚。如端節祀屈原。屈原特一楚國人，忠君愛國，而賫志以歿，未有勳績成就，乃獲得此下全中國人之哀思，歷久而不衰。即論文學，〈離騷〉非人人能讀，遠非如西方創造一劇本、一小說可以廣泛流傳之比。而屈原身後，能獲得全中國人廣大深厚悠久之同情與哀思，則全世界各民族之文學家，亦絕少有之。可見此不當專以文學論，而當以文化論。近日國人認為文學可以獲人心，則不免為一種偏淺之薄識。

如春秋時代晉人介之推，從公子重耳出亡。重耳返國為晉文公，行賞未及，之推偕母遁隱山中。文公求之，終不出。至焚山搜索，而母子俱死。遂有寒食節，亦迄今不衰。論其人，無事業功績可言。而守志以死，引發國人之哀思。又如東漢初嚴光，乃光武一同學，避不出仕。光武訪得之，終辭歸。而嚴灘古蹟，兩千年來遭人憑弔思念不已。嚴光高德，固不可及，而中國人之深情，亦由此而見。近人好言中國為專制政治，為封建社會。上述屈原介推嚴光三人，其高節卓然，歷兩千年，國人思念之不已，豈亦帝王專制社會封建強令之然。而此三人之人生，其為可樂抑可哀，又豈今人之言哀樂者之所能評定。

以上不過於天時節令、地理名勝上偶舉此三人言之，其他不能一一詳及。春秋時代有息夫人。楚滅息，楚王納之，息夫人三年不言，名載《左傳》，為後世所稱道。今試問《左傳》二百四十年列國之治亂興亡君卿大夫賢奸昏明有關世運之大者，千端萬緒，長篇巨幅所不能盡。息夫人特一亡國之嫠，既不能以死守節，其與當時國際大局又何斡旋，又何建白。而楚王之寵愛，終亦未轉移其內心之深痛。三年不言，斯誠竭人世之至可哀憫，而時人能與之以同情，傳之後世。此乃中國人道一大節目，治國平天下一大綱領所在。豈有人與人無同情，而此生可樂，此群可安之理。讀史者不深明乎此，又何從與言中國之文化。

若循此以誦中國一部二十五史，以及古今各家詩文集所詠所載，旁及地方志乘小說筆記中所述，其人其事，何限何盡。即如漢末有蔡文姬，棄其異國之夫與其子女，不顧其為一國后妃之尊，而決心歸漢。途中有〈胡笳十八拍〉，其詩豈不亦傳誦千載。歸國後之晚年生活，亦未見傳述。要之，其無關世運，無所影響於當代之治亂，而其孤獨一人之淒涼身世，則為盡人所同情。蔡文姬之名字及其作品，遂亦永傳於後世。觀於息夫人與蔡文姬，死可哀，而生亦有可哀。但生可樂，死亦有可樂。伯夷、叔齊，餓死首陽之山，孔子曰「求仁得仁又何怨」。殺身成仁，捨生取義，成仁取義，豈不可樂。秦檜死岳飛於獄中，瞻拜西湖岳飛墓，豈不岳飛死可樂，而秦檜生可哀。死生一體，哀樂一情，此當體之生命深處。而豈言辭之分別所能盡。

故在中國，史學、文學，一皆取材於真人真事。而衡量取捨之標準，則不憑於權位財富，亦不專限於功業成就。品德修養，乃為中國人之最所重視。但懸格亦不嚴。苟有一節可取，尤其遭世不淑，受人所難受，則悲天憫人之情，乃於是乎發之。韓愈有言：「誅奸諛於既死，發潛德之幽光。」此乃史家之職責。而集部中所見之潛德幽光，則盈幅皆是。故中國乃有最富人情味之人生，同情心到處充沛洋溢。苟其專為一己，則乃私欲，為中國人所不齒。欲亦本於性，而可以害性。發為情，亦可以害情。中國人貴性情中人，而深戒多欲。《孟子》曰：「養心莫善於寡欲」。周濂溪言：「主靜立人極，靜者無欲之謂。」寡欲無欲，非寡情無情。情欲之辨，一對人，一對物，乃為中國後代論人生最大一問題。

爭權奪位，謀才求富，皆欲非情。西方惟以財富權利為尚，全部歷史活動亦以此為中心。其文學則多出虛構。好言戀愛，孝弟忠信人情之大者，甚少涉及。哲學則更諱言情感，一若人情皆無當於真理。故言政治，無論君主民主，言社會，無論為封建為資本主義，同屬無情。法律之最高境界，則僅可免於過分之不義，而無仁。此為中西人生一最大相異處。

余於民國十三四年間，初看西方電影，尚係默片，片名已忘。其事蹟依稀猶在記憶中。一德國中年人，忠懇誠實，成家立業，有社會地位。因事遠行，火車中邂逅一女，鍾情為偶，偽造死訊不歸，其家人信之。歷年後，女忽死，其人潦倒念家，出門漫遊。一夕，偶抵家門，適逢其生辰，家中妻兒正廣邀親朋飲宴紀念。賓散，家人猶聚談，燈火輝煌。此人終不叩門直入，僅窗外窺視，黯然離去。劇情生動，樂生必哀死，哀死即所以樂生。果使此老人叩門直入，哀樂之情又當如何。往事荒唐，老人內心之媿恥，家人意外之驚詫，皆非日常人情所有。咄嗟間，又何得相安相樂，一如往年。老人離去，則終以保全其一家之和樂。而此老人亦猶得常念其家人以為樂。此亦可謂不幸中之大幸。此片亦甚富人情味，但荒唐終非不幸。不幸由命乃在外，荒唐失德則在己。中國人同情不幸，不幸事遂亦因而減少。果遭不幸，亦得自寬自慰，而輕其不幸之感。人同此心，心同此情，則貴乎其慎修己心善自為處。則人生主要仍在此一情字上。

余以十三歲幼年，初讀西方小說《天方夜譚》，迄今八十年，尚所記憶者，乃其最後能言鳥一故事。此鳥在一山上，山下有人指示，循路而上，尋求不難。然當一意直前，路旁群石競發人聲，呼之喝之，苟一回顧，即亦化石倒斃。路益上，石益多，聲益大，終使人不易不回顧。某家三兄弟，其兩兄皆已一去不返。最後一弟，乃塞兩耳上路，終得此鳥而返。路旁諸石亦盡得復化為人。此乃一阿拉伯神話，後乃知其影響西方實亦多。西方人皆一意向前，雖經失敗，而目的在望，仍不回顧。西方宗教、哲學乃及文學、科學，皆不啻為人指示一能言鳥所在地，教人信從，決心向前。已往之失敗，既無同情，亦不回顧。如中國人，尊崇古人，同情不幸，則惟為路旁之石，又烏能終得此烏。西方文化之向前邁進，豈不如此。

現代人稱中國社會多人情味。其實味猶情，甜酸苦辣鹹實一味，猶之喜怒哀樂實一情。物必食之始知味，人必相交而有情。物與人在外，味與情在內。內外和合，而情味生。惟所食異則味異，所交異則情異。能於異中知其同，乃為知情知味。飲食所以解飢渴，然當有餘味留在舌根，存在心頭，始為樂事。苟事過境遷，飲食下嚥，更無留存，是為寡情，亦成乏味。孔子曰：「飯疏食，飲水，樂亦在其中矣。」又曰：「一簞食，一瓢飲，人不堪其憂，回也不改其樂。」此謂人生於飲食外，尚有他樂，更深更厚。若僅知飲食之為樂，則孟子所謂乃飲食之人。然孟子以易牙比之師曠子都，則飲食之樂，聖賢亦不諱言。《中庸》言：「人莫不飲食，鮮能知味。」亦猶謂人鮮不有生，乃不知生之宜有情。無情求樂，亦猶不知味而求飽，則僅求為一飲食之人而不如矣。

余家在江南魚米之鄉，乾飯稀粥已不知有幾多作法。自冬至至歲尾，農家種種糕糰，亦不記有幾多名目。魚蝦果蔬，俯仰即是，若可一拾而得。又家家戶戶各種醃菜臘味，多者可有二三十色。孔子曰：「貧而樂」。飲食知味，最普通，最基本，亦最易得。然亦經兩三千年文化積累，乃有此成績，非偶然而致。

又余家曾住北平，傭一車夫，擅製麵食，品類多種。余常至竈間賞其技。對日抗戰時，余又歷各地，皆有特製飲食，價廉而味美，易得而難盡，此亦即中國貧者之樂。今人皆必謂西方物質文明遠勝中國，但中國之庖廚烹調，能在物質中深藏人文精神，西方飲饍烏能相比。姑舉茶與咖啡一項言之。咖啡味濃刺激，多飲易厭。茶味涵泳，自唐迄今實歷千幾百年之演變。亦如西方都市味濃少變，居久易生厭。中國鄉村味淡多變，久居而安，不易厭。故品茶乃知茶味，品人則知人情。而人之高下亦以別。財富權力唯有爭，唯有鬥，無能品。今日國人亦盡尚爭，不知品。回念數十年前，窮村三餐較之今日市肆之一席千金，其為味或有過之。然年老知味者，則亦與日俱逝。既無老成人，亦少典型，渺不再得，世運堪嗟乃如此。

中國人言聲必及韻，言色必及采。此猶食之有味，生之有情，皆在質體之外，有餘不盡。而其感動影響，留在人心，則惟深惟厚。孔子曰：「未知生，焉知死」。又曰：「未能事人，焉能事鬼。」此非孔子不信有死有鬼。苟無生，何來死。苟無人，何來鬼。聲色而無韻采，聲色倏去，復何可樂。然使無聲色，亦無韻采可求。生可知，死不可知。聞聲乃知韻，知生斯知死。中國人又言風采風韻風味風情。風亦非質體，而在人心和通相互感動影響之間。孔子又曰：「君子之德風；小人之德草。」其實風起於青蘋之末，果無草動，何來風生。然而今世之抱物質主義以為生者，此皆知有草而不知有風，死即絕滅無餘存。後世人生，皆從前世來，故中國人謂前世人生為神。中國人又言神采、神韻、神味、神情。自自然言之，則曰風。自人文言之，則曰神。神與風亦無大分別。西方人言人體美，必先論三圍。中國人則曰神采風韻，風神絕世。即一顰一笑，亦必有風有神。若唯知三圍，則必寡情乏味，歸於一堆泥土，復何風神可言。

晉宋間有陶淵明，史乘列之隱逸。隱藏塵俗之中，而又逸出於雲霄之上，斯誠人生一種至深厚之韻味。其詩曰：「此中有真意，欲辨已忘言。」韻味固非言辭之所能辨白，然使人低徊神往歷千五百載而不能已。斯文學所以尤為人生韻味之所在。

即證之家人父子之間。中國人以三十年為一世，父母三十生子女，父母為前世人，子女乃後世人。然子女一世則無不深受父母一世之影響。中國人教孝，父母之生，子女應無不知。父母之死，他人則謂其已去，其子女乃感其常在心頭。故知生方知死，死與生乃同一存留。人鬼之間，息息相通，此即所以為神。但家人父母之死，三世而絕。賢人君子之死，則其生常在。不惟在其家，抑在於天下，如孔子豈不上下古今四面八方而常在。中國人之視人生如此，此之謂大群主義之精神人生。與近世個人主義之物質人生大不同。前人已死，後人繼起，在後一世之人心中，決不留存有前一世。惟有向前追求，更無向後回顧。但求樂生，不知哀死。寡情乏味，雖千言萬語，亦難道盡其種種。此則惟個人主義之物質人生為然。則復何樂生哀死之有。

㈡

人各自愛其生而畏死，則其世易治。人不愛其生，輕生而不畏死，則其世易亂難治。此理甚為明顯，可不詳論。

今問人為何不畏死？曰輕生，不自愛其生，故不畏死。再問何以輕生不自愛其生？《老子》曰：「為其生生之厚。」家畜一家，他無所有，轉覺其家之可愛。女主中饋，不務外勤，其家乃可安。此皆生生之薄，乃有此心理。今則成為一科學世界，機器世界，各項機器增新無窮，農漁工商各業，衣食住行各項，皆賴機器。人力為副，退居次要，或不重要地位。家中電燈、自來水、冰箱、電風扇、冷氣機、暖氣機、電鍋、電話、電視、吸塵機、洗衣機、汽車、照相機、手錶、計算機，凡此之類，舉不勝舉，覼縷難盡。此可謂生生之厚矣。而人力乃無所用。故人之生亦惟機器為貴，而自身人力，皆遭蔑視。於是乃輕生，不自愛其生，而轉愛身外之物。非此諸物，亦即無以為生。

但此身外之物，取之無盡，用之不竭。我得其十其百，所缺何啻千萬。抑且必求變求新，歷時三載，家中所有諸物皆陳舊，非另換一套，則將無以見人。故凡我之所盡瘁耗神者，皆為獲取此諸身外之物，而非一己之生。非此身外之物，亦即無以成吾生，則其貴物而輕生也亦宜。

故物質世界愈前進，則人生價值愈後退。資本工商業愈發展，則人生情味愈減縮。身為一汽車司機，日入甚微。如此人生，復何意義可言。只有駕駛前進之頃刻，始若稍可快意。車經平交道，復何耐心停車枯待。駛車直前，與火車相撞，此司機當場死亡，而其他司機闖越平交道而身死者不斷繼續而來，此之謂慇不畏死。人生貴在能快意，彼何嘗存求死之心，乃求當前之快意。此種心理，亦宜同情。行刺大總統，行刺教宗，亦何嘗與之有深仇大恨，但亦求得一時之快意而已。今群眾方以小心謹慎告誡汽車司機，世風方趨於輕生不畏死，以務求一時之快意，則此告誡宜不生效，更何論於古訓。

今日世界大量需用人力者有二，一曰軍隊，一曰警察。警察不許人快意，惟專以法律束縛人，則亦徒增人之不如意。軍隊則仍亦自求快意。蘇維埃派兵直入阿富汗，一時何嘗不感有快意。美國飛行太空梭，則所感快意益甚。第一次第二次世界大戰以後，未滿四十年，第三次世界大戰，即咄咄逼人，呼之欲出。生不如意，乃求一時之快意。然此快意則仍須在物質上機器上求之，此乃今日世界形勢之無可奈何者。

馬克斯倡導共產主義來反對資本主義，其是非得失暫不論。但其主張唯物史觀，則全部西洋史，實尚未到達此境界。而此下演進，則物質勢力日益增高，馬氏觀念恐不久終將實現。人生所求惟在物質方面，所憑以求者，仍在物質方面。以前是以物質來供獻於人生，此後則以人生來追隨於物質。物質進步，始是人生進步。人生之於物質，一如影之隨形，則宜乎其輕生貴物不畏死，而惟恐物質之不具備，不滿足。伸於物，而屈於心。則姑於僅備之物質上求獲一時之快意。人同此心，心同此理，亦何可違逆。

釋迦指出四大皆空，教人歸於涅槃。僧尼皆單身出家，逃深山，居佛寺，以求其道。然跳崖自殺，絕食自盡，凡諸輕生事，皆所力斥。耶穌教則以十字架為標幟，此非輕生不畏死一象徵乎？人生自始即一罪惡，則生自不足重，尚復何愛於此生。所愛乃在死後之靈魂上天堂，則復何死之足畏。故在西方史上，宗教戰爭屢見迭出。逮於文藝復興城市興起，古希臘、羅馬之物質人生重見追求，而始有今日之歐洲。然則唯神唯物，實同為輕生不畏死之一種表現，則無怪於西方之卒有今日矣。

余生八十七年前無錫南郊四十里外一鄉村，其時現代西方種種科學機器皆未見。一家牆上懸一大自鳴鐘，則家家欣羨。一人進城攝一照像，則人人爭慕。不憶何年，乃始見有電燈、自來水、汽車與飛機。然至今回想，當時亦確然一人生，其與今日實亦無大差異。因此追想及於兩千幾百年前，孔子老子亦確是與我相似同在一人生中。孔老當年之物質生活，一切條件，當較我幼年時遠遜，自不待論。單就我一人之心境論，則幼年愉快實遠勝於晚年。再就古今人之生活與思想觀念言，則孔老當時之一切，又豈余幼年所能知，所能遇，所能相比擬。可徵物質人生愈進步，精神人生，或當愈退步。今人乃專以物質與機器來作人生一切之評價，亦終宜其更無有稱心滿意之一日矣。則又生何足愛，死何足畏乎？余老而貧，乃幸得有幼年一番境遇，又多讀中國古人書，乃不禁發此怪論，則幸讀者恕之。

四八　性與命

(一)

中國人言性命即猶言人之生命。實則性命二字，當作分別觀。《中庸》言：「天命之謂性。」人性稟賦於自然，若天所命。人之為生，貴能知性兼知命，而善加保全，並加發揚。諸葛武侯曰：「苟全性命於亂世。」亂世性命不易保。苟全則指其他一切於不計，惟求全其一己之性命，則正見其事之不易。飢思食，寒思衣，亦性亦命，而一身溫飽，不得謂之性命之全。

性與命之分別，性在己在內，而命則在天在外。孝亦性，在己之內。所孝為父母，則在外。人之父母各不同，此皆天所命。舜與周公，父母兄弟各不同，斯即命不同，但其孝則同。舜處境之艱，遠異於周公。而其孝，乃若更大於周公。

中國人又稱不孝曰不肖。實則舜之不肖其父母，即其孝。周公聖父賢兄，求肖若更難。則所謂不肖，實非謂其不孝。堯子丹朱，舜子商均，同稱不肖。一則不能肖於其父之為大聖，一則不能肖於其父之擔當當時天下之大任。其所謂不肖當如此。非謂其不能孝。若不能孝，則不惟不孝其父，並亦不肖於人矣。抑且堯禪舜，舜禪禹，乃禪以天子之大位。丹朱、商均當仍居於其父堯、舜所傳邦國諸君之小位，為當時一諸侯，非廢為一庶民。此雖史所不詳，亦可推而知。而丹朱、商均之孝其父母，或尚更勝於常人。此可不再論。

由上言之，境有順逆，行有難易。舜處逆境，其孝若難實易。周公處順境，其孝若易實難。丹朱、商均處境更順更易，而實更難。故性與命有別。孔子志學周公，而其處境則較周公為難。故周公得成為一西周，而孔子不得成為一東周。後人處境，多似孔子，少似周公，故師孔子，不師周公。孔子乃為至聖先師，而周公則否。故周公之政治事業，雖大於孔子，而文化事業則為遜。此則不在其性，而在其命。

故人文修養有兩大原則，一曰盡性，一曰安命。諸葛武侯言：「苟全性命於亂世，不求聞達於諸侯。」而劉先主三顧之於草廬之中，武侯遂不得不出。推薦武侯者為徐庶。徐庶母見拘於曹操，徐庶不得不北上以侍其母，乃無一辭一行以終其身。孔子曰：「不知命無以為君子。」徐庶之與諸葛，在三國時代，一出一處，誠可謂知命而安之兩大賢。中國歷史類此人物，不遑枚舉，此皆中國傳統人文修養之所成。

宋儒張橫渠〈西銘〉，以事天地與事父母並言。而曰：「富貴福澤，將厚我之生也。貧賤憂戚，庸玉汝於成也。生我順事，死我甯也。」富貴之與貧賤，一順境，一逆境，皆天命，皆當順受。此即孔子之所謂知命，亦即孟子之所謂盡性。盡性乃所以順命，而知命則所以盡性，故性命雖別，而盡性安命，修養則一，非有異。今人或不知盡性，而僅求安命，或不知安命，而僅求盡性，則胥失之。

知命乃知其外，盡性則盡於內。人生內外一體，不能有外無內，亦不能有內無外。盡內所以事外。如孝，如凡五倫之道皆然。人相與則為倫，人不能無倫，不能離倫以為人。倫在外屬天，順事之，則本性。喜、怒、哀、樂、愛、惡、欲謂之七情，果無外，則何來有情。而情則在己心之內，方其未發謂之中。發於外，乃謂之和。人之五倫其相處亦貴能中和，能內外和合而為一。於人如此，於天地萬物亦如是。故曰：「致中和，天地位焉，萬物育焉。」其主宰則在己之一心，盡性安命，非有二也。

昧者不察，認為喜怒一在心，不悟吾心僅能喜能怒，而所喜所怒則在外。烏得有能而無所，有心而無物。釋迦主外不見物，即內不見心，此為大涅槃。但此為死道，非生道。儒佛不同。曾子曰：「死而後已」，橫渠曰：「歿我甯也。」自古皆有死，然死道即在生道中，惟生乃有死，故死道亦生道之一。人生貴求生道，死道乃亦兼在其內，此孔子之所謂執其兩端。

西方人惟求所喜所樂之事，而不知能喜能樂之己。僅求之外物，不重其內心。不知有能喜能樂，乃亦不知有當喜當樂。一切科學發明，僅求可，不求當。故重功利而輕道義。以外在之命為敵，而不知以內在之性為主。有敵無主，則爭亦成空。故凡人之喜怒哀樂，皆當一內外，兼能所。喜不專在外，亦在內。有能喜乃知所喜。不有所喜，亦何見能喜。外面一切空，己亦不存在。《莊子》曰「至人無己」，此非真謂無己，乃謂無人己之分為無己。貴能和於人以成其為己，有己無人，則必并己而失之。

故外面一切存在，實皆存在於己心。而己之心則並不專存於其己，上自千古，下迄千古，人同此心，則此心乃千古萬古心，非一時一己心。《詩》曰：「孝子不匱，永錫爾類。」舜與周公，與歷代之孝子，其心同。中國人以孝為道為德。道在外，行之千古。德在內，存於一己。則己即千古，千古即己。道德即人之性命。性得於一己，故曰人性。命行於千古，故曰天命。行於千古，在外有命，使人不得不安以順之。但順之即若主之，則若命之在我。張橫渠言：「為天地立心，為生民立命。」如舜與周公是已。

《孟子》曰：「口之於味，目之於色，耳之於聲，鼻之於臭，四肢之於安逸，性也，有命，君子不謂之性。仁之於父子，義之於君臣，智之於賢者，禮之於賓主，聖人之於天道，命也，有性，君子不謂之命。」《孟子》性命之辨，亦即《莊子》所謂內外之分。後人言：「先天而天弗違，後天而奉天時。」先後之辨，亦即內外之辨。口、目、耳、四肢之欲，皆本於天，是亦性。於此求之，即後天而奉天時。仁孝之於父母，此亦人性，亦稟賦之於天。父頑母嚚，舜不違其孝，乃成為大孝。孝乃人之同行，舜之孝則後天而奉天時。然其孝乃有人之所難能，則為先天而天弗違。上古嘗有不葬其親者。群不知葬，己亦不之葬，此亦後天而奉天時。惟見父母之屍，狐狸狗食之，蠅蚋咕嘬之，而心有不安，乃歸反虆梩而葬之，此則亦是先天而天弗違。天何嘗教人葬其親，故人之葬其親，乃先於天之意，而天亦不之違。然此不安之心，則亦出於天。而葬親求安，則非天之命。故《孟子》曰：「性也有命，而君子不謂之命。」天非以葬父母命我，乃本我性而葬我之父母，則我之於天，可謂乃先意承志，橫渠之所謂為天地立心亦此意。

至如埃及之金字塔，則在尼羅河旁，另創一新天地。若謂死魂復歸，則保留木乃伊即可，又何必建築此金字塔。此亦違於人性。一人所好，非人人同好，則不謂之性。人文然，物質建設亦然。雖亦有當於物質之性，而無當於人文之性。則此等建設，並無當於天地人三者會合之總體。只是在人文社會內，別創一特殊之形與質，而與人文總體則有礙。近代科學演進，種種發明宜可援此推說之。中國萬里長城，則保國衛民，本之人之性。因天地自然大形勢而立此邊防，亦可謂之天命。故遊萬里長城，所見乃天地大形勢，與土石物宜中，而人心人力隱焉。當從國防之意義與價值上論其是非得失。與埃及金字塔大異其趣。金字塔則惟見人力，不見人心，除收藏木乃伊外，並無其他一切之意義與價值。又烏得以偉大建築一觀點，與萬里長城相提並論。

天地之大德曰生，人群之生，不得不謂之天意。人有群則不得不立之君以為治。人屬平等，誰為君，誰為臣，天未立此分別，人自立此分別，而天亦不之違。人之賢愚，天亦未為人分別，亦人自加分別。教人為賢勿為愚，亦先天而天弗違，亦即橫渠所謂之為生民立命。

人之生，有父母。長大成人，則可離父母而獨立。此亦天命。故子女之獨立為生，乃後天而奉天時。而心有不安，遂終身侍父母，創為孝道。此則人性，非天命。然性由天賦，故孝為天道。實則人自創之，而天弗違而已。故曰：「為天地立心，為生民立命」，此皆大聖之立德，亦即大聖之先覺而先知。故繼往聖之絕學，乃可開萬世之太平。

舜父頑母嚚，而以大孝化之，亦即化其父母之天。荀子言人性惡，惟可化性起偽，舜之父母終與舜相和協，即其化性起偽。化而起之者則為舜。是荀子言亦有驗。惟舜之父母，終亦可化可起，此可化可起者即其性，即亦天之所命。則孟子言人性善亦非無據。惟荀子據舜之父母為標準，孟子則據舜為標準。荀子化性起偽之偽，即人生之有為。天屬自然，人屬有為。以有為變自然，則自然不能無違，此則為性惡論之無當。

西方古希臘自始即為一商業社會。須先知外面需要，再由我來製造。宋人端章甫適諸越，則惟有餓死而歸。故商業必依外以定內。心理習慣所影響，故其科學、哲學皆主向外求。雖知有天人之分，而不知有性命之辨。注意偏在孟子性也有命之一面，以個人主義之物質生活為重。至於孟子命也有性之一面，如仁之於父子，義之於君臣，則非其所重。而智之於賢者，聖之於天道，則更非所知。故其所謂智，亦僅向外尋求，即此以為賢，非中國人之所謂賢。既無賢，斯無聖。故西方文化，乃有天無人，有命無性，有外無內，有自然無人文。此終人心所不安，乃言自由平等獨立，皆主向外抗爭。本無內而求有一內，誠不自然之至矣。

故西方知有個人生命，而似不知有群體生命。有個人之物質人生，無群體之精神人生。換言之，有小生命，無大生命。希臘有城邦，無國家。羅馬帝國實非國，故不久而崩潰。現代國家林立，而不知有天下。即在同一國之內，亦僅知有個人，由外在種種物質條件而結合以為群，非有其內部精神心靈之凝合而成群。故其群乃亦建於法制，而非一生命體。自中國人言之，則可謂西方人乃知有命而不知有性。

耶穌創教乃曰，上帝之事由彼管，凱撒之事凱撒管，此亦分天人而為二。但凱撒則終釘死耶穌於十字架。故耶穌非教人以爭，而其徒則必結黨以爭以傳其教。靈魂上天堂，仍屬個人事，但求免上十字架，則不得不結黨以爭。故世界之有末日，不待靈魂盡上天堂之後。而信與不信之相爭，已足陷斯世於末日。甚至歐洲第一次世界大戰，英法軍、德義軍同信耶穌，同在戰壕，同禱上帝，迅賜勝利，早獲和平。求和平亦不求之人必求之天，知命不知性，西方史悲劇率類此。中國人之生命觀，與西方個人各具一靈魂之觀念大不同。中國人認大群同此一生命。不僅人，甚至動植物、無生物，亦各有其生命。此乃一種自然生命，而人文生命亦由此來。故天乃一大生命，有空間，有時間，乃綜合此一天體而謂之神，謂之上帝。非由上帝之神來管理主宰此一天。

人之中有小人，即分別之個人。有大人，則個人而融入大群體。聖亦然。《孟子》曰：「大而化之之謂聖，聖而不可知之謂神。」則聖猶天地。各人小生命由天賦，自然人文之大生命，則由人中之聖之神合於天而融合之。故曰「先天而天弗違」。今日眼前之大群體，豈能離天而獨立。群體之上有一天，然此群體則實非由天所創，乃先天之意而由人自創之。但其所憑以為創者則仍本之天。故先天後天其實則一，惟聖乃能一天人，此其所以為神也。

周濂溪有言：「士希賢，賢希聖，聖希天。」天能創，聖亦希天而創，故曰聖合天。文王在上，克配上帝，西周八百年之天下，亦由文王首創之。故由中國人言，則凱撒必效上帝。凱撒事固非上帝所能管，但凱撒亦必代表上帝來管人間事，不能由己意來管，此始為中國人理想。而西方則凱撒事凱撒管，似上帝不能管凱撒。於是耶穌之後，又來了穆罕默德，而此世乃管得更亂。

科學重物，異於宗教之重天。然其重外則同。天生電，非以供人。乃科學能役電以供人，亦若先天而天弗違。但發明原子彈，則決非天意。循此發明，將可不舉手，不動足，安坐一室，而人類宰盡殺絕而無遺。則科學豈不更勝於天更較宗教為可信？實則宗教科學皆在爭，不僅異教有爭，即同教亦有爭。科學更不論。所爭則在財富，在權力。西方人言智識即權力，故知識亦所重。但不重德性。耶教主原始罪惡，無德性可尊。故信仰天，不信人。一落人間事，難免有爭殺。科學能助爭殺，故為當前所重。但亦豈天命所許。

止爭止殺，實乃人生之大任。《孟子》曰：「舜發於畎畝之中，傅說舉於版築之間，膠鬲舉於魚鹽之中，管夷吾舉於士，孫叔敖舉於海，伯里奚舉於市。故天之將降大任於是人也，必先苦其心志，勞其筋骨，餓其體膚，空乏其身，行拂亂其所為；所以動心忍性，增益其所不能。人恆過，然後能改；困於心，衡於慮，而後作；徵於色，發於聲，而後喻。入則無法家拂士，出則無敵國外患者，國恆亡。然後知生於憂患，而死於安樂也。」《孟子》此章，先舉個人，推及群體。就個人言，凡其所舉，非哲學家，非科學家，亦非宗教家，而均得為政治上一傑出有成功之人物。在西方均屬凱撒一邊，而絕少其例。此皆本於人之性，而亦若出於天之命。中國人謂人生大任，必降於勞苦憂患之社會，而非溫飽安樂之社會。果使此社會惟求溫飽安樂，此乃死道，非生道。西方人言文化生於閒暇，孟子則主文化生於勞苦憂患，兩意適相反。耶穌猶太人，猶太乃當時一備受流亡奴役之民族，故得出生耶穌，膺此大任。其教播之羅馬，必先在地下，不得在地上，乃得發揚光大。此亦勞苦憂患，而非溫飽安樂之所能致。而耶教在西方，終不能克盡厥職。溫飽安樂，哲學、科學易於上揚，宗教信仰轉滋衰落。性也有命，務求飽逸安樂，則必出於爭。故《孟子》曰：「君子不謂之性。」君子之盡其性則多在勞苦憂患中。董仲舒亦有言，質樸之謂性。又謂性必成於教化。質樸賦於天，教化出於人，兩者相融，斯能成其德而當大任。西方人於此不深知，此乃其大缺點所在。

今試問中國之大群人文精神，其淵源究何在？犧農黃帝以上不可詳，堯、舜、禹三代，實有其遠大之影響力。當堯之時，部落酋長號稱萬國。洪水泛濫各地，無法自救，堯居天子位，乃命其臣鯀治之。水不治，災益烈，乃訪求得舜，使攝政。舜改命鯀子禹。禹之治水，跋涉山川，在外十三年。堯已老，天下人心所仰望者則在舜於禹。於是堯傳舜，舜傳禹。此皆一以天下心為心。洪水既平，天下人心盡在禹，而其子啟乃承父為天子。此亦天下人心所同歸。則當時中國之得成其為中國，亦中國之人心共成之。此為並世其他民族其他國家所無有。而洪水為災，亦即天之命此大任。亦即孟子之所謂生於憂患也。惟憂患乃易見人性，亦見天之命。中國文化精神之淵源即在此。

今再言堯、舜、禹乃中國古代三大聖人，皆生於天，故中國人心中有聖即有天，惟聖配天。此即中國人之信仰，亦可謂當堯舜禹之時而已大成。則中國人之觀念實亦一本於事功，此亦人心之共同自然。惟能在事功觀念上，又增出一德性觀念，此則為中國人所獨。德性亦天亦人。人與天地參，在其事功上，而其基礎本源，則在德性上。天之生人，性中有欲。德性立，則欲成和而不起爭。孔子「七十而從心所欲，不逾矩」是已。孟子「性也有命，命也有性」之精義亦在此。

《孟子》又言：「禹抑洪水，而天下平。周公兼夷狄驅猛獸，而百姓甯。孔子成《春秋》，而亂臣賊子懼。」《孟子》歷舉禹周公孔子三大聖人，亦皆指事功言。自大禹治水，乃有中國之天下。自周公之制禮作樂，乃有中國之社會。自有孔子之設教，乃始啟中國文化之大統。此為以下中國大功大利、大本大源之所在。但中國人則必同尊此三人之德性。孟子道性善，言必稱堯舜。又曰：「人皆可以為堯舜。」然未聞其言人皆可以為大禹、周公與孔子。《孟子》僅曰：「乃所願，則學孔子也。」而不謂其能為孔子。顏子亦曰：「彼人也，我亦人也，有為者，亦若是。」然其於孔子則曰：「既竭吾才，如有所立卓爾，雖欲從之，末由也已。」堯舜禪讓乃其德性。而德性之上，則猶有學問，有事業。惟學問事業則仍當一本之德性。中國人一切學問事業莫不皆然。孔子曰：「好古敏以求之。」其所好而求者，亦在古人之德性。又曰：「行有餘力，則以學文。」其文則為古人之知識與事功。德性乃天之所命，知識與事業，則由人性之學問而始成。《孟子》「性也有命，命也有性」之兩語，其中乃寓甚深妙義，姑為粗發其旨，如上所述。其深義所在，則貴讀者之反躬深思而自得之，非語言文字之所能傳。陸王主以傳心，其要義重在知性盡性上。

程朱則又重在知命安命上。幸讀者其深體善會之。

(二)

《孟子》曰：「人之異於禽獸者幾希。」人與禽獸同具生命，但人生嬰孩期特長，此乃人生之異於禽獸處。赤子離母胎，有此身，尚未成為人。無知無能，亦未知彼之何以生世。若謂有知，則僅知此渾然之一體，一天人，合內外。但不知內之有此我，外之有此世。呱呱一啼，渴則飲之，飢則食之，寒則衣之，欲睡則臥之搖籃中，人生之初乃如此。

嬰孩漸長漸知內外分別，然所親則在外，如父母、兄姊、祖父母，日夜在旁，彼則親之。但尚不知親之者為己，但已知飢、知渴、知寒、知倦。亦可謂已知有求，但不知求者之為己，而所求則在人。此之謂性。性反身而見，所求則各不同。更若有在其上而命之者，此之謂命。誰命之，謂天。《孟子》曰：「莫之為而為者，謂之天。」則亦莫之命而謂之命，命亦實即性。但性命屬己。又孰為己，則自天地有人至今亦復不知。惟知赤子為己之始，故《孟子》曰不失赤子之心為大人。實則大人即天真。故莊老道家又謂之真人。若失其天真，又何得謂之人。

不失其真，中國古人謂之全其性命。安常處順，治世則易，亂世則難。諸葛孔明有言，「苟全性命於亂世」是已。今試言，自赤子而嬰孩，漸長達於成人，當有二十年時期，此為人生之預備期，即淵源期。生長在家庭，不出門戶外，無職務，無營謀，惟性命之真，無人為之擾，此為人生之培養期，即人生之最寶貴時期。逮及七十、八十、耄耆之年，血氣已衰，精力日減，此為人生之回味期。家庭生活又勝於門戶之外。職務卸，營謀息，反老為童，天真爛漫，轉與未成年人相似，此亦同為人生之寶貴時期。其為人生之主榦期者，自二十以上至七十，當得五十年。在此期中，職務忙，營謀繁，日不暇給。幸而有一家，孝其老，慈其幼，天倫之樂，性命之真，時得流露。有此心情，精力賴以不疲，血氣賴以日旺。人生所為何來，乃若時有昭示其前者。故童年老年，乃為人生無用期中之大用。

今若缺去一家庭組織，無老無幼，人生乃專為職務營謀。何為如此，則曰衣食。進則曰富貴，曰名利。富貴名利無限度，於是而比賽鬥爭，富求愈富，貴求愈貴，名利之上復有名利，既無止極，亦難滿足。人生惟相爭相傷，而互不滿足。豈天地之生生不已，乃僅惟此之為。

鬥爭之外，復求娛樂。人生最大娛樂，則當為孝老慈幼。他人同樂，乃己之真樂，此即性命所在。失其性命，而求之衣食物質生活，則一無是處矣。中國人則生活必在性命中，此之謂一天人，合內外。赤子之心，則正在此。赤子變而為成人，盡失其本來，轉認為人生之進步。人將進於非人，又何得有止境。

諸葛孔明許劉先主以馳驅，其馳驅亦一皆從性命中來。劉先主卒，事勢已非，諸葛尚鞠躬盡瘁，死而後已。成都有桑八百枝，軍中食少事繁，病死五丈原。諸葛之生活可想。但諸葛非為生活，乃為性命。同時管寧、徐庶亦兼能全性命，中國史上之亂世，此等人物亦多有。諸葛亮自比管樂，撥亂返治之才，本其素養。一世豪傑，故求全性命。倘庸俗亦能全性命，則世自不亂。此乃吾中華文化傳統所孳孳以求者，乃吾中華文化大意義大價值之所在。

庸俗全性命較豪傑易，豪傑多知多能，宜多務。庸俗人則醕樸簡單，可少務。余在五十年前，首次看一部西方無聲電影，片名已忘，德國一富商，出外經營，火車中遇一女，生戀情，乃偽稱己死，變姓名與女同居。女亡，商人潦倒為丐。返家，從窗外窺視，見室內賓客群集，妻老，子女皆成人，方為己紀念生辰。賓客散，妻子女仍哀悼不已。欲叩門，終不忍，踉蹌離去。

人同此心，心同此理。此一故事，正是生活與性命相衝突之一例。果使老人叩門徑入，一家人十餘年來環境依然，惟慽老人之遭橫逆。忽而再面，心之愉快，生之幸福，孰更超之。然而一失足成千古恨，此老人應本屬忠厚純樸一君子，故得使其家人與相識懷念無窮。十餘年後，生辰紀念，猶如此之盛。果吐露往事，他人縱深責，而一己前後已成兩人。生活可恢復，性命則如一白璧，遭擊破壞，宛然心頭，修復無從。此老人終於徘徊門外而決去。其心中自有一番難言之隱，所不得不然者。而其妻與子女心中，則常保一美好回憶。失在己，而得在人，此誠性命與生活相爭一好例。

西方人不辨性命，過重生活。嬰兒獨臥搖籃中，父母道一聲晚安，即熄燈而去。習慣成天性，嬰孩自搖籃中已知獨立為人。余嘗旅居美國華盛頓，每晨見幼童乘自行車送報，宅主告余，此等皆國會議員之子，假期派報，覓外快，供積蓄，此亦早為他年生活打算。但苟留家，父母膝下依依言笑多歡，有事服勞，既感親切，亦人生一樂。豈必出門送報，乃為人生之正道。東西習俗，此亦當辨。要之，西方人認獨立謀生乃人生要道，於是有犧牲性命來謀求生活者。惟性命乃生活根源，源不深，根不固，生活終無良好前途。

老年人更無好安排。子娶女嫁，皆離去。老夫婦亦淒涼為家，自謀生活。鰥寡更難度。或入老人院，惟老人相聚，子女孫輩，偶一來訪。縱其生活優裕，其性命中烏得無餘憾。然則人惟獨力謀生，人與人間，即同一家亦互不相顧。外此惟有市道交，徒為一己謀幸福，則尚何幸福可言。

西方個人主義，男婚女嫁，亦終不得常為個人。但男女婚嫁乃性命中事。婚前戀愛，始多個人意味，遂為西方文學一主題。上述電影中此德國商人，亦為戀愛而失其性命。西方人非不知，遂成為題材。但在西方文學中，則此等故事並不多見。西方人重生活輕性命則宜然。

余常勸人，求知中國人生，莫如玩賞中國文學。今姑舉戲劇一項論。如《四郎探母》，此正性命與生活相衝突一好例。亦是一失足成千古恨，生活難贖性命之遺憾。楊四郎本宋朝一名門子，不幸為遼俘虜。若求不辱家風，則惟有一死以了。既為忠君報國一豪傑，亦當為一己性命之所安，非由外在道義所逼。四郎不此之圖，改姓易名，惟保殘生。乃又受遼國重視，妻以公主，貴為駙馬，安富尊榮幾達二十年。又與其妻鐵鏡公主相愛逾分，生一子，家庭幸福，萬倍尋常。乃宋遼邊釁又啟，其母其弟，率軍臨遼境，四郎乃能不忘其舊，渴盼一晤。此即四郎之性命。驟獲機緣，憂形於色，生活為之不安。其妻察問，又不加責備，並許以盜取令箭，俾其出境。此亦鐵鏡公主之性命深處，非常人可及。

四郎既出關，晤其母弟。其故妻亦在營中，驟遇豈忍遽別，其悲痛之情乃超四郎之母之弟之上。四郎非不孝不弟，亦非不愛其妻，而鐵鏡公主之情義又何能蔑棄。為生活計，回歸宋朝非無尊榮，但性命終所不安。不知大賢君子，為四郎謀，又何道義可循。四郎乃一豪傑，又出名門，又貴為異邦之駙馬，其妻、其岳母又尊之、親之逾於平常。生活之榮華，乃與其性命不相當。一失足成千古恨，則實大值深思一名言。

四郎既歸遼，終以鐵鏡公主哀求獲釋罪，仍得過其安富尊榮之生活。然而經此一度之身分吐露，則其內心終有難安，不得與前二十年相比，劇中不再及。然其成為一悲劇，則觀者皆所同感。故知諸葛孔明苟全性命一語，此中深義，豈徒謀富貴名利、物質人生者所能知。中國古人之所謂名教，中國文化大傳統之深謀遠慮，試觀《四郎探母》一劇，亦可心知其意矣。

平劇中又有《三娘教子》，亦觀劇者所盡知。故事為薛家主人因公外出，訛傳死訊。家有一妻二妾，聞訊，大娘、二娘盜財改嫁，三娘獨留。二娘有一幼子，三娘撫之，認為薛家惟此一子，當使長大成人，為薛家留一後代。乃命之從師受學，勤加教督，期其長進。三娘可謂乃能從性命中見真情，與大娘、二娘之僅知生活者大不同。而其子聽人言，母非生母，歸而抗命不順。三娘方織，垂泣訓之。老僕薛保，同情三娘，旁加勸譬，此子終勤讀如常。如老薛保，亦可謂不計生活能全性命之一人矣。

中國戲劇中常有義僕。專就生活言，如老薛保，離去薛家，豈遂無一噉飯地。中國故事中又常有義犬。近見報載美國最近亦出現一義犬，主人死，教堂出殯，此犬隨眾往葬。眾散，此犬乃常徘徊教堂四圍不忍去。遇有他人出殯，亦每隨往，歸則仍留教堂四圍不離去。犬無知識，僅知念其主，認為與教堂有關，此亦如人之有赤子之心。有生活，亦有性命，故稱之曰義犬。老薛保亦一義僕。倘謂之愚，則惟失性命乃得為大智，與圖知生活之知又不同。此亦惟中國人乃有此分別。

三娘之夫，竟於邊疆立功得高官以歸，其子亦應科舉得中狀元。夫婦父子歡樂團聚，喧赫震動。大娘二娘乃亦欲歸同享其盛，則真可謂無恥之尤矣。近日吾國人競慕西化，乃謂西方小說劇本以悲劇為尚，中國人好言團圓榮華，俗陋非文學。不知團圓榮華即在性命中，但當全性命，乃為真生活真榮華。人生非無榮華，但有違性命，則不真不實終成悲劇。身家如此，國亦然。故西方歷史乃為一悲劇的。中國則炎黃以來五千年，何嘗是一悲劇。將來當仍望其不淪為一悲劇。即以夫婦團圓論，亦豈得盡望其離婚為悲劇。豈團圓即是庸俗，仳離則為文學乎？《紅樓夢》中之賈寶玉、林黛玉，亦豈得乃為人生之榜樣。

就中國傳統觀念言，亦可謂賈寶玉、林黛玉非知性命。賈寶玉僅知大觀園中有一林黛玉，林黛玉亦僅知大觀園中有一賈寶玉。曹雪芹《紅樓夢》乃敘述大觀園為賈府一悲劇。近代國人則以賈寶玉、林黛玉之未能相互完成其戀愛為悲劇。西化淺薄，誠近代國人一大悲劇。

必以悲劇為尚，《四郎探母》一劇當為其上選。普通人觀此劇，每好其坐宮與回令之兩幕，而於探母正題反多忽略。即論坐宮，悲劇情味已夠深沉。若論回令，為人子探視其母，匆匆一面，即當正法論死。仍得不死，依然享受其安富尊榮之生活，就人心性命論，尚何悲劇堪出其上。再言之，悲喜亦如死生，同為性命中所有。豈必悲無喜，乃為人生上乘。必求死不求生，乃為人生之正規？中國人作悲喜平等觀，以不失性命之正為止。

不僅對人生如此，對宇宙大自然，萬物群生，一草一木，一禽一獸，一皆重視其性命。唐人詩有之：「舊時王謝堂前燕，飛入尋常百姓家。」昔為王謝之堂，今為百姓之家，人世炎涼，驚心動魄，而燕子歸來，則仍棲舊巢。貧富貴賤，在所不問。即此一端，可入詩人之詠矣。誦詩者，只悲王謝之無常，不慕飛燕之念舊，亦不得謂善誦此詩。又如中國人喜愛梅蘭竹菊，稱為四君子，此亦從梅蘭竹菊之性命言。中國人非不喜愛桃李。《孟子》曰：「待文王而後興者，庶民也。豪傑之士，雖無文王猶興。」桃李有待於春風之吹噓，梅則先春開花。如蘭如竹如菊，皆可無待春風吹噓。自中國觀念言，一為豪傑，一則庸俗。從師為弟子亦稱桃李，此乃讚師道之如春風。師之為教，亦猶文王之為治，而一世庸俗，盡成桃李，豈不亦人群一理想。

今再論《三娘教子》，機房之訓，悲涼萬緒。果使其夫不復歸，其子冥頑不靈不上進，而三娘牢守此心，老死不去，則亦知命安命，即《孟子》所謂之盡性知天。大聖大賢，同企此境。人生到此，亦豈得謂之乃悲劇。今日國人則於知命安命，不加鬥爭，不加進取，必予姍笑。三娘豈逆知其夫之必歸，又逆知其子之必達，而始為此訓子之一幕，以坐待他日團圓榮華之來臨？果如此，其生活打算，可謂難得之上智。其內心品格，則下流所群趨。三娘豈果其人？叔孫豹以太上立德為三不朽之首，如三娘，可謂即叔孫豹所謂之太上立德矣。《孟子》曰：「人皆可以為堯舜。」如三娘，乃女堯舜。惟今日國人言之，則《三娘教子》即一幕悲劇亦無堪承當。此皆不識性命徒務生活之所宜至。

《論語》言：「弟子入則孝，出則弟，謹而信，汎愛眾，而親仁。行有餘力，則以學文。」中國人教人，常從其為弟子時教之，即從其在未成人時教之，即從其居家在鄉時教之。能知孝弟謹信，汎愛親仁，庸俗人亦可全其性命。但人群不能徒有庸俗，無豪傑。作之君，作之師，此惟豪傑之士任之。故曰：「行有餘力，則以學文」，此即求於庸俗中出豪傑。故中國人為學，亦與西方不同。要言之，則為學亦當重性命，不為謀生活。所謂學文，非學文學，古聖先賢，前言往行，人生中多種花樣，多知則於己之性命多所擇。不為成學計，仍為做人計，豪傑即由此而出。

立德之外，乃有立功立言。司馬遷成《太史公書》，為中國史學之鼻祖，但司馬遷意在學孔子，何嘗有意求成一史學家。韓愈文起八代之衰，為後世古文開山，但韓愈亦在學孔子，何嘗有意求成一古文家。以人為學，學之前人，所學不離於性命。求有成學，學為一業，則所學仍在生活中。西方人不免於此。年過六十五、七十，即當退休，則教與學豈不亦生活中一業。孔子學不厭教不倦，非聞其七十而退休。一部中國學術史，年過七十，教學不厭不倦者，尚多有之。彼等亦僅全性命，非為生活，此亦鞠躬盡瘁，死而後已。寧有所謂退休金，以補其晚年之生活。試求之西方學術史，亦見有學問所好，但非此即可謂之性命所好。若謂亦其性命所好，則不得不謂中西雙方人之性命各不同。豈然豈其然乎。

人之性命果何在，中國人常言之，西方所少言。耶穌教乃有原始罪惡論，亞當夏娃之生，乃由上帝之降謫，則世界末日亦惟為一悲劇。教徒惟懺悔贖罪，求靈魂上天堂。則上帝亦如一司法官，人生則如在監獄中待判。稍得閒暇，自尋娛樂，宜亦為上帝之所許。而中國人所謂之天命，則決不如此。天有好生之德，並求能好好做人，遂賦人以德性。故為人之道可反己而自得。雙方意想中之天有不同，斯其為人亦不同。中國人只求為一好人，樂取於人以為善，樂於與人為善，斯即成為於己可樂一善人。學即學於此，教即教之此。善屬性命，若求生活，則富貴為尚矣。故生活求之外，性命求之內。求之外則成為事業，求之內則成其德性。中西雙方文化傳統之不同，正在此。德行多求親近人，而事業多求突出人。如伯夷、叔齊，非有事業可言，然孔子稱之為古之仁人，孟子稱之為聖之清。則雖遯世獨立，其意仍與一世大群為親，非有事業，而德行則高不可及。至於兩者間之是非得失利害禍福，則此篇不詳論。

四九　平常與特出

(一)

我們該做一普通人抑特出人，似乎東西雙方在此有分歧。東方重在前者，西方則重在後者。西方是一工商社會的文化傳統，工商業花樣多，大家總想與眾不同，有所特出，乃可謀利。不如農業人生，大家差不多，無可特出處。大家想特出，互為不同，即就此點上，依然會見得中西雙方大家都一樣，不見有真特出。大家走普通的一條路，無多相異，但也依然會在普通中時見有特出。

西方人看人生重在其外面事業上。業各不同，而亦時有特出。但農業五穀桑麻，生產收穫，年年差不多，因此農業雖不可無，而不為西方社會所重視。在古希臘，工商百業居都市，自成一階級。農人居郊外，聽命於城市，其身分較卑，被視如農奴。羅馬軍人最特出，其地位尤在工商百業之上，而農民則仍視為農奴。中古時期，又以教會中掌教權者為最特出，當時惟羅馬教皇，尤特出於舉世人之上，一切人皆當俯首聽命。其次現代國家興起，於貴族階層中產生出政府，國王最特出。政教歷經衝突，教權終屈居政權下。此後革命迭起，有民選議會、民選政府、民選總統，而選民則以工商界資產階層為主，於是貴族漸失勢，工商業遂躍居社會中最高特出地位，此為近代西方自由資本主義社會之來歷。故西方社會多變，主要在孰為當時之特出階層，而在每一階層中之每一人，又復各求特出，乃終使其社會常處於不安。

近代西方社會，惟工商企業界為最特出，至若政黨政客，乃及自然科學界之智識分子，不過為工商界作扶翼與依存而已。乃又有工人崛起。近代工人在機械統制下，本屬普通人，無特出可言。乃美其名曰無產階級，無產階級革命專政，又預言此下人類，惟將以無產階級為最特出。並不許無產階級外，另有其他名色之存在。此惟西方社會傳統崇尚特出，一線相傳之歷史演變有如此。

東方觀念則重人不重業。人則普通，業較特出。百業中以農為主，農最普通，亦最受重視。其他工商百業，較不普通，較特出，乃亦較不受重視。其實凡百諸業，莫非附加於人之上，皆不普通，更普通者乃是人。業農者是人，其他工商百業亦同是人，惟以農人居多數，較更普通而已，故中國農人最受重視。此不專為經濟政策，乃為人道主義。近人好中西相比。所謂人道主義，亦非西方社會以濟貧卹災、慈悲為懷者為人道。中國人之所謂人道，乃是一種人倫大道，人則必當以普通人為主，不當以特出人為主。人倫則是普通的，非特出的。中國人的傳統觀念，則抱一種極宏通極和平的人道觀。

人總是人。不論諸名色、諸行業，人與人之間，必有大家差不多的普通面。如每一人必各有其父母，則為子女者應如何對待其父母，亦應有一番普通道理。中國人稱此曰孝。每一人亦必各有其年長的一輩，幼年人對年長人，亦應有一番普通道理，中國人稱此曰弟。每一人，年長了，進入社會營生做事，應必忠於其業。在每一團體中，又必有上下之分。忠於其業，亦應忠於其上，中國人稱此曰忠。人與人相交，必該有信，彼此不欺騙，不謊言。中國人認為孝弟忠信，乃是做人一項最普通的道理，人人都該遵行。富貴貧賤，男女老幼，都一樣。貴為天子，也該懂得孝弟忠信。富可敵國，亦該懂得孝弟忠信。每一人，在此項道理之下，則都屬普通的，更無特出可言。如是始得謂之人。中國人最看重此一點。在此最普通之道理中，亦可有特出人。如古代舜與周公之孝，後世岳飛、文天祥之忠，此是大孝大忠。乃成為孝子忠臣中之特出人物，為中國人之最所重視。其他特出，中國人觀念，則轉居次要地位。

在中國人此項觀念下，最成問題的應是宗教。因宗教顯具特出性，中國文化傳統裡不能自己產生出宗教，正為此故。佛教來中國，教人出家，出家是一項特出事，但我們只讀中國歷代的高僧傳，卻也沒有不孝不忠的。而且中國社會，每以佛事為亡故父母求超度。如此則佛教雖若特出，但在中國社會裡，亦已盡量普通化了。其次如哲學，每一哲學家，似乎都在思想上務求特出。但中國思想界，則似乎先有了一限制。種種思想，似乎都只在此限制下進展。《老子》說：「六親不和有孝慈，國家昏亂有忠臣。」老子之意，應是不求在普通人中有特出的孝子忠臣。他認為六親和，便不必有特出的孝子。國家政治清明上軌道，也就不須有特出的忠臣。若如此，老子思想，乃求正本清源，使人生更普通，更沒有特出處。老子只求於自然大道中謀求六親和、國家治，其意決不在提倡不忠不孝。宋儒在佛學禪宗盛極之後來提倡理學，近代人多喜指摘他也深受了禪學影響。其實理學家主要宗旨，亦正求在人生大道中盡量回到最普通的孝弟忠信的路上來，至少是反對人出家，反對人離開了普通人群來做一特出人。

再其次，如近代西方自然科學，其中所發現的種種自然奇秘，中國人非不信服，亦非有意拒絕利用。只因自然科學主要在講求自然物理，而中國傳統文化中最所重視的那一套人倫大道，則不為自然科學所研窮探討。科學真理乃都是一套特出真理，只在特出場合中使用。而中國人最重視的普通人所最當普遍遵行的那一套孝弟忠信的道理，則並不能因有了許多特出場合中之特出使用之發現而便棄置不問。這一層，實為近一百年前中國智識分子最先接觸到西方新興的自然科學所極端關心之事。最近，科學潮流，似已無可遏逆。但在整個人生文化問題上，能不能把自然界許多特出真理來代替了人類大群所應共同遵行的一些普通真理，此處終是一大問題。

再簡要地說，人生都趨向特出，總易忽略了普通面，如此則易使人群陷於渙散破裂。而且一種特出面占勢，另一種特出面便受壓抑。無論是工商業方面，抑或是軍人武力方面，宗教信仰、哲理思維乃及科學方面，只要一方面太占勢特出了，便易忽略了其他方面，使人群滋生不和不安。此就西方歷史已有過程，即見其如此。所以中國傳統觀念，常著重普通面更過於特出面，只求於普通中見特出，不求於普通面之外來尋求特出。這一主要觀念，還是值得我們來重新提出、重加探討與發揚。

如言宗教，西方歷史上的宗教衝突與宗教戰爭，直至於今，仍不絕跡。每一宗教，當然絕不在提倡衝突和戰爭。但因各宗教都不免有其特出面，於是相互間遂易生衝突。是否該提出一項普通的來領導此一切特出面，或和協此一切特出而解消其衝突。如每一宗教，都主博愛人群，我們先該有此普通信仰，信此教與信那教的同是人，甚至不信任何教的亦同是人。信此一教，是我之特出面。但我仍還是一人，則是我之普通面。我不該把我之特出面來毀滅了我之普通面。不要把我此一信仰看得太特出了，如此則不僅妨害了其他信仰之存在，抑且會妨害到人群大體之其他事項。因任何一事項，都不該太特出。太特出了，便會不普通不平常。任何一人亦然。一人太特出了，便易妨害到其他人。故人生不該儘求特出，但可儘求普通平常。各大宗教的教主，似乎都被其信徒信其為太不普通了，這中間便有病。只有中國人觀念中之聖人，則仍依然還是一普通人。聖人固亦有特出處，但總不損害其普通處。惟因其不過分特出，遂不成為一教主。

其次說到一切學術思想，哲學、科學都在內，當然亦各有其特出面。但儘管是一大思想家、大學問家，他總還是一人，總還有他普通的一面。只要他跳不出那普通的一面，即可證普通一面之重要性。那即是任何一思想家、學問家，都該有他普通平常為人的一套。就中國人觀念言，他總不該不孝、不弟、不忠、不信。或許有人以為中國人向來提出的孝弟忠信，並不能認為是人生的普通大道，則試問人生普通大道究該是甚麼？此仍是今天人類所應最先注意探討的問題。今天的時代思潮，似乎認為自由即是最普通的人生大道。但自由也該使人人各自由在普通面，不應使人人各自由向特出面。人人各向特出面自由，便宜滋生種種病害。

如近代歐洲，販賣非洲黑人到美洲去當奴隸，但還向他們宣揚耶穌教。傳教是他們的自由，販奴也是他們的自由，他們不悟兩種自由間有衝突。只把宗教看得太特出了，遂認為人人該信教，其他全可不問。即其人淪為奴隸，亦若無足措懷。西方人對其殖民地民眾亡國之痛，亦淡漠置之，仍亦向他們傳教。一若亡國滅種皆次要事，信教乃首要事。或許認為亡人之國，淪人為奴，可使其人轉易信我之教。或許認為既非同一宗教，則其國可亡，其人可奴。總之是把宗教信仰看得太特出，遂使對其他事的認識全差了。

最近科學地位又特出在宗教之上，於是只把科學上之發明與使用，憑為衡量一切人事之準則。西方人以科學先進自傲，其他全目為落後。向落後民族與落後地區宣揚科學，遂成為西方人今日惟一大任務，而宗教信仰轉可不問。但宗教是一種精神人生，科學利用，則只是一種物質人生。遂使今日的西方，以物質人生為其惟一的特出面，不悟在宗教與科學之外，尚有其他人生之普通面。信仰相異，物質差別，不該使人生在此上太過劃分。如黑人為歌后、為拳王，亦受西方人重視。但仍只重視其特出面，與人生普通面無關。

在中國文化傳統中，亦未嘗無許多特出面。試舉一例如音樂。中國古代有關教育上師之得名幾從音樂來。故師多為一瞽者，為樂師。殷代掌樂者有太師摯，少師陽。周官有磬師、鐘師、笙師、籥師。春秋時有名人師曠，為晉太師。孔子學琴於師襄。此等皆瞽者，以其人身體上之特殊性，遂使其成為一特出人物。然理想之師，則更應在普通面。又如受業肄業之業字，本稱懸掛鐘鼓之大版。《詩經》「虡業維樅」，又曰「設業設虡」。《禮記》樂正同業。音樂在人生中有其特出面，亦有其普通面。孔子學琴於師襄，在孔子人生中即屬普通面，在師襄則屬特出面。陶潛詩：「息交遊閑業，臥起弄書琴。」中國人主要在從人生之普通面學琴治音樂，並不重在求為一音樂方面之特出人，如學琴必求為伯牙，治音樂必求為師曠。嵇康之卒，〈廣陵散〉絕，然後人之悼念於嵇康者，決不為其〈廣陵散〉。蓋嵇康仍自有其人生之普通面，其能〈廣陵散〉，則僅屬其特出面。中國古人又曰：「經師易得，人師難求。」專業治經，亦屬人生之特出面，人師之可貴，則在專業外尚有其人生之普通面。

循此推論，一切為人、修學、治業，愈普通愈平常愈可貴。愈見為特出者，縱為人生所不可廢，然在中國觀念中，每恐其因於特出而有傷於普通平常面而不加提倡。教育子女，必望其為孝子忠臣，或賢妻良母。在家庭，在鄉邑，在邦國中，更要者，在希望其為一普通人平常人。近代社會，慕效西風，觀念轉變。頗聞人言，今日鄉村婦女，生男盼其能成一少棒名手，可以揚名海外，舉國皆知。育女盼能成一歌星，在電視臺夜總會播唱，月薪收入，超過一大學教授三五倍以上。此皆前廿年所未有之新名色、新行業。費數年時間，在青年期即成社會一特出人物。就社會總體言，亦若多采多姿。就每一人之出路言，亦若遠較以前之安常習故為變通而進步。然在前代，亦並非無此等名色與行業，而社會終不重視，目之為江湖賣藝。非不得已，輒戒勿為。即如國劇一項，在百年前，朝野欣賞。名藝人如譚鑫培、余叔岩、梅蘭芳、程豔秋輩，豈不舉國崇仰。然社會終以流品觀念，因其易特出，不認為一普通職業。亦有性所喜好，私下演習，偶爾登臺，謂之玩票。若竟轉入此業，則稱下海。此非一好名稱。可見不普通不平常之特出人物，向為中國社會所戒慎，不加提倡。

又如一名書家名畫家，豈不更受中國社會尊重。然其最要條件，應是一業餘者，必在普通名色之範圍內，成其絕藝。試讀歷代書畫名家之傳記，自鍾繇、王羲之以下，迄於近代，凡為此項藝術大名家，必求不脫離其普通身分，不僅見為一特出人物。如西方習慣，開一展覽會，公開售其作品，恃為一職業，憑以營生，在中國即受輕視。若富貴人出重貲求之，每拒絕不與。而隨興所至，濡墨掃毫，播之貧賤交往中，乃成佳話，增其地位。亦有受政府羅致，培養宮廷中，如翰苑供奉之流，縱其作品亦臻絕頂，而在社會心目中，終亦不與業餘人等量齊觀。

又如詩文作家，其受社會重視，每更過於書畫藝術。然同樣須在普通行列中有其特出表現，不憑以為特殊一生業。所謂洛陽紙貴，乃屬社會傳鈔，非作者藉以牟利。後世印刷術興，大著作歸書商販賣，作者絕無版權享受。亦有為人家子孫撰其父祖墓誌碑銘，而接受潤筆，此亦交誼人情，非論價售貨之比。然若為額已豐，亦添朋儕間口實。

又如其他大著作，亦皆由公私旁人代為付印，俾便流傳，絕無賴此憑為生業之事。若果有之，則學術亦如市道，必受社會鄙視。即如明清易代之際，士人不願出仕，生事維艱。其抗節不屈，乃屬一種特出表現，然其維持生活，則仍必有一普通規範。或處館，或行醫，或出家為僧，或赴邊墾荒，要之仍不失為一普通人。如呂晚村以選刊制科時文獲厚利，雖其內情乃為宣傳民族思想，在當時亦發生甚大影響，並在身後受禍。然在中國傳統觀念下，此等事，要不可為訓。在其當身，亦已不受朋儕之原諒。

然則中國傳統所重視之普通人，不僅在其行為操守上，有一普通規範。即在其營生過活上，士農工商，亦各有規範，戒其踰越。在此普通規範下，儘可有特出表現。但種種特出表現，卻不可夾雜有一種營利謀生之目的。縱如一工人，亦可有其特出表現。如陶瓷、如雕刻、如絲織、如紙墨製造，歷代皆有名匠。但其表現，乃本之其內在德性之自然流露，非僅為營生。中國社會上，工藝精品，優美絕倫，自古流傳，為今人所寶賞者，難可縷舉，然要之不為經商營利，則故事軼聞，可資為證者實多。果若夾雜了營利謀生之目的，則其動機在外不在內。若有所成，中國人鄙之為奇技淫巧。若推廣此義，即書畫詩文，若亦夾雜了營利謀生之私圖，亦可不必是其內在德性之自然流露，中國人亦鄙之為一匠，同樣亦可列之於奇技淫巧之列。技巧可以特出，而奇淫則所當慎戒。總之，凡其人之特出表現，均應表現在其人生，即表現在其德性上。即其人之行業，亦即其人生之一部分。一切特出表現，縱是從其行業中表現，亦即是人生與德性之表現，不應由其在行業上之特出表現而妨礙及其全人生與其德性大本之所在。此為中國傳統觀念中所深思慎慮之一要端。

蓋人之德性，本於天賦，乃屬人之普通面。在人之普通德性中本可有種種相異與互見特出處。

人類大群，則必建基於其普通德性之上。若人人僅求自異，各務特出，離此普通大本，則其群終必渙散，乃至破裂。在人事上，求為特出，實並不難。而在人倫大道上，能僅保此天性，以謀發展而共同形成一普通面，其事實不易。中國文化傳統，四五千年迄今，惟因看重此一大目標，謹守弗輟，驟視若蹈常襲故，陳陳相因，遂無急劇之轉變與改進。然而其群自大，其基益固，縱經艱險，亦能維護其群於不壞。較之其他諸民族，殆少其匹。今若改弦易轍，獎勵人人求特出，又以外面功利為誘導，則天賦共同之德性，終必日以稀薄。而人之處群，乃惟以相爭互勝為事，不以相安互和為務。非不有一時之成功，恐難期長久生命之維持與滋長，此有中西歷史為證，實亦大值深思也。

(二)

民國初年，《東方雜誌》似有人寫一論文，已忘其篇名與作者，稱中國從來知識思想犯一通病曰籠統。一時此說盛行，報章雜誌屢見籠統兩字，成為詬病中國知識思想一公認通用之名辭。由今思之，籠統猶言囊括，乃指包涵總體言，此正中國傳統文化一最大特徵之所在。當時以籠統二字群相詬病，亦正可謂把握得其要領。

如言孝，時代不同，社會不同，家庭亦不同。人各有父母，而父母亦各不同。即使是兄弟，甚至如孿生兄弟，其對父母之孝，亦必不能盡相同。如何盡其孝，既各不同，又何能清楚分別，具體言之。空洞只說一孝字，豈不為一籠統之名辭。

如舜與周公均大孝，而兩人之孝，具體言之，實大不同。兩人之間又有禹，其父鯀治水無功，舜殛之羽山，而使禹繼任其父業。禹治水在外十三年，胼手胝足，三過家門而不入，洪水終平。舜殛其父而用禹，禹能幹父之蠱以答舜，此亦禹之大孝。而其孝則與舜與周公之孝又大不同。西周之初，又有泰伯、虞仲，讓國逃亡，此亦當稱為大孝。中國相傳有百孝，百人之行，互不相同，而互得稱之為孝。可見孝正是一極籠統辭，而乃特為中國人所重。

其他籠統之名辭，屈指難縷數。如言讓言和，言無所爭，言禮，一切皆然。禮主讓，以和為貴。孔子曰：「君子無所爭，必也射乎。」除射無所爭，而射亦有禮，其爭實非爭。但所言皆不具體，皆籠統言之，而一切事則皆在此禮之一字之籠統之內。禮與孝兩字亦同為中國人所重。

《大學》言：「在明明德，在親民，在止於至善。」此亦皆籠統之辭。何謂明德，此指天所賦於人之性，而發之於吾心者，此非一籠統之名辭乎。至於如何明我之明德，則人各反己自得，倘有所言，當更屬籠統。然中國傳統人生大道，則此籠統之明明德三字已足包涵淨盡。孝亦一明德，此皆人生之至善，人生一切大道在明其明德，在止於至善。如為人父止於慈，為人子止於孝，為人君止於仁，為人臣止於敬，與朋友交止於信，皆籠統言之。慈孝與仁與敬與信，皆人之明德，皆人道之至善。人當知止於此而不遷，故曰：「知止而后能定，定而后能靜，靜而后能安，安而后能慮，慮而后能得。」人當知為人子則惟孝為至善，當止於此至善，更無遷移。止於至善者，非謂己之能至於此至善，乃謂惟此乃至善，為人所當止。如舜父頑母嚚，至屢欲殺其子。然舜無他道，惟有止於孝。即只有此一道，未有其他路線可供選擇。知此則心自定。

孔子曰：「必也正名乎。」名乃其分別，而道則其籠統。孔子之意，乃更求分別以企於更加籠統。當知中國人之籠統正從分別中來。猶如中國人之認識總體，乃從認識其部分中來。此為研究中國傳統文化者所不得不知，尤當加倍注意努力之所在，故不憚詳言之如此。

父母只是父母，子女只是子女，名分早已定，而吾心不定，則何道之從。心定則自靜。靜者不動義，即止於此而不遷移之義。能靜始能安。舜之孝，在能心安於其子之名位上，而道自見。其心安乃能慮。父母設計殺我，我奈何？聽其殺抑逃之乎。逃了又如何？仍守子道，抑逃後再不為子？處處時時事事皆當有慮，而終不逃其子之名與位，斯可得矣。凡其所慮所得，皆具體有分別，而事皆未來，各不得具體分別以說。可說者，惟此一籠統空名曰孝是矣。故中國人必先知此一籠統大道，曰明德，曰至善。知此然後乃可分別時地以明其明德，而止於至善。明其德而止於至善者則在慮，非可前知，亦非能推知，在能隨時隨地隨事而慮，始可有得。而其先決條件則在知此一籠統之大道。故中國人之止，乃可與中國人之通合而為一。猶之中國人之分別，乃可與中國人之籠統合而為一。孔子曰：「執其兩端，用其中於民。」兩端即分別，中即籠統。正亦此義。

此一籠統，不僅籠統吾之一生，亦籠統一切人，一切時，一切境。有一道曰孝，此非極籠統之尤乎。若必具體言之，則必隨時、隨地、隨事、隨人而有分別，難於前知，亦難可推知。此必先有一籠統之知為之本，即對人生大全體之終極理想與最高目標有所知，亦即所謂止於至善之知。無知無本之人，其平常處境，仍必隨時、隨地、隨事、隨人而分別為慮。縱可慮而有得，然於籠統之大全體則並無有得，斯必於異時、異地、異事、異人而俱失之。凡其所慮所得，皆至狹小至短暫。時、地、事、人變動不居，而此心亦不定、不靜、不安，有所得而無所止，亦終不得謂之至善。

《大學》書中，分知與慮為兩項。以今日語說之，知乃知識，慮則思慮。亦可謂中國人乃以知識謂知，實即識而非知。而思慮則稱慧。孔子之言仁且智，仁亦一種知識，即是識。智則指智慧言。知識乃籠統識得此總體。臨時在此總體上分別應付則謂智慧，乃對部分，非對總體。西方人僅求知，而不論識與慧。其謂知識即權力，乃近慧，非近識。中國人則重識猶勝於重慧，故曰：「士先器識而後才藝。」才藝乃本於慧，不本於識。又曰：「識時務者為俊傑。」時務亦一籠統語，先識時務之大籠統，而後智慧有所用。苟不識時務，而徒用智慧，則雖有小得，終必大失之矣。西方今日之科技，亦屬一種智慧，而總有其不識大體不得大體處。故乃對其大體為害甚大。

孟子以伊尹為聖之任，伯夷為聖之清，柳下惠為聖之和，其任其清其和，亦皆得謂之識時務。則識時務不僅為俊傑，抑更可為聖。孟子又稱孔子聖之時，則變通任清和而隨宜使用，尤更為識時務。識時務即識大體。孔子之讚顏淵曰：「用之則行，捨之則藏，惟我與爾有是夫。」行與藏即任清和之更迭變換而使用，此之謂聖之時。孔門惟顏淵能有之。子路仕於衛而死，復何所成？冉有仕於季氏，季氏富於周公，孔子曰：「冉有非吾徒，小子可鳴鼓而攻之。」是子路之善治軍，冉有之善理財，其在具體事務上之智慧，雖可謂未必差於孔子，而其對時務之籠統大知識，則距孔子甚遠，皆不得謂之識時務。孔子作《春秋》，曰：「《春秋》，天子之事也。」而《春秋》之一褒一貶，游夏之徒不得贊一辭。是游夏在文學之科亦不得謂之識時務。不知又歷幾何世幾何人之會合攻專，而始有《春秋》三傳之結合。孔子又稱管仲，曰：「管仲相桓公，不以兵力。九合諸侯，一匡天下，民到於今受其賜。」則管仲宜亦可謂之識時務。但自有孔子，而孟子則曰：「乃所願，則學孔子也。」「子誠齊人也，知管仲晏子而已矣。」是則天子之事即時務乃王道，管仲則僅為霸道。孟子王霸之辨，為此下兩千年中國儒道所承襲。可見知與識大不同。知有管仲，豈能即識王道。知治軍理財一切文學之變，又豈能識王道。知僅是一分別名辭，識則必達於籠統境界。王道乃籠統之更大者，又豈專務政事文學者之所能識。

今再嚴格分別言之，則識最居首，慧次之，智又居其次，知則最當居末。《書》曰：「非知之艱，行之惟艱。」而《孟子》以不學而知為良知。但人斷不能不學而有識。俗有云「有眼不識泰山」，則有眼能見不能識可知。故國人每以學識連言。而智慧見聞則皆從學功夫中所當有。此四字之大分別乃如此。而西方人似乎僅重一知字，此亦其文化相異之基本所在矣。

近人競慕西方，亦崇其個人主義與功利觀點。此須用智慧隨時隨地隨事隨人作具體分別之應付，俾易於有得。如冉有可謂理財專家，而孔子曰非吾徒也。孔子所言，乃為人生大道，雖若籠統，然易世以後，季孫之富終於何在。則孔子之言，豈不信而有徵。今人看法則不同，認為冉有之後當求另一冉有繼之，則季孫氏不患不長富。故惟求變求新，但求進步，不肯求所當止。人生千變萬化，豈有一可止之境。西方社會與西方人生，自希臘至羅馬，至近世之英法，而至當前之美蘇，變則變矣，然希臘羅馬乃至英法，其一時盛況皆不可得而止，豈美蘇當前之盛境獨可止。人心不定不靜不安，縱亦有慮有得，然不旋踵即失之。孔子曰：「雖百世可知。」此知則即是識。由識自能有慧。個人主義與功利觀念盡在眼前，甯論百世。故西方傳統重當前之智慧，不重籠統之知識，此則與中國大異。近人以籠統譏中國，亦此意矣。

孔子言：「足食，足兵，民信之矣。」又言：「去兵，去食。自古皆有死，民無信不立。」其言兵與食，皆具體易知。言信則籠統不易知。但死生乃宇宙生命大自然一體之兩端，人生亦然。希臘、羅馬、英、法、美、蘇，雖極一時之富強，其民皆有死，豈不易知。但生必有死，又死必有生。耶教所信，乃信在上帝天堂，不信及於塵世。中國人則信人同此性，人同此心，人同此德，人生大道乃本此心此德而立，可永存不息。故己之一生，即存在通達於他人之生命中，而有其不朽。果得有此信念，雖若籠統，即可信人生之不朽。而西方人不之信。民信而立，所立者即其位。故中國人必求正名定位，又豈西方人僅爭平等之所能知。中國民族之立於宇宙間，則廣土眾民已綿亙五千年之久，此非孔子所謂信而有立之確證乎。則中國人所言雖籠統，亦皆有具體分別可證，亦惟國人之善體之而已。但若必求說明，則千言萬語終有不盡不明處，亦惟反求之己心而可得。亦幸國人共識之。

(三)

平常乃一籠統語，而中國人則最重平常。安分守己，樂天知命，平平常常做一人，其中即可有傑出人。不安分，不守己，不樂天，不知命，不平不常，只想做一傑出人，則人而非人，決不得成為一傑出人。孟子曰：「人皆可以為堯舜」，此一語七字，在中國流傳甚廣，影響亦甚大。但孟子意乃指堯之好賢，舜之孝，堯舜之讓。指其德性，不指其地位事業與功名，堯舜德性，平常人所同有，故平常人同得為堯舜，非不能。但孟子也說人有所不能。孟子曰：「天之將降大任於是人也，必先苦其心志，勞其筋骨，餓其體膚，空乏其身，行拂亂其所為；所以動心忍性，增益其所不能。」可見人是有所不能的。如堯舜為天子，出任人群大任，豈人人能之。

堯舜為人，史跡荒遠，難以詳考。但知堯為天子，聞舜至孝，嫁以二女，遂得舜之詳。適逢洪水為災，擢舜攝政，又以天子位讓之，舜又以讓禹。果使堯為天子，洪水未興，則堯亦平平常常過了，那能成得像今所傳之堯。次言舜，無勢無位，生在一平常家庭中，亦僅得做一平常人。乃不幸父頑母嚚弟傲，生在一不平常的家庭中而舜還想做一平常人，能孝能弟，於是歷盡幾多曲折艱難，而終以大孝名。經堯物色去，獲禪天子位。同是在一不平常環境中，成得一不平常之傑出人。

再次言禹。其父鯀亦當是一平常人，並非一惡人壞人，所以堯使之治水。果使他是一惡人壞人，堯也不會使他來治水。舜殛鯀，而使禹。禹既先知其父治水之失其道，又念其父被殛，乃盡心力以治水，以贖父之愆。是禹亦在一不平常之處境下，而得成一不平常之傑出人。乃亦受舜禪為天子。果使無此洪水大災，鯀與禹亦自在一平常父子標準下，不失為一平常人。但鯀禹又焉得乞求天降洪水，以期己之不平常。

今再就此三人論。治水大業成於禹，但非在上之堯舜授以此大任，則禹亦無以成其業。堯舜之於禹，正如孟子所謂天之降大任於是人。堯舜之德，實已上通於天。天生斯人，即賦之以斯德。故人皆可以為堯舜。但孟子繼楊朱墨翟而起，其時則楊墨之言盈天下，天下不之楊則之墨，人人不願為一平常人，斯誠一世之大憂。故孟子乃曰，「人皆可以為堯舜。」其意即猶謂人人能做一平常人，即已為堯舜。堯舜亦只是一平常人，無煩勉求傑出。孟子乃唱導天下以人人盡所能行之一正道，乃為平常人立教。謂平常人儘不平常，如舜以若是之父母而能孝，則平常人又誰不能孝。以堯居天子位遇艱難能讓位，則平常人又誰不能讓。孝與讓，皆平常人德性所俱有而俱能。孝且讓，斯即不平常矣。若必求如舜之為大孝，如堯之能以天下讓，時運環境不同，則孔孟亦所不能，其他人亦誰歟能之。故孟子自稱則曰：「乃所願，則學孔子也。」但並不言願學堯舜，亦不言人皆可以為孔子，則孟子之深義亦大可尋求。

人生必當為一平常人，但平常人中，又必當有傑出人。惟不能尋求違異於平常以為傑出，惟當在平常中能傑出。楊墨則務求違異於平常以見其傑出，故孟子指示一正道，即平常亦即傑出，如堯舜是已。如禹如周公如孔子，此亦皆傑出，則非盡人能為，此須進於學，成於才，乃能達。志學求達，此乃極平常事，為平常人所當勉。孟子曰：「我四十不動心。」即猶如孔子之四十而不惑，此即志學勉達後所成，但豈平常人所能。此則已見在平常中傑出，而豈事業功利名望地位之所謂。當知此等在大群中既不能平，又不能常，雖若傑出，存心於此，則決非人生之正道。

莊老道家則只教人為一平常人，不教人為一傑出人。《老子》曰「絕聖棄知」「絕學無憂。」為一平常人，歸而求之有餘師，固不待學。佛教東來，教人學釋迦，亦求為一傑出人。中國高僧如生公，則謂一闡提亦俱佛性，頓悟成佛，乃與佛教大義有違。生公之說，實旁採《孟子》義。及唐代禪宗繼起，乃有即身成佛，立地成佛之說，則遠非佛教之本義。佛教必求出家，盡屏人事，反己求之，庶得不學而能。若求為孔孟聖賢，在大群中做人，或將出任天下之大任，則焉能棄家而絕學。

南宋陸象山言：「堯舜以前曾讀何書來。」不教人讀書，以一平常人，得為堯舜則可。以此為六祖慧能，求成一佛，亦無不可。但絕不能在平常人中，為一傑出人，出任天下之大任。當知象山教人不讀書，在當時已為不平常。所以，不見有大害，因同時有朱子。朱陸門人互通聲氣，治象山之學者，常有朱子學在旁作警戒，故得規矩無大差。及明代王陽明，在龍場驛歷盡艱辛，乃問使孔子亦如我今日，當作何處置。遂發明其良知之學。但陽明此一問題，在當時實是一極不平常之問題。以一平常學者來作問，當問我學孔子，當如何來效法始可。今謂果使孔子處我境，亦只得如此處。則未免自視太高，太傑出了。此等想法，乃使人不能真傑出。若問我處孔子境，亦得如孔子般處否？則其間自當有學。要我學孔子，乃一平常人想法。要孔子亦如我，此乃一傑出人想法。此後陽明離去龍場驛，出任政府重任，乃有事上磨練之教。則已知人當在事上磨練，不能僅憑良知。然事上磨練已不易，仍當先在學上磨練，惜乎陽明在此終未有大發揮。

繼陽明而起者，有王龍谿王心齋，專以陽明良知之學來教平常人，乃二王亦見為傑出。尤其如王心齋，本一擺地攤之小商人，其在鄉任教，陶匠樵夫，皆聞其風而起。殆皆上承孟子所謂人皆可以為堯舜義。然天下尚有大任，則恐非龍谿心齋之教所能盡。更降而有羅近溪，乃至有李卓吾，則離題更遠。卓吾本一政府官吏，烏得搖身一變即為一佛徒。以卓吾之才情，入深山中為佛徒，亦得為慧能，為一代宗師。何得身披僧衣，仍預塵事，仍滯仕途，僅憑一己良知，豈得盡棄人世規矩歷史經驗於不顧。即昔之狂禪，亦不若是之狂。孟子僅言人皆可以為堯舜，並不曾言人皆可以僅憑一己之良知。後人之言良知，實已非孟子所謂之良知，孟子所言乃一平常語，而後人之論，則甚為傑出。亦已不待論而知。

禹治水有大功，不得謂人人可以為禹，而中國人則認立德尤在立功之上，其義深矣。繼堯、舜、禹而起者，有商湯、周文王、武王、周公，文王之德尤在湯武之上，而周公則最難為。使武王不遽死，或成王年已長，或管蔡不如是之無道，則周公尚不若是之難為，亦無以成今傳之周公。惟周公兼德業於一身，有似於禹。但禹治天災，周公則處人事，其難則猶甚於禹。孔子志道志學，乃獨以周公為其最高之準則，曰：「甚矣，吾衰也，我久矣不復夢見周公。」斯見孔子一生志業之所在。

孔子又曰：「十室之邑，必有忠信如丘者焉，不如丘之好學也。」則十室之邑皆有忠信之德如孔子，但不能如孔子之好學。好學必先立志。即人人立志好學，亦不能人人如孔子。但孔子又曰：「道之不行，我知之矣。」是孔子已知其道之不能行，而猶學不厭教不倦。其門人弟子則曰：「夫子賢於堯舜遠矣。」孔子之賢於堯舜者何在，此則值後人之深思。孔子亦居平常位，為一平常人，而已能與堯舜同躋聖人之列。則果使孔子亦居堯舜之高位，當堯舜之大任，堯舜又何得與孔子相比。墨翟繼孔子起，亦立志好學，但曰：「非大禹不能為墨」，則又豈得人人而為禹。楊朱繼墨翟而起，又唱為我之學，拔一毛利天下不為。楊朱宜非一不學無志人，然欲盡人如楊朱，斯亦甚難。而當時則楊墨之言盈天下，天下不之楊，則之墨。此則當時學風盡求為一不平常人，而不計其可能與否。故孟子曰：「乃所願，則學孔子也。」則因孔子為學之造詣雖不可企及，而孔子為學之路向則仍不異於平常人。僅曰「三十而立」，又曰「七十而從心所欲不踰矩」，此非平常人之所想望乎。是則孟子之學孔子，亦非求超出平常為一傑出人可知。

今日之世情，則人人盡求為一傑出人，再不願為一平常人。爭富爭貴者不論，即日常遊戲，參加一運動會，亦必求列為冠軍。人人又盡加以榮譽獎勵，則世道所趨，更何可問。人人能為之事，我不能不為，此乃平等而不自由。人人不能為之事，我亦不能為，而必求能為，此則自由造成不平等。此亦中西文化相異一要點。而孟子人皆可以為堯舜之說，乃誤解為人人皆可傑出為世界第一人之想。而不知最傑出者，仍當不失為一極平常人。則誤解孟子義，其為禍之大，乃必有出乎李卓吾之上者。而今人治學亦正不以李卓吾為怪，而更有重加以崇奉而取法者。世道人心如此，使孟子復生，不知又將何以為言。此誠大堪警惕矣。

中國人好言心，人之相知，貴相知心。但心有深淺厚薄高低之不同，因此傑出人要得一知己不易。

(四)

西漢初賈誼，少年傑出，漢文帝賞識了他的〈陳政事疏〉，但同時朝廷先進絳灌之徒都不賞識他。文帝無奈，命他為長沙王太傅。賈誼屈居遠僻，不免自傷悼，自比屈原。再見文帝，作長夜談。文帝說，久不見賈生，自謂進步了。再見賈生，乃知仍不如。但當時朝廷形勢依然，乃命其為梁少王太傅。梁王出獵，墜馬身死。賈誼亦憂傷不壽。一代偉人，遽此長逝。數十年後，司馬遷為《太史公書》，以賈誼與屈原同寫一列傳，賈誼遂成此下兩千年來，中國歷史上一傑出人物。使賈誼於文帝世，果得大任用大作為，恐亦未必有大成就大建立，使其名望地位更遠超於今傳之上。賈誼亦幸而仍為一平常人，乃更見其為一傑出人。此則誠學者所當深切以思，懇摯以玩之一途。

北宋蘇東坡與王荊公，各為詩文來批評賈誼。東坡作〈賈誼論〉，說他修養不足，政治前途須耐心等待，憂傷遽逝，豈不可惜。荊公作詩詠賈生，則謂賈生因梁王墜馬未善盡師傅之託付，遂自憂傷而卒。兩人批評大不同。誰得賈誼內心之真？賈生初赴長沙，或亦自傷不遇。待其再見文帝，仍不識文帝心情，一意只在自求進取，那亦無足深取。荊公之評應得其真。今姑不論賈生，即就荊公、東坡兩人之批評，亦自見兩人之心，深厚淺薄高低之不齊。單就兩人在其當時之一切表現言，即把他們批評人的來批評他們，亦宜不太離譜。

余嘗深玩荊公之詩文，較之其並世前輩歐陽六一，同輩如曾子固蘇東坡，亦決不少傑出處。而荊公特多受當時與後世之詬病，此亦因其得神宗之賞遇，過分傑出於尋常之上之故。此亦學者知人論世之所當深思。儻以邦國相擬，今人之議論，豈不於美蘇為集中特甚，亦以其地位傑出之故。明白得此一番道理，則中國之特能於衰後轉盛，亡後復興之所以然，亦可研思以得矣。

今再以美國論，人稱美國為一移民國家，其國中各處移民雜居。英倫最先移民，實屬少數。但彼等乃美國之主人，乃處處必求傑出於其他移民來此之上，此實美國前途殊堪憂慮之一端。而何以善其後，則不僅深謀遠慮所未及，抑且亦少明白提出認為一問題。是誠堪憂慮之更甚矣。又如蘇維埃遠自俄羅斯彼得大帝以來，以俄國較其他歐洲現代國家為落後，一意追求前進，迄今仍專求傑出，不甘平常，乃其立國最大之病根。

中國人則時時處處教人為一平常人，又時時處處每以傑出他人為慮。此誠一極平常，而又極傑出之一大道理。「貧而樂，富而好禮」一語，則更寓精義，更當實踐勿違。當知貧應是人生一平常狀況，富則乃屬人生一傑出狀況，故曰：「士志於道，而恥惡衣惡食者，未足與議也。」豈務求爭前惟恐落後者之所能體諒其心情。此誠值得提醒國人崇慕西化者之再加深思。

民國以來，批評成風，尤好批評古人，號為文化自譴。而孔子遂為批評最高對象。打倒孔家店，口吻淺薄，號為新文學。當時《論語》受批評最普遍者有兩章，一為「女子小人為難養」，一為「子見南子」。此事在當時子路已懷疑，但孔子不自表白。人之一心，豈能事事自加表白，此亦見己心之無深度無高度。故孔子對子路亦僅曰：「予所否者，天厭之，天厭之。」孔子他日又曰：「人不知而不慍。」《老子》亦言：「知我者希，則我者貴。」中國人不求人知，乃為人生一要端。子路伉直善改過，其從孔子忠誠不變，偶有懷疑，當已冰釋。及衛亂，孔子在魯，早知子路之不歸。子路死，孔子自哀曰「天喪予，天喪予」，若其慟顏淵。則子見南子一事，孔子子路已絕無芥蒂可知。在魯在衛在陳在楚，亦絕不有為見南子而稍減其對孔子之敬禮，何期兩千年後，乃成為批評孔子一好題目。即此見批評者之淺薄，於孔子曾何損。

某年前，有十數大學生見余，談及中國文化傳統。余告以當稍讀幾部中國書，《論語》尤當先讀。一女學生即問，孔子言「惟女子與小人為難養也」，何義？則此一語受國人疑難已歷數十年未變。余告以此語當注意難養二字。若母若妻若女，豈得認為僅受我養，又復難養。又豈得謂近之不遜，遠之則怨。則此章女子顯指家中傭僕，不指凡天下之女性。余家一女傭，正如孔子言，甚感其難養。諸位崇慕西化，今臺北家庭雇女傭者日少，漸已接近美國，而孔子已先兩千五百年言之，豈得為此一語，遽棄《論語》而不讀。

近年來則風氣又變，古人已不值批評，乃轉對同時人批評。批評他人，不啻即表揚自己。風氣如此，自己即同在受批評之列。知名度愈高，受批評亦愈烈。人與人不相敬，不相信，又何以成群而相安，更何相樂之有。

西方人重人事，不重人心。一事之是非從違，乃不得不以多數人意見為定。而多數人之心則率淺率薄率低，深厚與高度則僅可從少數人心求之。故當前西方民主政治，實是一平常人政治，非中國古人所追求之賢人政治。使賈誼從事競選，參加會議，必不得多數贊同。此層在近人中，惟孫中山先生一人提及，但亦絕不為大多數崇拜孫先生者所稱道。中山先生言知難行易，而惟知心為尤難。但人群相處互不知心，則又何以自安而自樂。

既知己心之可貴，斯知知心之難求。所以中國古人說：「得一知己，死而無憾。」然人不知我無可責，己不知人斯可慚，亦可恥。父母不知我，無可責。我不知父母，當自愧自疚。此舜之所以成為大孝。所以知人為貴。能友一國之士，友天下之士，而猶不自足，乃求尚友千古，此為中國人處人處己之最高理想，最高態度。中國文化之最高可貴正在此。人與人相友，何與人與人互相批評，其間究當作何分別？孔子曰：「知之為知之，不知為不知，是知也。」顏淵最能學孔子，正為顏淵能自知於孔子猶有不知處，故曰：「既竭吾才，如有所立卓爾。雖欲從之，末由也已。」不知為不知，斯為顏淵之知。故周濂溪言學顏淵之所學。濂溪不敢言學孔子之所學，而濂溪遂亦卓絕於千古。中國人之所以為中國人者正在此。而今人則豈肯自承於孔子有不知，僅以能批評孔子自負。人心人道如此，可慰抑可樂？

今人好學西方，如希臘之亞里斯多德，曰：「我愛吾師，我尤愛真理。」今人亦當謂：「我愛古人，我尤愛真理。」豈不即已西化。真理則在亞里斯多德之一己，不在其師柏拉圖，此之謂自由平等獨立。東施效顰與邯鄲學步，則非西方人所貴。今以顏淵之學來學西方，則又當為西方人之所慚所恥矣。

孔子曰：「君子無所爭，必也射乎。」今當易其辭曰：「西方無所學，必也爭乎。」羅馬與希臘爭，英法與羅馬爭，美蘇又與英法爭，善學美蘇則當與美蘇爭。批評自己中國古人，又曷若能批評西方之更為西化？如參加西方運動會，即在能與西方爭。今全世界無一處不相爭，即美蘇亦無奈何。國人求現代化，莫如不讓而爭。古人已死，與我無可爭，轉移目標，始為善學。美國行民主政治，蘇維埃則為極權統治，惟中山先生乃創為三民主義與五權憲法，斯則可謂善學西方者。不知國人以為如何。

孫中山先生亦為中國五千年歷史上一傑出人，但同時實亦是一平常人。論其生前實蹟，辛亥革命成功，身居臨時大總統位共幾月，即謀和讓位於袁世凱。及再起革命，偏據南土，又共幾年，即北上與張作霖、段祺瑞謀和，而病逝北平。其創立之三民主義與五權憲法，皆待後人為之實現完成。論其生前之實際地位，前不如袁世凱，後不如毛澤東。但袁與毛皆就此完了，豈得與中山先生相提並論。故中國人論人生，必在大群中有其歷史綿延，中山先生一生之意義與價值即在此。其所唱之民族主義，或亦以此為要。願國人之崇奉孫先生者，其再熟思而深發之。

五〇　公私與通專

農業生產賴人力，當屬私行為。近代資本主義工業生產賴機器，應屬公行為。公私輕重，亦中西文化相歧一要點。

古希臘以商業立國，不盡賴個人勞力。海上航行，集團出國，皆非私人行為。業農則可私人各別為之，被視為農奴，其受輕視可知。羅馬帝國興建，賴軍隊武力，亦屬集體，私人力量不受重視。現代國家自航海發展，繼以工廠興起，資本主義與帝國主義兼營並進，實匯通古希臘、羅馬而一之。故西方社會雖重個人主義，而實際則其內心乃輕視個人。個人無可作為，乃以種種方法種種行為以加強其個人。故個人主義雖借公營私，實則重公賤私。

馬克斯僑居倫敦，成其共產思想，首唱賸餘價值論。認為工廠工人賴機器牟利，廠主擅有機器，而勞工則為機器之附屬品。但機器生產利潤當由廠主與勞工平均分享。若其重視勞工，實則其思想乃從西方傳統個人主義而加以一番糾正，非專從重視勞工來。換言之，機器是一公，而勞工則各別是一私，如是而已。又豈得謂其乃重視勞工之亦仍各為其私乎。故馬克斯又謂其主張乃唯物主義，此亦自謂其主張乃非一種人生道義論，非為勞工階級仗義伸冤抱不平，其意亦自可見矣。當時如英法諸國，皆已自農業社會轉進為工商社會，農產品則賴殖民地供給。故馬克斯共產思想並未討論及農業。惟應推行於資本社會帝國社會中，而不意列寧乃在蘇維埃首先推行。

當時農業生產，機器並不重要。倘亦推行機器，人力將感過賸。如當前美國，農村占地雖廣，而人口則稀，其農村亦儼如一工廠。蘇維埃則農業落後，其工商業亦終不能與西歐北美相抗衡，其機器使用主要乃集中在武裝設備上。今日蘇維埃核武器演進，至少堪與美國相競。而世界第三次大戰，乃若迫在目前，此為當前人類最為警惕，而又無可挽救一大難題。

然則馬克斯之共產主義，乃求勞工私人力量與機器力量之稍加平衡。而蘇維埃之共產政策，則并廠家資本而盡加深斥，乃使機器力量遠駕於私人勞力之上。而盡供政府之用。一思想之推行，其結果乃可因環境有別而得如此之相異，而有如此之不同，此亦大可驚奇矣。

繼蘇維埃之後，中國亦推行共產思想。中國自古以農立國，其農業成績遠超西方之上。近代機器之使用，中國則尚無基礎。馬克斯共產思想本為機器與勞工打算，中國農業則不用機器，亦非勞工，於是共產思想推行到中國主要乃成為分農產，遂創為人民公社。使人人不願盡其私人之勞力，而農業遂成為無產，使全國陷於無衣無食之困境。不注意自己文化傳統，而輕效他人，肆意改革，其為禍有如此。

今日大陸已有廢棄人民公社，重歸舊日農村之意想。然重返舊日農村，則須賴私人勞力，又必讓私人自享所得。則共產主義又何得維持。抑且農產僅賴私人勞力，重私不重公，又何得與並世工商資本社會之重公輕私相抗衡。若必走向近代工商社會，而不推行共產思想，又何以避免勞資利潤之不公，如當前資本社會之弊害。此其間有種種問題，須待思考，須待解決。而此種問題之提出與思考與解決，則必有待於史學與文化之通識，而非今日所謂之專家所能勝其任。

實則馬克斯亦僅是一專家，而非能具通識。彼所認之問題與主張，實專在經濟一面利潤之分配上，乃為賸餘價值論。有關機器生產之種種專門知識，馬克斯全不知。史學方面亦然。馬克斯不得謂是一史學家。其分別西方歷史為一農奴社會、封建社會、資本主義社會、共產社會之四階層，亦即證其眼光與精力之專限在一問題上，而其他事項盡所不知，故亦置之不問。既專門注意在一問題上，其對東方更所不知，此則馬克斯自己所承認。試問如此一種西方的專家，東方人如何可以據以作政治社會文化思想全盤之改革。列寧在蘇俄依照馬克斯已為過分，毛澤東在中國竟亦依照馬克斯來改革一切，可謂荒唐。

依據中國歷史論，既未有農奴社會封建社會乃及資本主義社會之出現，則何來又忽然需要一共產社會。若必改為共產社會，則其他一切人事盡待改革，豈經濟分配一項所能限。今日國人已在知識上僅尚專門，不知有通才，其他種種病害乃連帶發生。中國古人則必尚通，不求專，身、家、國、天下，一貫相通，其間皆有道。以專門知識論，則無可相通。

此因中國重師承，堯、舜、禹、湯、文武、周公以至孔子，皆以一師承來領導群倫，故一人之修身可以達於齊家、治國、平天下。西方人輕視師承，故只許在大群中分門別類作專家，不許駕大群而作為一領導人，此乃中西文化一大相異。

故中國歷史上一切人才皆尚通識，而專門知識則居其次。農田水利，豈不有賴於專門知識。而授田制度租稅制度等，則皆須有通人為之規定。此須善治中國政治制度史、社會經濟史者為之闡述，而豈徒拾西方人牙慧，謂其乃農奴社會封建社會帝王專制者，所能有當於萬一。捨此不論，專論當前，中國傳統觀念，身家國皆屬私，天下乃一公。而一身之私，則可直達於天下之大公。西方人則僅知有國，不知有天下，可謂其心乃有私而無公。明末遺民顧亭林言：「國家興亡，肉食者謀之。天下興亡，匹夫有責。」亭林自為一亡國遺民，而其心猶能不忘興天下。故中國平民，必顧全其自身之私生活。而高級知識分子，則必鼓勵其有志於天下之大公。今則一趨西化，僅尚專門知識。而通才達識，以前中國人之所謂士，則已失其存在。而私人生活，則或主共產，或主資本主義，要之，皆僅有群體共同生活，不得有私人獨立之生活，實已全失中國之舊傳統。既無當於中國四千年相傳之人心積習，其前途之無可期望，亦可不待論而知。

如何維持四五千年來吾民族自己之傳統文化於不墜不失，而又能對近代世界之經濟侵略武力侵略善為維護，此須具最高通識之大聖大賢為之計畫，為之領導。而近世通行分門別類之各項專家知識，皆不足以勝任因應，而亦非結黨結派多數會議之所能製定其策略。此兩項乃不幸不為近代國人所認知，於是國事蜩螗，歷百年之久，而益趨於紛亂。即如當前大陸人民公社廢除，此下農村生活如何善加領導，此亦非農業專家之所有事。又如大陸森林水土盡遭破壞，水災恐當遍及全大陸，不僅社會人心變，而天地大自然亦隨而變，此誠中國最近一大問題。亦豈民主自由之所能解決，又豈傳習西方農業水利之專門知識所能克治。此須熟識中國人文地理之歷史演變，乃及歷代相傳之水利水害之具體事狀有所通曉，否則不足以謀對策。而又豈今日國人用心之所在。專作無知識之應付，其後果又何可設想。不讀胡渭之《禹貢錐指》一書，何得輕言黃河之水害。不讀顧亭林之《天下郡國利病書》，有關三吳之一部分，又何得輕言太湖之水利。豈當前現代知識盡在西方，而中國舊傳統乃更無一顧之價值乎？

又如當前英國與阿根廷有關福克蘭群島之爭議，此乃舉世一注目之問題，而愛爾蘭之於英國國策，可以公開反對。又愛爾蘭亦可公開加入西歐之列國會議，而英倫三島之共為一國，豈不人人盡知。此乃當前最近世界最大一帝國。試問不通曉英國民族心理，乃及英國歷史演變，何以解答此問題。推而言之，不通曉西方人心理及其文化精神，此問題亦無可解答。

今日國人一惟西化是尚，則試問中國自今以往，又何得常為一擁有廣土眾民之大國。苟非亦如歐洲分成二三十國，又何得謂西化之有成。無論此下中國之共產化，抑自由民主化，最主要者，皆在其求西化。而如中國四五千年來之統一大國，則決非西化所能有。即如美國，此亦廣土眾民，然有黑人有猶太人諸民族，乃一移民國家，與中國之形成為一民族國家者又不同。而今日國人又盛唱漢、滿、蒙、回、藏五族共和，則不知當為文化舊傳統之共和？抑為現代化美國式之共和？其間宜亦有一大分別。此須中國人自以中國民族心理，中國歷史演進，中國文化傳統解決之。而豈僅仗師法於美國，或師法蘇維埃，所能解決其問題。即如中國西南諸省，如雲南、貴州、廣西、四川皆有土司制度，以容回民之自治。此一制度，豈西方諸帝國所能知，所能有。

今試問，不遠以前，吾國人能具吾國家民族自己相傳之一套歷史知識，即修齊治平一貫相承之一套大道理者，能有幾人？苟有其人，能出而為中國全民族作領導，則中國而民主，必為一套中國式之民主，即中國傳統文化下之民主。中國而共產，亦必將為一套中國式之共產，即中國傳統文化下之共產。雖亦西化，終當具中國固有之特性，成為中國之西化。豈如今日言共產則必馬恩列史，言民主共和則必旁通之於美國林肯之民有民治民享，而即以解釋三民主義之內容。此則以西化化中國，中國又將成何模樣？此皆無可說明。而今日國人渺不知明日之前途，而不舉以為怪，斯誠可怪之尤矣。

然則繼今以往，竊以為國人宜有兩大任務當先明知。一則當知須先顧及吾國家吾民族自己之私，即所謂傳統文化，亦即我之私而非公。次則當知現代化，當具世界知識，當知全世界各民族各國家亦各有其私。故雖現代化，亦仍當容有吾一國之私。不得為現代化世界化而把自己私有之傳統文化盡加蔑棄，一掃而空。而其事實亦有所不能。能勝任此兩大任務者，則須一番通識，此由自己民族一番私有之學術傳統來。專尚西化以求通，欲并攬西方之各項專門知識，則更為難通。知識不通，則事業亦無可通，可不待論。

然則西方知識何以尚專不尚通，則因其文化傳統與我有別。其先乃為一商業社會，重公不重私，故其知識乃尚專不尚通。惟此當分篇另論，茲不及。

五一　公私與厚薄

中國人言社會，首要在其風俗。俗因地而殊，風則隨時有變，而風尤重於俗。余少時讀曾國藩〈原才〉篇，開端即謂：「風俗之厚薄奚自乎？自乎一二人之心之所向而已。」此謂人才興於風俗之厚，而風俗厚薄則源於一二人之心之所向。每喜其持義之高，而近百年來國人則少言及此。

西方小國寡民，地區已狹，疆域不寬。一國之內，風俗可以無相異。故其言社會，乃不重言風俗。即如英倫三島，有英格蘭，有蘇格蘭，有愛爾蘭，風俗各異，但亦無大相殊，習以為常，不再重視。如何移風易俗，西方人似少措意及此。此亦中西文化相歧一要端。故風俗厚薄之辨，西方亦無之。商業重廣告宣傳，務向外不向內。宏揚宗教亦重向外。政治則多結黨羽，亦主向外。專重外則方向多而內容變，其心不安不定，不能積，亦不厚。亦可謂之為無情。中國人則事事必求向內，一心一意，貴其情厚。

嘗聞民初北京大學聘馬一浮任教，一浮以「禮有來學無往教」七字拒之。一時群譏以為不合時宜。其實中國傳統學風正如此，乃尊師重道之禮。近代則以教育為職業，宜其不相合。佛教東來，中國高僧率隱居深山僻寺中。行腳僧可以持缽沿門乞食，但非沿門宣教。此則仍是中國風氣。至於政治更少宣傳。即觀歷代帝皇詔令可知。中國各種文體，惟詔令最貴簡要，不主繁文浮辭。儻詔令不厭詳瀆，則必增群下之輕視與反感，更又何可宣傳。此亦見中國風氣之一端。

中國人移風易俗，主要樞機在一二人之心，更要者，其心若只為己不為人。果行育德，是謂修養。換言之，若只為私不為公，而人自嚮往，風俗亦自見轉移。即以學術思想言，先秦諸子中，儒、墨、道三家最大。墨家似乎重向外，重宣傳，而墨家終於最不傳。莊老道家最尚隱，最不重宣傳，而在諸子百家中，除儒家外，其傳乃最廣最久。儒家居墨道之中間，即所謂有來學無往教者，而其傳乃最大。即觀其傳授方術之不同，亦可徵其內容之有異矣。

儒家言孝弟，豈非僅一身一家之私。然人心所同，至私即大公，故曰：「孝弟為仁之本。」中國人言德，必據私言。行其德，感其德，皆在私。非私不成德，德之厚，即易得人心之同情。墨家主兼愛，視人之父若其父，同視天下為一家，豈不大公無私。然必分而薄。故無私即無公，捨其私而為公，轉不易得公眾之同情。故墨家雖明辨暢論，而踐履篤實，又黨徒團結，自鳴以大義，其宣教之人，遠勝於西方之耶穌，但不三百年，戰國末即衰。楊朱為我，拔一毛利天下不為。有私無公，則不得謂之成德。人自為我，似亦人心所同大公之道。人孰不愛其私，於是有人謂楊朱近仁，墨翟近義。或則謂楊朱近義，而墨翟則近仁。要之，楊墨之言盈天下。孟子則曰：「聖人先得我心之同然。」我即是私，同此私則成為公，但須一二人之成其德。楊朱為我之教，則非成德之教。儒家教成德，乃始有移風易俗之效，則在其能即私以為公之教。孔子所謂「執其兩端，用其中於民」是也。

至於在位行政，居上以臨下，地位不同，則凡其所言必當屬於公。而無可疑拒於在下者之各可有其私。但為政者之言，既必出於公，乃最不易得在下者之信。中國之居政者明乎此，故凡其所言，每不據政治職位言，乃常本儒道教化言，即言必出於道，而不本於權，以明凡所言之不出於我私，而盡為公。而今國人則譏之，謂其借孔子之道，以申其專制之權。則試問為君者終將如何以為言，而所言之必求得在下者之信而有其效乎？明乎此，則可謂中國傳統政治，乃一儒道政治。為君王者，亦多知其道。為天下之公，即亦保其君王之私。故通讀中國歷代帝王詔旨，自得其用意深厚之所在。當知帝王詔旨，亦非出帝王之親筆，必慎選一代名儒以掌此大任，所以得有此成績。但如雍正御批等，則又當別論。此非兼通史學文學之士，難與詳言。

當前社會風氣日趨頹敗，而一應學術機關，則盡歸政治統治，於是移風易俗，乃亦責歸政府。

然除法令外，政府又何能別有措施。又有報章電視等，廣肆宣傳。然此等功用乃在誘引人之欲望，否則激發人之怨憤。生事則易，移心則難。故民主自由，僅用法治。而移風易俗，則非其所能。中國人所重，又豈當前西化時代之所能有。

當前時代人心，可稱有兩大端，一曰要人窮，一曰要人死。如商業求富，豈非要人窮。國防求強，豈非要人死。而科技綜其樞。科技僅以對物，今人則稱之曰客觀，一若其學至公無私。其實僅對物，此無私即無情。故無私之公，較之借公濟私，為害更大。中國人重言德，德必具於私，而即私以為公，其事乃誠，其心則厚。社會風俗求其誠而厚，而不求其偽而薄。一切人才當由此分。

故中國人必言人品，誠而厚者其品高，偽而薄者其品低。西方人無人品觀念，惟有法律觀念，法律之前一切平等。但坐輪船，艙位分上中下三等。乘火車亦然。甚至搭飛機，亦無不然。則西方人之等級觀，乃在物，不在人。坐上等位，其人即屬上等。坐下等位，則其人即屬下等。則豈非人之上下之分，即分在其擁有之財富與地位權力之大小上？故富貴即屬上等，人如此，國亦然。所以有帝國主義資本主義之出現，一若乃天地間一大公至正之道。但反而求之人人之私心，其何能安。

即西方之有宗教亦然。必選一教皇，亦尚位不尚德。若謂乃由大群公選賢德以登此位，則豈得謂德貴公認，不貴私修。求公認必趨於偽而薄，務私修乃躋於誠而厚。孔子曰：「不患莫己知，求為可知。」今日世界風氣，則競求人知，又必求廣眾大群多數人知之，其誠與厚，則不可再論。然則從宗教之弘揚，商業之廣告，以及政治之宣傳上來求風俗之改移，自無甚深之希望可冀。

今人但言時勢，不言人心。一若時勢屬之公，人心則屬私。但中國古人則謂公由私來，故時勢實啟自人心。而一二人之心，乃可轉移天下。今人則謂必如西方，由廣眾大群多數人乃可轉移天下。進一層言之，乃由物不由人，資本主義帝國主義皆由物來，非有物之轉移，又何得謂之有轉移。今人又好言求變求新，其實在求物變物新，非求人變人新。中國古人則一由人心來轉移人心，其間乃有一大不同。故中國社會乃建立於人心上，而西方社會則建立於物力上。果其物力變，則其社會自不得不隨而變。故帝國主義可以沒落，而資本主義亦可有不景氣，乃至於崩潰。故西方社會必趨於變。而中國則積四五千年來，此一民族國家之摶成，可以綿延擴大而終不變。今則人心變，斯其社會自亦變而不復矣。

然則今日人生大道乃有一要端，即當研究人心何以勝物力。換言之，人心私可以勝物力之公。此因人心有情乃若私，物力無情乃若公。中國人則重情而輕力，西方人乃重力而輕情。知此乃可知公私之為辨。即人可以勝物。最重要者，在使人知此心之屬於我內在之私，而物則僅屬於我之外在之公。心不變，乃得積而愈厚。物則必變，故孔子曰：「富而可求也，雖執鞭之士，吾亦為之。如不可求，從吾所好。」

當知吾心所好實在內，不在外。如衣食，如居住，如行路交通，其事皆在外。不僅在心外，並亦在身外。身之一關，最當明辨。身亦一物，身之主乃在身內之心，不在身外之物。此層最為中國古人所盡力明辨，而惜乎今人則不加注意矣。心之所好亦有屬物者，舉最淺例言之，如鹹蛋皮蛋，皆為中國人所好。今則皆變質，更乏佳味。又如中國家庭善作醃菜，每家必製七八甕，或十幾甕，味絕鮮美可口，今均失傳。衣著如綢緞刺繡，今亦盡變不復傳。如居住，則中國所最不如西化者，為毛廁。而獨勝西化者，乃園林。今則每家必具新式毛廁，而園林之勝則失傳，亦見西化之無深趣矣。

耳目之娛為聲色。姑舉樂器一項言，琵琶亦外來，然自西漢迄近代，亦歷兩千年。余幼年尚習聞之，今數十年來，國人皆競學鋼琴或大小提琴，擅彈琵琶者乃較少。是則人心所好之變，其主要關係豈不亦在外。西化屬新，盡可喜。舊傳則盡可棄。此心已為奴，不為主，亦由此可證矣。更何論於學術思想之高出其上者。明白言之，可謂今日國人內心之所好，已無一己之私，而盡屬天下之公。而其將日趨於薄於偽，亦可不待有爭矣。

然則盡今日國人之所為，乃日向於外物，而不求之內心。果可美其名而謂之務公不務私，然實為奴不為主，而仍美其名曰自由，曰平等。今再明白言之，則此乃中國人之平等意志，求與西方人平等，而中國人生之內在價值，則置而不顧。而中國舊風俗則有較西方更為平等者，如父母家產必分傳其子，長子則稍優，其他兄弟必平等分配。而西俗則待其父母臨死遺囑，高下有無，漫無定準。然則誰為平等，誰為不平等，又不待辨而可定。

抑且國人常言中國男女不平等，其實嫁女必備嫁粧，四時之衣裝，日常之家俱，乃及金珠手飾，視家有無。其女嫁後，畢生使用，可以無憂。而其翁婆丈夫，皆不得顧問。此非法律規定，而係風俗習慣。有嫁女時家境尚佳，而臨死時家境已落，諸子所分，乃遠不如諸女之嫁粧所得。此又何得謂中國之重男而輕女。自社會新風氣漸成，嫁粧一事乃告缺如。而國家法令，乃有出嫁之女亦得分父母遺產之規定。余在大陸時，乃有出嫁女回家爭遺產，與諸兄弟爭訟上公堂之事。風俗厚薄亦由此見矣。故儻尊西化，必求將一切舊傳盡量廢止。父母遺產則一依其父母死時之遺囑。然又豈得當於中國之人心。

要之，風俗既薄，則人才無望，自非中國古人言全不可信。否則中國前途亦必終自有艱耳。

今再要而言之，西方人多私，故貴公，乃重於物而輕於人。中國人多公，故貴私，乃厚於人而薄於物。東西文化相異略如此。

五二　情與欲

西方人信有靈魂，遂生宗教。又在科學、哲學上皆主身心兩分，故哲學上有唯心、唯物論，科學上有生理學、心理學。然西方科學言心理學，實多偏在生理。心之一切作用，皆從腦部求之。孔孟莊老之腦，若經解剖，宜與其他人腦無大不同。而其心則大不同，則又何說以解。中國人之於身心，每不過分作分別看。心在身而為之主，如國之有君，而君亦不離於其國。無君不成國，離國亦不為君，大體如是。

《莊子．齊物論》，「南郭子綦隱機而坐，嗒焉似喪其耦。」人與人相處為耦，而此處耦字，則不僅指人與人言。下文：「形固可使如槁木，而心固可使如死灰乎。」身如槁木，則喪其心。心如死灰，則喪其身。則此處乃謂心與身相耦成我，喪耦即喪此心與身之相耦。故曰：「吾喪我。」我即此身心之相耦。

心必接於物而見。身亦物，苟無此身，又何由見此心。《莊子》曰：「非彼無我，非我無所取。」是亦近矣。此可指自然與人生言，亦可指身與心言。慧可問達摩安心術，達摩答，「將心來，與汝安。」慧可悟，離開事物，心何可得。達摩面壁，已離開了外面事物。目不見色，即如無目。耳不聞聲，即如無耳。耳目俱無，則已失去了此心之大部分。伊川瞑目閒坐，不知門外雪深，不知兩弟子侍側，此所謂心不在焉，則視而不見，聽而不聞。不視不聽，又何見聞之有。儒釋道三家，皆有打坐工夫，主要即在喪耦喪我，即以求深處之真我。

中國為人本位文化，重要在人與人相接相處。普通人皆從此相接相處中見心，而儒釋道之深處，則求於不相接不相處中見心。其先原人時代，主要在與物相接。及其有家洞居，主要乃在人與人相接。人與人相接相處，乃有中國人所謂之人倫大道，亦即是中國之人生哲學。此處乃見有人心。惟人與人相接相處，千差萬別，有難有易。最親切，最接近，則最難處。夫婦人倫之始，朝夕相處，長時相接，而求能百年和好，成為佳耦，此實最難。西方人言自由戀愛，十萬人一都市，成年未婚之男女，各可達萬。萬中擇一，此自由即不易。僅從少數幾人中偶而相值，則僅乃一極有限之自由。又主自由離婚，則見夫婦相處久安之難。其實自由戀愛易，夫婦相處難。西方人又以結婚為戀愛之墳墓。中國人則夫婦求如雎鳩，求如鴛鴦，雎鳩鴛鴦僅乃一生物，可以人而不如禽乎。則最難亦即是最易之至矣。

有夫婦乃有父子，已成隔代。能不生代溝，父慈子孝，代代相傳，家祚永隆，事似不易。但慈以教義方，孝以幹父蠱，有道亦即易。兄弟如手足，兄友弟恭，實亦不難。儻一家夫婦、父子、兄弟尚不能相處，則又何論於出門處世。故君臣、朋友兩倫，必在夫婦、父子、兄弟三倫之後。《大學》言：「家齊而後國治，國治而後天下平。」治國需有君臣之義，平天下需講朋友之道，其本皆出於一心，其事皆始於一家。豈有不能齊家，而轉能治國平天下之理。

孔子言道依於仁，《孟子》曰：「仁，人心也。」又曰：「仁者，人也。」其實皆言人與人之相接相處，皆在此一心。不有此心，亦不成為一人。《大學》言：「自天子以至於庶人，一是皆以修身為本。」其實修身即修心，即修其人與人相接相處之道而已。

中國以農立國，百畝之田，生事已足。五口之家，和樂且耽，乃更所重視。治國平天下之大道，亦推此和樂之心以為解決。西方古希臘以商立國，生事問題難於農，不能心顧其家。先求人對物，再求人對人。又先對人中之疏遠者，再來對人中之親切者。情感輕於功利。並不須夫婦和好，父慈子孝，兄友弟恭，始能出門經商。乃反其道而行之，必先出門經商，獲得利潤，乃始回家享樂。但回家無樂可享，於是乃仍求之都市中。男女戀愛亦一樂，甚至兵戈相見，戰場相殺，亦夠刺激，亦一樂。其他樂事亦尚多，但非人情之常，亦非齊家之道。乃至無國可成可建，其天下乃一功利之天下。羅馬乃一帝國，羅馬人、義大利人、義大利半島以外人，分為三大部分。亦惟一兵力統治之暫時局面而止。

西方現代國家，乃啣接其封建時代之貴族，擴大成一王室，組成一政府。封建貴族建立在權力上，現代國家亦然。故西方人言家庭，亦言母權與父權。權力與權力間則必言法。有法而無情，乃有近代民主革命之興起。遂由神權君權而變為民權，主要仍在一權力。乃結黨爭權，以多數勝少數。其天下乃成為一權力之天下。

故西方有個人主義，又有集體主義，主要皆在權。集體主義實即個人主義之變相，則人與人間自無情感可言。權力則為人欲。中國則重情輕欲。但情中必有欲，欲中亦必有情。大體言之，對物則欲多於情，對人則情多於欲。對未得則有欲，對已得始有情。故男女戀愛多在欲，夫婦結合乃見情。果有情則欲自淡，至於無，斯見情之純。夫婦之百年偕老是矣。父母子女乃天倫，父母非欲誰某之為其子女，子女非欲誰某之為其父母，非欲故其情純。夫婦結合，亦求其不本於欲而純於情，故雖父母之命，媒妁之言不為病。則夫婦雖人倫亦如天倫，乃得成為佳耦。以道義相處，則情深而可久。以利欲相結，則情不深不可久。雖男女之愛亦如此。情發乎己心，故可自由。欲起於外物，故不應有自由。內自足則生情，內不足始生欲。飢欲食，此欲即是性。食求美，乃欲非情。情以理節，欲以法制，兩者之別，實有深義之存在。

推至於君臣、朋友亦然。孔子曰：「不仕無義。」仕非為欲，君臣初不相識，但相與間亦可有真情。朋友相知貴相知心，知心則真情生。酒肉朋友，乃市道交，各先有欲，而無情，又烏得謂之為朋友。故中國人好言名義。父子、夫婦、君臣、朋友皆是名，有是名則有是義。名乃指一種既得已成之局面，非由我要來，亦可謂由天賦。如天生我為人，在此家、此國、此天下，而有父子、兄弟、夫婦、君臣、朋友之五倫。非由我之私欲來，我一任其天，仁至義盡，則我乃為一天人。儻必欲違天由己，只自尋煩惱，自找苦痛，自毀其己而已。故夫婦則言：「天作之合」，此中大有妙義，惜乎今人之不加體會。

中國乃一農業人生，有其絕好之教育場所，自能多情寡欲。乃使中國造成一惟主多情，但求少欲之文化傳統，此亦可謂得天獨厚。

情有愛有敬，愛易滋生欲，敬亦人心自然。農村人多知敬，天地山川，一草一木皆所敬。鄉村曰桑梓，一桑一梓，植自父祖，與我並生並長。任意斬伐，心有不忍，並亦敬之若神。今日國人則譏之曰迷信，又稱之曰多神教，不知此亦農民心中一番敬意之自然流露。既敬天，乃敬及草木。其心有敬，乃不於己自足自滿。

孔子言仁亦言禮。《孟子》曰：「仁者愛人，有禮者敬人。」愛與敬實只一心。孝養父母，孔子曰：「雖犬馬亦知有養，不敬其何以別。」又曰：「弟子入則孝，出則弟。」孝可有私，敬則大公。中國尚敬老之禮，老而得人敬，豈非人生一大安慰。近代老人得一分養老金，乃以濟其欲，不足以慰其情，此亦一大分別。

敬者尊人，非自卑。愛則當知尊，夫婦相敬如賓是矣。禮有賓主，敬其賓，亦即主人之自尊，非由賓爭來，此之謂平等，天與人不平等。中國古禮天子祭天，諸侯祭其國之山川，平民不得預。但祭者是主，所祭者則是賓。賓主平等，即天與人亦平等。惟在主者之心知有敬而已。闡明此道者為師。故天地外，君親師皆當尊。尊親為孝，尊君為忠，尊師為重道。忠孝亦皆道，尊師尤人道之大者。孔子為至聖先師，其尊乃猶在君親之上。中國之人道乃如此。今人乃謂當尊青年。青年乃子弟，尊幼不尊老，豈不顛倒之甚。此乃一種功利觀，非道義觀。

中國子弟入學，教以敬業樂群。能敬業，斯知尊師。同有所尊，亦人生一樂。西方人進禮拜堂亦一樂，正因其同有所尊。孔子曰：「有朋自遠方來，不亦樂乎？」同受教，同相尊，亦為師者一樂。今日則教師亦一職業，受業同為謀生，同業相爭，即非樂。今社會乃僅知有愛不知有敬，財富權力皆不足敬。徒重財與權，決非人情之正，亦非人道之常。

孔子仁禮兼言。墨子主兼愛，非禮非樂，轉言天志，則非人情之愛。乃言尚義，此義亦當屬天不屬人。莊子兼反儒墨，盛言自然，人與物相類，無愛亦無敬，尤少言人情。但莊子實近儒。〈內篇〉七篇，〈逍遙遊〉、〈齊物論〉，開宗明義。繼以〈養生主〉，則生命當養。又繼以〈人間世〉，則人當處世。繼以〈德充符〉，有小德大德有德無德之辨。繼以〈大宗師〉，大德則為世宗師。殿以〈應帝王〉，宗師大德，乃可為帝王。則莊子思想，實亦其與儒又何異。名家本物，則由墨家來。

墨子非禮非樂，一以自苦為極。莊子則非禮不非樂，與惠施遊濠梁之上，而言儵魚出遊之樂。惠施名家墨徒，與之辯。甯有人不如魚，不知生之可樂者。莊子，妻死鼓盆而歌。此即阮籍禮法豈為吾輩設之義。妻死而歌，母葬而飲酒，蔑棄人間禮法則有之，非對母妻無情。《莊子》書又有〈至樂〉篇。治莊周道家言，無不知對外當和，對己當樂。和與樂，即皆情。《莊子》乃主寡欲以至於無欲，故曰：「至人無己，神人無功，聖人無名。」無己即無一己之私。孝弟不為名，忠恕不為功，無欲而至情乃見。故儒家言愛敬，道家言和樂，皆人情。墨家自苦以兼愛，亦非無人情。後代中國宗孔孟，兼采老莊，獨墨學不傳。中國文化一本人情，亦即此可知矣。

莊周兼反儒墨，但於孔子前提出一老子，於堯舜前提出一黃帝，雖寓言無實，豈不仍是孔子述而不作信而好古之意。墨子亦言，非大禹之道不足以為墨，則仍是述而不作信而好古。信好及於古人，此見人情之深厚。亦可謂中國國民性如此，中國傳統文化如此，此誠無奈之何者。

孔子提倡仁，鄭玄言：「仁者，相人偶。」人與人相處成偶，其道即為仁。莊周〈齊物論〉南郭子綦喪耦、喪我。其實彼我不兩立，喪我正是成耦一最佳心情。易詞言之，喪耦亦即所以成全其耦耳。孟子言舜為天子，瞽叟殺人，皐陶為士，皐陶執法無私，則殺人當抵命。舜不能使其臣皐陶不執法，乃偕瞽叟同逃海濱無人之境，以求全其父之生命。舜之逃離其天子之位，較之釋迦之逃離王太子宮，豈不其喪我之心情更為崇高。孔子言殺身成仁，孟子言舍生取義，此又是喪我之一種最高心情。此皆中國人情之至深極厚處。中國人所理想之人生最高境界，乃在此。

人生必有耦，最大者有二。一曰生與死，一曰彼與我。人生種種問題皆從此二耦生。釋迦牟尼為王太子，新婚有子，離家出走。一人坐菩提樹下得悟，重還人間，宣揚涅槃境界，求解決人類生死一大問題。但中國人對此問題，則並不重視。君子休焉，小人息焉，生則勤勞，死獲休息，又何足畏。張橫渠亦言：「生我順事，沒我寧也。」寧即休息義。故死生在中國人觀念中，終不相對立，不成一大問題。故亦不產有宗教。

近人言中國科學起於道家，是又不然。道家言自然，乃一種生機論。一切物，莫不以有機的生命體視之。故人之處自然，亦能和能樂。此一宇宙，似無情，實有情。《莊子》書中反對機械論，屢見不一見。近代西方科學，乃與權力觀功利觀同流，皆為道家所極端反對。故道家言自然之發展，乃藝術，非科學。科學中無人情，而藝術則極富人情味。苟無情，斯亦不成為藝術，亦可謂非中國之藝術。儒家言則為道德人生，道家言則為藝術人生。總言之，則為人情的，而非權力功利的，此亦中西人生大不同所在。

中國科學亦富同情心。大禹治水，求通水性。后稷治稼，求通五穀之性。神農嚐百草以療人疾病，求通百草之性。西方藥物則多屬無機性。中國人發明火藥，演而為爆竹煙花，供人娛樂。西方則演為鎗砲，為殺人利器。亦可謂中國之各種科學發明，亦均富藝術性。其端仍當自農業社會始。

故中國人生徹頭徹尾乃人本位，亦即人情本位之一種藝術與道德。儒家居正面，道家轉居反面，乃為儒家補偏而救弊。然皆不主張欲，故亦絕不采個人主義之功利觀與權力觀，此則其大較也。

西方宗教，權力一歸之上帝。靈魂上天堂，則仍為一種功利觀。哲學則知識即權力，而功利隨之。科學改造自然，權力功利，兩途兼顧，故在西方乃最盛行，超於宗教與哲學之上。然科學最為無情，敵爭有餘，求和不足。惟見物對物，不見人對人。乃欲非情。藝術則物亦人化，科學則人亦物化。人世界全化人物世界，則不和不樂，無愛無敬。所敬只賸一上帝，可愛只在男女，此豈人類之真理所在乎？

要之，欲必以外物為滿足。物無窮，則欲亦無窮。情則相通互足，相愛相敬，至和且樂，乃始為人生康莊大道所在。

五三 天地與心胸

余嘗謂中國人重內，西方人重外。外則為天地，內則為心胸。天地愈大，則心胸愈小。心胸愈大，則天地愈小，適成對比。此又中西雙方文化一大不同之點。

先以農業人生與商業人生言。五口之家，百畝之田，生於斯，長於斯，老於斯，卒於斯，葬於斯，子孫百世，如此相傳，俯仰之間，天地豈不甚狹小。然而即此天地便是吾之人生。盈天地吾心乃無不顧及，吾心即此天地。吾此心已充塞天地間，則其心胸之廣，自不待言。

古稱十室之邑，其生活盡是一般，只各在一狹小之天地內。後人又稱三家村，其生活亦盡是一般，亦各在此一狹小之天地內。故農村人天地之狹小，乃僅為其一心之所容。而其心胸之廣大，則已能與天地而為一。

五口之家，各有父母子女。我孝，誰當不孝，則孝已盡人道。我慈，誰當不慈，則慈亦已盡人道。三家之村十室之邑相為鄰里，我對他家人盡其忠信，又誰不當忠信，豈不已盡了天地間之人道，於我又何憾。

若我不孝不慈，在家即不和不安。若我不忠不信，在鄉黨鄰里中亦將不和不安。此理至明，反之吾心而即知。則天下人之道，又孰能外於此心以為道。吾心即天地間人之心，吾道即天地間盡人所當行之道。簡單明白，如是而已。

都市商業人生則不然。生活條件內不自足，必求之外。如古希臘，僅一小半島及近海各島嶼，通商非亞兩洲，複雜多變，形形色色，難以言狀。惟求一己贏利而止。然亦多變，虧者傾家蕩產，盈者富可敵國。故商人無自足心，亦無自信心。互顧皆然。惟見外在天地之廣大，內在心胸則渺小。與農人心理又烏得相比。

孔子亦生農業社會中。自稱好學，亦學於十室之邑之忠信。擴而大之，忠於國，忠於天下。信於一世，信於萬世。心胸愈擴愈大，求與天地參。則孔子心中之天地，豈不仍是一小天地。孔子不僅在曲阜，至齊至衛至陳至楚，天地亦無大變。其弟子有子曰：「孝弟也者，其為仁之本與。本立而道生。」曾子曰：「為人謀而不忠乎，與朋友交而不信乎。」則孔門之所謂道，亦惟此心之孝弟忠信而止，又何嘗離此心胸而別有所謂道。

古希臘之學有兩大端，一曰科學，一曰哲學，皆本於外以為學。上本天地，旁及萬物，其所求知既在此，則所學亦在此。天地既大，事變既繁，孝弟不得專恃以養家活口，而忠信亦不得專恃以出門營利。古希臘人之為學，其主要乃在向外求真理，而科學哲學遂以成立。不信人性由天賦之善，故在人生行事中無真理。向外求則重客觀。在己在人，則為主觀，皆不足信。於是其所求，乃在物不在人。在天地萬物間求得真理，乃反以限制人，是為法制刑律。人事不越出法制刑律之外，斯可矣。然希臘人尚計不及此，必待羅馬人起，法制刑律乃特見重。故希臘僅有城邦，至羅馬乃始有帝國之建立。

然法制刑律僅在消極的限制人，不能積極的領導人。總之，法制刑律非即真理，何能成群立國。故羅馬帝國未崩潰，而宗教即興起。但宗教信仰靈魂降謫，人生由原始罪惡來，則人生中仍無真理。果使宗教即真理，此真理亦在外，在上帝，不在人。人生罪惡除懺悔禱告外，別無其他得救之道。故宗教所信仰之天地雖大，而信教人之心胸則更狹。甚至只許有上帝，不許有己心。

西方人之所賴以維繫人群，建立國家，則惟科學、哲學、法律、宗教之四端。皆求之人之外，不求之人之內。愈向外求，則天地愈大。愈不向內求，則心胸愈狹。至於今日，因於科學之發展，交通之便利，商業之繁興，而五大洲人類可以朝夕往來，天地益大，而心胸則益狹。幾於人人盡守一個人主義，互不信，互不親。即男女婚姻雙方，亦各站在其個人立場而結合，而離散，亦惟雙方個人之自由。其他如父母、子女、兄弟、姊妹、君臣、上下、朋友，相互之間，又更何親信可言。此非心胸之日狹乎。

孔子曰：「足食足兵，民信之矣。」其弟子問，必不得已，於此三者而有去，當何先。孔子曰：「去兵。」又問於此二者必不得已而去，當何先。孔子曰：「去食。自古皆有死，民無信不立。」在今日，則首畏兵不足。兩次世界大戰以來，美蘇為舉世兩大強，然孰居上，孰為次，美蘇各不自信，惟日孳孳，患兵不足。繼此以往，美蘇互爭，乃各不能有兵足之一日。其他二等三等以下，全世界百五十國，亦各求足兵，各自爭強，各無兵足之一日。又美蘇兩強，爭以贈與武裝，出賣兵器，為其敦睦邦交之首務，故兵器精良，武裝充實，今日各國已遠超於第二次世界大戰時。然而足兵之望，則渺不可即。小戰賡迭不休，計惟美蘇大戰，兩敗俱傷，庶有了局。

次言足食。科學發達，足食非難。但餓死事小，失兵事大。今日之世界乃如此。以國與國無可互信故。不僅國際間無信，即一國之內亦無信。民主政治，下不信其上，故必選舉。又必分黨以爭，故必經年改選，而黨爭終不已。共產極權，則上不信下。流放拘禁入集中營，以至大量屠殺，亦無寧日。則孔子民無信不立之語，迄今亦信而有徵矣。

西方宗教信上帝，而人與人間則無可信，即上帝亦無奈之何。故曰凱撒事凱撒管。第一次世界大戰時，敵對雙方，各在戰壕中默禱上帝助我，和平庶可保。勝敗既分，而和平仍不可保，第二次大戰繼起。兵力不足恃，上帝亦無可信，則人類和平其將何途之求。

和平真理惟一「殺」字，以殺止殺，而殺終不可止。中國人以天地之大德曰生，以止戈為武。孔子言民無信不立，已不可行於今日。儻明日美蘇能互信，則核子武器一切殺人利器皆可廢。孔子曰：「子為政，焉用殺。」孔子又曰：「聽訟我猶人也，必也使無訟乎。」誠使無訟，則一切法制刑律亦可廢。然則孔子言政治究何以為道，其道究將何從而得，實仍值深究。

孔子所言道重在信，信從心起。必先信己心，乃能信及他心。夫婦人倫之始。西方人言戀愛，但雙方對此愛心均無自信，故對上帝宣誓，赴法堂定約，而自由結婚後仍得自由離婚。中國人則言夫婦和合，愛可信，斯和合亦可久。

晉公子重耳離狄出亡告其妻，待我二十五年而後嫁。其時本無女子不得再嫁之法律規定。其妻季隗告重耳，我年二十五，待子二十五年，將就木矣，願終身以待。至齊，齊又妻以齊姜。齊姜亦愛其夫，與其客謀，醉而行之。重耳之秦，又娶懷嬴。重耳因秦力返，又將賴秦力以成其大志。是重耳志在功業，其愛舊之心則自有變。此亦天地大而心胸轉狹。女子在閨房，天地小而心胸則大，能自守，能自信，乃能信及他人。狄人聞重耳返，而送還季隗，齊姜則不復有所見。若使當年齊姜不信重耳，烏能許重耳之離。城濮一戰，重耳為諸侯盟主。使齊姜尚存，或聞之，其心當有慰。亦可無憾矣。中國人言一陰一陽之為道，非有當年之齊姜，又烏得有他日之晉文公。

而今人則必為齊姜叫屈，使齊姜當年不許重耳離去，毀其夫，亦即以自毀。而今人仍謂之愛情至上。此則愛心大，而天地為之狹矣。

重耳亡臣中有介之推，重耳歸，賞從亡者，忘之推。之推不言。其母從子隱。之推從亡亦其忠，豈圖他日之賞。賞不及，無傷其忠。我獲我心，何待自言乞討。其母亦以子心為心，從隱亦一樂。晉文公物色之，之推隱不出，亦非心存怨恨。初不為賞，今又出而受賞，其君必表媿歉，其先受賞者必表仰敬，轉滋多端，心反不安，乃終隱不出。搜者焚山迫之出，之推母子卒被焚死。後代有寒食節，即紀念之推，傳遍全中國，逾兩千五百年不息。在之推則亦惟守其初心不變而已。既不為當前之利，亦不為身後之名。名傳千古，亦豈其當年意想所及。則亦心胸大，天地為之小矣。孔子言：「七十而從心所欲不逾矩。」若齊姜，若之推，亦皆其一時之從心所欲。故《孟子》曰：「人皆可以為堯舜。」能有此信，他復何言。

中國人言女子有三從。在家從父母，出嫁從夫，寡居從子。此三從皆內在之心德，非外定之法律。孔子曰：「君子思不出其位。」齊姜當時惟勸其夫速離，在妻位則然。之推母從子隱，居寡母位則然。而中國此下逾兩千五百年來之歷史大傳統，則齊姜與之推母，皆具有大影響。故仁義禮智一切人生大道，皆由此心之自信始。則非近代個人主義功利觀念之所能相提並論。

漢樂府：「上山采蘼蕪，下山逢故夫，長跪問故夫，新人復何如。」婚後被棄，上山采蘼蕪以為食，而其關切故夫之心則仍不變。長跪而問，有情有禮。短短二十字，可謂能深入天下千古之人心，至今傳誦，猶有餘味。離婚在中國，亦非法律所禁。樂府所詠，亦非重男輕女之意。此心異，則天地亦隨而異。非此心，又何來有此辭。

程伊川言：「餓死事小，失節事大。」乃指夫死寡居者言。然使寡而有子，其子不當餓死。范仲淹母再嫁，乃得使仲淹長大成人，此乃夫死從子，非失節。故女德之三從，乃一種無我之心，惟以父母與其夫其子為心，其天地乃甚小，其心胸則甚大。《孟子》曰：「養心莫善於寡欲。」內有欲而求之外，則天地橫梗矗立在前，所欲愈多，斯外面天地愈大，而內在心胸則愈窄。鄭康成言：「仁者，人相偶。」人必相偶為人，不能獨立為人。女性多情，故窈窕淑女，君子好逑。能知求窈窕之淑女，斯其所以為君子。而豈好色多欲之謂。多欲則在家可以自陷於不孝，既嫁則可以離婚求自由，夫死則人盡可夫。天地更大，一惟己意之所欲，而己則獨立為人，可有相偶而不相偶。故有欲斯有我，多欲則多我，多我斯多變。在我多變，尚不自信，何能信人。人亦豈能信我。各不自信，又不互信，斯其心胸愈窄，而外面天地則愈大。乃欲轉向此大天地中尋求真理，是亦人心之一欲而已。道在邇而求之遠，不知反求之心，而誤認人欲為天理，斯其貽害人群將無窮，卒無思以挽之者。此亦誠堪悲歎矣。

范仲淹為秀才時，以天下為己任，先天下之憂而憂，後天下之樂而樂。即以天下之憂樂為憂樂，此亦一種無我精神。無我非無憂樂，乃不憂樂其一己之私，斯之謂無我。無我實乃一廣我大我，則心胸大，而外面天地則小。不見一己之私憂樂，惟見一共同之大憂樂。顏子居陋巷，一簞食，一瓢飲，人不堪其憂，顏子不改其樂。實則顏子亦非有樂無憂，如見卓然有立雖欲從之末由也已，是則顏子之所憂，亦即顏子之所樂。范仲淹讀書山寺中，斷齏畫粥，非其所憂，實其所樂。故其先天下之憂而憂，實亦即其一己之樂。此之謂天地小而心胸大。及其居高位當大政，兩子共一袍。兄穿出，弟留家。弟穿出，兄留家。其子赴江南收租，故舊石曼卿三喪無以葬，捐租以濟。歸告父，父亦大樂。此種心胸，昭在史冊。後人讀史，豈不以人群中有范氏父子為樂。然范氏上〈十事疏〉，卒不行，實無以救當時之社會。此孔子之所謂道不行。而此道則長在天地間。此非心胸大天地小而何。中國之廣土眾民，至今依然，而益發皇，此即其道之所在矣。

顧亭林言：「國家興亡，肉食者謀之。天下興亡，匹夫有責。」明社既覆，終不復興，而中國人之天下，則豈不至今尚存。顧亭林自以一匹夫負其責。使當時無顧亭林、李二曲、黃梨洲、陸桴亭、王船山諸匹夫，則不知中國人之天下至今當何似。此亦天地小心胸大一例證。有顧亭林諸人，斯民有以立，立則立在其所信。先有亭林諸人之信，繼之以大群之共信。明末以下之天下，即立於此信。今則此信失，斯民又將於何立，此則仍必待如范仲淹先天下之憂而憂者出。曾滌生〈原才〉言：「風俗之厚薄奚自乎？自乎一二人之心之所向。」以今世言之，一二人之心，又豈能轉移天下之風俗。天地已日大，心胸已日小。但今日之中國，而仍能有范顧曾諸人者出，則其言猶可信。文化傳統不同，非可一概而論。今日國人一心模倣西化，心既變，天地亦隨之變，雖有范顧曾諸人之言，亦將無足信。

其實新舊即時代與傳統之分，故曰新時代，又曰舊傳統。時代多重外在空間，傳統則必經時間綿延。故每一時代中必存有某種或某幾種傳統之存在，未有無傳統之時代。惟傳統則必有其內在精神，以心傳心，始有傳統。外在事物，無傳統可言。《老子》曰：「功成身退天之道。」此功字，即偏指外在事物言。故凡重外在事物功利者，功成即身退，此乃歷史之大例。專就近代史言，英國國旗遍受全地球各地太陽光照射，英國人之帝國主義可謂已功成。兩次世界大戰，英帝國皆占勝方，而英帝國亦告崩潰。則《老子》之言已有信。而今國人則改慕美國。倘美國亦有功成之日，我國人仍當改慕繼美而起者。此見天地之大，而我國人心胸之狹。則宜我國人亦盡譏孔老所見天地之狹矣。

帝國主義既崩潰，而資本主義猶存。最近幾年來美鈔價格時有搖動，不能保有世界市場之標準價格。抑且美國之對外貿易，武裝軍備為最昂貴之第一項，日常用品反成入超。則美國資本主義之終將身退亦可知。

共產主義乃敵對資本主義而起，果使資本主義崩潰，則共產主義亦必隨而崩潰。近人誤解，乃謂資本主義失敗，即共產主義成功。不悟功成身退，其成功不啻即失敗。一而二，二而一。時代已變，相隨俱亡，更復何有。

更進一層言，帝國主義、資本主義、共產主義，同是西方傳統，一體多面。體亡則面不存。今人誤解，以為變而日新，亦淺之乎其為見矣。然則此下之新時代又將為如何一時代，此誠人類當前一大問題，而有待詳密之思考與討論者。

則試重引孔子言說之。孔子曰：「殷因於夏禮，所損益可知也。周因於殷禮，所損益可知也。其或繼周者，雖百世可知也。」孔子此言，非不知時代之有變，而終有一不變者存。此不變者，則雖百世而可知。其所損益即其變，所因即其不變。變則成為時代，不變則為傳統。所因則因於人心之有信。自信互信共信，則又何變。帝國主義崩潰，即孔子之所謂去兵。資本主義衰落，猶孔子之所謂去食。民無信不立，此一信字，內本人心，外通天道，乃可萬世因之而變。西方文化重外在之事功，故隨時代而必變。中國文化重人心，重忠信，故可隨時代而變而終有其常。不忠無信，則此時代無可長存。

帝國主義、資本主義決不能謂其忠於外、忠於他人，而可得外面他人之共信。不共信，又烏能共存。今日西方人惟一口號，曰自由平等。惟其在帝國主義、資本主義下，不自由，不平等，故此一口號乃獲人人之共鳴。然果使人人自由平等，則何來有帝國主義與資本主義。然則近代西方人之呼號正不啻自毀其立場，則宜其時代之不可久而必變矣。

然則若使帝國主義崩潰，資本主義衰落，而人人自由平等，又如何？曰自由平等正對帝國主義與資本主義而發，若使此兩主義俱告沒落，則此兩口號亦將失其存在，此亦功成身退一大例。嬰孩初生，若使即獲自由平等，則此嬰孩亦惟有即趨死亡之一途。嬰孩之獲長大成人，即正為其不平等，不自由，而獲父母之養育，否則何得長大成人。及其疾病衰老，又復不平等，不自由，有待人之護持。忠信乃人生始終所依，方得為人生之大道。

故不忠不信，則人生不能有夫婦家庭，而更何論於君臣與朋友。即論國際，亦賴忠信。如漢之對匈奴，唐之對突厥，皆有實例。而東北之有朝鮮，西南之有越南，中國對之尤復忠信有加，故此兩國受中國文化之陶冶亦特深。三千年之史事，舉不勝舉。今日國人乃稱漢帝國、唐帝國，尤為妄稱。帝國經營有成敗，資本商業有盛衰，惟忠信之為人道，則無成敗可言。忠信乃德性，非事業。大學之道所謂明明德於天下，亦明此忠信之德而已。使忠信之德而明於天下，則世界大同而天下平，斯曰至善，乃可止矣。

要而言之，人群和平相處之大道，家國天下之大本，必建基於人心之忠信。西方文化實亦不能離此，而演進日遠，回頭非易。若論中國，此義早揭發於古人，近日嚮慕西方，此義亦臻暗晦。迷途知返，非無其機。而當前人類之厄運，亦殊堪嗟嘆。天旋地轉，本於一心。心胸開，天地亦盡歸此心中。有心者，曷不反省一試之。自覺自悟，當下即是。是不為，非不能。縱不信古人，寧不信己心。

五四　己與道

(一)

我們中國人最普通最重要是講一道字。道是一條路。我們人生應該跑的那條路，就叫道。那條道不該只求知，更貴在能行。因此中國人看重行為更過於知識。中國人常知行合講。《尚書》裡說：「非知之艱，行之惟艱。」知道並不難，行才難。這是說知易行難，鼓勵人重行。到了明代王陽明提倡知行合一論，他說不行就等於不知，也是看重行，教人該去行。近代孫中山先生主張知難行易，好像與舊說知易行難相反。其實中山先生意，也在鼓勵我們應該照他言去行，仍與舊說意見相同。可見中國傳統文化重行猶過於重知，三千年來是一貫相承的。

中國人所謂道，指人生大道，貴人人能行。就空間論，中國人甚至於亞洲人、歐洲人、非洲人、美洲人、澳洲人、全世界人，都該行此道，此所謂大同。即是說人人同行此道。就時間論，每一人從嬰孩到老，一生就該行此道。甚至千萬年前，到千萬年後，凡人都該行此道。所以中國人教人各自自己去行，不要等待別人，看別人。別人跑上此道你纔跑，徒然遲慢誤失了自己。此道人人當行，纔稱大道。由各自去行，亦可稱是做人之道。要做人便該行此道。中國人看重此道，故看重己，即行此道者。

我在中日抗戰後，第一次去日本，詢問一日本學人，你們日本人自稱學中國文化，證據何在。他當然很感到歉疚。但他說，中國人罵人說，你這樣無道，不講理，還算個人嗎？這句罵人話，全世界其他民族都沒有，只有我們日本人也普遍這樣罵人，這是我們日本人接受中國文化一明證。此語有甚深妙義，我此下二十多年常以此語告國人。

（二）

上言中國人這道，在歷史上由何人開始來提倡主張？實在沒有這一人。中國人講的道，古今中外人人該行，非由某一人來主張提倡而始有此道。故此道並不由特別一人的思想來。中國人言學問，並不重思想。學他人，問他人。西方哲學由專家來思想探求真理。中國從古到今，並無哲學一名稱，此名稱乃從翻譯而來。中國人非無思想，但可說並無一套像西方般的哲學思想。中國人看重行為，看重學問。《論語》二十篇開始第一章，孔子說「學而時習之」。學就是一行為，習則是一長時間反復的行為。今天這樣學，明天再這樣學，這叫習。思想則不能如此，今天想過了，明天不再如此想，又另想別的了。季文子三思而後行，孔子說再思可矣，不必重複想到三次。行此道，你想一想對不對，就夠了。所以中國的大學者如孔子、孟子、莊子、老子，都不像西方哲學家般的專一用力在思想上，也遂無哲學一門學問。現在我們不得已，稱他們為思想家，其實也不通。他們不重在思想，重在學問行為。親身經驗如此，那裡只是一套思想。學問時該思想，所得是知識，思想在其次。中國人重學次知，不論思想。

中國人講的道，乃是一本然之道，本來這樣的。亦可說乃一同然之道，大家這樣的。又可說乃一自然之道，它自己這樣的。因此又是一當然之道，人人都該這樣的。所以中國人又稱此道曰天道，是天叫我們這樣的。西方人觀念，分別自然與人文。自然是外邊物世界，人文是我們人類社會文化的人世界。中國人的講法，自然出人文，人文本於自然，兩者融成一體。人文不能違反自然，更不講憑人文來征服自然戰勝自然。人文只是自然中一部分。中國人講的道，亦從自然觀察得來。今稱西方哲學有宇宙觀、人生觀，即此一觀字。中國人一切道都由觀察得來，有目共睹，一張眼便看得到。不是要一個特別的思想家用一套哲學的方法來發明。我今天此刻所講，不是講我個人的思想所得，乃是講我們中國古人所講。中國古人為何這般講，乃由他們觀察而來。亦非一人之觀察，乃積累好多人的觀察得來。我們亦可學這般的觀察，所得自會相同。

㈢

現在我再講中國古人怎麼般的觀察。中國古人說只要回過身來看你自己就知道。但我們回顧自身，大家謙虛，覺得我並非就算一個有道之人。我們或可說，人到成年，出在社會做事，種種牽涉，違離了道，越做越不像人。但當我們在未能言未能行的嬰孩時期，確早已是一個天真的人。初從母胎出生，能說他不是一人嗎？一兩三歲的小孩，確已明白是一人。俗話稱曰天真，這是一個由天所生真實不虛的人。年齡大，知識漸增，又有思想，天真喪失了，便會不像人。《孟子》曰：「大人者，不失其赤子之心者也。」中國人所稱崇之偉大人物，主要第一條件，便是要不失其天真的赤子之心。失其天真，便為小人，這是中國人講法。

我們試來回想我們的幼年，不幸我們的記憶，最多只能回想到三四歲能言能行後的我。前面這一段，大家記不得想不起。三四歲以後，逐漸有知識了，纔能回想，纔能記憶。但沒有知識以前，已有此心，已有行為，這是人生之大本大源所在。他一生下來便會哭，這就是他的行為。亦可說他當先有知覺，但與後起之知識不同。人是有了行為纔有知識的，不是有了知識纔有行為的。

沒有知識，不失為是一個人。沒有行為，那算得是人呢。有了知識後的行為，已經不同嬰孩時期沒有知識只有知覺的天真行為，這有時可稱為不算是一人。我們雖不能回想自己的嬰孩期，但可觀察別人的嬰孩期，如我的弟弟妹妹，可盡量觀察。人同此人，心同此心，不是觀於人就可知得了己嗎？

現代想法，則要己異於人，出風頭時髦。布衣菜根並不夠，定要錦衣玉食。如我在此講演，須要講得和人家不一樣，纔是發明是創造。每一哲學家，必該有他自己的一套思想，高出於人。但中國人向來想法則不然。我今天所講，不是我客氣，只是講的古人所講，書上留下的，不過改用現代語來講而已。我希望道道地地做一個中國人，不敢由我個人特出來講一番與中國古人相異的道理。

嬰孩初生，他有些什麼呢？西洋心理學講知、情、意三分法，人心分有知識、情感、意志三部分。但嬰孩心可說是一無知識，什麼都不知道。惟一所知，只是他的內心情感。他哭，或許因他初出母胎，皮膚受刺激，覺得冷。或許肚子餓，想吃。只此兩項，沒有別的。大人為他洗了身，加以襁褓，哺以乳水，他不哭了。或覺疲倦，臥之搖籃中，他安然的睡了。這是他所知。可用兩個字來講，一曰欲，飢欲食，寒欲衣，倦欲息，此之謂人欲。喜、怒、哀、樂、愛、惡、欲為七情。嬰孩初生即有欲，並此無之，便不成人。欲連帶便生情，喜、怒、哀、樂、愛、惡皆自欲來，這是嬰孩所有。意便是情之所向，實即是欲。飢思食，寒思衣，倦思息，這是嬰孩的意志。其另一字則是一樂字。情感滿足，心便安樂了。如此言之，情感與生俱來。西方人不這樣講，但亦可從此處去觀察是否如此。現代人不同意此種觀察，但還可有後代人繼續觀察，或許終會同意中國人的看法。西洋哲學只講理智，不講情感。或因情感屬私，講了情感，便怕尋不到真理。中國人看法，天理即在人情。人而無情，此外便無可講。

上面說道貴同然，人情即然。我之喜怒哀樂，大體上須得人人相同，嬰孩期便如此。嬰孩初生即啼，這是一哀，豈不古今中外皆然。此下亦將仍然。嬰孩同飲奶，只奶有不同。中國嬰孩飲母奶，現在模仿西方飲牛奶，惟此不同而已。西方人信仰有上帝，中國人信天。天意便像要嬰孩飲母奶，所以其母懷孕其兩乳便生奶，嬰孩口中亦不生牙齒。最多喝一年多兩年，嬰孩有了牙齒，母奶也沒有了。不是其母自己要長奶，也不是嬰孩自己不要長牙齒。這都是自然天意，亦即謂之天道，乃一本然同然自然當然之道。嬰孩飲母奶，對母親情感會更深厚，更能孝。現代人有思想，有理論，有種種方法，嬰孩不再飲母奶，亦認為是進步。到底是否是進步呢？怕尚待討論。

人生最先其心就只是一情感，此是人生之本源。樹有根，水有源。人生究以身為主，還是以心為主呢？中國人最重此心此情，謂之天賦之德性。西洋人不講心，講腦。腦是人身一部分，一器官。目以視，耳以聽，鼻以呼吸，口以飲食，腦以有知識思想，西洋心理學講這些極詳細。但人何以會有喜怒哀樂等情感，西洋心理學似乎並不太看重來研究。中國人說我覺得開心，這句話很重要，但西方心理學對此卻不深加研討。似乎西方人想法，認為物質生活便是人類開心的主要條件。西方對物質人生覺得有很多問題，須少數高級知識分子傑出人來研討來解決。中國人講道，乃為普通一般人講。西方人論知識特別看重少數特殊人才，所以亦同意提倡培植此等少數人才。中國人所重道，在行為上要大家這樣，從前這樣，將來還是這樣，此所謂中庸之道。那麼中國在物質人生上，宜乎不能像西方般快速進步了。

嬰孩能言能行，好像是人生一大進步。能言便把自己的喜怒哀樂告訴人，與人相通。中國人講道，最要在能通。這裡跑到那裡，道要能通。己心與人心亦要通。語言轉成文字，著書立說，古今相通。西方傑出的高級知識分子，著書立說，亦僅限少數人能通，多數人不能通。西方人要講特別高出的，中國人要講普通的平常的。故一貴專，一貴通，此又中西雙方一相異。今天的現代人又那個肯做一普通人平常人呢？於是中國舊的一套，要求人人能知能通，如言孝弟忠信等，亦遂不再成為學問了。

嬰孩初生，接觸外面便可分兩世界。父母、兄姊或其他家人，為人世界。襁褓乳水搖籃等，為物世界。人生亦可分身生活即物質生活，與心生活即精神生活之兩面。長大成人，回憶以往，物世界一切可全忘，但誰也忘不了自己的母親乃及父親、兄姊等，這是心生活精神生活方面的事。

中國人認為乃人情之常。今天我們大家說要變，但變中有常，變不了。縱使你一切全忘，亦總該忘不了你的母親。中國人說忘了父親還可，忘了母親連禽獸都不如。今天說我們中國人重男輕女，其實中國人從來不如此。物世界身生活可變可忘，人世界心生活不可變不可忘，所以人生以情感為主。西方一切都尚理智，不重情感。認為情感私，理智公，情感無用，須憑理智來滿足。所以西方人重手段重方法。但中國人觀念，嬰孩私情正是人類之大公，亦即人生之目的所在。不失此心，乃得有世界大同，這是中國人看法。

人生長大，讀書求知識，學技能謀職業，這是手段是方法。但中國人更看重本源二字。一切手段方法，都當使用在此本源上。人生本源在嬰孩期，在其天真之情感上。中國人講道是人本位的，重在講人道，人道之本源則為天道。嬰孩從父母生，父母又父母，人類實由自然生。中國人所稱的天，即是此自然。人從天生，一切人文皆從自然來。中國孔孟儒家重講人文，莊老道家重講自然，秦漢以下儒道兩家思想又融通為一，故曰「一天人，合內外」。

外面物世界，我們的身生活，嬰孩時可以一切相同。長大成人多所變。但物世界身生活問題，易於解決獲得滿足。只人世界心生活情感方面事，可以益廣益大益深益厚，以期於世界大同天下太平，這就難於到達了。

現代人重要在講自立。但中國人講自立又不然。生物進化人類為最高一級，而惟人類之嬰孩期為最長。自嬰孩以至成人，此一長時期中，須經受一最大教訓，即人生不能單獨自立為生，要靠別人，須在群體中生。這是天意安排。父母兄長，以至家國天下，這都是你的人生，不能單獨一人為生。這便是孔子所講的一個仁字。用現代語講，便是對人類的同情心。不要認為現在我進了大學，有了許多知識，學習到了許多技能，儘可自立謀生了。那一人真能脫離人群自立謀生呢？西洋小說有魯濱遜飄流荒島，他隨身還攜帶了一頭狗，幫他忙。還帶去飄流前許多東西，纔能在荒島上渡生。倘魯濱遜在嬰孩期，他父母即放他到荒島上，他能自立謀生嗎？魯濱遜也帶去了許多人生日用知識技能，不是從別人那裡學來的嗎？孔子說，學而時習，這亦是天道天命，要我們人如此，我們人不得不如此。

縱使你謀一職業，你還得要靠他人，對他人還得要有一番情感。人生須有家，安家須賴國，治國須顧及到天下。像現在的天下，請問我們怎麼辦？經商要賺錢，賣方富，免不得買方貧。原子彈轟炸，你也得用原子彈對抗。在此世界上，不富不強，又如何立國。中國則治國不求富強，但求國際間能和平相處。從大講到小。大家要富要強，便不免違法犯罪。法亦由人定，以法制人，還是一不平等。中國人不看重法，而看重禮。禮則是一道，此刻不詳講。大道之行，天下為公，當從禮來，不從法來。人與人有禮，國與國亦當有禮，這是中國人想法。

諸位只要看嬰孩，再讀中國書，自會懂得人道。西洋人不講這一套，單讀西洋書，亦就講不通。

（四）

現在我要講中國人所講道的具體內容究是甚麼。我剛才講過，主要是我們的情感，嬰孩期大體相同。有了知識，有了思想理論，而忘失了本來的情感，就多不相同了。人之相知，貴相知心。嬰孩期的心，稱為天真，成年後的心，或許會都是假的人偽，不天真了。中國讀書人自稱弟子，在家為子為弟，尚未獨立成人，他的心還都存有天真。中國人要保留其情感的天真，纔來求知識。現在人進學校便稱知識分子。中國人則稱學問，要像子弟在家時的學與問，所學所問都是做人之道。深一層講，情感的背後便是性。惟由天賦，故稱天性。情從性來，性從天來，一切人文都從自然來。《中庸》言：「天命之謂性，率性之謂道，修道之謂教」。此下便提及喜怒哀樂四字。孔子說：「性相近，習相遠」。嬰孩長大，習慣不同，漸失天真，便就覺得人與人隔得遠了。依照孔子的話，聚集一群中國嬰孩，乃及亞、歐、美、澳、非世界五洲的嬰孩在一塊，他們的性情，豈不相近嗎？膚色不同，這不算。逐漸長大了，黃人、白人、紅人、黑人，便各不同了。嬰孩期的相同，還是在情感上。

我此刻姑且只提出孝、弟、忠、信四個字來講。嬰孩同知孝父母，敬兄姊。用現代語來講，至少便是對父母、兄姊有一番同情心。即是孔子所謂之仁。倘他對父母、兄姊沒有同情心，怎對別人會有同情心呢？推此孝弟之心，便是年輕人對長輩一番尊愛心。知識思想不論，將來的職業也不論。跑出家庭到社會做個人，便會懂得兩句話。一是謙虛，不當驕傲自大。一是退讓，不當搶先爭強。像開運動會，冠軍、亞軍、季軍，各抱一番爭勝心，便少對落後失敗者的同情心。

中國人教人做人，最好當做一小輩後輩。天生人先作嬰孩，便是要教人懂得此道。現代科學進步，要戰勝自然，有電腦，有機器人。電腦勝過人腦，機器人勝過生人。科學越發達，人的意義價值越降低。那麼戰勝自然，豈不就是戰勝了人類自身嗎？將來的世界，豈不將變成一機械世界，要人做電腦機器人的奴隸嗎？

中國人講孝弟，但每一家的父母各不同，兄弟姊妹亦不同。所以中國人講道，要講己。每一己所行道，即如孝弟，亦各有不同。大道盡相同，小道則各異。而小道相通，即就是大道。舜的父母和武王周公的父母大不同，但都得盡其孝。父頑母嚚，行孝難。但父母是聖賢，或許孝更難。我們不要說自己父母不好，父母更好，或許孝道更難。兄弟姊妹間的相互之道亦然。諸位亦不要說學校裡老師不好，老師更好，好學生便更難做。我們要做孔子學生，怕真難。家庭不同，時代又不同。孔子教人孝弟，兩千五百年後的我們，還得各自行孝，孔子不能一一來教我們。

《論語》孔子曰：「弟子入則孝，出則弟，謹而信，汎愛眾，而親仁。行有餘力，則以學文。」孔子教人先行孝弟，讀書求知識那是餘事。孝弟外再講忠信。《論語》首篇第二章，孔子學生有子說：「孝弟也者，其為仁之本與？」「本立而道生。」孔子主要在講仁，孝弟是其本。第四章孔子學生曾子說：「為人謀，而不忠乎？與朋友交，而不信乎？」盡己之謂忠，要把你自己的全心全力拿出來對待人，這叫忠。對父母之孝便如此。故對父母不忠，如何叫做孝？不孝又那能忠？中國人的語言文字可分講，又可合講，同是這一道。人同此道，所以我國人能綿亙五千年，繁殖至十億人口，試問全世界其他民族有此成績沒有？

《老子》曰：「既以為人己愈有，既以與人己愈多」。為了人，自己更有了。給予人，自己更多了。物質人生不如此。這杯茶你喝了，我就沒得喝。這件衣，你穿了，我就沒得穿。心生活精神人生便不然。我這一番情感，為了你，給予你，自己更多了。這即是孔子所講的仁道。西方哲學不講此。但人同此心，心同此理。西洋人亦逃不出此道。你這番感情不拿出去，永遠不會長，還得減。中國人在長，西洋人在減。現在我們也都講西洋道理，《老子》這番話便都不懂，想不通了。所以為人謀而忠，便是忠於他自己。或許別人所得，還不如自己得到的多。岳飛之忠，其實宋高宗全未得到，都是岳飛自得了，岳飛受後代崇拜。現代人說，中國人崇拜失敗英雄。其實岳飛非失敗，乃大成功。

與朋友交當信。仁義禮智信這一信字，極重要。我要信得你，你要信得我。至少我要信得我自己昨天與明天。進了學校，長了知識，反把自己的嬰孩期大本大源所在不信了。則試問你究竟到了那天，你纔正式成為你這一個人的呢？豈不是自己迷失了嗎？現在我們要講客觀，豈不嬰孩就是客觀的你嗎？這是一天真的你。現在你知識多了，反把對你自己的天真也丟了。此之謂忘本。

中國講人道有五倫。父母、兄弟為天倫，夫婦、君臣、朋友為人倫。人生最重要的朋友，首先是夫婦。天生有男女之別，結為夫婦，仍是天意要我們如此。但今天只講結為夫婦前之愛，不看重結為夫婦後之信。自由結婚，自由離婚。互不信任，愛又何在。今天信你，明天又不信了，一切情感隨而消失。君臣朋友亦然。互相不信，於是來一套法律。對無信無情的人，法律又有何用。今天則是一法治的世界，宜乎禍亂日增了。

信則必能忠，忠則必能信。忠信便是愛，不忠不信便無愛。忠信亦就是人之德性，天意要你忠信，你自然能忠信。不忠不信，便是違天非人。中國人說信義通商，商業亦該講道，要義要信，要能忠於人，不僅為自己賺錢。現在則相與爭利，不信不忠，卻謂是自由，那又如何講呢？

我此刻引《論語》孝弟忠信四字，是孔子弟子有子、曾子講的話。現在再引孔子自己講的話，《論語》首章第一句，子曰：「學而時習之，不亦說乎？」孔子所學，非哲學，非教育，非政治，亦非其他一切，實只是學的孝弟忠信做人之道。下面引的有子、曾子兩條可知。今天、明天、後天，今年、明年、後年，這叫時習。並不在求變求新求進步。人總是一人，我只是一我，父母只是一父母，兄弟只是一兄弟，家總是一家，國總是一國，天下總是一天下。現在我進步了，我不再是我，父母、兄弟、家、國、天下，都變都新了，這又何以往舊時之情道可言呢？悅即是此情感，你試反身自學，究竟此心悅不悅呢？這要問你自己了。諸位說，我心所悅運動、唱歌、跳舞、看電影、喝咖啡，多得很。孔子不是說這些不開心，孔子只說像我這般學習也開心。那麼你何不從此途上來一試呢？「有朋自遠方來，不亦樂乎？」悅在心，樂則顯露在外。故悅在己，樂則在己之處群中。「人不知而不慍」，別人不知道，沒有關係，我心樂就好了。這樣便叫君子。若必待他人知，則權在他人，那就麻煩了。《論語》第三條「巧言令色，鮮矣仁」。討人喜歡，迎合人意，失其真誠，即是不仁。故仁只是在己之一心，這不簡單省力嗎？而中國道即在己之深義，亦即此一語而可見。

中國道理，簡單講來，只在《論語》開頭這四章中。第一句話，人生重要在情感。第二句話，情感要在己。第三句話，己心要能樂。人生大道只在此三句中。或說這是守舊不合時宜不進步，則孔子說：「人不知而不慍」，也就夠了。我今天講題是己與道，亦盼諸位反己一省吧。

五五 心之信與修

（一）

中國文化重和合，西方文化重分別。中國文化重全體，西方文化重部分。中國文化重向內，西方文化重向外。故中國人貴通，西方人貴專。

孔子曰：「執其兩端，用其中於民。」每線必有兩端，其中則指線之全體言，非指兩端各折其半之中間一點言。莊周引名家言：「一尺之捶，日取其半，萬世不竭。」一線取其半，猶存其半，故云不竭。西方幾何學重點，由點成線，由線成面成體。線有長，面有寬，體有厚，點則無長無寬無厚。但天地間何來有此物，故西方人言：真方真圓，只在天上，不在人間。分之又分必如此，一切皆成為虛無。中國人則認點在體之和合中，體則可萬世不竭。

(二)

人生有身，心所附著。身有五官、四肢、百骸，乃有視聽活動作為。西方人信靈魂，靈魂無身，則無視聽、活動、作為可言，當僅有一存在。一如幾何學之無長、無寬、無厚之點。抑且靈魂疑當無男女。否則億兆斯年，天堂雖廣，何得容此無窮之生育。故靈魂乃各自獨立，互不相通。其高處有上帝，當亦一靈魂，對其他靈魂無主宰無管理，僅有降謫，靈魂無反抗無逃避。但降謫塵世，又分亞當、夏娃，則無理可說。凱撒事凱撒管，上帝亦不過問。世界末日，亦若固然。上帝於塵世之無情，實堪驚詫。但累積兩千年，塵世人日夜禱告懺悔，上帝無頭腦，而能一一覺知，記憶裁判，或升天堂，或降地獄。此等皆無理可據，無事可徵。

又上帝無配偶，無家室，乃有獨生子耶穌。耶穌在人世上十字架，上帝亦無奈何。耶穌死後復活，當仍在人世，與親生父仍久隔絕。此等亦皆無理可據，無事可徵。是則上帝、耶穌、天堂、靈魂之存在，惟一可信，乃在人之一心。使人心無此信，則耶教一切不存在。是西方之靈魂與宗教仍是一心，復何疑辨。但此乃東方人觀念。西方哲學重思維，科學重證驗，宗教一本信仰，故其內容亦各自獨立。與東方人觀念之尚會通者大不同。

西方人所信之上帝又與天有別，天堂乃其居處。西方天文學，星河雲海，渺無邊際，亦皆物，上帝對此亦不管。上帝乃一獨立存在，與物若互不相通。西方之重專，重分別，上帝最其一例。

中國人觀念則萬物皆生於天，人乃萬物中一物，而天則為其一總體。中國人亦言帝，為天體一主宰。帝在天中，猶國之有君，故亦尚有德，《詩》「文王之德，克配上帝」是矣。

又中國人觀念，天生物各有性。人則有個性，有群性。性各有別，此謂個性。同在天之中，同受天之命，同相聚處，故有群性。故性命一體，即物即天，即別即和。有生無生，乃其小異。

西方人似重個性，不重群性。但如論多少數，少數亦皆有個性，乃見抹殺。中國人則於重個性中更重少數。如家有夫婦，有父母子女，有兄弟姊妹，一家如一人，群體中存有個體，個體和合成群體。故中國乃一氏族社會宗法社會，個性群性乃得兼育並長。而有祖有宗，有賢有聖，則屬少數。齊家治國平天下，皆由此個性群性之互相和合兼長並育來。而一是皆以修身為本，所修則以宗祖賢聖為歸，則仍重少數。而五千年之久，始終摶成一民族國家，皆由此群中之有祖宗聖賢來。

中國人言性又言心。心由性來，性相通始見心，心相通始見性。一身五官四肢皆物，和合相通始見心。心非身中一物，而附於身以著。西方人以腦為心，腦乃身上一器官，異於中國人之所謂心。中國人言心臟之心亦身上一器官，乃由其掌全身血脈流通言，而人心則不限在心臟。心之在身，無在而無不在。身內身外，一切相通處皆為心。心有知，可以若無知。心有覺，可以若無覺。深言之，此心即天。天人合一，即心與天之合一。

今人誤認知識思想為心，此實僅心之一活動，一作用。中國人言性情，乃始是心之真全體。今可謂性屬體，心屬用。但亦可謂心性皆屬用，惟物惟器始為之體。《老子》：「有之以為利，無之以為用。」是也。故心性皆抽象名詞，非具體事物。

㈢

印度佛教不信靈魂，謂塵世一切，皆由人生前業來。其視人事，有始有終，重時間綿延，與西方異，近中國思想。故佛教傳入中國，中國化即有天台宗一心三觀說，或中或假或空，皆出此心之所觀。華嚴宗有理法界，事法界，理事無礙法界，事事無礙法界四法界。事有理為據，理有事可徵，理與事皆無礙，即非業。業有障，理事皆無障，以其皆出於一心。禪宗六祖云：「本來無一物，何處惹塵埃。」臨別五祖，贈以《金剛經》「應無所住而生其心」一語。理即由心無住而生，即有事非業。二祖向達摩乞安心術，達摩告以：「將心來，與汝安。」二祖由此得悟。此非悟人之無心，乃悟心無住處。否則覓心者即心，豈不易知。此下禪宗皆暢發此心之義，即身成佛，立地成佛，即是即心即佛，與中國傳統重心之義大相近。孔子七十而從心所欲不踰矩。莊周得其環中以應無窮，又言儵忽為渾沌鑿七竅而渾沌死。此心妙用，中國傳統自孔子莊周以來，已深得其神髓之所在矣。

心非物，但必依於物而見。中國人所謂相反相成，心與物即如此。物乃存在，心則流通，此乃宇宙中一切存在之兩端。西方哲學有唯心論、唯物論，宇宙間有無心之物，卻不易見無物之心。惟心能不住於物，而與物和合相會通，此乃心之正。莊周〈齊物論〉譬之以風，風必依於物，非物何有風。〈養生主〉又言：「指窮於為薪，火傳也，不知其盡也。」薪盡火傳，非薪何有火。如風如火，亦一存在，同時即一流通。流通必依據於存在，故二者實一。實則人心亦即存在與流通之和合，非有和合，即不見心生。故雖云無所住，仍必有所住。中國佛教此下有禪宗與淨土宗合一，口念阿彌陀佛，心無所住，乃若有所住。若有所住，實乃無所住。此事人人能之，遂為中國佛學之最後最高一成就。其要義仍在心。

(四)

靈魂本皆中國字。靈，通義。心最相通，惟人有心，故稱人為萬物之靈。中國魂魄連言，又言體魄魂氣。體言其存在，氣言其流通。所流通者即其所存在，果存在亦自有流通。故魂魄乃一非二，亦可謂魄指身言，魂指心言。心之流通，自生已然。非必死後有鬼，乃見流通。夫婦好合，夫死，其生前之心在妻心中。妻死，其生前之心在夫心中。父慈子孝，父母死，其心在子女心中。人之相知，貴相知心。生處群中，此心即通於群。群常在，斯生前此心亦無不之而得常在矣。抑不止此，心可流於物，如作書、繪畫、音樂、舞蹈，乃至陶瓷、雕刻、製造，一切人間藝術，亦皆人心所寓。文學本之文字，亦即藝術。凡文學藝術，皆其人生前魂氣所至。魂氣在生前，故能無不至，非死後始能無不至也。孟子曰：「乃所願，則學孔子也。」此乃以孟子生前之魂氣，上感於孔子氣後之魂氣。主動者，乃在孟子非孔子。

孔子曰：「祭神如神在，吾不與祭如不祭。」則祭祀亦此心之魂氣相通。祭者心在，則所祭者如在，此則信而有徵。西方人祭上帝耶穌，當亦如是而已。故群體為大生命，個體為小生命。小生命當從大生命來，其死亦歸入大生命中。大生命不絕，斯小生命亦常存，惟當人化而已。其化則不僅在死後，乃在生前。人心即此生命，近人乃知生命有存在，不知生命乃更有流通。此即猶知人有體之魄，而不知其兼有氣之魂。

孔子死，其心尚在其弟子心中。其弟子乃心喪三年，廬墓不去，乃成孔林，迄今為中國一名勝古蹟。試一瞻謁，即見孔子與其門人弟子魂氣之所至。吾鄉有泰伯墓，乃一小土丘，歷三千年常存，此亦魂氣積累。自泰伯之讓天下，其心迄至今三千年，感動鄉人心，知恭知敬共達於此墓。凡中國名勝古蹟率如此。則死世界仍存在生世界中，而籠罩此生世界，相與和合會通，亦可見矣。

(五)

孔子曰：「志於道，據於德，依於仁，游於藝。」凡心不能無物可依，空空僅一心。中國人謂虛心，乃近似佛家言無所住，非言心空無物。故中國人修心必言志。志於道，非志於物。孔子曰：「富而可求也，雖執鞭之士，吾亦為之。如不可求，從吾所好。」不可求，故無志可立，僅從心好而已。道可求，始言志。實亦由志乃成心，故曰立志，即猶言立此心。言修身，亦猶言修心。則齊家、治國、平天下，所齊、所治、所平，皆此心，非物。物則何修齊治平之有。

道即此生命之大全體。德即此道之得而存於己，仁即此道之通而達於人。據德依仁，是為道德人生。藝即此心兼及物，使此諸物亦能會通和合而納入人群之大生命中，與之俱化始為藝。文學亦一藝。人生不能離此物世界，又何得無藝。實則道德乃藝術之至高，而藝術乃道德之至精。中國傳統人生當亦以道德與藝術合一並稱，非道德即不成其為藝術，非藝術亦不成其為道德。

道德藝術皆由人心來，故中國人言人生必言心，與西方人言靈魂大不同。靈魂由人生外面來，又向人生外面去。人心則即此人生，人生在，即人心在。中國人生能通天人合內外，皆由此心。心不存，則人生活動猶如行屍走肉，復何生之足云。

孔子心，言其近，可以通於七十門弟子之心。言其遠，可以歷兩千五百年而通於今。故孔子之心，亦即孔子之性命，亦即孔子之德之天。孔子曰：「天生德於予」是也。亦可說孔子性命至今尚在。人生可以如天之尚在，此誠中國人生之大藝術，亦即人生至德要道之所在矣。

個性群性只通於人與人之間，惟藝術心則超於群而通於物。《大學》言格物致知，人生不能離於物，故心知亦必通於物，必格物乃可言知之至。是則人心不當僅通於人心，猶當通於物。不當專言道德，而又必兼言藝術。

西方人亦有藝術，但重物不重心，又主爭。中國藝術則主和。西方藝術在分勝負，而中國藝術則僅見高下。近代西方各種運動會，則以藝術化入商場中。各種殺人武器，則以藝術化入戰場中。中國藝術則非商非兵，皆在人生性命之安居樂業中。

孔子曰：「君子無所爭，必也射乎。」射亦以殺人，但射亦有禮。禮貴和。群中有殺，亦出天意，亦以致和。猶如生中有死，死亦生道中一端，死生乃終始如一。如天之有陰陽晴雨，陰雨亦通入陽晴中，共成一天。止戈為武，文武亦同在一道中。皆所謂相反相成，執兩用中，此有深義，可密闡細究。

㈥

《詩》云：「相鼠有體，人而無禮。」鼠生在其體，人類大群之生則在禮。禮分賓主，夫婦、父子、兄弟相處，亦互為賓主。禮即道德，亦即藝術。閉門讀書，上友古人，則千百世上人皆如賓客，可以自由接對。而諸賓客皆靜默無言動，儘待主人之心領而神會。為主人者，又何樂如之。此又非一種大藝術而何。孔子之學不厭即在此。

中國人生亦可謂乃一禮樂人生。古代禮不下庶人，文化演進，乃至全人生皆歸入於禮。讀清代《五禮通考》一書，約略可見。但吉禮、賓禮、嘉禮易言，凶禮、軍禮難知。慎終追遠，民德歸厚，凶禮猶易知，軍禮更難言。但當知非僅以禮治軍，更要者，在知軍之亦必以禮治。禮之用，和為貴。則軍之用，亦必以和為貴。不惟在軍之內當求和，即在軍之外，與敵相對，其要亦在和。止戈為武，不嗜殺人者能一天下，治軍所希之能事在此。

孔子曰：「足食足兵，民信之矣。」不得已而去，先兵後食。曰：「自古皆有死，民無信不立。」信即此心，苟非此心，何來有信。然則人生可去兵，猶可去食，最不可去者，乃此心之信。伯夷、叔齊餓死首陽山，亦由伯夷、叔齊之心有所信。非信紂可為天子，乃信周武王不當興兵伐紂。孔子稱其為古之仁人，孟子則稱之為聖之清。至於今，伯夷、叔齊之心尚傳，抑且所傳之盛，尚過於周武王之伐紂心。心之清，可除去一切，如伯夷、叔齊豈不並兵與食而盡去之，惟存一信。其實不僅伯夷、叔齊為然，人心亦莫不惟有信。惟所信有不同而已。

今日世人不知重此心，但亦仍有信。求富於食，更求強於兵。原子彈核子武器更所信，次之則經商求利潤。核子武器且不論，經商買方日不足，賣方不景氣，又奈何？若依孔子言，先去核武器，再去一切商業政策，惟保持此自信心，即人類互信心，則人類大群自可立。若問秀才遇到兵，有理說不清，有心者遇無心者又奈何？曰，心得性命之正，無心則違失性命。此天地乃一性命大體，亦即性命一大場合，違失性命，又焉得久安居天地間。故信天乃信心，心與天一，其可貴乃在此。

今人不信己心，又如何信他人心，當更不信古人心，如孔子心。孔子自信己心，由於信他人心，更貴在其信古人心。古人心猶能通於今，此則更可信。孔子信而好古，敏以求之，學不厭教不倦，乃成其為孔子。遠推古代，為原始人，則烏有近世之核子武器與商業政策。然原始人與近代人，僅四圍外物異，內在性命則同。遞傳迄今，仍此性命。故《孟子》曰：「大人者，不失其赤子之心者也。」赤子尚不能視聽，但已有知覺。此心即原始人心，亦即後來之大人心。大人心本源於赤子心。依《孟子》意，亦可謂不失古人心，乃得近世心。此亦始終一貫。

故心則只是此一心，天人如一，古今如一，焉得有所謂進步。外在年歲境與物可言進步，內在性命天與心不可言進步。故中國人只言此心之立與達修與正而已。顧亭林言：「天下興亡，匹夫有責。」此亦從心上立言。伯夷、叔齊即此心。今人不知重心，則此等語又何從去解釋。

余上所述，乃盡從余之讀中國古書來。古人心藏在文字中，余從文字中檢得，非一種藝術人生乎？故此一番心，只是檢不到，卻非不存在。其實天常在，群常在，斯心亦常在，惟有志者能信之修之。此乃一種道德人生。但亦有步驟，有規矩，此又為一種藝術人生禮樂人生。

但此心之信，乃由此心之修來。心猶天，豈不天亦當修。朱子言「理先氣後」是已。《中庸》亦言：「天命之謂性，率性之謂道，修道之謂教。」「致中和，天地位焉，萬物育焉。」印度佛教言，諸天亦來佛前圍坐聽講，此亦稍近中國意。《易傳》言：「天行健，君子以自強不息。」今國人圖強，惟求西化，美其名曰時代化。今日之時代，又豈盡為西方人所占？竊願以《易傳》「自強不息」四字與國人共勉之，惟國人之相與共信而共修，以歸於正，則反己而自得之矣。其歸則仍要在國人之能信。余年九十二，長在病中，報館索稿，姑妄言之如此。

五六　為己與為人

(一)

孔子曰：「古之學者為己，今之學者為人。」中國人言學，主要在為人。人生大群中，必有其一番道義與責任。學則在知此道義與責任，而如何善盡之。故為己即為人。取悅於人，見重於人，則生之意義與價值，在人不在己，此何可？《荀子》曰：「小人之學，如禽犢之獻。」見人攜禽犢為禮，為人則如以己為禽犢。

西方人重權利，中國人重道義。故西方為人，在向外爭獨立、平等與自由。中國人則重在己之道義與責任。孔子曰：「為仁由己，而由人乎哉。」仁即人道，亦人生之大任。自行己道，自盡己任，此非獨立平等自由而何。曾子曰：「任重而道遠，仁以為己任，不亦重乎。死而後已，不亦遠乎。」自守仁道，自負仁責，畢生以之，雖獨立而不懼，雖遁世而無悶。人皆如此，豈不平等之至。殺身成仁亦自由。道義即自由，而豈外面之束縛與限制。中國人謂此乃德性之人生。彼人也，我亦人也，有為者亦若是。復何權利之足言。

人生嬰孩期最長，無知無能，此為人生與禽生犢生最大不同處。嬰孩初脫母胎，惟能哭，但亦不自知。故嬰孩實未成人，我非真我。其成一人，成一我，則胥賴父母之撫之育之，養而長之。但此已屬人文人生，非自然人生。己不能自生活，乃賴父母、兄姊之生活長成之。此即道義責任之所由來。而我生乃由人生之道義與責任中生，亦可知。

童年無知，胥待父母、兄姊年長者告之，始漸有知，始得為人。故己之成長為人，即有種種道義與責任，此皆人文人生中事。人自有生，在其未成年前之一段長期人文人生中，亦無時無刻不在受教。人之教之，亦皆其人之道義責任。故可謂人生即由道義責任中來。

人生之老年期亦較禽犢為長，亦如未成年前得享受人文人生，須他人侍奉輔護。中國以農立國，十八授田，耕種為生。六十則還田，即須子媳奉養。老人在家，只以抱孫為樂。其實年老之祖父母，正如年幼之孫子女，各自無能，而相守為樂。此皆有中年成人，負敬老慈幼之道義與責任，否則又何克有此人生晚年之樂境。

西方小家庭制，年老受公家養老金，或入老人院。相顧同屬可憐，心終無歡。中國則自古有敬老之禮，六十杖於鄉，七十杖於國，到處受人敬。余生之中年，尚多獲親於各家各地之老人。政治亂於上，而老人仍得其安樂，幼小亦然。家不安於國，而老小猶得安於家。則人生若尚有一前途可冀。及今則情況大異。大陸不論，即在海外，家庭養老之禮已不易再見。二老相伴，子女則寄居異邦。即同在國內，亦每不同居。喪一老，則一老孤獨，即子女迎養亦不安。近人言，美國乃幼童之天堂，中年之戰場，老人之墳墓。人老未死，已如入墳墓。人孰不希老，但睹當前之老人生活，竟已逆知其人生前途之所趨。一老人之歸宿，亦即為其一家人之歸宿寫照，亦可謂乃其社會全人生之寫照。老人無歸宿，即不啻告人以人生無歸宿。今日世界人類歸宿，即觀於當前老年之無養不敬，亦已彰灼可見矣。人之成人，即各自奮鬥，亦可謂是為己。惟乃自然人生之為己，非人文人生之為己。乃絕無道義責任之可言。

《小戴記．禮運》篇：「老吾老，以及人之老。幼吾幼，以及人之幼。」人生老幼兩端，皆不能自主自立，中國人特舉此以為理想的世界大同作基礎。其曰「天下為公」，公私一體，為公即為私，非廢私以為公。惟人性慈幼易，敬老較難。西方個人主義，亦知慈幼。逮其長大，尚有功利可期。老年向死日近，養之敬之，無可期其報答。人死則一切皆完。而中國人特重喪葬之禮。孔子曰：「慎終追遠，民德歸厚。」真實人生乃情感，非理智。老與死乃人生必然之歸宿。由其老死，而回念其生平，亦可謂至是乃見其人之真意義與真價值。人有不隨老死而俱往者，始是人生真意義真價值所在。財富權力，只是生前所有，死則轉歸他人。亦有死後不歸他人者，事業可轉歸他人，而行為則不得轉歸他人。

堯舜禪讓，天下之大，可以轉歸他人。而禪讓之行為，則堯舜私有之。死則一切行為皆停，然如讓天下之一行為，則尚存天地間，並仍存他人心中，可以永垂不朽，其人乃仍若未死。堯舜禪讓，湯武征誅，事業不同，然湯武之征誅行為，亦同列為聖，亦得永垂而不朽。孔子開門授徒，其教言尚常存七十子門徒心中。及其編寫為《論語》，其書流傳，常存二千五百年中國人心中。中國人尊行為，不尊事業。周文王未登天子位，論其事業，若不如其子武王。然文王生前之行為，則猶在武王之上。故周人乃尊文王為開國祖，明非事實，而有合於天下之人心，亦有合於後世之人心。以此為教，則深入人心，而萬世不忘矣。故好古非好古，乃好古人之不隨古以俱去者。故好古人，亦即好今人。今無可好，乃好人生中之真意義真價值，乃人心所在，不隨時代先後死生古今以俱變，而與人生俱在者。

父母生我，此乃父母一行為，非父母一事業。父母之老且死，此亦行為，則常在我心。我則養其老，葬其死，終我之生，不忘我之父母，此即人生之道義與責任。人心同，斯道義與責任亦同。故道義之與責任，乃人心所同好同安，則亦以自為我心而已。人人如此，則民德歸厚，而人生之真意義真價值自顯。若言功利，則此亦即人生莫大之功利。今人誤認知識思想為心，此實僅心之一活動，一作用。中國人言性情，乃始是心之真全體。識得此分別，則一切心之活動與作用，自可無逃於人生之真全體。

墨家言兼愛，則近功利主義。惟不為個人功利，而為大群功利。但欲人視人之父若其父，則非人之真性情所能。人文亦從自然來，人各一父母乃自然，人文亦不能背。必求平等，則轉成為己之父母亦若人之父母。孟子譏之曰無父。孝乃人心一私，人心各尊其私，乃為人道之公。惟此心則已屬人文心。故行為之私，乃得成為事業之公。如堯舜禪讓，湯武征誅，皆是。然征誅終屬事業一邊，故湯武終不如堯舜。中國人尊堯舜尚勝於湯武，非為堯舜更在古代。猶有古於堯舜者，如犧、農、黃帝亦不與堯舜同尊，可知矣。

西方無古可尊，英法之尊希臘，與中國之尊堯舜顯有別。西方人並亦尊埃及尊巴比倫，此皆歷史之古，非英法人心之古。惟中國史乃與中國之人心進程大體合一，此誠人類不易得一佳境。

中國人重行為，實皆屬私。舜父頑母嚚，並世誰加重視，則舜之孝非私而何。但不能心其私，又烏能心其公。余幼時，西化已東來，國人自譏，引「各人自掃門前雪，不管他人瓦上霜」詩句，謂中國人知私德不知公德。不知德得自己心，即屬私，舜之孝即舜之私德。門前雪，自當掃。他家瓦上霜，豈能由己來管。舜盡其私，而堯讓以天下。《莊子》曰：「為善無近名。」名乃公器，善則私德。人人捨其私而爭為公，則天下必亂。人孰無私，幼其幼，老其老，皆私也。惟如此，斯世界大同而天下平，無他道矣。

人有私行私業，百畝之田，仰事俯育，即農人之私業。百畝之收獲，無以遠勝於他人。故農人之用心，尤在其仰事俯育，更過於其耕耘。輕事業，重行為，其教易。古代之工，由官授廩，生事無憂。故能使業工者不爭量而競於質。畢生從事，又世襲相傳。習熟久而私好深，他人莫能踰。而中國之百工乃盡成藝術化。孔子曰：「志於道，據於德，依於仁，游於藝。」百工之藝，亦志道者之所游。故中國古代之工農，所貴皆在其性情。

日中為市，各以所有易其所無，各得所欲而散。此亦私心即公道，乃行為，非事業。恃商為業，則必求利潤，故業商則必求損人以利己。中國古代，商亦由官授廩，而限於國際。國與國間之通商，有關治平大道，故不許私人經營。奉公守法，則有道義存焉。故中國古代社會，能使人重其私德不重其私業。凡業皆為公，而凡德則見之行。孝弟忠信皆本私德，而會為大群之公道，此實中國文化精義之所在。

明此道以教人者則為士。士不進而仕，則退而為師。士亦非業。《孟子》曰：「勞力者食人，勞心者食於人。」秦漢以下，社會大變，而此大分別則無變。故四民以士為首，農次之，工又次之，商居其末。《大學》言：「自天子以至於庶人，一是皆以修身為本。」即仍以各自之私人行為為本，則無大變。

惟其重私行，故伯夷、叔齊猶尊於周武王。如夷、齊，誠可謂之違公心而信私義。其信於私者，則歷千萬世而無與倫比，中國人之重視此兩人亦在此。此可謂之最獨立，最自由，而不平等。人各有私，伯夷、叔齊可為之榜樣。一切道義責任，即皆由其私來。老老幼幼，不信其私，又何以為人。

近人均認中國為人本位文化。然人不能孑然孤立為人，必人相偶，與人相處始為人，故有五倫。小人則離於倫以為人，乃不得謂之人。否則亦人中之至小者，此亦古人忠恕之辭。孔子曰：「必也正名乎。」又曰：「君子思不出其位。」名為夫，居夫位，行夫道。名為妻，居妻位，行妻道。五倫各有其名位，亦各有其道。各為其己，守己位，行己道，而家自齊，國自治，天下平亦如此。然則人本位即己本位。今人慕西化，好言人權。但爭權即非中國人之所謂道。果使夫有道，則妻何待爭權。夫無道，妻又何得爭權，亦惟自守其道而已。晉重耳在齊娶妻姜，齊姜勸之行。重耳回國，不聞其召齊姜，亦不聞齊姜之再嫁。然而晉文公之霸業，不得謂齊姜之無功。孔子曰：「晉文公譎而不正」，此亦其一例。為人妻，守妻道。齊姜可謂正其名而思不出其位矣。中國人言權，乃指己之權衡權量以定己之行為。齊姜則亦權之矣。後世敬仰齊姜，試披史籍，為齊姜者不絕書，則為己亦所以為人，惟權其道而已。而晉文公乃事業中人，非性情中人，亦可知。

後人之評量前人亦有權，惟當權量其性情，不當權量其事業。中國聖賢，皆在其性情，不在其事業。亦皆在後人之權而定之，而豈聖賢之有權得自居為聖賢乎。故中國人本位文化，亦即己本位文化，亦可稱之為心本位文化。然非西方哲學所謂唯心論之心。西方哲學重知識，向外尋求真理。中國之心本位，重性情，重一己之行為，向內自求己心。斯則其異。

然則人生無事業可言乎？此又不然。事業屬公，而必本之各己之私。未有違於各己之私，而可成為公眾之事業者。此種事業乃為禍害，事業成而失敗隨之。以西史言，希臘、羅馬、封建貴族、現代國家，皆由成而敗，敗則不復再成，而始有當前之美蘇。豈美蘇乃得長如今日。惟中國則五千年來日以擴大，而成為一廣土眾民之民族國家。孔子曰富不可求，從吾所好。富若可求，則希臘人先得之，何致遞變遞轉手而有今日之美蘇。從吾所好，各顧自己之私，而共同公行，乃為中國文化傳統之本源所在。

今且莫問孔子大聖之所好，試問當前各自小己之所好。孰不好有一賢妻，則莫如先為一賢夫。又孰不好有佳子弟，則莫如先為一賢父兄。求於人，則莫如先求之己。己之行，則所好易得。己得為一好人，斯亦同為人所好。孔子大聖，亦不過同為人所好而已。妻賢而己不賢，子弟佳而己不佳。己之可恥可悲，又孰愈於此。一薰一蕕，十年尚猶有臭。人決不以有臭自豪。此則人生之道義責任所在，亦即為己之學。吾國人其各捫心深思之。

(二)

嬰孩初離母胎即知啼哭，所以啼哭，則為外面刺激。如光明耀眼，或寒冷刺膚，皆屬外面事。次則如飢餓，如勞倦，乃屬己身事。遂知有父母，有兄姊，或祖父母等，皆屬家人與彼相親者。最後乃知有己。其實己不能單獨成其為己，必有內外始成己。先識外，後識內，此之謂合內外。外多屬天，內始屬人，此之謂一天人。合內外一天人始成己。

嬰孩能學言語，言語不屬己，亦屬人。他人如何言語，己則學之。不僅言語，一切學習盡如此。學於人，乃成己。使外無所學，則己何由成。先學於家，乃成一家之己。次學於鄉，乃成為一鄉之己。繼學於國，斯成為一國之己。再學於天下，則成為天下之己。所學有大小廣狹。要之，己則為之中心。學於外，以成其內。學猶食也。食於外，以長養其內。物質的則為食，精神的則為學。合內外以成己，則如此。

家國天下皆在外，身為內。自身言，則心為內。自心言，猶有性為其內。而性則賦於天，受之自然，盡人皆同，無所大異。故人生乃同此自然，同此天下，同此國，同此家，同此身，同此心，同此理。外觀多異，而內蘊則同。各成其一己，而盡歸於大同。中國文化傳統中之人生大道，主要即在此。

己之孝，所孝乃己之父母。孝父母乃己之心，亦即己之性。孝之一行，全以成己。外觀之似為父母，內究之實為己。外孝父母，己始成為一孝子。一切德行皆如此，此之謂道。道者，乃指人生大道即為人之道，亦即所以成己之道。否則飢而食，寒而衣，百年匆匆而死，所為何來，豈不一場空。故佛教則要人修涅槃，耶教則指導人靈魂上天堂，皆為人求有一歸宿。中國人則天生我為一人，我則在人群中修成為一己，此即已是人生之歸宿，尚何涅槃與天堂之求。

何以天生我為一人，我必修成為一己。因人與人宜各有異，宜不相同。己之父母，非即彼之父母。己之家國天下，非即彼之家國天下。故人人修其一己，即所以成其為一人。人不修為己，則己不成為人。孔子言知天命，即知此。知此乃知學知行。捨於學與行，而空言知，今人乃尊之曰客觀之知。不知客觀之知，於己何干。

愛因斯坦發明四度空間論，在西方科學上，乃一新觀念。在中國則是一舊觀念、舊思想。寧有無時間之空，寧有不與時俱變之空。孔子聖之時者也，時變則己亦變，亦可謂時即己之生命。天命曰新，則為己之學亦當日新。然而天雖日新，而實陳舊不變。己雖萬異，而仍是一共同不變之人。斯其義極精，而人人俱知，亦可謂之極粗。新舊精粗，即是此體。主觀客觀，亦同是此體。如嬰孩，如幼童，如成年，如老年，同是一我，而與變俱新。惟主觀乃知之，若求客觀則不知。故知人始知天，知天始知人，同此一知，無大異也。

《大學》言格物致知，所知乃為知己，非為知人。百工成器精美，此乃知於己而始得成此精美。如絲織品，陶器品，何一不由識得人性所喜，乃得精美。物品須精美，人品寧得不精美。人之一生，若得烹飪衣著居住行走，以及日常使用諸物品，皆得精美，豈不為人生一大樂事。則人生交接，自父母家人，以及親戚鄰里，國與天下，皆屬精美之人品，人生樂事寧有更大於此者。若人生僅知求之物，不知求之人，則將永為一無可喜樂之人生亦可知。又當知物品精美乃是一種藝術，而人品精美，則更屬一種藝術，為人生中一最高藝術。藝術則必建本於人類心理學，其高低精粗，胥將於人心求判定。中國人說，人之相知，貴相知心。聖人先得吾心之同然。得己心，始可得人心。己心何由得，此乃人之為學至要一問題，亦人之為學主要一目標。

故學者學此心，有此心必見之行。故學者學此行。而知識乃為行中一手段、一條件、一小事。不能得於心見於行，孤立一知識，斯又何貴。孔子曰：「性相近，習相遠」。性尤是心之根，更所難知。而習則行之更顯而易知者，故學必尤重習。孔子曰：「學而時習之。」曾子曰：「傳不習乎。」中國為學則更重在習。不僅終生，尤貴世襲。絲織陶瓷百工之業，皆父子世襲。學成一家，門人弟子，斯亦世襲矣。而豈一世之所能盡其能事乎。

故西方學貴專，而中國學貴通。不僅貴通之人人，又貴能通之世世，此則惟心性之學為可能。故中國之學，內主心，外主行，而知識特其次。如言孝，人人同有此心，又必同見之行，而人之父母則各不同。如舜與周公，兩人之父母分別如天壤，其當孝則一。舜何以行孝，成為一大難事。陸象山言，堯舜以前曾讀何書來。實則即有書，各人之行孝，仍不能見於書。故學貴反而求之己。凡學皆貴本於己之心。古人言孝，後人當學，而學必能創。亦步亦趨，非學之能事所在。何況不本之心，不見之行，而客觀特創一真理，則決非中國傳統之所謂學。故在中國學之傳統中，乃特無一如西方之哲學。哲學教人一思想方法，即邏輯或辨證法。而中國則教人一行為方法，亦稱規矩。近人稱道德，然則道德當分別言之。德者其心性，道則其行為。行為必本於心性，而外面遭遇仍不同。故孔子曰：「志於道，據於德，依於仁，遊於藝。」仁即心之相通處，藝即行之所由得成之一種藝術。

中國古人以禮樂為藝，實則禮樂亦貴隨人隨地隨時隨事而變。豈可墨守成規，而謂之是禮樂，謂之是道德。此必知有化，亦稱發。有化有發，始得成其傳統。不能化不能發，又何傳統之有。其化其發，乃其智。古人之重智慧，與今人之重知識又不同。一為一，二為二，此知識乃死物。而智則一活物。故孔子曰：「仁者樂山，智者樂水。仁者靜，智者動。仁者壽，智者樂。」人有智，乃能成其仁，有動乃能成其靜，有樂乃能成其壽。中國傳統文化，乃一至壽至靜，四五千年不變之一種仁的文化，而其中寓有至動至樂之智的成分在內，所以得成其仁。舜之大孝，又何嘗非其大智之所成。有智始能化，始能發。舜之大孝則胥由其能化能發來，豈死守成法所能成。

今日國人盡言世界大變，死守成法不能應。其實中國文化最不教人死守成法，最不教人死應。故中國人言治道，亦最輕法。《孟子》曰：「徒善不足以為政，徒法不能以自行。」中國人在政治上重道不重法，更不言權。權者，通權達變義。百官居職，在其職守上必須通權達變。如殺人者死，此乃刑法一大綱。然殺人情況不同，有須加重，或須減輕。故中國刑法於律之外又有例，此則審刑者之權。凡人處事，亦皆有權。孔子告曾參，大杖則走，小杖則受。則為人子孝道亦有權。權不離經，變不離常。人各有權，則亦權之道，權之心，權以成德，而豈有權力之謂。

故凡言權言變，則必須有智，非智則無以通權而達變。西方人言知識即權力，其義大不同。中國人言權，常蘊藏於內心。西方人言權，必表現在事外。中國人言智必本於仁，仁即道，亦即心。人各有心，此心則大同，而亦萬變。此心即是己。人各有己，此己亦大同而萬變。人必當知尊己。然人各是一己，則尊己自必知尊人。豈可獨尊我之己而不尊人之己。己不變，而己之各有其一父一母亦不變。但己之父母與他人之父母則有變。如舜則父頑母嚚，與他人父母大不同，其各為己之父母則一。父與母亦各有己，其頑其嚚亦即其己。凡己必欲人之順於己，又何況其父母。舜之父母亦欲舜之順。欲殺舜，舜不能順，然終不能不孝。舜非有大智大權，則又何能成其孝。然則成舜之為大孝，豈不其父與母之頑與嚚亦與有功。故凡子之孝，皆其父母預成之。未有無父母而得成己之孝者。

舜居山野之中，其孝乃上聞於天子堯，堯乃妻舜以二女，欲以詳知舜之為人。使無堯，則又何以成他日之舜。然舜之孝，則出於其心之能權。舜之得妻天子之二女，則其權不在舜，而在堯。此乃堯之大智大權，非舜之所能預。然舜既妻帝之二女，處夫婦又須孝父母，豈不又增舜之難處。非更具大權大智則不能處。而舜則終能善處，此又舜之大權大智矣。故己之得成為己，必有他人助其成。而終於成者則仍是己。

孔子十有五而志於學，三十而立，所立即其己。然使無曾點、顏、路諸人之登其門而求學焉，亦何以成他日之孔子。孔子曰：「學而時習之，不亦說乎？有朋自遠方來，不亦樂乎？」學而時習，此出孔子之智與權。遠方朋來，則權在朋，不在孔子。使無七十門弟子相聚，則孔子決不成他日之孔子。人知弟子之成於師，不知師亦成於弟子。無弟子又何成為師。然使無弟子不得為師，仍必為一我，仍必為一己。己之成己者，其權必仍在己。故孔子又曰：「人不知而不慍，不亦君子乎？」亦豈有成己而必求之人，乃始得為己乎。

孔門弟子七十人，亦人各有己，各不同。孔子之教亦各不同。是孔子乃順於弟子以為教。故善為師者，必知順於其弟子，此又為師者之大智大權。不順於人，又何成於己。然亦有獨立不懼，遁世無悶，以成其己者。周武王伐紂，紂為君，武王為臣，臣伐君，此亦武王之大智大權。使非有紂，亦不得有武王。若是則武王之成，乃成於紂。惟君之暴與父之頑不同。父頑仍當順，君暴則必爭。然順乃常道，爭則非常道。伯夷、叔齊扣馬而諫，若以當時群情言，伯夷、叔齊知常不知變，非能順群情，轉若逆群情。而伯夷、叔齊執己不變，恥食周粟，餓死首陽之山。孔子稱之曰：「古之仁人也。」蓋孔子謂伯夷、叔齊其心為萬世謀，不為當前一時。紂之為人，人人當得而誅之。紂之為君，為萬世謀，則為之下者不當加之以殺伐。故夷、齊為人，亦必待孔子、孟子、司馬遷，下迄唐代韓愈特為〈伯夷頌〉，而後始得評定。

孔子曰：「若聖與仁，則吾豈敢。」是孔子不自居為聖，而其門弟子則必尊之以為聖。下及孟子，以及此下兩千年，無不尊孔子以為聖。並尊之為至聖，而豈孔子之所得自尊乎。孔子又言：「仁者，己欲立而立人，己欲達而達人。」己之為生，僅限一時。而群之存在，則延於萬世。己在群中乃有立達。苟使無群，己於何立，又於何達。故曰敬業樂群。己之立達賴於業，業之立達賴於群。仁道則必具敬樂心，又必具順讓心。一出於爭，則無順無讓，更又何敬何樂。

今日之世則大不同，必主爭之人，乃得成其己。如奧林匹克運動會，其源起於古希臘，至今世界盛行。我喜跑喜跳，舉世人人莫不喜跑喜跳，在我言之，豈非一大佳事。而必集會相爭，我得第一，人人盡出我後，斯為我之成功，則豈非求人之敗，乃以成己之勝。人人如此，國亦相然。人之國盡為紂，我之國獨為武王。抑且一國之內亦如此，我所欲爭則盡為紂，我所欲尊斯為武王。殺人盈城，殺人盈野，要之非仁道。然又誰復知仁道之必出於順與讓。此或一時知其可然，而又豈萬世盡知其可然。故人必有賢愚，而世則必有治亂。

故知一人如此，決非人人能如此。一時如此，決非時時能如此。惟順與讓，乃為人人世世可行之大道。但順與讓亦必不失其己。殺身成仁，捨生取義，夷、齊雖餓死，終不失其己，斯則其可貴也。己之立，己之成，則必見於其行，而豈空言之謂乎。故中國人言學，亦必主於行。學即是行，未有離於行而得稱之為學者，亦未有止於言而得稱之為學者。《尚書》言：「非知之艱，行之惟艱。」孔子曰：「先行其言，而後從之。」今人則稱言為思想，尤重視過於行。然孔子又曰「學而不思則罔，思而不學則殆。」思與學對稱，又有辨。孔子又曰：「再思可矣。」思只學中一事，寧有止於思而可得為學者。西方以哲學為思維之學，中國傳統無哲學。孔子曰：「吾無行而不與二三子。」惟有行，乃見為學，亦豈有僅思以為學。

孔子門人分先進、後進。孔子曰：「先進於禮樂，野人也。後進於禮樂，君子也。若用之，則我從先進。」禮樂必見之行事。野人質樸，即行以為學。君子多文，則先學而後行。然孔子則主從先進。孔門四科，德行、言語、政事、文學。其前三科皆重行，皆先進弟子所從事。其第四科乃重學，乃為後進弟子所治。然孔門四科之所謂文學，與後世之稱為文學者又不同。其所治，實仍禮樂行事之實，惟博學先於實踐，研討多於習行，斯以謂之文學矣。其意則求知多於求行。孔子曰：「知之者不如好之者，好之者不如樂之者。」好之樂之，皆必見於行。僅好知，僅樂知，而不務於行，則非學之正規矣。

西方哲學僅以好知為學，與中國傳統講學重行大不同。故在中國學問中，實無哲學一門。西方科學之最先亦務知不務行。如論地繞日轉，如論萬有引力，又論生物進化，皆與人事無關。有關人事者，厥惟宗教。然耶穌不問凱撒事，則其有關人事之實踐者亦有限。至今則一切人事皆有學，然所學則多限於知識。故西方之學多為一事，而中國傳統之學則學為一人，此又其大異所在。

己欲立己欲達，即指人言，非指事言。有人斯有事，非有事始為人。故當超於事而論其人。如讀班固《古今人表》，可見其大義。此即中國史學重人不重事一極大明證。而為人則必於群中為之，非可孤獨離於群以為人。故中國之學貴孔子所謂之為己。以今語說之，學者學做人，做人有道，人生所由之謂道，人所共由之為大道。故道則貴同，大道行於天下，此為大同。西方學貴知識，謂知識即權力，獲得知識乃可超出人上。而知識又貴各別相異。人苟同知，即無足貴。故西方之學乃務求異於人以為知。故中國之學統於一，其一則曰道。西方之學趨於異，其異則曰知。

統論西方之學，有兩大異。一則宗教，一曰科學。耶教有言，富人入天國，如駱駝鑽針孔。而科學則利用物質以開財富之門。今日西方盛行資本主義，以致富為人生行為一大原則，然仍信奉耶教，則即在其行為上有兩大歧趨，故其心終不安。眾心不安，斯成亂世。中國人講求做人之道，其最理想最高等者，謂之聖。人皆可以為堯舜，即人皆可為聖，所以為盡人可由之大道。如富如貴，有外在條件，非盡人可得。又必相比較，富之上更有富，貴之上更有貴，則必出於爭，而不能達於同。斯貴有知有權，而其所謂權，則為一外在客觀之權，非內心衡量之權。而中國之為道，則必由其同而歸於治，必由其自審自好而定。此則人有其權，而非今日西方所謂之人權。故西方之學貴於多統而相爭，中國之學則貴於一統而同道。孔子為己之學頗有些近似西方之所謂人權自由，開創變新，但與西方個人主義之功利觀點則大相違悖，無相近處。

西方人貴求真理，中國人貴明大道。真理有正反兩面，其實正反一體。中國人言一陰一陽之謂道，陰是暗面，陽是明面，明其正，斯則反亦存於此而不見。中國人重行，只向正面道上行，斯其背亦從之。不必反顧而論究其反面。如晝作而夜息，晝能勤作，夜斯安睡。睡得甜，斯即通晝夜之道。如善惡亦即正反面。揚其善，則惡自陰。故中國人之為學，務教人為一善人。而惡之一面，則君子道長，小人道消，自可不見有惡。西方學者求其正，而仍必求其反。反與正相敵，不與正相通，則反之一面乃層出不窮，可達於萬異，而不見其一同。《孟子》曰：「舜善與人同，與人為善，樂取於人以為善。」善即人生之正面，其道可以一善而無異。惡之為行，則各不同。西方人不務歸之一同，而戒其萬異乃不重禮而重法。法以防惡，而惡不勝防。今日西方乃有主張廢止死刑之說。孔子曰：「子為政，焉用殺。」又曰：「聽訟吾猶人也，必也使無訟乎。」此乃從正面著想，與從反面著想之大不同處。

道又有內外兩面。其實內外亦一體，如群屬外，己屬內，群己亦一體。中國學重行，故立之己而達之外。如孝道，豈不立於己而達於父母。忠信之道，豈不立於己而達於夫婦朋友。故重行則內外通。若重知，則內不易知，而外則不難知。人之知，必先知其外，如嬰孩是矣。知人則易，知己則難。知物則易，知心則難。西方人重知乃重外，不論人生，而上究天堂，旁及自然界，故宗教與科學為所重。而中國人論孝弟忠信之道，則非彼所樂聞，亦若非彼所易知。

中國俗語有云，秀才遇著兵，有理說不清。今之世，西力東漸，正是此一形勢，則中國人又當何以自處。實則其道仍在。父頑母嚚，舜亦有孝道可行。洪水為災，堯亦有君道可行。順於外，讓於旁，而內守其己，父母亦為之感悟，洪水亦為之平息。若遇一兵，己亦變而為兵，則既先失其為己，他又何足論。《孫子兵法》有云：「先為不可勝，以待敵之可勝。」為己立己之學，此即先為不可勝之學。己之能立，即己之不可勝。能達，則勝於外矣。此須有待。孔子曰：「道之不行，吾知之矣。」知其外之不可勝，而仍能立其己以待，此亦中國傳統之所謂為與學之所有事。而至其極，則曰殺身成仁，捨生取義，則至矣盡矣。己身可殺，己生可捨，而己之道則仍立於己，而可達之於後世，此則待己之有信而始能。故《孟子》曰：「人必有所不為，而後可以有為。」我必為一秀才，而不為一兵，此即我之不為人而必為己之志。為己則非不可為，而又非外力之所能勝。故為一秀才，乃中國為人之道之正面，為一兵則為人之道之反面。先自為一秀才，又多勸人為一秀才，為人之道止於此，又何不可為之有。

顧亭林有言，「國之興亡，肉食者謀之。天下興亡，匹夫有責。」人有不能為國謀而轉能為天下謀者，顧亭林之言是矣。人有不能為一家謀而轉能為天下及後世謀者，如舜之大孝是矣。中國人為己之學其意義之深長者有如此。或疑僅為己謀，如何又能為天下後世謀。則當知天下後世亦盡是人，己亦是人，先能為一己謀，是即可為天下後世人謀矣。《中庸》言：「道在邇，而求之遠。」若求為天下後世謀，豈不甚遠，是固難。僅為己謀，豈不甚近，而亦易。惟當知其所以為己謀之道而已。今則盡人謀食不謀道，斯為可憂耳。

或又疑嬰孩初生，即知求食，不知求道，奈何言大人者不失其赤子之心。中國古人言，民以食為天，求食即人生大道。自嬰孩以至於老人，自有人類以至於天下後世無盡之將來，當莫不以求食為求生之大道。惟其為嬰孩時，僅知求食，不知如何與人爭食，亦不知攘人之食以為食。能保此心，即人類無窮大道之起先第一步。謂不失赤子之心者，謂不失其無攘人之食以食之心而已。《呂氏春秋》載一故事，謂有師弟子兩人夜行，遇大雪無投宿處，師告弟子，我兩人，一人合穿兩人衣，則一人死，一人得生。兩人各穿己衣，兩人各不得生。則其師講兼愛之道，謂己得生，可以傳道於天下，命弟子讓其衣。其弟子謂，師傳兼愛之道，讓衣於我，斯即傳其道。弟子尚未得道，奈何反讓衣於師。其師無言，遂讓衣而死。墨家兼愛，即猶孔子儒家之言仁道。其師所為，亦即猶孔子言殺身以成仁。使兩人爭衣，可以並死，不得兼生。求為讓，則求之人不如求之己。其師身雖死，而道則傳。故謀生必謀食，而謀食亦必謀道。孔子言「謀道不謀食」，謀食即在謀道中。惟謀道則兩全，謀食可兩亡。《呂氏春秋》此一故事，亦可見中國人求仁以謀生之大道所在矣。當知其師之讓衣以死，即儒家為己求仁之道。而墨家之言兼愛，有不得兩全者，亦由此見矣。故儒家主言道，不主言愛。耶穌之上十字架亦此義。耶穌言當復活，十字架精神之常傳即耶穌之復活。而豈耶穌之身之復活乎。然則即儒家之言，亦可闡申耶穌之道，豈必上求之於天堂，而後始可闡申耶穌之道乎。豈不秀才仍可向兵說理。必謂說不清，亦非儒家所許。科學發明機器，儻發明耕耘機，謀求多產，當亦為儒家所許。惟發明原子彈，求能多殺人，則決不為儒家所許。

或又疑人以原子彈對我，我何以對人。則舜何以對其父母，周文王又何以對商紂。而孔子終以伯夷、叔齊為古之仁人。推此言之，自知為己之道。不明於己，又何更論及於家與國與天下之與後世。中國人之教，亦只教人以為己，而務教之以求仁之道，斯則止矣。繼此而上，宜有大智，則非常人之所能預。而大智必終於不得違此仁，則可得而言，可得而知矣。

故惟中國人，乃能以一己之微小，而定為上下古今、宇宙萬物、人類大群一中心。又能推擴此一己之微小於廣大悠久上下古今，以宇宙萬物、人類大群為其外在一範圍。此亦可謂是中國人之唯心哲學。而如何達到此境界，則有一番大學問、大藝術存在。貴在能見之於當身之實行，非徒務空言想像之所能及。此則決然可知者。

五七　性情與自然

(一)

一般人想，人該有自尊自信之心。但他人對之不尊不信，他又何從得自尊自信。於是遂在外面客觀具體條件上來爭取。如今世界各種運動會，如五六人，七八人賽跑，我一身獨先，榮獲冠軍，而他人並不即此尊我信我。此處賽完，或去他處賽，我不必定獲冠軍。今年賽後，明年又得賽。果使我每賽獲冠軍，然而體力有限，年老後不能再賽，那番榮譽也便結束了。

有一拳王，連獲冠軍，名滿全球。論其獎金所得，也該一生溫飽無憂。然而年過三十，尚有後半世，還不止三十年。往年拳賽雄風，長在心頭，此心放不下。重登臺，失敗了，以前之榮譽翻成此後之遺憾，追念往昔，情何以堪。

臺中市一青年，遠赴美國參加青少棒賽，勝利還國，全國上下獎勵榮寵，已達其極。然而難乎為繼。進學校則課業不如人，結婚成家則生活不如人，淪為盜竊，身陷囹圄。中國人稱，人怕出名，豬怕肥。又說大器晚成。年輕人享大名，終非好事。所以如運動會等，中國古人向不提倡。

孔子曰：「十室之邑，必有忠信如丘者焉，不如丘之好學也。」參加運動會艱辛萬狀奮勉不已，究為忠於何人，豈忠於相競之敵？抑忠於旁觀者？惟得謂其忠於己而已。此之謂自私自利。其所信亦惟己。苟對他人有信，亦豈再有所爭。然則學運動比賽，即學對人不忠無信。提倡運動比賽，亦惟提倡不忠無信。西方崇尚個人主義，豈有忠信可言。在中國亦非不知運動有益，乃於農隙有結為漁獵之娛，集群眾為一體，以田野禽獸河海魚蝦為對象。人之有技，皆以忠於群。亦惟互信，乃有合作。此乃封建社會一種大典禮。後代又增以敬神賽會。一切高技絕巧，訓練表現，皆以敬神，亦以娛眾親群。絕不作彼我相爭，更不為自我表現。中國人凡有表現，皆求於古有宣揚，否則對神有貢獻，於群有裨益。而豈一己之有可圖，又豈彼我之有可爭。惟可大眾娛樂，又可親切欣賞。如是則已。

富貴尤為客觀具體博取尊信之條件。然而孔子說：「富而可求也，雖執鞭之士，吾亦為之。如不可求，從吾所好。」富貴為何不可求？富貴乃相比較而來，無止境亦無常態。苟其求之，心滋不安。最近臺北縣一議員賄選議長事發判罪，計其行賄費當達千萬。一老友語余，人生儘多樂趣，使我擁千萬家貲，一生飢寒無憂，即一議員亦拒不為，何事競選議長。吾友深擅中國藝術，自有所好，宜其發此超乎常情之高論。今舉世之動亂，則全為求富求貴來。孔子所言，亦仍值深思。吾老友所言，亦終不失為一中國人意境。

中國人教人自尊自信，尤更教人尊信他人。孔子曰：「言忠信，行篤敬，雖蠻貊之邦行矣。言不忠信，行不篤敬，雖州里行乎哉。」孔子教人以為己之學，但忠信篤敬似在為人。為人即以為己，忠信篤敬即己心之德，得發舒，得成長，得圓滿，自是吾心一大樂。而又到處行得通，自己亦更受人尊信，此誠為己一大好學問，一大好藝術。孔子所好，正在好己之德，在好吾此心固有之天真。《孟子》亦曰：「辭讓之心，恭敬之心人皆有之。」對人能讓能敬，實獲我心，焉有不樂。

吾鄉距無錫城東南四十里有一小丘，三千年前，吳泰伯居此，相傳稱讓王山。一千年後，東漢梁鴻夫婦又逃隱來此，故又稱鴻山。每逢清明，鄉人四集，跪拜瞻仰，盡歡一日而散。一鄉人莫不以得親吳泰伯、梁鴻為己榮。此風三千年不絕。余童年亦同享此樂。全國各地名勝古跡，類此者何限。尊人信人，較之自尊自信，高下厚薄，相距何堪數計。

弟子尊孔子以為聖。孔子曰：「若聖與仁，則我豈敢，抑為之不厭，誨人不倦，則可謂云爾已矣。」是孔子學不厭教不倦。其學則曰：「信而好古，述而不作。」亦惟於古人知尊知信而已。故孔子乃一意承前，而其啟後乃亦因此而無窮。孔子死，弟子廬其墓，心喪三年。子貢又續居三年。心有所敬，非苦事，乃樂事。人人知敬父母，斯即人人有樂。西方人幸得一耶穌，進入禮拜堂，豈不亦西方人一樂。惟樂中仍有求，希望死後靈魂入天堂。中國窮鄉僻壤，皆有土地廟，一邑一都，皆有城隍廟。盡人得敬，斯即人人得樂。敬土地，敬城隍，亦有求。但惟求一鄉平安，斯較一己私求為勝。惟學則求己之進德成人，斯求斯樂斯益勝矣。

姑以文學言，唐韓愈文起八代之衰，為百世之師，而愈之自言則曰：「好古之文，乃好古之道也。」其〈諫迎佛骨表〉，亦為尊信孔子，情不自禁而發。僅免一死，貶官遠謫，然而愈之心情態度則終不變，所謂樂此不疲，亦無奈己何也。有來從學者，愈必告以汝儻為古文，在當世無可求，無可得。若仍請不已，愈亦樂為之師。孔子所謂：「學而時習之，不亦說乎？有朋自遠方來，不亦樂乎？」以己所樂，教人同樂，豈不亦己心一樂事。

柳宗元與韓愈同為古文，有人乞師事者，宗元以蜀犬吠日為喻拒之。謂惟韓愈願為人師，己則不敢為。即以此一端論，柳宗元心中實不能如韓愈之樂。斯其心境，亦決不能如韓愈之高。故後人論古文，柳亦終在韓下。韓愈早年即為〈伯夷頌〉，讀之可知其心境。然愈死，古文終亦衰。下歷數百年，北宋歐陽修起，而韓愈古文乃得大行。西方文學則不然。如希臘荷馬史詩，沿途歌唱，聽者群集，斯為成功。戲劇亦然。亦意在廣集觀眾，凡所表演惟求廣攬人心，廣召群歡，但並不求發自吾心之深處。一重內，一重外，此亦中西相異之一端。

曹孟德始創建安文學，曾為詩曰：「月明星稀，烏鵲南飛，繞樹三匝，無枝可依。」即知曹孟德終為世俗中一醉心利祿之人。月明之夜，烏鵲驚醒起飛。方其倦，亦隨枝可息，又何至無枝之可依。是則孟德之心，不如烏鵲之自由、自在為多矣。蘇東坡遊赤壁賦，引此詩，當時東坡貶黃州臨皋一室，亦幾於無枝之可依矣。然而〈赤壁賦〉中所表現當時之東坡，則較之往年之孟德超脫多矣。所以韓愈文起八代之衰，終無取於孟德。而東坡則極慕韓愈。兩人同為詩文宗師，而曹操終亦不得為一文學家。今人評論古代文學，不復知計較及作者之心情，斯則失之遠矣。

藝術亦一如文學，伯牙鼓琴，志在高山，則琴中流露出高山聲。志在流水，則琴中流露出流水聲。是伯牙已能擺脫世間一切人事糾紛，而志在天地大自然，尤能志在大自然中之高山流水，而使琴與心一。此其藝術造詣固已迥出群倫，惟鍾子期能知之，聞其琴而知其心。及鍾子期死，伯牙遂終身不復鼓琴。是則豈非得一知己，而轉喪其己，良可惜矣。孔子曰：「學而時習之，不亦說乎？有朋自遠方來，不亦樂乎？」伯牙已能臻此兩境界。孔子又曰：「人不知而不慍，不亦君子乎？」則伯牙似尚未能臻此一境界。此可謂伯牙彈琴尚求人知，未能達於曠懷自樂之一境。以今人言，伯牙乃一藝術專家。以中國古人言，則伯牙似尚未得高為一君子。

今吾國人，對自己民族四五千年相傳敬心信心，全已失去。所幸者，今之美蘇，猶為吾國人敬心信心之所在。安和樂利，惟此是賴。但一旦核子戰爭起，美蘇兩敗俱傷，則不知吾中國十億人心又將安放何處去。孔子曰：「學而時習之，不亦說乎？」人生樂事，其端在此。終不知吾國人此下將何所學何所習，此亦仍堪作深長思。

惟西方人相互間不忠無信，則非有法相繩，亦無以相處。惟中國群相忠信，尊敬相處，乃必有禮，不復需有法。縱有之，乃對極少數偶有事。故言政，中國尚禮治，西方尚法治，亦其一異。今人則盡唱法治，即運動會亦尚法。教人尊法，即教人昌行個人主義，不忠無信，此義又誰歟知之。

㈡

人身頭部有腦，接受身內外種種感動，而作反應。西方科學家認為腦主宰了一身，但腦只是人身中一部分一機器，又誰在主宰此腦呢？中國人言心，實不指胸中之心。此胸中之心，亦是人身一部分一機器。而中國所言心，則乃主宰此身之全體，但無可指其具體之所在。正如中國人言帝，乃主宰著天，而亦無一具體可指。

中國人言心統性情，性較隱不易知，而情則較顯易知。中國人謂喜、怒、哀、樂、愛、惡、欲為七情。喜怒之情尤顯而易知，俗稱喜氣、怒氣，此氣非有質之氣，但亦可見可知。氣之可見者曰象，亦非有形，但可見可知，而亦無具體可指。

西方人好言具體可指者，如耶教信上帝，雖亦非具體可指，然西方人心中所信，實與中國人所信大不同。西方人言心，實多指物理學生理學言，多具體可指。而與中國人所言之心大不同。如言喜怒，在心不在腦，亦非具體。而西方心理學家則必具體言之，如每一秒鐘心跳幾次，脈搏幾動，是為怒。但不知是怒了始有此心跳與脈搏，非是由此心跳與脈搏始成為怒。喜怒是人生，一身之心跳脈搏是物理，人生則有超物理以上者。

不僅人有喜怒，其他動物亦有喜怒。如家畜一雞一狗，豈不亦有喜怒，與人共見。甯必測量其心跳脈搏而始知。不僅動物，植物亦然。周濂溪窗前草不除，說它生意與我一般。有生意，即有喜怒。不僅有生物，即無生物亦然。天地大自然亦有喜怒氣象。暮春三月，江南草長，雜花生樹，群鶯亂飛。春氣來了，草呀、花呀、鶯鳥呀，莫不喜氣洋洋，那能說春無喜氣。

嚴冬肅殺，冰雪交加，草木萎枯。歲寒然後知松柏之後凋。實則松柏亦在凋，只凋得稍後而已。忽見梅花滿樹，又那能不令人心喜。所以生在寒帶，人易怒而少喜。生在熱帶，人易喜少怒。生在溫帶，人乃能兼喜怒而得其中。可見天地大自然亦有性情，人的性情則從天地大自然中生。

天地大自然性情易見者曰風曰水。和風柔水，易令人喜。狂風湍水，易令人怒。善相風水者，見此地風水好，勸人在此建宅或卜墓，庶生人死者均易得喜氣。見此地風水壞，勸人勿建宅勿卜墓，庶少受惡氣感染，不致少喜多怒。我嘗與馬一浮在四川樂山其所創辦之復性書院中長談，我言此處江山佳勝，君居此安樂否。彼告余，風水與江浙故鄉大不同。風暴水粗，單說每天盥洗，江浙女性皮白手膚嫩，此間那能相比。年老了，每念故鄉居。此見中國人言語文字，須從中國人傳統心情求解說，此乃中國心理學。談及風水，那能只據西方人心理謂其是迷信不科學。

西方人不言心乃言靈魂。人生前靈魂由天而降，人死後靈魂復歸天上。靈魂又像是一具體。中國古人則言人死體魄歸於地，魂氣則無不之。所謂魂只是一氣。今試分氣為天然氣與人文氣兩種。人文氣從天然氣來，但人文氣亦可影響天然氣。我遊北平，此乃中國八百年來一故都，人文薈萃，人文氣自與他處不同。江浙兩省蘇州杭州俱難相比。但江浙積有兩千年來之人文氣，一離北平城郊，河北全省到處氣象，便難與江浙相比。

「振衣千仞岡，濯足萬里流」，此亦一風一水，而壯志逸趣，想慕何極。但使振衣矮屋簷下，濯足臭陰溝中，復何志趣可言。故振衣濯足，人人能之。而千仞之岡，與萬里之流，此風此水，則非到處所有。人之性情志趣，則必外融與天地，而非可內限於一身。此則風水亦所當重視。

風蕭蕭兮易水寒，此亦一風一水。非此風此水，使壯士之不還。乃因此風此水，與壯士胸懷有相同之氣象，而遂生其感傷。壯士荊軻之不反，在此風下水濱，送行者早已知之，荊軻甯不自知，而慨然離去，此其所以為壯士也。故燕趙之士悲歌慷慨，關洛無之，江淮更無之。風水不同，斯人物亦不同，乃若性情之不同。性情非限於身體，實與天地萬物共此性情。必此心能一天人合內外，而此性情之真乃始見，則亦可謂風水即性情，性情即風水矣。

今人誤謂性情限於一身，滿足我之性情者則在外。一曰物質生活，一曰都市生活，一曰政治生活。物質愈充盈，都市愈繁盛，政治愈顯達，而吾身乃益見為渺小。性情無所發舒，於是奸淫竊盜，殘暴詐欺，奔走逢迎，層出不窮，亦無所不用其極。要之，是天人隔，氣象異，風水不同，而人之性情亦變。不得謂此非人之性情，而無奈其風水之不同，而命運亦隨而不同。然而此等皆中國古代人所說，今人則嗤鄙之不以掛口，又何論於存心。

余此喋喋，則惟有使人怒，難以引人喜。此亦風水使然，天地使然，於人又何尤。

(三)

吾家住外雙溪上，溪水常流，午間水已不是晨間水，晨間水盡流去了，流向何處去，向大海大洋中去。吾家住外雙溪上已踰十五年，十五年前所見溪水，此刻當盡在大海大洋中。子在川上曰：「逝者如斯夫，不捨晝夜。」孔子所見，人人能見。而孔子之所感所悟，則非人人所能感能悟。人生日長日老，到頭一死。但活人世界與死人世界切不斷，劃不開。前人已死，造成歷史，形成文化，依然在此人世，中國古人謂之不朽。涓滴成滄溟，人死則融入文化大海洋中，那裡就死了。《中庸》言：「大德敦化，小德川流。」孔子以後有孟、荀、董、揚、王通、韓愈，以至周、張、程、朱、陸、王諸賢，中國儒學如一條長江大河，而孔子則啟其端，為至聖先師，那就是如大德之敦化了。

積薪為火，薪盡而火傳。莊周言：「火傳也，不知其盡也。」此亦妙喻。但薪盡火傳，薪火顯是兩物。莊周道家太看重了自然，而輕視了人文。不如孔子以流水喻，則溪澗海洋純是流水，人文終必融入自然中，而自然亦離不了人文，天人一體，逝者如斯，是天即是人，是人即是天，較莊子以薪火喻自勝。

再細言之，流水亦有滲入兩岸土壤中，盡其滋潤之功，而不流入海洋者。亦有日光蒸發，升入大氣層中，又凝結為雨點，下落地面者。惟天有淫潦，地有泛濫，則不為利而為害。《孟子》曰：「人無有不善，水無有不下。今夫水，搏而躍之可使過顙，激而行之可使在山。是豈水之性哉，其勢則然也。」是言人性非不善，亦可使為不善。中國古人好以水性喻人性，水之下流，猶今人言向前進步。

火性則向上。而且水之流動，是水自身在流動。火之燃燒，則需另供燃料。《莊子》說薪盡火傳，其實薪果盡，火亦熄。火只是一作用，一現象，無實質，無本體。

抑且水火同須有防。水須有堤岸，自溝澮以至於江河，達於海洋，愈會通和合，為利當更大。火則須分別隔離，如一竈一燈，各有功用，但會通和合了，則成大火，將燬及全屋，災及鄰居。中國人好言水，又好言木，所謂水源木本。歲寒然後知松柏之後凋。松柏與小草，生命不同，不同在其根。星星之火可以燎原，小草受火，松柏亦可燬。金性近火。牛山之木，不能經斧斤旦旦之伐。故在自然中，金火皆能傷及其外圍。

古人言，東方之人仁，西方之人義。仁是春生，義是秋殺。中國與西歐文化恰如其比。中國五千年文化傳遞，還是中國人。西方則希臘、羅馬以至現代英法諸邦文化，一線相承，但主體則隨時不同。而且希臘城邦分離，為禍少。羅馬統一，為禍大。現代國家如英法，因其科學發展，交通便利，為禍更大。故老子繼莊周，惟求小國寡民，老死不相往來，此亦有深意。中國儒家言，如一條水滾滾東流。西方如一堆火，這裡燒盡，蔓延到那裡。此刻英法火勢已衰，但蔓延到美蘇去。不知一旦核子戰爭後，是否仍然有蔓延。中國如水，群木共受滋潤。西方如火，群金同受銷燬。恐核子戰爭後，再不能有核子存在了。

西方文化正如一堆火，核子戰爭豈不可將人類燒盡。殺人的不說，來說利人的。當前正發明了機器人，長此蔓延，恐真人必將讓位。有了機器，一切不再要有人，這豈是人生真幸福，人類之真所想望。若讀中國二十五史，人物登上歷史的，秦漢多過了三代，隋唐多過了秦漢，宋明清又多過了隋唐，那纔真算得是人的進步，是中國人的幸福。但火炎上其勢易知，水潤下其利難睹，中西文化不同有如此。

中國人尚仁，總有所不忍。西方人重義，儘言應該心無不忍。不忍人之心與應該做的事可相通，亦可相離。若只感得不忍，使許多事會感到不應該。若儘感得這事應該，則此心也只有忍了。在心情上，中國人是軟了些。在事行上，西方人是強了些。今天我們則只是愛強不愛軟，則也只有追隨西方吧。

五八　手段與目的

㈠

人生當求快樂，此屬人生大義，無可譏評。但何等事始是快樂，此則大值研討。人生所有事，可分手段與目的兩項。手段僅為達成目的，多屬不得已，非深具快樂性。目的完成，始是真快樂，此亦無可疑。

原始人類，以漁獵為生，辛苦營求，非為可樂。待其有獲，返其穴居休息，始為可樂。或在穴洞壁上偶有刻劃，或月夜出穴洞門，老幼歌舞，洵屬樂事。待其由漁獵進入畜牧，乃為人生快樂邁進了一大步。既常群居聚處，橐駝牛羊，又屬可愛。有感情，可安逸，較之漁獵時代顯已大異。然逐水草而遷徙，居穹廬中，斯亦可憾。轉入耕稼，乃又為人生快樂邁進了一步。一分耕耘，一分收穫，手段目的融為一體。且畜牧為生，日宰所愛以圖飽腹，心有不忍。稼穡則收割已成熟之稻穀，非有殺生之憾。百畝之田，五口之家，既得安居，又可傳之百世，生長老死，不離此土，可樂益甚。所謂安居樂業，惟耕稼始有之。

農事亦有荒歉，三年耕，常有一年之水旱。農人則諉之曰天命。然天命有正反面。但問耕耘，莫問收穫，收穫乃其正面，荒歉則其反面。樂天知命，外面大自然與內部人生亦融成一體。天人合一，自安自足，是為農業人生最大快樂事。

由農業轉進更增有工商業，此又人生一大進步。但從此中西人生乃生起了大歧異。西方古希臘，自有城市工商業，而郊外農業，乃成為被奴役被榨取之一群，其生無樂可言。而城市工商業，則終是手段非目的。必出外貿易，爭取利潤，亦無自安自足之感。羅馬繼起，以武力向外征服，與經商為生又不同。中古封建社會茲不論。文藝復興，都市工商業稍又復甦，乃建立歐洲現代國家。資本主義漸旺盛，亦終不能自安自足。乃向外競求殖民地之征服奴役與榨取，而發生最近之兩次世界大戰，歐洲全部人生備受大頓挫。

美國繼起，其民主自由之政體實為一手段，而工商資本之繁榮，則為其目的。其最基本之精神，則為個人主義。故民主政治服從多數。多數則是，少數即非。此正一種個人主義之十足表現。

工商社會本屬一種個人主義之社會。資本愈集中，則少數個人之勢力乃日益膨大，於是被榨取被奴役之次級商人，乃及大群傭工，爭平等爭自由之心理，遂日益增強。民主政治由此建立。而今日美國社會，代表其政治力量者，乃日形分裂。擁有大量資本之猶太人，當占十分之三，黑人解放，生齒日眾，其力量亦當占十之三，來自歐洲之白種人及少數亞洲東方人，當僅占其力量之十之四。此種形勢，觀於美國最近之中東政策，而內情益顯。

次當論及猶太人。憑商業為生，而從不見其有一種建國能力。殆因猶太人最富個人主義。但單獨一個人，何得生存，故猶太人乃必信有上帝。耶穌亦猶太人，近人考其幼年，曾遊印度，或當受佛教影響。雖亦同信上帝，乃不謂上帝專愛護猶太人，並愛護及全世界人，乃有耶教之興起。但耶穌唱教實亦一種個人主義，仍非有政治興趣，故曰凱撒之事由凱撒管，置人世大群事於不論，而專一注意於個別靈魂與上帝之接觸。靈魂信仰亦顯屬個人主義。惟耶穌心中之上帝，與其他猶太人心中所想望之上帝有不同。故猶太人不信耶穌教，而耶教盛行歐西，則亦非易事。

耶穌生前僅得信徒十三人，其中一人乃叛徒。耶穌死後，乃由羅馬帝國中央政府所在地大群受壓迫民眾作地下活動，乃至羅馬皇帝亦不得不信從耶教，以期平安。故西方社會之有耶教，實亦如此下現代國家之有民主革命，同是下層多數人對上層少數人之一種反抗運動。即近代之共產主義，亦由猶太人發起，而亦同是一種多數被壓迫人向少數之反抗。一部西洋史，亦可說乃同向此一路線而前進。即如中古時期，耶教宣傳能於歐西人之個人主義中，培養出一些大群的共同愛，北方蠻族能自封建社會中創建出現代國家，此即耶教教義深遠影響之一種表示。故西方雖說是政教分立，但有政亦終不能無教。

耶穌又言，富人入天國，如橐駝鑽針孔。此言亦猶太人所不能受。美國人自英倫三島遠赴新大陸，亦為堅守耶教教義，不為拓荒謀富。而猶太人之赴美，則專為財富，與英民移殖不同。兩次世界大戰後，美國社會最見繁榮，而美國猶太人之勢力亦日見寵大。以色列之獲建一國家，亦多仗美國。美國在全世界最親善者，除英國外，亦首推以色列。財力武力不斷援助。然此數十年來，以色列乃不斷與阿拉伯諸鄰國衝突，惟求國勢向外擴張。石油問題興起，美國人乃不得不急起謀求中東之和平，而以色列則無動於衷。既不信耶穌，而又必占有耶路撒冷。自願有國，而巴勒斯坦人則儘可流亡。以色列之為國，乃毫無親友睦鄰之意嚮。希特勒盡力壓迫排斥猶太人，大量驅入集中營。列寧史太林信奉馬克斯，其壓迫排斥猶太人亦如希特勒。即如美國猶太人，亦身在美國心在以色列。不計苟無美國，何能再有以色列。圖以個人利益為第一，猶太人次之，以色列以外，舉世其他各國，美國在內，盡屬第三。猶太人之始終不能自建一國者，其主因正在此。而以色列之終不能親友睦鄰，其主因亦在此。求其癥結，則為猶太人之太過主張個人主義。

馬克斯亦猶太人，主張唯物史觀階級鬥爭。階級鬥爭亦僅是一種手段，其本源則仍為一種物質人生之個人主義。物質人生與個人主義實一非二。亦唯個人主義，乃始有唯物史觀之主張。兩者實為一體。不主個人主義，便不可能有唯物史觀。歐西人縱不采用馬克斯之階段鬥爭，而仍多信從馬克斯之唯物史觀，亦正為其同抱有個人主義故。凡所作為，其目的則同屬個人相互間之鬥爭，惟手段有不同。只觀其同務工商業即可知。

歐西工商業亦多屬個人唯物，惟耶教則有一對上帝之共同愛，可為個人物質人生供一大補劑，使人心獲得一安樂之嚮往。西方人信奉耶教，正為補己之不足，但亦信奉唯物史觀。科學宗教並存，大體亦如其政教之分立，凱撒上帝相敵相爭。西方民主政治，乃求減低凱撒權力。而世界人事仍感日難處理。如今日美國政治三力量，即成一難題。西方民主政治，即從個人主義起，終難對付其個人主義之存在，此為西方一難題。

西方民主政治當推英美為標準，而英國之英格蘭、蘇格蘭、愛爾蘭亦互相分裂，較之美國聯邦為尤甚。其他各國多黨群裂可勿論。失敗之餘，困難重重，而猶能稍有起色者，為西德。而亦仍有東德之分裂。故個人主義可以共危難，難以共安樂。而亦終不得安樂。

原始漁獵人，其時尚無群。爭取對象，惟在自然。亦可謂其生活方式即是個人主義。西方工商社會已有群，惟爭取對象除自然外，更轉向其四圍之大群，可謂乃原始漁獵人之一種進步。科學發明，自誇為戰勝自然，實則主要乃在戰勝同群。原子彈核子武器，可使大群殲滅，雖其發明運用，非賴個人，必賴團體，其實亦仍是一種變相的個人主義。民主政治必分黨以爭，其實亦皆個人主義。人類既必賴群以生，宜當有大群主義以超乎個人主義與團體主義之上。更宜天人合一，超乎自然人文對立之上。惟有大群樂天知命，安分守己，抱有天人合一內外融通之哲學觀，如是乃庶有快樂人生之可望。

近代英國哲人羅素，謂美蘇中可成世界三大強國。因此三國，皆可成一大農國。帝國主義崩潰，惟有大農國乃可不向外爭取，自安自足。但美國則偏重工商個人主義，前有門羅主義，但不願再向此途發展。蘇俄則向為農奴社會，迄未能澈底消滅，又醉心於西方帝國主義之舊傳統，信仰馬克斯階級鬥爭世界革命之主張，更不肯向大農國自安自足之途發展。中國向以大農立國，深具一種大同太平之大群主義，乃及樂天知命、安分守己、天人合一、內外融通之哲學觀。而今則景慕西方，爭學美蘇，自相分裂。舉世乃無一可求自安自足之大農國出現。人人懷抱一個人主義，向自然爭，向大群爭，彼我各相爭。如此人生，又何得安樂。

現世界人生，既陷入一不快樂境界中，其尋求快樂，仍必採用一爭字為手段，但不知人生以安樂為目的。從此手段，決不能達到此目的。如欲為一拳王，日夜苦練，此又何樂。一旦登臺獲勝，榮膺拳王寶座，名利雙收，初若可樂。但以前是我立意要打倒人，此後則是別人立意要打倒我，仍得日夜苦練，再次登臺，若被打倒，一切落空，樂又何在。若獲連勝，仍是一該打倒的目標，仍該日夜苦練。但精力有限，年過三十，即須勇退，否則終被打倒。人生如一場夢，醒來最多四十歲，此下又究將以何為生？

抑且爭勝負實如無勝負。如賽跑，搶先不到一秒鐘，爭前不過半肩頭。裁判既定，第二名以下，盡只為此第一名捧場。又如賽籃球，相差半球或一球，而勝負定。分數相等，加賽五分鐘再判。勝負定於法規，相爭類似兒戲，究於人生有何價值意義可言。

更多者是觀眾，一場比賽，或數萬人，鼓掌如雷，讙聲四起，散場歸去，各如無事。今日全世界各種比賽，無可計數，種種差不多，場場全如此。人生快樂，幾盡此矣。其他如歌臺舞廳，電影電視廣播，凡屬消遣娛樂諸項，實皆商業化，或供政治宣傳，絕少人生意義。甚至如繪畫雕刻文藝創作，亦盡成商品，以暢銷廣售為第一義。人生商業化，盡人盡事皆商品。只屬手段，目的何在，無人知，亦無人問。今日之人生豈不如此？惟其如此，故不安不樂，求變求新，而又美其名曰進步。實則最多僅是商品進步，財富進步。而又以鈔票代黃金，通貨膨脹，商業不景氣，又成今日人生一大憂慮。要之，非靈魂上天堂，則無以結束此不安不樂之人生。雖凱撒亦無奈之何。耶穌教義如此，西方人群所崇奉，即所謂十字架精神，豈不然乎。

近人或言經濟當從穩定中求發展，但個人經濟終不穩定，大群經濟始有發展。西方資本主義，乃於發展中失去其穩定。共產主義唯物史觀，根本不論所謂穩定。階級鬥爭則惟於發展上求破壞。

中國向來經濟，縱謂其不符近代發展之水準，而穩定基礎，則已深厚建立。近代國人，一慕西化，或美或蘇，國家分裂，舊有基礎掃地無存，又何發展可言。羅素僅著眼外面物質條件，未注意到人文全體，則所言亦如夢囈，渺無可證。而世界人生前途，乃亦難想。抑並世其他各民族，如阿拉伯、印度已莫不採用西歐之科學經濟物質建設，而猶求保存其自己之傳統。果使中國人亦能以西方之科學與經濟為手段，而善保其傳統，以人群之大同與太平為目的，豈不可使大群人生共享其快樂。願吾國人其深思之。

今人又言，犧牲享受，享受犧牲。不知此兩語亦全屬個人主義物質人生所有。儻為大群主義，則樂天知命，安分守己，非犧牲，亦非享受。即為殺身成仁，捨生取義，亦在大群中完成其一己，非犧牲，非享受。徒於語言文字上求變求新，而不求其內實深處，則終難免歧途之亡羊。

治中國近代史，西力東漸，乃最大一問題。但鴉片戰爭，割香港，闢上海為商埠。不過一百四十年，上海租界已收回，香港殖民地亦即將收回。此已一大變。而遠在英國勢力東來前，荷蘭人已先來臺灣，葡萄牙人又先來澳門，其影響乃遠異於後來之英法。尤如利瑪竇來中國，讀中國書，學習中國文化。徐光啟諸人之從學於利瑪竇，皆有遺書可證。豈不亦遠異於後起之所謂西力東漸。

利瑪竇前尚有馬可波羅，隨回教勢力而東來。所謂西力東漸，實阿拉伯回教在前，西歐耶教在後。而回教東來，則一變其一手持《可蘭經》，一手持劍之舊習，而轉融為中國傳統之和平化。印度佛教東來，尚遠在阿拉伯回教東來之前，但涅槃境界一轉而為即心是佛，即身成佛，立地成佛之中國禪宗化。在一部西力東漸史上，其先後變化有如此。

而在西力東漸之前，乃為東力西漸。蒙古在俄羅斯建汗國為最後。先之有突厥在歐土建土耳其國，更先有匈奴在歐土建匈牙利國，而土、匈兩國迄今依然存在。何以故？則因匈奴、突厥、蒙古，尚在游牧社會中，大群主義已漸萌芽，故其勢力每能衰而復盛。西方工商社會個人主義，其力量每一衰不復盛。此如人之老病而死，其生命又焉得復盛。中國人則又異於匈奴、突厥與蒙古，乃一以其和平姿態而漸展漸拓。如明初鄭和十三太寶下西洋，迄今馬來亞、新加坡中國社會依然屹立。清代中國人至美國，迄今亦仍有中國社會之存留。此亦一種東力西漸，其情況亦與西力之東漸大異，豈不就史蹟而可知。而東西文化相異，亦從此可證。

中國封建時代有井田制，耕稼乃公職，非私業。惟九一而徵，什一而稅，輕傜薄賦，以公私皆足為主。故中國古代農業非私人資產，亦非勞工共產，乃國與民之公產。工商業亦皆分官授職，營公不為私。全社會成一政治結合，各個人在同一大群中，各有其本分，相安而不爭。其理想境界則曰身修、家齊、國治而天下平。修即修其安分不爭之德，齊治平則在經濟上職位上，人生各方面，相融相和如一體，以達於大同而太平，此即人生目的所在，亦快樂所在，非更有他求，而亦何爭之有。故可謂中國自有史以來即非一種個人主義，而為一種大群主義。故曰敬業樂群。其業乃為群，故當敬亦可樂，亦即是安分守己。若在今世，群集一資本家大工廠中作勞工，被榨取被奴役，業何可敬，群何可樂。中國古人不重在分古今，乃重在分夷夏。從未嘗謂僅一言而可推之四海而皆準，行之百世而無疑。故須不斷有修齊治平之功。

中國古人，亦非不知有平等自由。《大學》言：「自天子至於庶人，一是皆以修身為本。」此非平等而何？《中庸》言：「天命之謂性，率性之謂道。」此非自由而何？自修其身，即自修其性。故《孟子》曰：「是不為，非不能。」若在近世工商社會，修身即修在外部事物上，不修在內部心性上。所為乃為人，非為己。不為即失業，無以自活。中國大群社會，重為己，不為乃自暴自棄，故貴能知恥。所指各異，自不當相提並論。

中國秦漢以下，乃成一民族大國，亦即一文化大國，道一而風同。農工商各業，雖與三代封建時不同，然一貫相承，非有大異。政治大方針，仍以重農為主。漢代田租，僅收三十分之一。唐代尤只收四十分之一。其對工業，凡民間普遍日用，如絲織，如陶瓷，一皆以官設局，既禁私人營利，而治其業者，世襲家傳，精益求精，皆得保有其一種絕高藝術，而不斷向前，故中國人並稱工藝、工業皆成藝術，不言工商，非為牟利。而商業得擅大利者，亦均由官統制，如漢武帝時代之鹽鐵政策，開近代西方國營經濟之先河，尚在耶穌紀元第一世紀，而迄為後世所沿用。如茶政，如運輸漕政，莫不皆然。近代國人，乃謂吾國乃是一農業社會。不知農業社會自有進步。一切工商業亦自可包括在農業社會之內。中國古人已早知防止商業資本主義之為害農業於未然。故中國商業實早盛於西方，惟重農輕商，則為中國所獨有。

西方古希臘，則即已重商輕農，故其人生亦常為一種個人主義。近代集體主義，亦即個人主義一變相。乃手段，非目的。中國則自古即為一種大群主義，故曰：「普天之下，莫非王土。食土之毛，莫非王臣。」此言其共成一體，非謂是帝王專制。農業普濟人，而已生益廣。商業榨取人，而己生亦益狹。中國封建時代，已早有一統一王朝在上。西方封建時代，欲求一神聖羅馬帝國而不可得。西方封建，乃經濟性。中國封建，則屬政治性。西方社會，以經濟相結合。中國社會，則結合於政治。秦代統一，其時人則曰：「車同軌，書同文，行同倫。」經濟政治文化人生，同歸一統。何以能然？則因其人生之抱大群主義，非個人主義故。今日國人，一尊西化，不肯言秦漢以下乃政治一統，而必曰帝皇專制。不知西方先求武力一統，故有羅馬帝國。次求財力一統，故有資本主義之帝國出現。單憑帝皇專制，則仍是一種個人主義，烏得望大群之一統。中國大群主義為西方所無，乃亦為近代國人所不知。則中國四五千年來之大一統，捨帝皇專制四字外，又何以說之。

故中國乃為一種道義政治，非權力政治。道義之具體化則為禮樂。自秦以下，古代相傳之禮樂乃漸趨於社會化，實進步非退步。故中國常以禮俗兩字連稱。禮已成為俗，而俗必源於禮。於是中國全社會人生乃成為一種禮樂人生。姑舉歲時節令一項言之。如舊曆歲除元旦，新春過年，是中國社會一大禮，亦即中國人生一大快樂。家家戶戶，不論貧富貴賤，同此禮，即同此樂。此乃大群一共同風氣。又如清明掃墓祭祖，亦是一大禮，亦民間一大樂。又如端午節紀念大詩人屈原，賽龍舟，飲雄黃酒，吃糉子，舉國一樂事，亦即舉國一大禮。又如中秋賞月，重九登高，皆是人生適應大自然共同一禮，亦即人生共同一樂。推此言之，中國民間種種樂事，莫不存有一禮，上通天神，下及萬物，廣大人生，有甚深之涵義。豈如今日種種運動競賽，專為私人或團體爭榮，為大眾尋樂作方便。此與中國之禮樂傳統，自見有別。

余幼年居鄉村，每年有迎神賽會。所迎或關公，或城隍神。神位前行伍，連綿亙數里。有樂隊，有古器物珍玩之展覽。有獅象龍虎、飛禽走獸之模型製造。有猴有犬，既馴又乖，投以食物，接嘴逗歡。有樓船車騎之隊。有旗幟鑼鼓夾隊進行。有各種雜技表演。尤引人注目者，如高蹺，足縛丈餘雙木，人行如在空中。又作各色打扮，如八仙過海，鐵枴李、荷仙姑，神態逼真，演技生動，非經長期練習不易臻此。然非為比賽，亦無報酬，胥出自願貢獻，同為鄉里造歡造福。群村踴躍觀賞，並有遠地親戚前來，共娛盛會。要之，則象徵一和，不涵蓄一爭。此與近代盛行之運動會可謂迥不相侔。

又如神廟演戲，如關帝廟、城隍廟等，必建有戲臺，騎樓環拱，觀者盈座。臺前曠地，駢立皆滿。亦有擇空野臨時築臺。要之為敬神，而兼存娛眾之意。凡此等事，既非官辦，亦非商營，乃由地方士紳籌款運用，係地方一禮俗，也即大群主義、禮樂人生之一種表現。

余家居蕩口鎮，鎮居鵝肫蕩之口，亦稱鵝湖。寬五華里，長十華里，平常禁漁捕。歲寒擇日開放，大小漁船畢集，或用大網，或用長鉤，或一船鸕鶿數十，滿湖皆是。鎮上士紳亦駕舟遊觀，余家某歲亦參加，旁近漁船獲大魚，競奉獻，即烹作午餐。此日所得魚，除諸紳家得少量分送外，供全鎮人度歲購買，各漁船僅得額酬，非可私占。其實此一禮俗，乃遠從西周封建時代沿襲而來。

中國各地風俗大同小異，果能網羅備載，比類以觀，又能追溯其淵源所自，闡詳其意義所在，則所謂大群主義之禮樂人生，自可朗然在目。孔子曰：「貧而樂，富而好禮。」貧亦可樂，富當好禮，實則同是一樂。尤要者在大群之同樂而無爭。孔子又曰：「君子無所爭，必也射乎。」古代射也是一禮，所爭亦當合於禮。現代人好言中國國術，亦稱中國功夫。播為電影，舉世愛睹。其實中國功夫之更要精義在於無所爭。良賈深藏若虛，中國功夫之傳習更受重視者，多在山林僧寺道院中。如武當山少林寺，絕技精工，超越一世，歷代相傳。不僅不與人爭，並亦不輕表演。方其濟危扶弱，乃是一種俠義精神。既非出鋒頭，更不求名利。若如近代電影所播，亦成一種比賽競爭，精神既失，面目亦必走樣。即如傳授太極拳，亦成商業化之一種謀生職業，亦非往日精神。然則今日國人高呼復興文化運動，必求中國傳統之一一現代化，乃一如清代武當少林諸高手，一一應聘來港臺拍電影，一切絕技盡演出在銀幕上，一經商業宣傳化，則除為賺錢外，前途復何望。

余在對日抗戰時，曾一度返蘇州，時印光和尚在靈巖山。寺僧盡散，一伙頭工人隨侍。除夕，印光賞以數百文。晚餐後，伙頭告：「當回家。」印光言：「汝今夜仍當返。」伙頭言：「既回家，當俟明晨來。」遂辭去。半山樹林中一強人，劫其錢去。伙頭念錢既被劫，不如仍返山寺。歸告印光。印光言：「錢仍當送回。」劫者因已晚，不下山，來叩山門求宿。伙頭開門見是林中劫者，云：「你果送錢來了。」劫者初不知應門者即是被劫人，至是遂直認，並請謁和尚。跪求留寺落髮。印光勸其歸，好自為人。此事傳出，來者如市。印光靜坐一室中，壁上一洞，裝一小木板。來者叩此板，得緣，板即開。印光或有言，或無言，言亦數語而止，板即復閉。余返蘇距此事已半年，幼年曾讀印光書，遂欲約友往訪。但聞日軍紛往，乃中止。中國人尚讓不尚爭，尚退不尚進，尚靜不尚動。猶可謂中國人生有偏，但不得謂中國人生全走錯了路。尤其在亂世，尚讓、尚退、尚靜苟存猶可樂。印光故事，前世屢有，見於記載。但亦終非儒家禮樂中正之道。故在亂世，釋老方外乃獲一般嚮往。武當少林乃及抗戰時期之靈巖，凡所透露，實皆中國傳統大群主義文化之一鱗片爪。今國人猶知仰慕，實屬手段，非目的。今國人真所慕者乃如李小龍，若居之少林武當及靈巖，則瞬息間當失其蹤影。此又不可不辨。

余聞印光事，乃知在中國歷史上，逢亂世釋老盛行，亦大有故。即在歐土中古黑暗時期，各地教會之貢獻，其功亦不可沒。正為其同能不爭，能退能靜，故能有此。惟今日則鬥爭進取，技術紛繁，日演日進，日擴日大，此誠為大可怕之事，豈不當憬然深思。

工商社會與禮樂社會相交換，工作與娛樂亦顯然有分。工作乃手段，娛樂為目的。鬥爭比賽雖亦一手段，乃今日又成為人生一目的。流禍所及，所賴以防堵者，則為法律。自由與法律如胸如背合成一體。自由則如洚水橫潰，法律乃如鯀之堤防。國際間兩次世界大戰後，洪水潰堤，依然隨時隨地可見。而個人自由之呼聲，依然甚囂塵上。世界禍亂日增，又豈得一一歸罪於馬列。蒿目世艱，尚復何言。

㈡

維持生命，乃其手段。生命之伸展，始是目的。樹根在地下伸展，幹枝向地上伸展，乃此樹之生命本身。土壤、雨露、陽光，雖為樹生命所不可缺，但非樹生命本身，究與樹生命有別。人生亦然。農業、商業同為維持生命之手段，但農業是直接的，商業是間接的。農業較單純。商業則複雜，多曲折變化。在維持生命的手段上，多耗精神氣力，或可轉有損於生命本身之伸展。或則誤認手段即其目的，則其損害將更大。

論及伸展，須有環境。如一樹生在高山深谷中，易成長，易伸展，易得為千百年一老樹。若生在庭院中街市上，易受外面干擾，伸展難，更少百年以上的壽命。農人生活環境較安較寬。百畝之地，五口之家，子孫相傳，鄰里皆親族，外面干擾少，本身伸展則易。商人群集都市中，出外經營，仍多在都市中，環境擁擠變動，不寬不安，其生命伸展亦就與農村人有異。

人類生命伸展，最要是男女結為夫婦，生男育女由家成族，由一小生命而推擴綿延成為一廣大悠久之大生命，此是人文生命。較之其他生物之仍在自然生命中者大不同。農村居民稀少，村與村相隔亦遠，男女之間少往來，而又非親即族，擇配不易。非父母之命，媒妁之言，不獲輕易成婚。商業都市，居人密集，男女往來易，於是比較挑選，而成婚機會反較難，常先有一段戀愛時期。但戀愛只是手段，結婚纔是目的，而易於使人誤認手段為目的。一旦戀愛成功，結成婚配，回憶往前一段戀愛生活，不可再來，反若有失。於是乃有婚姻為戀愛之墳墓之想法。過分看重了其手段之經過，反而輕忽了其目的之完成。上文所謂在手段上過分化費精神氣力，會轉損其目的之完成，此最是一好例。中國人重婚姻，西方人重戀愛，亦見其文化之相異。

實則真生命之伸展，應在婚姻以後，乃見人生真樂趣。而西方人乃多誤認人生樂趣在戀愛過程中。正如此身飽暖乃有人生真趣，而人多誤認謀衣謀食各種手段，轉成了人生之樂趣。如商人經商發財，亦覺樂趣無窮。待其衣食無憂，卻茫不得真人生之所在。還是經商發財去。但經商發財總是人生一手段，非生命之本身與目的。因而發財縱可樂，非真樂，於是在此外來再求樂。飲食服裝，亦作種種講究。山珍海味，錦繡綾羅，亦得不到人生本身之真樂。商業人生迷不知返，乃釀成了人生種種之苦痛。農業人生其手段直接單純，又因其日常與生命相親接，易從自然生活中透悟出人文生活之真生命與樂趣，而又易於伸展。故農業文化乃與商業文化大不同。

即如文學。《詩三百》，首〈關雎〉，「關關雎鳩，在河之洲。」此是雎鳩生命本身之真樂。由此興起了人生夫婦之真樂來。「琴瑟友之，鐘鼓樂之。」琴瑟鐘鼓亦盡是外面手段，而終不忘失夫婦結合之一段真樂。但此段真樂，則終不在琴瑟鐘鼓上。西方文學則儘力寫戀愛，不知戀愛尚非人生本身真樂所在。而又從文學演進出音樂，成為一項專門藝術。認為人生樂趣乃亦可於音樂中得之。今試問夫婦在閨房中深夜彈琴，與在音樂大會上以一音樂專家之美名出席彈琴，其人生樂趣，孰真孰假，孰深孰淺，試就人生本身內心深處自尋味，自體會，究是如何。

所不幸者，既成一音樂專家，自會喜歡出席千萬人之音樂大會，得人歡呼鼓掌，認為此乃人生一大樂事。其配偶亦可出席大會中，隨眾高呼鼓掌，亦人生大樂。乃不知此樂非人人可得，亦非隨時隨地可得。得成為一名音樂家已不易，得在一音樂大會上表演又不易。人人盡從此等處來求人生樂趣，則花樣百出，曲折艱難，獲得一機會，而又轉瞬即逝。事後回憶，則如夢如煙，已渺不存在。須另求機會，另作表演，乃可再得此瞬間之一樂。今日人生樂處，則多走在此途上。而人生本身則轉成一苦痛。

放翁詩：「夕陽衰柳趙家莊，負鼓盲翁正作場。」在八百年前，中國一小農莊上之小集會，其規模簡陋，何堪與近代大都市之大集會相比。然論參加集會人之內心樂處，則宜可謂無大差別。甚至可說此八百年前小農莊一集會，其樂乃更真誠，更親切。人既誤於以手段當目的，遂以會場大小，布置華樸，人數多寡，來作衡量。不僅認不到真樂，而其損害於人生本身之伸展則更大。

即如一丘一壑，一小區處，甚至一矮簷下，一小窗前，亦隨處有人生真樂可得，何必是名勝地，大建築。陳摶之居華山，林逋隱西湖，同得人生樂處。古人云：「風景不殊，而舉目有江山之異。」有和風，有輕陽，此即風景，到處可樂。以江山為風景，乃在江邊山上闢為觀光區，憑商業意味，廣作宣傳，遊者麕集，肩相摩，踵相接，人看人，衣飾華麗，呼笑囂張，一團塵俗，謂之觀光。則手段已失其為手段，人生風雅有如此？

樂處在人生之本身。本身無可指說，人人反己即得。周濂溪教二程尋孔顏樂處，所樂何事。孔子飯疏食，飲水，曲肱而枕之。顏子則一簞食，一瓢飲，在陋巷。此皆維持生命之手段，生命本身不在此。孔顏所樂，亦不在此。生命有高低，孔顏所樂則在其生命之高處。平常人亦有生命，在其生命之平常處亦有可樂。而今人則在非生命處來求樂，並為求樂而損害及其生命之本身，而又誤謂為人生之進步，則誠可惋惜矣。

犬生亦有樂，今人不能從犬身興起己身之樂，乃以養犬為樂。人生如此，樂處愈多，反而無樂可得。乃惟攘奪鬥爭是務。如有名犬，身價千金，擁有財富，乃可購養。人生商業化，生命追隨財富，乃終無樂可言。

今人又言美化教育。人生美化，亦是一樂。一群青年學生爭頭髮長短，爭學校制服之式樣顏色，與教師爭，與學校爭，教育主要精神則擱置一旁。實則人生之美，即在人生本身之樂處。可樂即是美，非美始可樂。窈窕淑女，窈窕可樂，斯即美。窈窕乃指此淑女之生命本身言，非指三圍體段言。惟中國人能在生命本身來審美，故曰：「情人眼裡出西施。」人情即人生之本身。眼裡所出，即由看者生命本身出，此乃中國人一種唯心哲學，乃主觀，非客觀。西方人則另有一種美學，一切美乃外於人生而求。乃標舉其美，以供人生之獵取，此乃中國人所謂之自討苦喫。

凡今日人生種種進步，實亦皆是自討苦喫。第二次世界大戰結束，迄今僅四十年，苦頭愈喫愈多，抑且愈喫愈苦。其病只在誤認手段為目的，不知向人生本身求，只向人生外面求。今當有一悔悟之機。如紐約富商，多不喜住紐約，多去郊外覓新居，有遠去紐約數十里之外者。此即可生一悔悟。郊外居家，豈不樂。論其財富，即可不再往紐約作商業經營，衣食溫飽，終生維持，不憂不慮，何必晨出晚歸，只把郊外新宅作為夜間一休息所。精力恢復，仍赴城市掙扎。此非誤手段作目的一明證乎。一人退休，人人效法，不數年而風氣驟變。深言之，文化亦隨而變。不僅紐約一市變，可以推至美國全國變，而舉世亦隨之變。中國人論人生，其喫緊處只在此。

或疑美國商業衰退，他國乘機躍進，又如何。不知人生本身並不專在商業上，亦不盡在商業上。他國商業躍進，乃與其他躍進者爭，不與美國爭。美國正可置身事外，在人生本身求伸展。如日本侵略中國，起而與日本爭者當為美國。日本預防此爭，乃先發動珍珠港事變。於是由中日戰爭而引起了美日戰爭。近世共產主義，乃為商業資本主義所激起。資本主義有變，並世共產主義亦將隨而變。中國人所謂「明天人之際，通古今之變」，其所討論以求明通，所謂本末源流，人生大全體，已和合成一，而復何內外得失之分。故中國文化乃為人生本身求目的，而一切手段則盡在目的上，不易走失。而人生之樂亦隨以生。

孔子深得此樂，顏淵追而慕之，亦同得此樂。兩千五百年來之中國人，亦多追而慕之。孔顏難復生，而商業之在中國，則終有一節度限制，不得形成為資本主義，此即文化之大驗。

明初中國人經商南洋諸埠，遠在西方人東來之前，歷六七百年之久，但終亦未形成資本主義，亦未有殖民政策與帝國主義之出現，凡其移民，與其土著相和相樂，相安以處。此亦有若西方商業文化之向外追求，但終能保留中國傳統不遠離其生命本身，遂能得此成效。此為人類世界史上不遠一明證。即美國舊金山華僑亦可同列此證。既與英人之移殖來者不同，亦與猶太人、黑人乃至日本人等之在美國者亦不同。此在中國文化傳統中，雖僅屬一枝節，既有明顯之示例，亦有潛深之涵義，幸吾國人其勿以輕心忽視之。

五九　傳統與現代化

(一)

近代國人好言現代化，卻似不好言傳統。現代化實指西化，而傳統則似仍陷守舊中。但西方人實亦尊傳統。

姑以民族情感言，民族即一大傳統。美國脫離英倫而獨立，然英美兩國情感，常相和協。歐洲兩次世界大戰，美國均派兵參加，主要在英美關係上，民族情感乃其主因。戰事平息，美國人對西歐繼續作巨額經濟援助，實因親英而兼及其他歐邦。英之對美亦較對他邦為親。最近美蘇爭端，英國必站在美國一邊，亦其民族情感之一種表現。

不僅英美，即如猶太人，第二次大戰後以色列建國，舉世猶太人無不奉之為祖國，愛護無微不至。美籍猶太人亦然，美國乃成為以色列一不叛不變之盟友。此亦民族情感特為顯著之一例。其他如阿拉伯人、印度人、非洲人，亦何獨不然。如今兩伊戰爭，伊朗與伊拉克，亦有民族界線之潛存。全世界一切事變，一切紛爭，可謂民族情感為其主要一原動力。而民族情感則由大傳統來。故傳統可以現代化，而現代化則終不能脫離其傳統。

民族傳統中，有語言傳統。西歐語言分裂，拉丁語與希臘語不同。北方蠻族入侵，又因語言之變引起宗教分裂。各地群以自己方言翻譯經典，於是乃有德、義、法、英各國語，代替了拉丁語。語言傳統，同時即為民族傳統。此亦極自然而又無可奈何之事。今日歐洲之不能融和為一國，語言分歧亦其主要之一因。

但民族語言傳統，終偏在自然方面。不出數百里之遠，數百年之久，而語言必變。西方文字則附隨於其語言，而未能獨立，故其人文化之範圍常有限。惟中國文字則超乎語言之上，而能有其自身之展演，故其人文化之範圍特廣，綿延特久。中國民族生命，乃能廣大悠久，日進無疆。論其傳統，乃與西方特異。近人乃誤謂中國人重傳統，不知西方亦重傳統，惟其為自然所限，乃若與中國有異。

中國人又特重雅俗之分。語言有地方性，稱方言，即是俗。文字則全國性，不為時地所限，乃謂雅。西方人好言變，時地異則必變。中國人好言常，超於時地，乃見其常。非不有變，而變即在常之內。故知常即知變。但徒知變，則不定能知常。變而無常，今日不知明日，此方不知他方，則人道狹而不宏，暫而不久，如何能安能大。如中國人言明日，不言他日，他日乃今日之所未知未明，故貴能有明日，即其證。中國人又連言通常。此方通於彼方，今日通於明日，可通即見其有常。可通有常，皆人生之大道。中國人又言通常日用，日用處均能通常，斯見中國人生觀之期於可大而可久。

中國古人言，書不盡言，言不盡意。斯又見中國文化傳統之特深特異處。西方則似乎務求書盡言，言盡意。其他變化繼起，則又需重加討論。故中國人之出之語言著之文字者，僅略道己意而止。其未盡者，則待聽者讀者之自為體悟。其於吾言吾書能贊成同意否，則待其人之自加判定。即師弟子之間亦然。故言教化，聞我教者之自化，如陽光甘露，萬物化生。教者一如春風，學者乃如桃李。春風之化桃李，乃由桃李之自化。「學而時習之，不亦說乎？」此待學者之自習，時習之而內心自悅，非教者強之悅。今問學者何以能自悅，則孔子言所不盡，以待學者之自證自知。

西方人則必言盡己意，務求他人之必信。乃若言者為上智，聽者為下愚。果使聞所言而不盡信，則曰：「我愛吾師，我尤愛真理。」在言者方面，一若真理言之已盡，無可疑，無可辨。聽者不信，則惟有自造一番語言，自創一番真理。於是哲學思想，乃務於變，務於新，而其傳統則非可大可久。在中國則為師者述而不作，仍有待於從學者之續加思索，續加討論，而遂成一傳統。故在西方為個人主義，在中國則為大群主義。如中國人稱一家之言，乃子孫相傳之家，與西方之專家不同。即此一端已可見。

但柏拉圖《理想國》所主張，雖未為後代人接受，而其書中幾項重要觀念，則迄今兩千年來，在西方實永傳而無變。一重職業，職業則重商，更重軍。曰富曰強，資本主義與帝國主義乃為西方傳統立國兩大基本，兩大目標。而知識分子之最高尋求則在政治。此三大觀念可謂乃西方傳統，乃為西方文化一柱石。

故中國文化傳統中有士，而西方無之。中國之士曰「志於道」，西方則當謂志於政。耶教後起，乃始離於政而傳其道。傳教徒亦自成一職業。西方有大學，肇始於教會。初興分四科，神學、邏輯為傳教，另兩科法律、醫學，律師、醫生皆成職業。實則此下大學分院分系，各教授仍是一職業。可謂於商與軍之外，增出學之一業，如是而已。各業皆隸於政之下。西方政教分，故大學教授亦鮮有志於從政。理亂不問，黜陟不知。職業即人生。而文化傳統乃亦各自分別在其職業上。最高政治外，又增宗教，又增科學。而各業之為生，則主要仍賴於商。政治統制，則賴軍警權力。西方文化傳統，大體言之乃如是。

中國士人不曰志於政，而曰志於道。道非職業，非謀生途徑，故曰：「士志於道而恥惡衣惡食者，未足與議也。」故士有進退、出處、辭受之自由，亦即隱顯之自由。士之出仕，不為君，乃為道。士之傳道，則為師。而中國社會則師猶尊於君。故師道猶在君道之上，道統猶在政統之上。此為西方觀念之所無。《老子》言君則曰：「太上下知有之，其次親之譽之，其次畏之，其次侮之。」此四語二十字，可謂中國人對君位一觀念，已盡其大致。而其論治道，亦涵有深義。豈如柏拉圖之言哲人王，總攬萬務，縷舉詳陳，連篇累牘，積千萬言而竭盡無遺乎。《老子》又曰：「信不足有不信，猶兮其貴言。」為政者高高在上，而在下者不之信，豈言辭之所能為功。中國人能知看重對方地位，不以言辭強人信，不僅政治如此，即教育亦如此。孔子曰：「學而時習之，不亦說乎？」自述己事，由人體驗。又曰：「有朋自遠方來。」師生相處如朋，非強之來。故曰：「有來學，無往教。」其不來，與來而不知，則又曰：「人不知而不慍，不亦君子乎？」《老子》則曰：「知我者希，則我者貴。」豈強人以必知。故中國人雖重師道，而尤貴不求人知。孔子曰：「辭達而已矣。」語言文字表達己意而止，又豈在求人之必信。

孔子曰：「自古皆有死」，五字已足。西方人之三段論法則曰：「人必有死，蘇格拉底是人，蘇格拉底亦當死。」下兩語實已在前一語中，何必增此下兩語強人以必信。孔子又曰：「民無信不立。」此語大有深意，但孔子亦僅五字，未加發揮，以待人作深長思。又曰：「後生可畏，焉知來者之不如今。」又焉知來學者之不如我。喋喋以言，反使來者生厭，減其親敬，又或侮之則奈何。為師教人如此，為政治人更宜然。中國傳統政治，在上位者必少言，在下位者始多言，讀歷朝帝王詔令與歷朝名臣奏議可見。近代西方民主政治，總統競選，奔走道路，反覆多言。當選者未必增人信，落選者轉見受人侮。一切政事，又必出於大眾之會議。僅以多少數爭勝敗，親與敬在所不論，乃與中國傳統意旨大相違。

中國人言商，則必曰「貨真價實」，「童叟無欺」，又曰「信義通四海」。信不信在人，義則在己，貨真價實斯止矣。廣告宣傳，跡近欺人，異於信義。為政亦然，能守信義，又何來有革命。今人競好言革命，而不究革命所由來。此亦可謂競尚現代化，置傳統於不究。無本無始，又何以望於今。

再言宗教信仰。若果真有一上帝，則《老子》言「下知有之」，亦至高至善矣。中國人之上帝乃如之。耶教之上帝，使人「親之譽之。」回教之上帝，乃使人「畏之。」回教終不如耶教，亦在此。

以中華民族較之西方，顯見為乃一和平柔順之民族。蘇格拉底在雅典下獄死，耶穌在羅馬上十字架。此兩人講學傳道，未有犯法違紀之事，然皆陷於死。故爭取思想自由，乃成西方一傳統。在中國則如伯夷、叔齊，餓死首陽之山，乃其自願，非周武王逼之。而後世尤尊伯夷、叔齊在周武王之上，此為思想自由。

孔子辭魯司寇，周遊列國，雖不見用，備受崇敬。老而歸魯，魯之君卿仍加敬禮。若使伯夷、叔齊如孔子，宜亦受周公成王之敬禮。實則孔子反時政亦如伯夷。兩人生於西方，恐其獲罪當不亞於蘇格拉底與耶穌。

秦始皇焚書案，伏生之徒，皆得歸隱。坑士乃坑方士，後世永詈秦始皇為暴君。漢臣亦有勸漢帝讓位被誅，然繼起言者不已，漢終讓位於王莽。可見中國思想自由已成傳統。

西方人好爭成功，但成功後不免繼之以失敗。逮其失敗，即不獲再有成功。全部西洋史盡如此。中國人則不尚進取，尚保守。不務成功，誡失敗。執中知止，謹小慎微，隨遇而安，無所入而不自得。故在先舉世之敗而亂，不害後起一人之治與成。伯夷、叔齊，孔子稱之曰「求仁而得仁」，則伯夷、叔齊乃成功人物，非失敗人物。孔子曰：「道之不行，我知之矣。不仕無義。」孔子之周遊求仕，乃孔子之所以成其為孔子。孔子之道，不行於當代，而永傳於後世，則孔子亦一成功人物，非失敗人物。殺身成仁，捨生取義，殺身捨生非其失敗，成仁取義乃其成功。故全部中國史乃一部成功史。在個人則成聖成賢，在大群則五千年來成為一廣土眾民大一統之民族國家，至今而仍屹立在天壤間，舉世無與匹，此即其成功之明證。西方人爭成功，群意每受裹脅，不得不喪其自由。故爭自由乃為西方一傳統。近代民主革命，共產革命，皆由此傳統來。中國則自始即為一自由，但求無過，故言行道不言爭自由。

項王被圍垓下，單騎至烏江。亭長檥舟待，促速渡。項王曰：「我率江東八千子弟渡江而西，今一人回，何以見江東父老。聞漢軍懸賞得我頭，今以贈君。」遂自刎。項王年尚壯，江東地大，焉知不能再起。然項王終不勝其媿慚失敗之心，以生贈人，得後世廣大之同情，此亦一成功，非失敗。齊田橫逃亡孤島上，從者五百人。高祖得天下，召之，謂橫來非王即侯，不來當派兵圍剿。橫應召，隨二客至洛陽前一驛，告其二客：「我與漢王同起兵，同王一國。今漢王得天下，我何面目往見。漢王但欲一見吾面貌，今我自刎，一驛之間，我面貌當不變，可速持往。」二客攜頭往，乃亦自刎。島上五百人聞之，皆自刎。田橫雖亦如項王之失敗，而英名百世，則亦一成功人物。吾中華民族如項羽、田橫具壯烈性格之人物尚多有，而吾中華民族乃竟為一和平柔順之民族，其中乃存有文化大精義，深值闡發。

故中國人不爭成功，而常能於失敗中得大成功。史籍昭彰，難以縷舉。即如關岳，尊為武聖，豈非乃其失敗中之大成功。失敗在一時一事，成功則在此心此道。而此心此道，則可歷萬劫而長在，經百敗而益彰。其他如諸葛孔明、文天祥等，難列舉姓名以詳說者尚多。故西方歷史尊成功人物，中國歷史則多尊失敗人物。但人事多變，成功而終歸於失敗，失敗乃常保其成功。一則限於時代化，一則成為大傳統。此又雙方歷史文化一大不同處。

求成功，必務進取。誡失敗，常務保守。進取則必犧牲其當前，而企圖於將來。將來復將來，犧牲又犧牲，乃永無實際之成功，此之謂功利主義，而實非功利所存。前人稍有成功，後人保之益謹，守之益堅，使此成功永在人間，此之謂道義。故尚進取則必蔑古而尊今，尚保守則每尊古而謙今。尊今蔑古，則後亦自尊而蔑今。謙今尊古，則後亦自謙而尊今。蔑古故求變求新，尊古則守舊守常。一則常棄其所有，一則保其有而不失。故中國人言政治，有開創，有守成。但又言自古無不亡之國，故或禪讓，或革命，必有後王之興起。中國二十五史，自《史記》開始外此下皆斷代史。西方歷史則與中國異。即如當前之美國，立國未達二百年，即已一躍而為世界之盟主，全世界事無不聞問。富益求富，強益求強。進取愈進取，駿馬千里，不知稅駕之所。中國則如一匹駑馬，五千年治亂相乘，何啻十駕，而尚有前程，待其緩駕。傳統不同，得失互見，若必務求現代化而棄傳統於不顧，則駑馬已棄，駿馬未得，稅駕無所，更何進退遲速可論。

孔子曰：「殷因於夏禮，所損益可知也。周因於殷禮，所損益可知也。其或繼周者，雖百世可知也。」其言因，即所謂傳統。言損益，即其當時之現代化。殷周湯武，何嘗非當時之現代化。孔子已早知必有繼周而起者，但又知其仍必因於周，而亦不能無損益。秦漢以下迄今兩千年何嘗不然。但所因少，則傳統弱，而不能常。如秦，如新莽，如三國魏晉，如隋，如五代，皆是已。所因多，則傳統強，而能常。如兩漢，如唐，如宋，如明是已。其間如五胡，如北魏，如遼，如金，如元，如清，皆以異族入主。因於中國者多，則亦能有常。因於中國者少，則無常。今人好言革命，革即有所損當更多於所益。因與革之或當或不當，而得失高下定。又何得有革而無因。

至言學術思想，孔子信而好古，述而不作，亦有所因，亦有其損益。故《孟子》曰：「孔子聖之時者也。」可謂孔子乃上承周公而亦現代化。《孟子》又曰：「乃所願，則學孔子也。」孟子則亦可謂乃承孔子而現代化。荀子亦然。孟荀之於孔子，其所損益各不同，而高下得失亦以是而判。兩漢以下，中國全部儒學史，亦復如此。同因於孔子，同有所損益以求其現代化。故吾中華民族，乃積五千年來之人文而化成。或可謂中國民族文化乃由神農、黃帝、堯、舜、禹、湯、文、武、周公、孔子所開創，而此下則為守成。今則惟求因於西方，盡革故常，凡我所有盡必損，凡求所益則皆我之所本無。其在西方以及全部世界歷史中，亦無其例。此乃舉世人類自古未有之一番新期圖，其成其敗，又烏能遽加以論定。

莊周夢為蝴蝶，栩栩然蝶也。乃復化為莊周，又瞿瞿然周也。此僅莊周之一夢。今國人百年以來之猛求西化，乃一實，而非夢。我之固有，方將盡化為烏有。蝶乎蝶乎，翩翩而舞，又何得復化為莊周。我不知蝶之將何化，而莊周則已失。悲乎愴矣，莊周莊周，吾則猶望此百年之猶如一夢，則大夢猶可醒。天佑中華，斯文之幸。與我同感者，尚其善禱之。

(二)

人之一生，自嬰孩墜地，迄於童年、成年、壯年、中年、老年、耆年，時時刻刻在變。當其在嬰孩幼童時期，何能預知其將來中年晚年之所為。逮其屆於中晚，回視往年，亦往往如隔世。

余生前清光緒末，在無錫南鄉七房橋一小村莊中，是年臺灣割讓於日本。及余年過七十，乃播遷來臺。以今日所居臺北士林外雙溪，較之八十五年前所誕生之嘯傲涇上七房橋，顯然是兩個世界，漠不相同。然而在此兩個世界中，亦顯然有一不變者，厥為我之存在。存在於八十五年前之無錫七房橋者，是此我。存在於八十五年後臺北外雙溪者，仍是此我。我之一生，由幼至老，亦幾全變。然我心自知有一未變者，即我其人。

人生在其成年壯年期，可以極多幻想，然此等幻想未必能實現。在其晚年耄年期，前途無多，幻想全消，漸多回憶。所回憶者，乃是我之真實生命。我之一生之意義與價值，則全在此老年之回憶中。在余八十之年，寫為〈八十憶雙親〉一文，記念我父我母。我之嬰孩期，卻不在我記憶之內。以其無可記憶，乃若無所存在。但卻能明白記得我父我母。我之生，即從我父我母來。我之嬰孩期，若我無生。我之生乃在我父我母之懷抱撫養照顧中，逐漸成長。待我五六歲以下，始漸有記憶。然凡我所記憶者，亦全是我父我母之撫養照顧為主。我之在此家，僅若一遠來之客。

我父我母與此家，乃我生之主，我僅是一附屬品，乃全於此附屬中成長。

及我成長為一人，為一我，後又漸變為一家之主。而我父我母，以老以死，生命失其存在，其猶有存在者，則惟在我之記憶中。我又念，父母生命其實仍存在，我即我父母之化身化生。由嬰孩化為今日之耄老，亦猶由父母而化為今日之我。在變中有一不變者存在，及今回憶，若有一條線貫串此一切變。而此線則不變。此一不變之線，即是我之生命。此一不變之生命，惟我知之，惟在我之記憶中知之。除卻記憶，則已無知。他人之不知，則更無論。

我又在八十四五歲寫我之《師友雜憶》。遠自七歲起，我即有師有友。及今八十五歲，回念亦近八十年。我之在此世界中，仍如一客。此世界乃我所寄旅之客店，我今方將離此寄旅而去，但此寄旅則常在，亦常變。我在此常變之寄旅中，所遇多矣，而惟我師我友，則若與我之生有大關係。我之得為今日之我，我父我母外，我師我友影響於我者實大。曾有一友朱懷天，較我年幼，先我而死。懷天之死，我亦僅二十餘歲。紀念之餘，我忽愕然驚惕，悟若懷天實未死，以其常在我記憶中。而我則實已死，因我之一切當在懷天記憶中，懷天既死，此等記憶亦隨而失去。其他人不知我此一切，雖同在此世，然與我此一線之內在生命實無關。我之此一線，當不在此許多人心中，則我豈不雖生猶死。

我之《師友雜憶》一書中所記諸師諸友，十之九今皆已死去。我之回憶，乃存留其一部分。

其實凡我之回憶，即我生命之一部分。我嘗告人，我此一分回憶，幸而寫在我之八十四五年，記憶早已衰退，所不忘者，正見其與我生命有親切真實之關係。所忘者，只可證其與我生命關係不親切不真實，忘之亦可無憾。

我因此想，我之一生，實常在今日國人所提倡之「現代化」一詞中。如我某年得某師某友，某年又得某師某友，所變多，此非我生之一種現代化而何。然在我記憶中，亦常若有一條線貫串此多變而存在，此即我之生命傳統。必打破傳統來求現代化，則我之現代乃在臺北之外雙溪，而我猶憶我乃從無錫之七房橋來，幸而有此傳統常存我記憶中，故我乃覺有此一生命。若僅有現代化，失去此傳統，並求盡力打破此傳統，只知我在外雙溪，不記我從何來，則已失卻了此我，即不啻失卻了我此一生命。則一切完了，復何意義價值可言。

故知人生一切意義價值盡在記憶中，即盡在傳統中。惟此一傳統則勢必現代化，亦不得不現代化。但此一傳統只存在於我之以往記憶中，而現代化則屬外在未來之遭遇。記憶在我心之內，由我作主。遭遇在我身之外，非我之所能主。《孟子》曰：「口之於味也，目之於色也，耳之於聲也，四肢之於安佚也，性也有命，君子不謂之性。」中國古人分人生為兩大部分，一內在之性，人身五官四肢各有性。又一則外在之遭遇，是為命，因其非我所能主。身之對物，此外在部分之關係實較大，人生對此部分不當儘追求，亦不能儘負責，推而外之諉之命。《孟子》又曰：「仁之於父子，義之於君臣，禮之於賓主，智之於賢者，聖人之於天道，命也有性，君子不謂之命。」此一部分中亦有命，如父母不能自主當生何等子女，子女亦不能自主當由何等父母生，此實命之大者。然父慈子孝各有性，性則內在於我，能由我自主，不當諉之命，而己不負責。如舜之父為瞽叟，既頑，而母又嚚。然舜克盡其孝。又堯舜皆不以天下傳其子，而傳賢，實亦堯舜對子之慈。子既不肖，不能當天下之重任，傳之位，亦適以害其子，於子何益，故堯舜不為。此一部分，非心之對身，乃心之對群。中國古人必教人在此上努力，而其本原則各在其一己之心性，亦無人不能由此努力者。近人爭言自由，惟此乃人生最大之自由。近人又爭言平等，亦惟此乃人生最大之平等。不僅人人自由平等，並亦對內最能獨立，對外最能博愛。中國人所重之人生道義，亦盡在此。

近人又怪中國人不能在物質上求進步。其實物質生活之進步，非即人生之進步。如我生八十五年前無錫嘯傲涇之七房橋，今居臺北士林之外雙溪，以兩地八十五年來之種種物質狀況言，確是大為進步。但我捫心自問，實不敢說我之晚年，心地人品，比我童年亦相隨進步。若果人生全視物質生活而定，我何待自己努力進修，只再求移居美國，或居舊金山，或遷紐約，豈不較今即為進步。抑余思之，余亦決不敢謂八十五年前嘯傲涇居民盡較八十五年後當前之外雙溪居民為落後。以心地言，以人品言，或多轉勝於今日。每念我父我母，如在天上，余惟自慚不肖。然以物質生活言，我父我母往年生活，何能與余今日相比。中國古人亦非不求進步，惟主要更在求為人之進步，故必論心地，必論人品。物質人生則在其次。

如言飲食。《孟子》曰：「口之於味有同嗜焉。」易牙乃是古代之善烹調者，如使易牙生於今世，其所烹調，仍當為人人所同嗜。今世非無善烹調者，如其生在古代，古代人亦當同嗜其烹調。今日雞鴨、魚蝦、果蔬百種，僅求大量生產。就余一人之口味言，終感往日童年嘯傲涇所嘗較今日外雙溪所食反更勝。我母亦擅烹調，一盆一碟，一肴一饌，皆慈母所製。又有種種醃菜臘肉，皆經慈母手製，美味無窮，至今難忘。較之今日進大餐廳，大宴會，人生情調終覺不及往日。今日享有一席宴會，當費八十年前舉家一月一年之所費。而宴會方畢，淡然遽忘，大異乎往時童年在家一日之三餐。此種人生，究為進步與否，凡有心人，皆當問之己心再自論定。

目之於色，有同美如子都，女性則如西施。此皆天賦，絕難模倣。要之，今日之美人，未必進步勝過古人。抑盡人亦不妄想嫁夫必如子都，娶妻必如西施。西方人好言戀愛，然又謂結婚乃戀愛之墳墓。又言戀愛非占有，乃奉獻。中國人重視婚後生活，尤勝於婚前戀愛。離嘯傲涇余家不五華里，有東漢梁鴻、孟光隱居古蹟。每值清明，四圍十里內，謁拜者畢集。梁鴻、孟光之故事，乃深入余童年之心中。此後能讀西方文學中之戀愛小說及劇本，又看電影，積數十年，乃終不忘梁鴻、孟光之為夫婦。即在此自由戀愛自由結婚之一節上，亦不得謂今日男女皆已進步，超出古人如梁鴻、孟光之上。惟論物質生活，則梁鴻孟光自不能與今人相比。

耳之於聲，亦有同聽如師曠。音樂歌唱，此在今日尊為藝術。藝術亦在生命中，雖可與年俱進，亦不得謂今人必勝於古人。西方人亦不謂其今日之造詣必勝過三四百年前之維也納。又西方人對中國烹飪、美術兩項，皆知愛好。中國民初新文化運動以來，對以往傳統競致不滿，群肆詬詈，獨於烹飪、美術兩項，亦少批評。惟西方人對中國藝術獨於音樂歌唱方面，少所欣賞。即如平劇，亦中國近兩百年來一大創闢，繼元劇、崑曲後，一新放之奇葩，全國雅俗同所愛好。即以梅蘭芳一人論，亦平劇旦角中一大人物。余曾讀梅蘭芳《舞臺生活四十年》之第一冊，知其初上舞臺，即已成名，而虛心好學，努力求進，終其生不懈。劇場布置，上海遠勝於北平。但梅蘭芳表演，不聞亦以在上海為勝。此見進步主要在人不在物。好劇者，寧在北平聽，不樂在上海聽。此中意味更難言。中國劇一獨特處，正在其排除舞臺上一切布置，求能更表現角色之演技唱技來。

程豔秋親受業於梅蘭芳，然程之身裁體段，與其歌喉聲帶，絕不能一效其師。乃自創新風格，新腔調。寓居北平之好賞平劇者，特為程豔秋創作新劇本，譜為新曲調，乃使梅程各擅勝場。此亦在中國文化體系中，有其先例。如唐代李杜之於詩，韓柳之於文，亦復各就性近，分立疆界。杜為詩聖，乃指其代表傳統之正。李稱詩仙，仙非中國人物之正，出奇制勝，自創風格，而不害其傳統。韓柳亦然。前之有陶潛之與謝靈運，後之有蘇東坡之與黃山谷。其他不縷述。梅蘭芳猶杜甫、韓愈，程豔秋猶李白柳宗元。中國文化精神最重在人，而人又重在其性。較之西方文化顯有不同。如莎士比亞樂府，至今為西方人所崇重，四五百年來，所創劇本更無推在莎翁之上者。是西方人亦認進步在人不在物，與中國同。然西方人推崇莎翁之劇，遠勝於舞臺上之演員。而中國則舞臺演員其受人重視得人欣賞，乃更過於所演劇中之人物。梅蘭芳唱《生死恨》之韓玉娘，程豔秋唱《鎖麟囊》中之薛娘子，演劇者膾炙人口，造劇者轉不被尊，此已異矣。至今此兩劇仍流傳，演唱不絕，然梅蘭芳之為梅蘭芳，程豔秋之為程豔秋，則千古傑出，使人嚮往。縱或有人演技能超梅程之上，而梅程之為梅程，則依然無傷，此乃中國文化精神之最特殊處。古今詩文名家，何止千萬，然李杜仍為李杜，韓柳仍為韓柳，不聞必先打倒李杜韓柳，乃為能創新格。此即在西方亦然。文學藝術史上，有了新的進步，仍保留舊的未進步者。國人傾慕西化，於中國舊傳統中歌唱名角中心愛好，而信念不能樹立，則愛心亦日趨淡薄。亦有稍涉藩籬，即昌言改革，惟變惟新，是所膜拜。不知變與新當求之內。梅程幾十年舞臺生涯，何嘗不日變日新。求梅程之進步，亦當在梅程之心地人品上求，始可得其進步之真處深處。文壇上起一李白、韓愈，則文風自變自新。莊周言：「吹萬不同，而使其自己。」則變與新皆在己，捨己而求，又何變何新。

二十年前有電影明星淩波，以黃梅調唱梁山伯，一時聽者如醉如癡，群情擁戴，淩波一如天神。此如遊子離鄉，老大回家。電影是現代化，而梁祝故事及黃梅調則屬舊傳統。耳之於聲有同聽，有不知其善而善者。然此一路之發展，終亦停下，不再繼續。又有李小龍，在電影中以演國術獲西方人欣賞。李小龍已死，而此一路線，則繼漲增高，至今未已。自心不敢有好惡，惟以異邦人他心之好惡為好惡，尚何藝術可言。孟子之所主要提示者，乃在此人心之同然。所謂以先知覺後知，以先覺覺後覺。如易牙之烹調，則莫不同嗜。師曠之歌吟，則莫不同聽。推而大之，彝倫大道，治平大法，人生日常亦有同然。如伊尹，如伯夷，如柳下惠，己性非不同於人性，貴其能善盡己性，止於至善。又能大而化之，則如孔子。故孟子曰：「知之於賢者。聖人之於天道。」其所追求，不在外，乃在內。堯舜性之，湯武反之。自誠明，自明誠。天人合一，孔子自知天命而達於從心所欲不踰矩。欲在己，而矩在外。方者必同此矩，善者必同此性。中國人之理想人生正在此。

人自嬰孩，以至幼童，俱此心，未必識此性。從長者以為學，長者亦必有學。教子義方，乃父母之慈。然義方必待學而知。故學烹調必從易牙，學歌唱必從師曠，學為人則師聖賢。方人之自嬰孩幼童而至於成年中年老年，何嘗不始終在現代化之中。有不欲其化而不可能者。然化則必有一預在之境，此境乃不先知。果僅從俗而化，則達於耄耋，回念嬰孩時，年齡已過，時代已易，日變日新，生已非舊。我之為我，不復存在。此誠人生一大悲劇。

西方人信有靈魂，死後上天堂。物質人生之日變日新，至是可一筆鉤消。世界有末日，但科學日興，宗教信仰日淡，人生在世乃惟求在末日前之眼前享受。世界末日雖未至，個人末日則轉瞬而臨，不容逃避，亦不容存疑。中國人想像不在此。西方乃個人主義，中國則為一宗法社會。百畝之地，五口之家，父以傳子，子以傳孫，百世不絕。於日變日新中有一大傳統，即物質人生亦在其內，並無止境。若論精神人生，父慈子孝，千古同然。「孝子不匱，永錫爾類。」人與人同類，則一人之孝可以傳於千萬世之人人。大舜已死，大舜之孝尚在斯世，此亦猶舜之靈魂不死。人間世即是一天堂，舜之死後靈魂，豈不猶常在此天堂。故在中國不必有如西方之宗教。中國人言德，德者，足於己無待於外，故曰自得。西方人言得，必求之外面物質界，故重物質人生。中國人言得，則求之一己內在之心性，故重精神人生。故中國乃以心性教，不以靈魂教。靈魂屬個人，心性則屬群體。個人物質人生重空間，群體精神人生重時間。此乃中西雙方文化傳統大相異處。

今論心與物之關係。大舜若生今世，亦當為其父母供一切物質人生之享受。物質世界日變日新之遭遇，凡以盡我心而已。此物質世界，可以日新日變，此心則一保恆常。果使吾心亦日變日新，我不為我，則此物質世界轉將不見其變其新。惟此物質世界由個人主義操縱，則日變日新而有原子彈殺人利器之產生，而猶曰求其進步，世界末日終不可免。然又豈得謂人人乃必同俱此殺人之心，以與生俱來。《孟子》曰：「惻隱之心人皆有之。」決不能謂殺人之心人皆有之。科學發明而至原子彈，可謂心之踰矩矣。其實科學發明亦何待原子彈而心始踰矩。

故中國人對於宇宙人生真理之探討，一是以人本位主義出發。在人本位之立場下，尤以探討人心為主要，更尤以探討人心之所同然為主要。此一人心之同然，由空間言，山之陬，海之涯，凡有生民，則無不同具此心，即同稟此性，惟因所生地區不同，而容或有異，則待教育修養之功。故曰夷狄而進於中國則中國之，中國而進於夷狄則夷狄之。則中國人之重視人文道統，尤過於自然血統。誠使夷狄盡進於中國，則為世界之大同。苟其不能驟企於大同，則猶可得小康。一國同，斯為一國之小康。一家同，斯為一家之小康。亦求一人之同，夭壽不貳，修身以俟，亦即為一人之小康。

以時間言，則上下千古，時代屢有變，而人心之所同然者仍不變。天如此，地如此，人亦如此。果其此性不變，此心不變，有其同然，有其常然，則先知先覺宜可修身以俟。藏道於身，即亦傳其道於世。歷之千古而不惑，質之聖人而無疑。此為中國人之一種大樂觀，並可隨時隨地隨人而加以證實。即此瞬息間，一心之存，已是把柄在握。一拳石成泰山，一滴水成巨海，當前一顆心，即證宇宙萬古人生之大同。宋儒張橫渠言：「為天地立心，為生民立命，為往聖繼絕學，為萬世開太平」，即此物此旨矣。其要則在己。故橫渠又曰：「晝有為，夜有得，言有教，行有法，瞬有存，息有養」，是在己之肯為之力為之而已。

故中國此一道最平等。人人有此天賦，人人有此能力，上下與天地參，而人與天地平等。人與人之間，又何不平等之有。又是最自由。彼亦人，我亦人，有為者亦若是，我何畏彼哉。非己不能，乃己不為，此非最自由而何。又最博愛。躋一世於大同，開萬世之太平，愛之博，又何踰於此。又最獨立。關鍵則在當前之一心。故《中庸》曰：「極高明而道中庸，致廣大而盡精微，尊德性而道問學。」要端則在能尊一己之德性。

天、地、君、親、師五字，在中國兩千年前已有。惟其有此道，故人得與天地參。亦惟其有此道，故師得與君親伍。古人又言，「能為師始能為君」，則師道猶高出於君道。道統猶高出於政統。孔門四科首德行，師道最先亦在德行。不惟孔孟儒家為然，即墨家道家亦無異。莊周〈內篇．人間世〉之後，繼以〈德充符〉、〈大宗師〉、〈應帝王〉，有德始為師，能為師始為王。儒家言堯舜，墨家言禹，皆在此人世有德為師始膺此帝王之選。《老子》言：「失道而後德，失德而後仁，失仁而後義，失義而後禮，禮者，忠信之薄而亂之始。」忠信即人之德性，十室之邑皆有其人，皆從大道來。故自天道以至於人之忠信，皆一統相承。決非有了忠信即失去了道。孔子曰：「述而不作，信而好古」，乃其尊傳統。《孟子》曰：「孔子聖之時」，此則其主現代化。貴能由傳統中求現代化，非可打倒了傳統來求現代化。道家主小國寡民，絕學無憂。於帝王，則尊堯舜前之黃帝。於宗師，則尊孔子前之老聃。輕視道統，必求挽此世運，以返之上古原始淳樸之境。故不貴有道問學，而惟求尊德性，則亦仍以德行為本。《中庸》言：「博學之，審問之，慎思之，明辨之，篤行之。」凡一切學問思辨，莫不為行，即人生實際作準備工夫，亦可知。

其他如《詩》三百首為文學，《書》與《春秋》為史學，先秦百家為子學，亦皆尊師重道。其道則俱為人本位。人道中有師，其含有一種教育意義，則仍無大異。西方古希臘如荷馬之文學，如蘇格拉底、柏拉圖之哲學，則同為一種道問學。要之，非尊德性，非與中國之師道相一致。所師在學，不在道。在知識技能，不在德性。惟待耶穌起，乃有一種教育精神。然乃宗教信仰，亦不同於中國之師道。故宗教家乃在君親師之外別有一格。而西方中古時期以下之教育，則全從宗教來。迄於近世，乃有國民教育，則從君道來。為一國民，異於中國理想之為一人。近世西方大學教育，宗教信仰亦轉淡薄，僅求為一學者，亦非教育其為一人。宗教為神本位，科學乃物本位，其他諸科，皆為政治本位或商業本位，皆非人本位，故亦不以德行為本。惟文學藝術則於尊重神與物及政治商業之外，而似稍近於中國人之重德性。惟其德性亦尊重一種特殊的自我表現，不以人心所同然之大群體之德性為本，則仍與中國傳統有異。

近代國人群言時代化，實乃西化。但西方亦自有傳統，故中國近代言時代化，必反中國自己之傳統，而不反西方傳統。如言新文學，不反莎士比亞，乃至不反荷馬，其他盡如此。然中國人豈能盡變成為西方人。求變於西方，究當變為美國、法國、德國、俄國？在西方，各有其習性傳統不同。而時代又不斷在變，在其時代變進中有挫折，有阻礙，亦將莫不回顧已往，求之傳統。如中古時期後有文藝復興，現代有復興宗教之想望。亦如老人衰病，每追念童年生活，此亦人心所同一極自然之現象。儻我中國人，亦能自隨其已往之傳統德性而為變，則在此時代化中，尚可容有中國傳統之存在。中國人所重，在人心之同然。故當嬰孩時，則有家庭教育，夫婦、父母、兄弟三倫，皆以教育其一家人心之同然。及其壯年成丁，出至社會，則有國家教育，君臣、朋友兩倫，皆教其一國人心之同然。其賢且俊者，則有聖人之教，以教其千古相傳人心之同然，而進於世界大同與天下太平。今日則群慕西化，爭尚個人主義，夫婦父子尚無同然之心，惟耶穌教上帝一神，乃使為人心所同尊。自然科學所研究之一切有生無生物，如電如磁，如洋老鼠，如小白兔，亦皆有同然之心與性。實驗所指示，無可加以反對。而人生一切則除法律規定外，乃盡得自由。中國人已往五千年之文化傳統，乃全無一回顧之價值。故使中國而現代化，則只許有現代中國人，乃不許有古代中國人。譬如人當青年期，絕不許其有嬰兒期。及至成年期，又絕不許其有青年期。嬰兒青年期早已過，乃不許其內心之記憶存在，則人生豈不全成為無中生有。試問西方人生亦果然歟，抑亦非歟？

現代化亦可有種種不同，耶教外尚有回教存在。歐洲人外，尚有阿拉伯人存在。則在現代化中，亦自可有孔子與中國人之存在。近代中國人高呼現代化，當於自己傳統有其一番記憶與回溯之心情。然乎？然乎？則又有明日現代化所當企足而待。似當不必一概抹煞。

涓滴之水，可以成溪澗。溪澗匯為江河，江河匯為海洋。海洋所積，亦惟涓滴之水而已。涓滴之水可以解渴，溪澗則可以淹人死，江河潰決為害益大。禹治水使江河仍為江河，溪澗仍為溪澗，涓滴仍為涓滴，而不見水之害，仍存有水之利，人生乃以綿延而無盡。

人持刀殺人，斯為大不仁。然執刀殺人，僅限於近其身旁之人。持一槍，則可以殺遠離身旁之人。改用大砲，乃可同時殺多人。人類自發明原子彈，美國人投之日本之廣島與長崎，殺人數十萬。使此投彈者，手持一刀入廣島、長崎，逢人即殺，盡日夜之力，所殺數千人而止。苟使其人不患神經病，亦無可連續殺此數千人。今惟一舉手，投一彈之勞，死人數十萬，其人尚縹渺在雲中，或已駕飛機返，曾未稍動其心，烏得謂仁與不仁。

科學發明乃自然之理，依中國人語，亦可謂之是天理。然則近代人乃假天理殺人，人何以堪。今日之世，非洪水為災，亦可謂是機器為災。人生方賴於機器，而人力則微末之甚，人心則盡用在發明機器上，盡用在假天理以殺人，人又其奈天理何。

使有大禹復生，其又何以治此天理之災。《老子》曰：「其安易持，其未兆易謀。」今日世界各國尚未全擁有原子彈，一旦世界第三次大戰起，勢必為原子戰爭。則不擁原子彈之國家，或反可少受其害。則今日所謂落後之國家，其受禍或亦將落後。此即觀於第一次第二次大戰之往例而可知。大禹治水，亦從未受災處著手。三過家門，亦即其未受災處。惟未受災處乃能救災處，亦惟未受災人乃能救災人，此則決然可知。若競以災為福，則無災可救。今舉世所競稱之現代化，不如更其名曰將來之時代化，庶乎更有其意義。僅顧目前，不計將來，斯則其為害必更大。

要之，重物不重人，乃當前人類大弊所在。救弊者亦惟當奉此為最大之原則，外此則無足言矣。

六〇　歷史上之新與舊

生命一體，無所謂新舊。強言之，生命乃是一舊，新在將來，尚未到達，無意義價值之存在。積舊成生，乃有真實性。對此不滿，乃對未來之新有憧憬有想望。

嬰孩出世，乃是一新生命。但空洞無積，尚待成長。果其夭折死亡，則不得視為一真生命，因此不得入祠堂亦無墳墓，不作久長之禮拜。成年婚嫁，始是生命開始。積累充實，必貴有壽。年老衰退，轉為消耗，而非成長，故曰：「老而不死是為賊」，亦即失其生命之意義與價值。

中國歷史文化傳統大生命，三皇羲農時代，乃其嬰孩至幼童期。儻即此夭折，文化更無傳遞，則其在後世，亦自無意義價值可言。黃帝、堯、舜乃為中華文化之成年期，自此遞傳遞久，遞積遞厚，追溯以往，始彌覺其意義價值之深厚而無窮。及今思之，吾中華文化是否已屆老死之期，則尚難斷言。晚唐五代，乃如一場大病。蒙古滿洲入主，則如犯了一場風寒外感。我中華之文化傳統生命，則依然堅健不變。今國人崇慕西化，乃謂中國文化五千年來，從頭不是，非連根拔起，即無可救藥。此實由中國史一氣相承，難於切斷，指出其中病之所在，則惟有一筆抹殺始稍近是。今再言，生命當視為自未來向過去，乃見其真實而日長而日成。若視為由過去向未來，則生命乃日消日失，為走向死亡一條路。要之，中國文化生命則惟在一舊字上，由此舊乃可有其新，則斷無可疑。

故凡屬生命，則必好古戀舊，追溯既往，中西無不如此。惟西方之好古戀舊多在事物上，乃屬生命之外在表現，而非其內在真實性之所在。希臘羅馬亦多古蹟，西方人追戀無已，但盡屬物質的。精神方面如文學科學哲學等，固亦日新無已，但古舊亦仍為西方人所尊。惟所尊亦仍屬事物方面。學問亦如一事業，非個人真實生命之所在。故亦僅傳其學，而不詳知其人。

如言文學，中國古詩三百首，作者都不可考，然誦其詩，而三千年前之古人生活如在目前。當年之生命精神，亦可依稀接觸。古希臘神話童話，故事傳說，亦以怡情悅性，但古希臘之真實人生則無可接觸。如誦〈離騷〉，屈原生命活躍在前。而誦荷馬史詩，荷馬之真實為人則渺茫難尋。

孔子曰：「吾十有五而志於學，三十而立，四十而不惑，五十而知天命，六十而耳順，七十而從心所欲不踰矩。」孔子七十年之真實生命，即明白傳達在此數語中。果能循此為學，則已學了孔子生命之真實精神。故學而時習，乃覺不亦悅乎。學即學此真實生命，只學到三十而立四十不惑之階段，已屬其悅無窮。其五十知天命以下，則顏子所謂：「如有所立卓爾，雖欲從之，末由也矣。」此皆生命之真實境界，豈如希臘古哲學，凡其所論，僅是其人生命中思想上之一番表現，不得謂即其真生命所在。比讀雙方書，自知其區別。

中國人惟多注意其生命之真實，更過於其事物上之表現。故如唐堯、虞舜，建都何在，生前宮庭，死後墳墓，皆無可查究。留傳者惟其德，即其內在生命之所得。堯舜當時真實生命內在所得，後人何由知之？則以心傳心，惟有以己之小生命，通入民族歷史文化傳統之大生命中去，斯乃可以得之。

孔子曰：「泰伯三以天下讓，民無得而稱。」無錫東南鄉，有泰伯逃來荊蠻後之故居，稱曰皇山。實一土丘，距余生處四五華里。東漢梁鴻、孟光夫婦，亦來隱，故其山又稱鴻山。無錫南門外一水，則稱梁溪。泰伯距今逾三千年，梁鴻亦近兩千年，兩人皆無詳傳史蹟，而環此小丘十里內外之鄉民，則無不知吳泰伯與梁鴻，清明佳節亦無不來此膜拜。中國古人之所謂立德不朽，有如此。而全國各地類此之名勝古蹟又何限。此見歷史文化傳統，即民族大生命之所在，亦即全國人心所在，豈不真實而有據乎。

堯舜之德難求，大禹治水乃具體易求。但三過其門而不入，其家何在，今亦難求。惟讀清初胡渭《禹貢錐指》，詳考歷代治黃河水利工程，四千年一貫相承，此亦有如禹之大生命之一貫相承。如四川灌縣有二王廟，乃秦代李冰父子治離堆江水之患，亦迄今兩千年。自灌縣至成都，百里之間，農田灌溉，皆有成規，一貫相承。此亦不啻一大生命之持續。非親履其地，則無可想像而得之。

又有萬里長城，遠自戰國，下迄清代，積兩千年。乃中國歷史上極巨大一國防工程，亦民族生命之積累。雖不如大禹治水，李冰導江，有主要人物之代表可舉，然同是中國歷史上一大生命之表現，則亦明顯無疑。

立德、立功之外有立言。所言亦貴其有德，乃可有功而不朽。孔子曰：「十有五而志於學，至七十而從心所欲不踰矩。」此即孔子之立德經過，即其七十年之真生命真學問。學問實即是生命，宜該可悅。後人儻能學如孔子，達於立與不惑之境，則在己之生命，亦當甚感其可悅。至於知天命以上，非常人所能企。顏子曰：「如有所立卓爾，雖欲從之，末由也矣。」此卓爾者，即孔子之真生命。中國古人之學，即在其生命上，非生命中一事。學之所得，亦即是生命，非可謂於生命中別有所獲。如文學，古人曰：「詩言志。」所志即其生命，所言亦即其生命。屈原、宋玉之高下，亦在其生命上，不在其文字上。讀西方文學，則莎士比亞之樂府，非即莎士比亞其人生命之所在，並亦無由知當時一般英國人之真生活。僅得謂莎士比亞生命中有此一番表現，如是而已。莎士比亞與歸有光略同時，試讀歸集，其為人，及其家及其時代，一一透出。可謂乃映出歸熙甫之生命。而莎士比亞之生命則難可稽考，至今成一謎。此即中西文學一大不同之點。

如哲學，真實生命中，可有各種思想。但思想亦僅生命中一事，不即是生命。如耶穌，其生命豈只十字架一剎那可盡。而西方人則十字架即代表了耶穌。重事物輕生命有如此。教會組織，教廷建築，教皇傳襲，全轉在事物上。而耶穌則成為神化，只可信，無可學。此亦西方文化一特徵。

西方人自始即不悟到宇宙人群之大生命所在。個人小生命剎那短促，意義價值有限，遂轉戀到事物上去。事物有新舊，而生命則無新舊。今日國人喜新厭舊，亦從西方觀念轉向事物去。至如生命，則耄老每念童時，豈有喜新厭舊之理。

埃及金字塔完成，埃及古生命則隨以永絕。希臘、羅馬亦然。最近西方人對希臘、羅馬之一物一事，好戀崇仰終不能已。余遊美國紐約附近，一中國古墓，乃從山西購來，石象、石馬、翁仲林立，規模依然。中國乃一宗法社會，此等墳墓寓有一種大生命精神。美國無宗法，但對此等古墓亦可寄其好戀之情。余又在大峽谷見一印第安人之博物館，印第安人幾已殲滅無遺，而美國西部影片則不斷流傳，印第安人之遺物亦加寶愛。此皆見西方人之戀舊。

中國人重視生命，輕視事物。尤重於能以一己小生命投入群體大生命中。叔孫豹之三不朽，至今猶為國人傳誦。而孔孟儒家乃頗不提及。此因叔孫豹仍從個人小生命著想，不知不朽者乃德功言，小生命則終必泯滅。孔子之卒，歌曰：「泰山其頹，梁木其摧，哲人其萎。」曾子曰：「仁以為己任，死而後已。」仁即其大生命，死乃其小生命。孔子曰：「若聖與仁，則吾豈敢，抑為之不厭，誨人不倦。」其不厭不倦者，即其生命。何所學，何所教，乃其生命之所依附於事物者。所學即學此大生命，所教亦教此大生命，此即孔子之所謂道。孔子乃未敢自信自任，而曰：「後生可畏」，則教育終於不絕。不朽乃在此，不在個人小己。故中國人乃論存亡絕續，不論新舊。

子路、冉有、公西華、曾點四人侍坐，孔子命各言其志。子路志在治軍，冉有志在理財，公西華志在外交，惟曾點言，「暮春春服成，冠者五六人，童子六七人，浴乎沂，風乎舞雩，詠而歸。」孔子有「吾與點也」之歎。子路等三人皆志在事，其事皆有關群體大生命，非私人名利富貴。然此等事須有修養，須得機緣，非可必得。浴沂風詠，乃屬日常生活，有志必可得。然小生命亦即大生命，故孔子有與點之歎。墨子繼孔子起，而其志則在事物上，較子路諸人而益甚。莊老則近曾點，而於事物方面又過分輕視。中國傳統文化，於孔門儒家外，不棄莊老道家。大體融括，可進可退，而大生命乃易從小生命中透出，此可謂是中國之文化精神。

以當前論，世界人類中國人為最舊。以小生命言，壽則舊。以大生命言，歷史綿延則舊。既生為人，當求舊不求新。今日國人乃至謂四十歲人已無生存價值。求新求變，電腦機器人乃為人生最高目標。如此則何不求早死。最近全世界恐怖事件猖獗，正可為此作例。

程明道言，「觀雛雞可以識仁。」仁即大生命，母雞孵小雞，一次可得一二十頭。依傍其母，或在腹下，或集左右，此即成一大生命之景象。今日養雞科學力求多產，不斷前進。而此大生命之景象，有近仁體者，乃不可復睹。今又力求人工受孕，循其所知，惟見機器之重於生命。然則喜好機器，厭惡生命，豈不將成為生命之性。

事物若稱為花樣，而事之變則較物為尤易尤大。如西方歷史，希臘人、羅馬人，以迄近代之英國人、法國人，又移轉為俄國人與美國人，其在人的方面，可謂日新無已，萬變不同，而其中實難有一貫的線索可尋。苟非有古器物之寶藏觀賞，則全部西洋史豈不如雲煙過眼，一去不回。又如波濤入海，轉瞬遷流，無可留戀，無堪愛好。而當前人尚猶昌言突破，則復何所謂內在精神之可言。

中國史則絕然不同。近百年來，殷契古文字古器物發現，國人喜謂當於國史有大開創。其實中國史之意義價值則不在此。讀《孟子》書，商湯、伊尹之所作所為，讀司馬遷《太史公書・殷本紀》，殷商一代之經過，意義價值已具。文字器物之出土，對舊史或可稍有補充，稍有糾正，而大體則可謂其無影響。

最近大陸掘了秦始皇帝墓，轟動一世，爭來參觀。然欲了解秦代史，則《史記》〈始皇本紀〉及〈李斯列傳〉已夠詳明。阿房宮付之一炬，後人未加以惋惜。其墓地及殉葬諸品，則更無參考價值，何值重視。

余曾瀏覽一所歐洲中古時期之貴族堡壘，備極週詳，但欲明中國魏晉南北朝之門第生活，則《世說新語》、《顏氏家訓》諸書，已儘足尋討，何待當年王謝之居宅。

余又比較遊覽西方之哥德式教堂，以及文藝復興時期之新教堂建築，乃可約略想像西方教徒當年生活意想上之轉變。但研討佛教東來後之中國僧人信仰，則一讀《高僧傳》當可獲得，何煩必尋訪當年遺存之佛寺。又如清故宮，比之倫敦白金漢宮、巴黎凡爾賽宮，真如大巫見小巫。然豈得憑此來衡量中西之帝王專制。又清室歷代帝王為政之詳，豈在故宮可覓。慈禧臥室陳設宛然，當年生活猶可想像。然慈禧之為人以及晚清之國運，則遊此室者焉從得之。不讀《清史》來遊南書房，則又胥不忽之。數百千年後，此宮保存，可供來遊者作一憑弔，史實則決不在此。在西方，則此等建築，豈不有莫大價值。倘歸消失，一部歷史又將從何說起。此亦中西雙方文化傳統大不同一良好之說明。

最近美國總統雷根遇刺，引起人身攜帶武器一爭論。或認攜帶武器可以自保。惟兇徒有武器，則益得恣行。又苟無殺意，身攜武器亦何害。此亦言之有理。然美國百年來總統遇刺者七人，每日遭兇殺者踰六十人。身懷武器，則易起殺念。但此亦傳統久遠，原始人無不隨身攜帶武器。中國古俗，生男則門外懸弧，孔子像亦腰帶長劍。三國時曹操許劍履上殿，則其時男子帶劍依然是一尋常事。此俗革於何時，今不詳考。今日國人言中國守舊，不知亦有變，即隨身不再帶武器亦其一例。中國發明火藥，但不製造槍砲。凡變必有因緣，最當注意。國人又言西方史在能變。如隨身帶武器，憑以殺人，係守舊，抑開新？尚待考論。所攜帶之武器，則日新月異，為變甚大。則器多開新，人則守舊。論史當重物抑重人，即此一例，中西雙方歷史文化傳統相異，又大可研尋。

中國古史堯舜禪讓，湯武革命，為聖帝明王之兩大作為，傳誦迄今三四千年。西漢尚有人勸王室早作禪讓，王莽因之而起。此下則少言禪讓，亦不言革命。以郡縣一統之大局面，革命不易。晚漢黃巾之亂，董卓、袁紹各方武力競起，直至曹操亦不敢輕受漢禪，但亦不敢輕言革命。歷史演變，又豈一兩語所能規範。如近代之爭民主極權，亦是其例。

近代梁啟超言，中國有造反無革命。此言大值深玩。歷史形勢中國與西方大不同，故中國革命不易。法國巴黎，只放出獄中一群囚犯，革命即成。中國無此可能。東漢以下，中國造反較之西方革命，事勢大過數十百倍，但終不能成為一種革命。此乃中國政治史走上了一條穩路。亦如中國人隨身不帶武器，而自覺安全，無畏懼心。此又中西歷史一大辨。孰為進步孰為退步，待讀者自定之。要之，不當只憑外國史來作一切之衡量。

清代洪楊之亂，明屬民族革命，而亦只成一造反。近人又譏曾國藩既平洪楊不身自為帝，為不明革命大義。不知曾國藩果有此意，同時如李鴻章、左宗棠乃至彭玉麐等，心下又如何？即如袁世凱洪憲稱帝，部下馮國璋、段祺瑞等，均表反對。歷史乃人心之積累，西方人不明於此，故其史學最後起，僅留一堆古器物，成為歷史之至寶。而今國人則目西洋史為最進步，此亦人心之變，良堪嗟嘆，更復何言。又如耶穌教，亦只一些物質建設與教會組織。破壞此等建設與組織，即成為革命。所謂信仰，豈只在此等建設與組織上。故對事與物之革命則易，對心與性之革命則難。中山先生革命，先言排滿。洪楊亦曰排滿，而繼之以天父天兄，創為天國，到處焚毀孔子廟，不啻引耶穌革孔子命，不易入人心，故曾左胡李乃得起而平之。中山先生則以民國第一任大總統位讓於袁世凱，是中山先生於湯武革命後，即繼之以堯舜禪讓，四千年前之歷史往事，仍見今日。而中山先生乃亦常在人心。鑑之以往，得人心則興，失人心則敗，袁世凱毛澤東均其例。然則人心何在，國人豈不當最作深究。

中國人心當從中國史中求，不得從西洋史中求。一切事物可變可新，此心則不易變不易新。今國人但言專制政治封建社會，以西方語來批評中國，不求之列祖列宗我中國人之內心，則誠新之至，而無舊之可稽矣，夫復何言。故生命必表現於事物，而事物非生命。貴能從事物上來尋求生命，而事物乃亦儼若有生命。《孟子》曰：「登泰山而小天下。」泰山並不高，但自秦始皇帝以下，歷代帝王巡狩登泰山，直至宋真宗，上下亦千年。隨時隨地，並有名人古蹟留傳。登泰山亦如讀一部中國史，有大生命之寄存。中國各地名勝如此者亦尚多。若果漫失其生命，而專一留情其事物，則亦無甚深意義價值之可言。而又何新舊之足辨。

六一　辨新舊與變化

中國重守舊，西方重開新，此亦中西雙方文化一相歧點。所謂新舊，對象不同。一對器物，一對生命。器物舊則變新，如衣如屋，新以替舊，此之謂變。但屬非生命。人身乃生命所寄，但亦同是器物，全身細胞不斷在變，新陳代謝，全非故物。但其生命則一線相承，我仍是我。自嬰孩至成年中年老年，有成長，有變換。一衣一屋，七十年均嫌老舊。生命得七十年，豈非人所想望。

抑且不止此。世代綿延，生命相傳，此則為大生命，中國人稱此謂化。中國人言，天不變，地不變，道亦不變。又曰：「贊天地之化育」，天地言化不言變。中國人觀念，天地即一大生命，化育皆生命所有事。變則不同，器物可變，而生命則不可變。

中國人又言：「通天人，一內外。」孤男孤女不生，必男女和合通為一體乃有生。故生不由變，乃由化。夫婦為人倫之始，夫為婦外，婦為夫外，夫婦和合即是一內外。人必分男女則屬天，故夫婦和合，亦即通天人。父母生育子女，乃有老少之別，老屬舊，少屬新，非有舊，何來有新。舊亦仍在新中，此之謂化育。故人生必在通與一之中。

人有男女，禽獸有牝牡雌雄。人由猿猴化來，生有人，仍有猿猴，此亦一線相承。非可謂由猿猴變為人，故有開新，仍有守舊，而守舊中亦自得開新。

植物草木不顯有牝牡雌雄之別。微生物更顯是渾然一體。兩性分別從一體來。同一生命，一線相承，故曰化育。而天地則為化育之本，苟無天地，何來此生命。生命從天地化育來，有生無生，亦渾然一體，乃謂之大自然。

中國陰陽家，分陰分陽，謂陰陽和合乃生天地萬物。又分五行，火木屬陽，金水屬陰，土則得其中性。如此則一切無生有生皆渾然成其為一體。人生亦在此一體中，故必通天人一內外，而始全其生之真。

中國為一大陸農國，人民日與大自然生命相親，故其五千年來歷史，亦惟見其生命之悠久而擴大。西方希臘乃一半島，離鄉越海，以商為生。以貨品貿易贏利，故其視器物較生命益相親，生活乃若僅為娛樂享受。後起諸國亦盡承希臘傳統，科學發展，四海如一家，而諸國間仍各分立，實則有國一如無國，與希臘之城邦亦無大差異，故個人主義與唯物史觀，成為西方人生之骨幹，亦即西方人生之中心。於是貧富強弱貴賤，乃成為西方人生中一大分別。此亦與中國文化傳統不同一要端。

人之生命，千古如一，故後人必當奉前人為榜樣，惟日新其德，以趨赴其所理想。孔子生周代，其時最高榜樣為周文王與周公，但文王為開國之君，不可學。故孔子之志，惟在學周公，所謂樂天知命。但到後，乃知周公也學不得。其為魯司寇，不得行其道而去，周遊列國，歸老於魯。後代國人遂不學周文王周公，而群學孔子。孔子遂為中國此下兩千五百年來之至聖先師，永為後人作最高之榜樣。孟子所願則學孔子。若謂孔子為舊人，孟子為新人，則人類之學，乃為以新學舊。前起之舊，又何得學後來之新。是則守舊即是開新，開新亦即以守舊。二者間，實無甚大之區別，而能融為一體，新人生中存在有舊人生，而日進無疆，以日新而又新，此始謂之真人生。

《孟子》曰：「有諸己之謂信，充實之謂美，充實而有光輝之謂大，大而化之之謂聖，聖而不可知之之謂神。」是人之日新其德，可以上躋於天，而使人同與神。其上躋天而為神者，則為人之德。德則賦於天存諸己，中國人之所謂樂天知命即在此。

生命至廣大，至悠久，又無疆。其所表現於動植物者至有限，即人類亦然。孔子、孟子所表現，亦限於其時其地，不啻如一鱗一爪。中國人對生命之最高理想，則為修身、齊家、治國、平天下，以至贊天地之化育，以一己之小生命，融入自然大生命中，而成其為無限。在此必有一榜樣。孟子言友一鄉之士，友一國之士，友天下之士，更進而上友古人，其榜樣亦益高益遠，而吾之生命乃始得以日新。若限於其軀體，則亦一器物，而生命乃日以狹小短促，無以達其意義與價值之所在，西方個人主義與唯物史觀近之。

人類生命有其悠久之綿延，亦有其寬廣之展擴，斷不當拘於一己之軀體以為限。農人春耕、夏耘、秋收、冬藏，畢生以之。百畝之田，亦即其生命之所寄。夫耕婦饁，幼童放牧牛羊，耆老看守門戶，一家五口生命融成一體。祠堂墳墓，鄰里鄉黨，死生相承，戚族相依，生命擴展，乃成姓氏。綠樹村邊合，青山郭外斜，世代如是。天地大自然，亦融成一己之生命中。故農人之安土重遷，自有其內在深藏之生命意識，為之作主張。由是而修身、齊家、治國、平天下，頂天立地，皆歸并入其生命之範圍。同此天地即同此生命，乃始有一鄉之士，一國之士，天下之士，千古之士之分別。皆由其生命之悠久寬廣而有異。

生命有大小，而必有一中心。莊周言：「超乎象外，得其環中。」生命乃超乎軀體形象之外，非器物之所能限。然每一生命自成一環，而有其一中心。有此中心，乃得成環。人生中心乃其己。故中國儒家主為己之學。群體生命必以各自之一己為中心。己欲立而立人，己欲達而達人。立即立於其群，達亦達於其群。必立之己而達之人，一己之生命始為群體大生命之中心。群體生命綿延展擴，無疆無極，而一己之小生命乃亦由此而不朽。

董仲舒言：「求其義不謀其利，明其道不計其功。」中國文化重道義，西方文化重功利。惟其重道義，故能融器物於生命中，而成為中國之藝術。惟其重功利，生命乃泯沒於器物中，而起有西方之科學。中國於群體言風氣，西方於社會言經濟。風氣本源人心，乃生命之表現。曾國藩〈原才〉言，「風俗之厚薄自乎一二人之心之所向」。人心所向成風成俗，一二人之心可以感召千萬人之心，而成其共同之趨嚮。人才起於風俗，風俗厚，斯人才足以淑世濟人，而舉世大同，大道為公矣。風俗薄，則人務財利，道出於私，人各相競，而公道淪裂矣。故中國以大同為理想，而西方則以食衣住行之種種個體享受為理想。

中國人日進其德，而聖而神，此乃人生之最高藝術。正德利用厚生，亦皆寓藝術作用。烹調紡織，建築陶瓷，舟車運行，莫不有甚深之藝術性，即生命性之貫徹。世運衰，而器物製造或仍遵舊規矩，尚有日新之機。禮失則求之野，器物較禮樂尤易留存。小之如鼻煙壺，無關一世之盛衰治亂，而終為中國人生日用中一最佳藝術品。更高藝術如書法，作者有盛衰，而筆墨紙硯之製造亦以器物而益精益美，轉不如人文之有衰落。可謂中國人之生命，其人文精神，固多寄存於書法中，而亦同樣寄存於筆墨紙硯中。文房四寶，乃人文精華之所聚，為此文房之主人，生活在人生藝術中，雖不成一書法家，而亦甚裨於其德性之修養。即如山水名勝，如泰山、華嶽、洞庭湖、太湖、西湖、大明湖等，亦皆宇宙之精妙，藝術之結晶，為人生嚮往之高境界，使人心內德與之俱化。故中西方器物亦有大相異，西方器物多可入科學館，中國器物則當入藝術館。科學惟求其新，藝術則惟求其舊，愈古愈舊則愈貴。此又中西守舊維新一大不同所在。

湯之盤銘曰：「苟日新，日日新，又日新。」《詩》曰：「其命惟新。」《易傳》言：「天行健，君子以自強不息。」宋儒張橫渠言：「言有教，動有法。晝有為，宵有得。息有養，瞬有存。」中國人之精進有為日新其德，乃可返於天命之舊。此非天之日新其命。天則舊，而人日新。人則舊，而物日新。惟舊乃時間之悠久，惟久乃有意義價值可言。亦可謂新只是一工夫，而舊乃是其本體。晚清儒言，「中學為體，西學為用。」實則西學僅求用，果欲求其體，則非中學莫屬。依西方歷史言，迄今而其用日新。依中國歷史言，五千年來其體仍舊。斯亦其證矣。今日國人之求新，亦主在器物利用上。果使本體已失，又誰用此器物？

西方生理學以人之一切情感、智慧、意識胥本諸腦。腦乃人身頭部一器官，此證生命限於器物乃一科學真理。中國人不言腦而言心，但心不在腦部，亦不在胸部。心乃超乎象外之生命之一環中。生命主於心。人心相同，故各自之小生命乃可融成一群體之大生命，而在群體大生命中亦可建立起各自之小生命。故人生大道即在心，貴能大其心，以進入於人心之大同處，而斯則為大人。小其心，則為小人。孔子曰：「十室之邑，必有忠信如丘者焉，不如丘之好學也。」學當本其自心之忠信以為學，亦即學其自心之忠信。以心學心，不限於器物，如此則謂之靈。又得通於天，通於地，通於大自然，而謂之神。故曰神通廣大，出神入化。乃中國人生理想之終極所歸。以今日語說之，當謂此乃一種人文科學，以異於西方人之所謂自然科學。若其心不能化又多變，中國人則稱之曰變心，決不當於人道，乃大要不得事。

西方人之唯物史觀，實亦不自馬克斯始。在先已有石器時代，鐵器時代，銅器時代，蒸氣時代，電氣時代之說法。迄今則已達核子時代。此謂人類生命受器物限制，隨器物而進退。今已世界大同，然交通器材仍有限制，田野小道，惟可賴腳踏車。都市大道，乃可行汽車。重洋大海，則賴海輪。高空往來，則賴飛機。而進入外太空，則又另有太空船。豈非仍各有限，難可突破。語言文字亦如一種器物，凡屬人生情感、智慧、意識之相通，亦各有限制。故上帝意旨，耶穌聖訓，必賴教廷教宗神父牧師為之傳遞，乃成西方之宗教。西方各種學術思想，亦賴各種專門語言為之表達，此則西方人生當以唯物史觀為準繩，決非馬克斯一人所獨創，豈不明證顯然。故西方人如倡平等自由獨立三口號，正為在唯物中，深感人生之不平等不自由不獨立而來。中國則心心相通，大德敦化，小德川流，生命決非器物，故於平等中求加品第，自由中求加規矩，獨立中求加會通。此又為中西文化大不同之要點。

今日國人又好言表現，此亦向外一功利觀，以今日之人生來換取明日之人生。中國人則言，

「君子闇然而日彰。」根深而枝亦茂。其根表現在外，則此樹生命即不保。枝葉日茂乃其新，深根埋藏則其舊。實則器物亦生命之枝葉，而生命則器物之根柢。一切學術思想，亦皆枝葉，亦皆器物。今人惟此之求，而漫不知生命之真義，則又何新舊之足辨。

莊周言：「薪盡於為火，火傳也，不知其盡也。」西方文化如積薪，後薪繼前薪，故言變。中國文化如火傳，薪盡於為火，故言化。個體為薪，大群則火。前薪後薪有變，而火則傳。篇名〈養生主〉，生之主即火，而非薪。今人求變求新，乃惟薪之貴。貴其薪，又何來有火。庖丁解牛，善刀而藏，斯謂技而進乎道。今人則惟技是尚，鄙道不言。言及電腦機器人，莫不驚訝。言及孔孟莊老，置若罔聞。此誠今日國人生活一寫照。

今再言社會，西方尚分裂，重個人主義，但猶有神父傳道，教授治學，不專在電腦機器人科技方面用心。民主自由，則尚多數。中國主道一風同，乃為四民社會。士尚道，農工商皆尚技，但亦同崇道，故曰「技而進於道」。士則為四民之首。今則士階層已不再存在，農工業亦將一隸於商，此即近代中國社會尚技不尚道一最顯著之大變。

道有是非。果以西方社會為一新，中國社會為一舊，厭舊喜新，則中國可厭，西方可喜。但中國較西方尚屬多數。必居少數於多數之上，豈不轉成為反西化。但國人一惟科技是重，若對電腦機器人不加提倡，而別有用心，則頑固守舊，若將不得同儕於人類。此其重視道一風同，則有若轉更甚於中國之舊。即就西方論，惟最近之唯物史觀之共產主義，乃庶近之。但其民主自由與階級鬥爭，亦同為爭多少數。爭多少數，則為個人之平等與自由。而今國人則似謂中西決不平等，中國決無自由。抑且依照西方，則共產主義豈不為一最新出，最當依從之一端？

今日西方各處實無不許共產主義之存在。其受詬病，乃在不許他人以自由。今國人若明此意，能以平等視新舊，而同許以自由，則或當為慕效西方一正途。國人其再深思。

六二　內與外

人類有天賦求知之本能，其他動物亦然。特人類求知，其路向與興趣有不同。概略言之，西方人求知重在外，由遠而近。中國人求知重在內，由近及遠。因此雙方文化有甚大之相異。

姑據近代西方自然科學之發展進程言，最先當追溯及於十六世紀中葉哥白尼之天文學。現代地質學，則肇自赫登所著地球的理論，已在十八世紀之末葉，相距當有兩個半世紀。而達爾文的《物種原始》更後起，已在十九世紀之中葉，上距哥白尼天文學創始已三百年，距赫登地質學肇端亦七十年。探討人心，事更在後。屬於自然科學中之所謂心理學，其先實只是物理學，漸次涉及生理學。其真能直接有關人心的探討，如巴甫洛夫的制約反射，佛洛伊德的精神分析及潛意識論，則皆已在二十世紀之初葉，上距達爾文《物種原始》，又已逾半世紀之久。

孔德的實證論，認為人類知識之每一部門，均須經過三個歷史階段。一是神學的，次是形而上學的，三是實證的。他的科學分類，以數學為基礎。緊靠數學的是天文學，其次是物理學、化學、生物學，然後及於社會學、心理學。此一分法，實是根據近代西方之知識進程言。故西方人認十六、十七世紀為天文學支配的時代，十八世紀生物學研究開始，十九世紀乃可稱為生物學時代，醫藥知識也可包括在內。巴斯德號為細菌學之父，即與達爾文同時。孔德亦同時，為社會學粗創端緒。巴甫洛夫與佛洛伊德則更後。至於西方將在何時乃見有社會學、心理學時代，則尚渺無其兆。西方心理學，但尋究此心何從得知外面事物，卻不反求自知此心之真情實況。故其處理外面事物，確有高明進步處。但對自身內心生活，則多未脫原始人野蠻境界，此為西方文化一大病。

至於中國，知識進展，果援用孔德語，則一開始即以心理學、社會學奠基。遠在春秋時代，孔子以仁設教，孝弟忠恕，皆本人心。知與行、學與思並重，無一語不可從事於實證。其全部思想體系之境界，早已明白超出了神學與形上學，而以社會學心理學為其主要骨幹。至戰國時，孟子提倡性善論，心性之學成為儒學中心。莊老道家，持論取材，多言宇宙自然，較之儒家，若偏外向。其實莊老思想，亦一本人心為出發，一依人心為歸宿，與儒家無大相異。《莊子．內篇》七篇首〈逍遙遊〉，鯤鵬與蜩與學鳩，皆以喻人心。故曰：「小知不及大知，朝菌不知晦朔，蟪蛄不知春秋」，所言雖皆外物，實指人心。又曰：「至人無己，神人無功，聖人無名。」亦皆注重人之內心立言。卒篇〈應帝王〉則曰：「至人之用心若鏡，不將不迎，應而不藏。故能勝物而不傷。」所重在內心不在外物，更可知。又曰：「中央之帝為渾沌，南海之帝為儵，北海之帝為忽，儵與忽試為渾沌鑿竅，日鑿一竅，七日而渾沌死。」儵忽之與渾沌，皆以言人心。人心懷藏知識，若蘊而不發，則為渾沌。若發而向外，乃見其為儵忽。是亦專就此心之內蘊與外發言。姑舉此始末兩篇以概其餘。可知凡不識人心，即不足以讀《莊子》書。

《老子》五千言亦無不然。如曰：「五色令人目盲。五音令人耳聾。五味令人口爽。馳騁畋獵令人心發狂。難得之貨令人行妨。是以聖人為腹不為目，故去彼取此。」此亦重內心，輕外物，主張節縮省減外面人事以內養其心。又曰：「不出戶，知天下。不闚牖，見天道。其出彌遠，其知彌少。是以聖人不行而知，不見而名，不為而成。」尤見其由內及外由近及遠之意。若以《老子》此言繩律近代西方之科學發展史，而以認識人心為要歸，亦所謂其出彌遠而其知彌少矣。彌遠在物，彌少在心。今日西方科學家之求知人心，亦一本於外。如巴甫洛夫以狗，佛洛伊德以人之肉體之病，此皆由外以知內，由非我與非我之常以知我，夫又何從得之。《老子》又曰：「天下有始，以為天下母。既得其母，以知其子。既知其子，復守其母，沒身不殆。」哥白尼之天文學，達爾文之生物學，皆在西方心理學正式興起以前，亦可謂皆人心所由始。若非有天有物，何從有心，故此皆可謂人心之母，而人心則為之子。但知其母，未必即知其子。如知天文與生物，未必即知人心。《老子》所謂既得其母以知其子，今日西方科學距此尚遠。以己心識己心，其事若不難。故曰：「塞其兌，閉其門，終身不勤。開其兌，濟其事，終身不救。」今日西方之自然科學，即《老子》所言開其兌以求濟其事。《老子》言開兌，亦猶《莊子》言鑿竅。知識日啟，而己心轉昧。《老子》言既知其子，復守其母，亦猶《莊子》之言渾沌。人心明，乃可以保其天而全其物。在中國人心中，未嘗不有天地與萬物，然以西方近代科學之所得於天文學與生物學之知識視之，則中國人心，豈不如一片渾沌。其心渾沌，宜若於事無濟，然中國文化傳統母子相守，亦已五千年，迄今而不輟不息。若日開其兌以求濟其事，則近代西方之帝國主義資本主義，日富日強，而病態百出，亦究不知其終於得救之在何日矣。

《莊》、《老》之書好言道與德，皆直指人心言。後之道家批評儒學則曰：「中國之君子，明乎禮義而陋於知人心。」因禮義亦外在。又老聃告孔子以至道曰：「汝齋戒疏瀹而心，澡雪而精神，掊擊而知。」是儒、道兩家皆主言人心，而道家尚嫌儒家之外向。惟儒家謂道德禮義一本之人心，而道家則主張去禮義而道德始全。其本原人心以立論，則兩家無大異。道家主張撥去外面人事以明己心，儒家則主張建本於內心以盡人事。由其於心理學上有異見，遂於社會學上有異想。

墨子主兼愛，欲人視人之父若其父，其立論根據，則在天志明鬼，不內本於心甚顯。楊朱主為我，立論之詳無考，然曰拔一毛利天下不為，是亦在外物上計較，不憑內心作衡量，皆非中國人性情所喜。許行為農家言，主張與民並耕而食，饔飧而治，此亦重外而忽內。名家惠施、公孫龍，辨白馬非馬，辨堅白石，莊周之徒非之曰：「飾人之心，易人之意，能勝人之口，不能服人之心。」申韓法家則利用人心弱點以供統治者之驅使，司馬遷謂其原於莊老，然高卑深淺，迥不相侔。故先秦思想，流傳後代，主要惟儒、道兩家。鄒衍倡為陰陽家言，其意若欲融會儒道。然所言泛及天地萬物歷史遠古，泛濫向外，而歸本之於仁義，則近儒。要失儒道之真，雖盛於前漢，又轉入民間，至今不息，然終不得與儒、道兩家同列為中國學術之正軌。

魏晉以下，佛教東來，中國高僧，主要皆以一心說佛。最先如支道林說《莊子・逍遙》篇，則曰：「逍遙者，明至人之心也。」慧遠在廬山，一心念佛，為淨土開宗。竺道生主張含生之類皆有佛性，則義近於孟子。天台宗唱為一心三觀。禪宗六祖慧能則曰：「但用此心，直了成佛。」又曰：「一切般若智，皆從自性而生，不從外入。」佛法為宗教，釋迦為教主，釋迦說法，應是僧人信仰對象，此亦在外不在內。而中國高僧，則一挽之向內。心即佛，心即法。心貴悟，不在信。生公云：「悟發信謝。」悟了便不需信。故佛法在中國，只成一種自心修行，終於失其宗教精神而成為中國傳統文化之一支，其主要即在此。

宋明理學，亦承此系統來。周濂溪教二程尋孔顏樂處，所樂何事。所樂本原於性，發見於心。

佛家稍近悲觀，而儒家較樂觀，亦猶道家稍趨消極，而儒家較積極。其內本一心則同。此下遂分程朱、陸王，性學、心學之兩派，然小異不掩其大同。亦可謂自孔孟儒家，莊老道家，以及兩晉以下迄於唐五代之佛學，皆此一脈。全部中國思想史，主要精神即在此。皆內本一心為其出發點，則無大相異。

如上述，中國人論知識與西方有不同。中國人論知識，主會通為一體。西方人論知識，主分別為各門。此層余已在他處別論，今就本篇宗旨言，則中國知識，自先秦儒道，六朝隋唐佛學，宋明理學，皆可納入心理學範圍。此一說法，現代中西雙方，皆將不予以承認。惟為雙方學術思想作比較，方便立說，最少不妨謂中國人求知，皆從西方人所認為的心理學一門進入。即中國人求知，其興趣與路徑，喜好由內向外，由近及遠，與西方人之由外向內，由遠及近者實相反。此可由雙方思想史學術史作證，讀者善自體會之即得。

亦可謂中國人求知路徑，乃從心理學轉入社會學。中國五倫，家國天下，皆然。社會一名詞乃自西方譯來，社會學乃成為近代建立一門新學問。但自由乃專指個人言，刑法則專從政治言。除卻自由與刑法，尚有何社會相處之道。《大學》八條目，格物、致知、誠意、正心、修身、齊家、治國、平天下。知意心三者在內，身家國天下在外。先其內，然後及於外，正亦中國人求知由內向外、由近及遠之證。格物物字義訓，此處暫不深論。要之，為切近人生之日常事物則可知。

故亦可謂《大學》之致知、誠意、正心應屬心理學範圍，齊家、治國、平天下應屬社會學範圍。而修身則介於二者之間，而綰合內外，使之成為一體。而格物則指凡事物之親接於其身之四圍者。依中國人觀念言，學本無內外，故《大學》言：「一是皆以修身為本」，身即其內外之合。

今若推此意言之，一部二十五史，上自黃帝、堯、舜，下迄今茲，綿延五千年，民族國家，日擴日大。修齊治平，一切作為，一切措施，有漸進，無驟變，傳統弗輟，精神如常，正可謂此乃中國早有一門深允完美之社會學，乃得有此。亦可謂在中國社會學之內，並包有教育學、政治學、經濟學、法律學等各部門。在西方，社會學乃一獨立名詞，與教育、政治、經濟、法律等諸學分門別類。在中國學術史上，則本無此等分別，亦無此等名詞。中國學術以孔孟為儒家，莊老為道家，即以學者其人分，可謂親切而有味。西方則以人之所學分，乃至泛濫而無歸。此亦一近一遠之別。中國又分經、史、子、集，乃以時代書名分，亦為平易近人。實則經史合一，子集合一。非述而不作，即信而好古。志於道以游於藝，博於文而約以禮。為學即以做人，做人即以為學。以立以達，為己為人，吾道一貫。較之西方之學術分類，智識爆破，其意義價值，誠大異其趣矣。中國之社會學以現代人觀念言，可謂早經發展達於成熟階段，又與教育、政治、經濟、法律諸學相融合一。而中國之社會學，又一切建本於心理學，此即謂一切人事，皆當建基立本於人心。故套用孔德語，則當謂中國科學，乃以心理學為基礎。而最緊靠中國之心理學者，乃為中國之社會學。較之孔德為西方科學分類，正屬首尾倒置，此又不可不辨。

茲再依孔德之科學分類依次遞升，而及於生物與醫藥兩門。中國人亦早對生物界有廣泛之興趣與精詳之探討。即就中國詩人之比興言，其意義已極明顯。故《詩三百》，首言「關關雎鳩」。惟中國人對生物界之興趣，主要仍在其與內在人心有關。此層容當更端別論。其有關農事之生物方面，在中國亦極知研尋。此層亦暫不在此詳及。對切身之醫藥學言，在中國亦早有成績。姑舉針灸為例。此一術始見於《史記・扁鵲倉公傳》。扁鵲先秦人，倉公漢初人，可知針灸一術在中國之遠有來歷。後代傳人，又見《後漢書》之華佗傳。又《南史》魯爽被俘於北，以善針術見寵。《唐書・刑法志》，太宗嘗覽《明堂針灸圖》，見五臟皆近背，針灸失所，其害致死，遂詔無得鞭背。杜甫詩：「羸瘠且如何，魄奪針灸屢。」大概針灸一術，在中國至少已傳兩千年以上。最近始為西方醫學家所知，然又疑其為不科學。縱其術已顯能治病救死，而仍認為不科學。苟針灸常致人死，則其術亦必不傳。其術既傳達二千年以上，即有科學根據。惟其中奧妙，則仍未為現代西方科學家所知而已。吾友陸君，憑其針術，經美國內華達州諸醫嚴加考問，由其州議會立法，准中醫亦得懸牌。其他諸州繼起，今已得五六州。由針灸圖並知中國亦已早有解剖術，《漢書・王莽傳》有明證。而中西醫理，乃復有其大不同之點。舍親某夫人，患高血壓、心臟病、糖尿病，日服西藥十種以上，病日甚。余介其就診於臺籍某中醫，只切脈，不煩病人言，得其病患所在。

謂西醫治病象，余治病源。高血壓、心臟病、糖尿病皆有來源。異同主從，人各有別。服其方未兩月，病大痊。此謂病象，即《莊子》所謂之象外，病源則《莊子》所謂之環中。西醫主分別，重其外。中醫則主通體合治，重其內。此亦可為中西雙方對求知興趣路徑之不同作證。今中醫不受重視，並加鄙棄，群目為不科學。則中醫之江湖日下，亦固宜然。

再次述及物理化學。中國以農立國，於水利工程特所注意。如四川灌縣之離堆都江堰，鑿自秦昭王時蜀守李冰，溉田逹數縣。其工程之偉大，抗戰時避至後方者皆所親見。屢有西方水利專家來訪，中國人必問何以求改進。皆答如此工程，惟待長期研究，何遽敢言改進。中國地大，道路交通工程，如蜀之棧道，抗戰時避難者亦多親歷。諸葛亮創為木牛流馬，以供運輸，此亦人人皆知。其他各地水利灌溉、道路交通兩項之偉大建設，幾於不勝縷舉。非深通物理學，何得有此成績。西方化學多從中國方士鉛汞鍊丹演化。中國人為切身實用，西方人則認為乃宇宙真理所在。此亦雙方求知興趣與其路徑內外、遠近、先後、輕重相異之一證。內容方法，互有不同。若必以西方為科學，中國為不科學，則其間實無一鴻溝可劃。

最後及於天文、地理兩門，中國重農，授民以時，曆心曆法。但孔德所謂之神學與形上學，在中國思想史上，則神學早已捨棄，形而上學亦未發展。中國人乃從日常人生窺覘宇宙，不如西方哲學之先從宇宙論降及人生論。故如哥白尼、伽利略發明新天文學，在西方備受磨折，在中國則極易接受。又在中國，地理學之發展，更遠勝過天文學。天較遠，地較近，故在雙方進展先後又不同。又西方多注意自然地理，而中國則更注重人文地理。遠自《禹貢》及《漢書・地理志》以下，中國人研究地理，皆重人文一面，而成績斐然，此不詳為闡述。在西方，地理一課，隸理學院，最近有隸社會學院者，乃始與中國人所研治之地理學意味較近。又南宋朱子據化石言地質變動，事在西曆十二世紀之開始，西方地質學，尚起在後。

根據上述，西方近代自然科學之各部門，在中國亦已固有。惟雙方求知心理不同，其興趣與注意力有別，故其所得成績，乃及進展先後，亦遂不能一致。中國方面因其以本身為主，故其知識常求融通和會，合成一體。而且因其親接於人生，易使人與感群怨，所知明，所欲減，人生易得一恰好之止境。《大學》所謂格物致知，知止而遂能定，定而後能靜，靜而後能安，安而後能慮，慮而後能得。《孟子》亦曰：「學問之道，求其放心而已。」而西方人求知，則馳騖向外，意在遠處，遂使學問範圍四分五裂，各成專門，不相會通。中國古人則曰：「文思安安。」未嘗有文學、哲學各自分別成為一項專門學問之想像。但在古希臘人，則文學、哲學顯然分別。文學中如神話、史詩，亦遠離日常人生分別發展。中國古詩三百首，則均在親接日常人生處，既不分道遠颺，亦難各別門類。而且亦並無一文學獨立觀，詩歌即在禮樂中，即是政治教化會合中之一部門。文學一觀念之興起，則遠在東漢後。而其在日常人生政教會合之一體中，則實際仍未獨立。

至言哲學，則中國並無其名，更無哲學獨立其事。西方乃在各門學問與知識之日趨獨立中回頭來指導人生，中國則在通常人生之大體中隨宜分別而有各項學問與知識之呈現。此為中西雙方文化一大異趨。

西方科學，亦在人生遠處分別鑽研，由遠漸近，如天文學、地質學、物理、化學，漸至於生物學、心理學，而心理學則尚在初露端倪中。近代國人，震於當前西方一時之富強，而歸功於其科學進步，乃謂中國從來一切學術思想，全不科學。中國古人在身心性命，人道政教，切近人生之會通合一處，逐步向前，逐步發展，自有步驟，而今人則全不加以體會。中國人從來由內向外，由合趨分之一求知大體系，乃全不為今日國人所了解。

最近英人李約瑟，創為《中國科學史》，亦僅以西方觀念來衡量中國。其搜集材料，亦多賴中國人協助。然使此諸人在中國，恐不敢發此狂想。果有搜集，亦當受國人嗤罵。今由一英國人主其事，中國人乃以傳譯為榮。不知此書實無當於中國學術思想史之進展大體，亦與中國人求知精神之獨特路徑與其內在精神，無所發現。今若就中西雙方之文化相異，進而深究及於雙方求知心理上興趣與路徑之不同，在雙方學術思想史上，可以有同一題材，同一論點，而其所探討，則莫不有先後、緩急、輕重、詳略之相歧。則今日國人之所謂科學與不科學之分，殆皆一種目睫皮相之見。而李約瑟此書，較之百年來之國人見解，卻亦不可不謂其宏通遠過。此則言之誠堪深慨矣。

今果使吾國人能不忘舊統，遵其先轍，益加精闡，使將來中西雙方有異途同歸之一日，又有相得益彰之一境，則庶乎於人類文化，可以開新葩，結異果，將遠超乎近代人之所想像。此則決非吾儕今日僅知捨我從彼者之所能預知也。

六三　安定與刺激

人生首要在安定，但亦不能無刺激。安定中不斷有刺激，乃能不斷有進步。然若刺激過大，逾其限度，妨害了安定，則只可有變，不能有進步。失卻安定後，再來刺激，亦只有變，難有進步可期。故人生必以安定為首要。

證之歷史。中國地廣民眾，安定力強。犬戎滅西周，但崤函以東，齊、魯、晉、鄭尚皆安定，此下五霸七雄，遞有變，亦尚遞有進步。秦漢一統，下至魏晉，五胡亂華，為中國有史以來第一次大刺激，但江南尚安定。中原故家大族相率南渡，文化傳統猶獲保存。故家大族留存北方者，胡漢合作，亦尚苟獲安定，故北方亦猶傳統不絕，以下開隋唐之盛運。

安史之亂，藩鎮割據，唐祚以絕。然五代時南方各國亦尚安定，遂下啟宋代之復興。遼、金、夏侵擾北方，而南宋仍得安定。蒙古入主，全國陷於異族政權之統治，為中國有史以來第二次大刺激，但社會尚安定，文化學術大傳統未斷。以下啟明代之光復。

滿清入主，為中國史上第三次大刺激。但政權雖轉移於上，社會仍安定於下。雖經揚州十日，嘉定江陰屠城，大局未遭糜爛，文化傳統，幸猶存在。中國全部失其安定，此乃近百年來之事，是為中國史上第四次大刺激。

試讀西洋史，疆域狹小，其安定力實大不如中國。馬其頓崛起，希臘諸城邦即告覆滅。羅馬帝國疆境恢宏，跨越歐、亞、非三洲。然其安定力量，則僅在義大利半島，乃至僅限於羅馬一區域。蠻族入侵，帝國解體，遂下啟中古時期之黑暗。歐洲之安定力，乃僅分散在貴族堡壘及教會教堂之各別小區域中，其力量至為薄弱。及義大利半島沿地中海及北歐沿波羅的海一帶城市興起，乃至現代國家之成立，其安定力量始逐漸擴大，以上追希臘、羅馬時期，而尤超過之。然自兩次世界大戰以來，歐西之安定力量又待考驗。目前德國已分東西兩邦，法義內部共產勢力猖獗。英倫三島之聯邦組織，日形鬆散。而內部經濟，一蹶難振。此下各邦之演變，要難逆睹。故專就安定論，時間久，地域大，西方實遠不如中國。

而近百年來之中國，上下均失其安定。上層政府，辛亥革命，洪憲稱帝，宣統復辟，國民革命軍北伐，以至對日抗戰，下及國民政府遷來臺灣，種種事變接踵迭起。而社會情況，更可謂其變動不安定之程度，已達中國有史以來所未有。所謂變動不安定，不只外在之物質生活，更要在其內心。外在生活之安定，必建基於其內心。果使內心不安定，則一切外在生活，終無安定可言。無安定，又何得有進步。百年來之中國，只可說在一多變急變的時代中，卻斷不得稱為一進步的時代。若認凡變即是進步，則目前共匪竊據大陸，乃中國有史以來惟一最大之變，豈可即謂是中國有史以來惟一最大之進步？

中國社會主要在農業，農業人生比較安定。而中國社會組織，尤以家庭為基層，家庭尤為人生安定之溫床。希臘家庭，即遠不能與古代中國家庭相比。嬰孩初生，乃至最先三數年之幼稚時期，其父母即當抉擇或棄或養。此在小市邦少數公民權之授予，亦可謂有其打算。不僅斯巴達如此，雅典亦然。柏拉圖《理想國》，兒童公育之構想，亦承其社會傳統來。斯巴達、雅典之兒童教育，都使兒童很早即離開家庭，此與中國古代家庭大不同。果自中國人傳統觀念看，希臘家庭，可謂有名無實。在中國，如周先祖后稷之誕生見棄，又如夏禹之三過家門而不入，曾不一視其呱呱之初生兒，此皆成為中國古代莫大之傳說與嘉話。故在中國，父母之慈，子女之孝，視為當然。中國家庭制度，自始即與其他民族有不同。而中國之人生安定，則實自其家庭培養而來。

中國有冠笄之禮，起源亦甚古。自此始謂之成人。在此以前，皆屬兒童期，僅為家庭一附屬。至其離家遠遊，宦學事師，則為成年以後事。然猶曰「父母在，不遠遊」，則成年而離家出遊，仍為稀有非常之事。至其幼童生活，則全屬家庭生活。成年後始稱丁。東晉時以十六為全丁，備成人之役。以十三為半丁，所任亦非童幼之事。而范甯疏謂其：「傷天理，違經典。宜修禮文，以二十為全丁，十六至十九為半丁。則人無夭折，生長滋蕃。」可見中國自古傳統，即極重視此嬰孩以迄成年之一段。此一段，既不得目之為成人，因亦不屬於國家社會，全以歸付之於家庭，盡其培育之責。故在中國社會之每一人，乃能各自獲得其人生中一段較長期的安定基礎，可使其成年後出為國家社會服務，接受刺激，有一準備。

《隋書・食貨志》，男女三歲已下為黃，十歲已下為小，十七已上為中，十八已上為丁，從課役。六十為老，乃免。可見中國人自成丁到老，有四十年之長時期，當出身擔當國家社會之任務。然六十後，又可退出社會，避免外面種種刺激，而回歸家庭，以重度其安定的晚年生活。《小戴禮》：「七十曰老而傳」。則人生到七十，即家事亦當傳付子孫，可不再管。中國人對老年生活，又有一番極周詳的安排。曰養老，曰貴老，曰佚老，曰尊老，國家社會，定有許多禮制。家有高年，更可蠲免其子孫之賦役，稱老復丁。此慈幼敬老之任務，則全歸之家庭。故《禮記・禮運》篇有曰：「大道之行，使老有所終，壯有所用，幼有所長，矜寡孤獨廢疾者皆有所養。」此皆由政府社會同盡其力，而使每一家庭，皆得以善盡其長幼終老養孤獨廢疾之責任。

中國家庭所以得成其為一種集體安定生活之結合者，主要正在其家庭中有老有小。含飴弄孫，乃人生一大樂事。老人有小孩為伴，在其心理上，得更獲安定。小孩亦須有老人為伴，乃亦更易獲得其安定之心情。若老年在家，僅有子媳，各當忙於內外事務，老人雖得養，其心不安定。若幼年僅有父母，亦各忙於內外，幼年雖得養，其心終亦不甚得安定。故中國家庭之主要理想，尤在其能有老有小。能祖孫三代同居，乃更合理想。老與小在家庭，乃成為無用中之大用。壯年人仰事俯育，固是人生一重擔，但人生之主要樂趣亦在此。上不事老，下不育小，心中轉若有歉，所樂反減。在家不得生活安定，於是更向外面找刺激，而社會亦增其不安。

就上所述，因有一生活安定的家庭，始可有生活安定之社會與國家，乃可有生活安定之大群與文化，乃可憑以應付外來種種的刺激，而仍不失其內在之安定。但不幸而當前的中國家庭，則正走上一條逐漸破壞的道路。首先是家庭中沒有了老人。戰國時商鞅為秦立法，民富子壯則出分，家貧子壯則出贅。當時極滋非議。今則不論貧富，子女成婚，即獨立為家。家庭中只許有一代夫婦，此之謂小家庭。兄弟固必分財別居，公婆子媳亦當分財別居。老年夫婦固已寂寞，而鰥寡更甚。鰥者如魚目之永不閉，老人在床，終夜不寐，其內心之不安定可知。

當前不僅老人多已退出了傳統的家庭，即幼童亦然。且不說託兒所，四歲已上，即可進幼稚園。日入而息，勉可還家。日出而作，則已離家而去。其進入小學中學則更然。近代學校，與以前私塾亦大異。中小學前後十二年，所遇教師不下百人，同學不下千人。課堂學業外，尚有種種遊戲活動，集會郊遊。生活複雜緊張，多刺激。回家反感生活驟簡，刺激少，無興趣。乃仍求穿街越巷，呼朋邀友，另尋刺激。父母已非其生活中之重要對象，其在幼年，多半已過社會刺激生活。十八歲以後，少數進大學，多數入社會，早不知生活安定為何事。男女戀愛，尤為人生莫大刺激，由此成家庭。以前是男主外，女主內，門內安定，至少有女的守著。現在則男女各要獨立自由，各在外營謀打幹。縱使賦閒在家，不耐寂寞，同樣有不耐寂寞人同尋刺激。如打麻雀，在刺激中求安定，又那裡是真安定。

除卻家庭，社會也另該有領導群眾走向安定的一項力量。在中國，則在四民之首的士階層。進則從事政治，退則從事教育。國家有特定的考試制度，為士階層安排出路。考試不得意，處館遊幕，仍有出路。政府重視於上，社會敬禮於下，於物質生活外，其精神生活仍得有安定。俗話說：「十隻黃貓九隻雄，十個教師九個窮。」但社會尊師重道，仍有安排。今日又不然。舊的考試制度已廢棄。進大學，出國留學，獲得國外最高學位，回國後仍得謀職業。一切職業，則胥以俸給衡量高下。沉淪為小學老師，則僅是一隻黃貓，各求為一雌貓，事何容易，斯其內心之不安定可知。舊日領導社會的士階層，又已沒落了。但國人則認為由農業社會轉進到工商社會，乃一大進步。人生僅限制在職業上，不著眼在心情上。求刺激，成為人生當然主要一大前提。人生安定了，又那會有進步。

但今日人人競求刺激，論其動機，實為求安定。有刺激，無安定，將使人生今日不知明日，連今日也將遑遑不可終。當今舉世在刺激中，但莫謂刺激人生是現代化，這是一種要不得的現代化。而且中國人，享受傳統安定人生已久，積習已深。一旦轉向，內心刺激當更大。現代中國，如墜深坑，如溺深淵，拯拔無從。當前中國人之莫大苦痛與迷惑正在此。

因此當前的中國人，盡求國外定居，在刺激的社會中，內心轉覺稍為安定。其留在國內，果能為一活動人物，群生羨慕。然試問整個社會，何以自安，其前途又安在？今日國人，則又認社會安定為落後。盡量追隨於外來之刺激。其實刺激不求而自來，自身安定，乃能應付。自身不安定，刺激無法應付，乃又自詆為落後民族。自己文化乃一落後文化，如此則刺激來自內部。非內部徹底變動，生命徹底改造，將無安定可言。於是而求徹底改造士階層，徹底改造舊家庭，徹底改造舊文化。刺激人生始是新人生，安定人生則是舊人生。「原田每每，捨其舊而新自謀」，竊願為我今日國人詠之。

六四　器與識

「士先器識而後文藝」，此語發於唐初之裴行儉。因時人競譽王勃、楊炯、盧照鄰、駱賓王，行儉獨不之許，遂有此語。流傳迄今，已歷一千三百年。文藝何以當後，此暫不論。姑先分別闡釋器識兩字之來歷與意義。

《論語》言：「管仲之器小哉。」又曰：「君子不器」。朱注：「器者，各適其用而不能相通。成德之士，體無不具，故用無不周，非特為一才一藝而已。」今按：器分別供各種特殊使用，又人人時時處處皆得用之。君子在人上，當能用人，非供人用，故不器。不器非無用，乃用之更大者。又稱子貢為瑚璉之器。瑚璉玉製，用於宗廟，以盛黍稷，其器貴重而華美，亦非人人時時處處所得而用。故子貢要異於僅備一才一藝以供用者。《老子》曰：「大方無隅，大器晚成。」則

《老子》乃重器之大。又曰：「樸散則為器，聖人用之以為官長。」樸乃自然氣質，原始人生多共相，相互間無大差異。人文日進，於是各就才性所近，演成別相。如孔門，子路治軍，冉有理財，公西華掌外交，任職於政府，則皆《老子》所謂之官長。然必有用之者，《老子》屬之於聖人，是《老子》亦以聖人為不器。小器易造，大器難成。君子聖人，皆由學至。孔老之義，實本相通。《莊子》言「無用之用」，仍不抹煞此用字，則人之貴能成器致用可知。《易傳》：「君子藏器於身，待時而動。」此即孔子所謂「用之則行，舍之則藏」。又曰：「負也者，小人之事也。乘也者，君子之器也。」小人僅能負，大器乃能乘。若使負物者乘車，是小人而踞君子之位，終將招來寇盜。《易傳》陳義，亦無殊於孔老。孔子又曰：「及其使人也器之」。從政貴能使人，能量才任用，乃為大匠。若一窗一櫺，一榱一桷，此皆小器，僅備使用。能主宰使用之者，乃為大器，亦即不器。則自春秋末孔子，下逮戰國《莊》、《老》、《易傳》，儒道兩家，莫不重此器字。人生當為用於社會，貢獻於群體，此亦中國傳統文化主要精神之所在。惟負物之與乘輿，用有不同，斯即器有大小而已。

此下中國人，常言器度器量，器宇器局，器之大小，即其為用之大小。《史記》：「晉公子從者皆國器。」《漢書》：「何武有宰相器。」《三國．蜀志》：「蔣琬社稷之器。」此皆就政治言。政治貴大器，有大用，不貴掌權。

《易傳》：「備物致用。」又曰：「立成器以為天下利」。凡器皆所以致用求利。有自然器，即物。亦有人文器，乃由人類文化所造，則人亦猶物。器物待製造而成，人物則自教育修養而致。凡人與物，皆期於天下有所利用。人之於群，亦如一器一物，以供群之利用。天地生人，乃如一自然原料，人貴能本其文化理想，運用此原料，製成器物，以供群用。故《中庸》曰：「贊天地之化育。」又曰：「因其材而篤焉。」天地能造物，人則教化人，故人與天地，並稱三才。人物之成，既需教育修養，而大人物則更需有大學問、大修養。中國古人言，十年樹木，百年樹人。大人物之興起，乃需歷史性，經長時期之栽培。如何使用人，職在政治。如何栽培人，職在教育。故政治與教育之主腦人，皆須大器，或言不器。而推其本，則人亦自天地自然來。故曰：「作之君，作之師。」又曰：「天地君親師」。天地與親皆自然，而君與師則出於人文。中國傳統文化為人文本位，其主要精義，更在作育君師。此處乃所謂天人之際，非深曉於中國傳統文化之精義者，驟難與言。

孔門四科，德行為首。德行最是大器，亦是不器。有當於德行之科者，不僅備世用，亦知如何用世以淑世。成己成人，此即君師之大任。其他言語、政事、文學三項，志業各有專長，猶如今世之言專家，非通才。僅供人用，不能當化人教人之大任，則非君師之選。

中國文化傳統，自堯舜以至周公，源遠流長，亦已遠踰千年以上。然其時則傳統在上，在君，在政治事業。文化日演日進，孔子出，集千年之大成，乃使師道更尊於君道，傳統乃轉移而在下。必由教及政，由師及君。《莊子》言大宗師，應帝王，非主無用，亦主有大用，而亦師在先，王在後。中國此一傳統文化意識，建立於春秋戰國之儒、道兩家。下逮兩漢，民族日恢宏，邦國日展擴，世運日昌隆，豈無故而然哉。

然而晚漢之季，此一傳統文化忽遭挫折。古人所理想之所謂成器以備用者，至是乃不得不大有所變通。魏晉以下人，乃好言一識字。孔子以仁智並言，智字中即包識字。而魏晉以下人，則必舉識字來代替智字。此中意義有大轉變，非深通於此一時期之歷史演變者，亦將無以深悟於此轉變之意義。今苦驟難詳論。姑舉此下人之屢提此識字者，粗為引釋。

司馬德操告劉先主曰：「儒生俗士，豈識時務。識時務者在乎俊傑。」此一語，亦已流傳一千七百年，至今尚在人口。一時則有一時之所當務。時代變，則人之所務亦當變。識此變者，乃為俊傑。此可略分兩面言之，一曰通識，知於古，又當知於今。一曰先識，知於今，又當知於後。要當知於時之變。魏晉以下，中國傳統文化，似已走上了一條絕路，前無可通。墨守成規，則將器不成器，而用無可用。豈徒無用，轉將有害。不徒害己，亦以害群。故魏晉以下人，其所務必將與兩漢大殊，須別具一番識見，自覓一條路向，此即司馬德操之所謂識時務。

劉劭《人物志》亦言：「明能鑒機，謂之達識之士。」機亦一種器，而其器善變。時既變，有變通而已。

所謂器者亦當變，故司馬德操之言識時務，與劉劭之言鑒機達識，其實皆承舊傳統來，亦求以致用，非與兩漢以前真有違。後人率認兩漢以前為儒家傳統，崇尚人生之積極面。魏晉以下為道家傳統，改取人生之消極面。其實此兩面仍屬一體，皆主人生在大群中如何致用，特補偏救弊，稍有變通而已。

此下人遂屢言此識字，如曰淵識遠識，明識通識，博識先識，而後有器識二字連用者，則始見於沈約之文。沈約上距孔子，亦過九百年矣。《晉書・張華傳》，亦以器識宏曠稱之。裴行儉之器識二字，乃由此來。而裴行儉上距孔子逾一千年。此器識二字之來歷乃如此。中國傳統文化綿延之悠長，積累之深厚，即觀於此兩字之成立而可見。而又豈粗心短視，所能窺測其義蘊之所在。

今試略再申之。天地生人，亦萬物之一，與禽獸無異。但人自有群，自創文化，便與其他生物不同。人在大群中，當如一器，以供大群之用，而後群道乃昌，人生日進。若由私人來運用大群，則群日窳而生亦絕。蓋人之有群，本以對付自然，積久而人群內部自生問題，非以對自然，乃以對人類之自身。此為人類文化問題中更大之問題，非僅以對付自然為問題。

古代如巴比倫人，亞述人，埃及人，希臘人，非不一時文化燦爛，而忽然崩潰毀滅，皆不起於外面對自然界的問題上，而起於內部人文方面人對人的問題上。人人重己輕群，噬群以肥，仕群以爭，而不知奉己以獻群。中國傳統文化，則人如一器，備供群用。惟群體日張，內部問題，日臻複雜。因於器字外又增一識字，教人籀出通則，以簡馭繁，活變活用。故在兩漢以下，雖演出了魏晉，但魏晉以下，終又孕茁了隋唐。唐初裴行儉「士先器識」四字，實乃遠承先秦，淵源儒道，如深根老榦之上，萌出嫩芽新葩，其為具有深厚的生命意義文化意義，稍思即知。

但今日國人，則鄙棄傳統，一意崇洋。於自己傳誦了千年以上之名言，可以漠不關心，而好拾西方人牙慧。聞個人自由則色喜，言知識即權力則首肯。不知西方人諺，亦從西方文化中來。中西文化傳統不同，則所語宜亦有差別。試讀《唐書．裴行儉傳》，其人勳業卓著，豈是一不自由人。其語流傳千古，有影響，豈得謂其無權力。惟中國古人好言器，求供群用，卻不好言權力。中國古人又好言識，務於變通，卻不好言自由。果僅爭自由而無識，僅尚權力，而此權力乃不供大群之用，則群道何由而昌。群之不存，己又焉附。然則徒誦洋言，為時代之鄉愿，作風氣之奴婢，亦僅證其器小識狹，而又何文藝之是云。

六五　孟子論三聖人

中國古有庖犧時，顯然還在畜牧時代。下及神農時，則已轉進到耕稼時代。五口之家，百畝之田，只要大家和平相處，宜可各自安居樂業。因此一般希望都在上面政治階層。自黃帝以下，堯、舜、禹、湯、文、武，唐、虞、夏、商、周各代，聖帝相傳。而西周的疆土已自黃河流域南踰淮漢，而達於長江。三千年前的中國，已是廣土眾民，完成一大一統的國家，為舉世各民族所未有。其文化傳統之獨特成績，主要乃從上面政治階層來領導，來主持。

周公起，中國文化進展又跨前一大步。以前全靠一國之主，天下之君，來主宰，來發動。限制狹，機會少。周公臣而非君，西周一代禮樂制度全在他手裡創造完成。這在文化演進的希望上，又大大放寬。孔子畢生願望，便在學周公，故曰：「如有用我者，吾其為東周乎。」又曰：「甚矣，吾衰也。久矣吾不復夢見周公。」對大群人類有貢獻，必要做堯、舜、禹、湯、文、武，其事難。降低一步，做一周公，其事易。中國的文化想望，更要是在政治上。這一點，我們是首該注意的。

其實周公的地位，亦很難期望。周公以文王為父，武王為兄，成王為姪，故雖居臣位，畢竟與其他為臣者仍然有大不同。故孔子在當時，雖群尊以為聖，又說其賢於堯舜遠矣，而孔子在政治上的真貢獻，究自不能與堯、舜、禹、湯、文、武相比，並亦不能與周公相比。下逮孟子，遂又有一番新觀念新理論出現。歷敘上古聖人，卻特地舉出伊尹、伯夷、柳下惠三人，以下達孔子。後代人慣讀其書，習以為常，不感有詫異。其實在當時乃是孟子一番開天闢地驚天動地的新創論，新獨見。即在孔子亦似乎未嘗想到此處來，這真見孟子苦心，而影響後世亦特大。

伊尹耕於有莘之野，本是一農夫，其身分地位與周公不同。而自任為天民之先覺，欲以斯道覺斯民，則不得不在政治上求伸展。五就桀，五就湯，終於得志，造成有商一代之治。湯卒，嗣王太甲無道，伊尹放之自攝政。太甲悔悟，始迎歸。臣放君，與周公之東征誅其兄管叔又更不同。孔子稱誦周公，因其制禮作樂，開出此下一番治國平天下之大道，使人有所依循。而孔子本是宋臣流亡在魯一孤兒。孟子先世，當更不如孔子，特提伊尹，稱之為聖之任。此乃激勵後人，天下興亡，匹夫有責，不論身分地位，皆當奮發興起，以大群治平之大道，自負擔，自嚮往。這在教育意義上有其重大之啟迪。

但政治乃社會之上層，無論為君為臣，皆高出人上。果使人人盡皆熱中，此種風氣，禍患實大。孟子遂於伊尹後又提出一伯夷。當武王周公興師伐紂，伯夷叩馬而諫。伯夷之意，君臣地位不能不尊，征誅革命終是一亂道，不當不防。周室既定天下，伯夷、叔齊乃恥食周粟，遁隱首陽山，采薇而食，終以餓死。兄弟為人，後世議論不定。孔子極尊周公，但亦稱伯夷為仁人，不論雙方行義不同，其居心則一本之大群，一己之生死利害置度外，故孔子稱其求仁而得仁。孟子亦以大禹、周公、孔子三人並稱，皆指其對天下萬世大群之造福言。是孟子非不重功業。又稱「聞誅一夫紂矣，未聞弒君也」，則當不與伯夷同情。但道非一端，天有陰陽，地有向背，人道亦然。武王周公之伐紂，有功大群，事無可議。有人反對，並亦站在大群立場上來反對。此等事非要不得，此等人亦不可缺。專據政治言，君尊臣卑，乃一必然定理。但有時臣亦可以反對君。武王周公伐紂，即其一例。伯夷叔齊以一窮匹夫，據定理來反對，寧死不屈。孟子特稱之為聖之清。所謂清，不僅無功業可言，亦復無權勢可仗，一身一志，求仁得仁，實則所得亦僅在其一心。然此心垂之萬古，激勵興發又何限，此其所以為聖。《孟子》曰：「人皆可以為堯舜。」惟其人皆可為，乃得為聖。實則為堯舜尚有外面條件，為伯夷則可無外面條件，則伯夷之得為聖，亦顯然矣。

就政治言，有人願為伊尹，有人願為伯夷，此等政治，乃始可資人想望。若僅有伊尹，而無伯夷，則此等政治終距理想尚遠。但政治終是一大群眾人之事，在大群中求如伊尹、伯夷其人，亦終難得。於是孟子又特地提出了柳下惠。在春秋時，柳下惠似無大功績大名譽，孔子《論語》亦未稱及其人。孟子特以繼伊尹、伯夷而合稱之為三聖人。在政治上，必求能負責任，伊尹為之代表，故曰聖之任。又求能不爭權位，而自守己意，有所反對，縱居少數，亦不屈從，伯夷為之代表，故曰聖之清。更求能和協相處，不求積極主張，亦不嚴格反對，不站在正反之巔峰面，只站在全體中之寬平面，一若可有可無，但亦不失其己。政治乃眾人事，而此乃眾人大家所宜有所能有，始得和成一體，不相分裂。孟子則特舉柳下惠為之代表，而稱曰聖之和。此如甜酸苦辣鹹各具一味，乃能調和為味。儻其本身無味，多加滲入，亦使全體盡成無味。伊尹只求為此食品之主味。伯夷則保有己味，而不加入此食品中。柳下惠則可以調入任何食品中，而不失其本所具有之一味，故曰，「三任之無喜色，三已之無慍色。」又曰：「雖袒裼裸裎於吾側，亦何足以浼我。」任何一政治界，可以無伊尹，亦可以無伯夷，但終不可以無柳下惠。柳下惠之與伊尹、伯夷亦同樣難得。孟子特舉柳下惠，可謂深識，尤耐尋味。

孟子乃繼此三聖續舉孔子，認為孔子乃聖之時。時當任而任，時當清而清，時當和而和，集此三聖而兼之，乃為集大成。孔子決不如伊尹之五就桀，五就湯，又以割烹要湯。門人四子言志，而曰，「吾與點也」。陽貨欲見孔子，孔子不見，是孔子亦猶伯夷之清。及為魯司寇，主墮三都，此乃伊尹之任。社肉不至而出走，則又為伯夷之清矣。然猶周遊列國，曰「不仕無義」，「道之不行，吾知之矣。」是猶伊尹之任，而又終不失其伯夷之清。其贊顏淵曰：「用之則行，舍之則藏，惟吾與爾有是夫。」是孔子實兼任與清，而始有柳下惠之和。柳下惠三仕，亦如伊尹之任。三已，亦如伯夷之清。然而柳下惠終不能為伊尹與伯夷，更不能與孔子比。因柳下惠一由外面擺布，不能如伊尹與伯夷之立意為此不為彼。然柳下惠終亦不失其己，斯其所以得與伊尹、伯夷為伍而同為聖。

孔子曰，「不得中行而與之，必也狂狷乎。狂者進取，狷者有所不為。」孔子又最惡鄉愿，以為德之賊，未可與入道。伊尹之任，即是狂。伯夷之清，即是狷。柳下惠不狂不狷，但亦決不為鄉愿，然亦非孔子之所謂中行。中行須能兼狂狷，柳下惠不能。然在中行狂狷三者之外，亦自有此一路，孟子稱之曰和。但知和而和，則終不能與中行比。故孔子得兼柳下惠，而柳下惠不能兼伊尹、伯夷。孟子此論致廣大而盡精微，極高明而道中庸，尊德性而道問學。後世論聖人，亦群尊伊尹、伯夷，乃終少道及柳下惠。實則後世之為柳下惠者，乃亦多過於為伯夷、伊尹。即非孟子此論所倡導，然孟子固已預矚其趨勢而莫之能違矣。

墨翟繼孔子起，摩頂放踵，利天下為之，亦伊尹之流。莊周為宋漆園吏，楚聘以為相，周拒之曰，願為龜泥中，此伯夷之流。孟子願學孔子，辭受進退出處，備極講究。其得為中行與否，茲不論。然後起儒家則多近柳下惠。如荀卿，在齊稷下三為祭酒，又為楚之蘭陵令，此亦柳下惠之流矣。惟儒家終偏於仕進。既有儒，則墨家不復盛。道家偏於隱退，乃與儒抗衡。中國歷史乃成為儒道兩分之天下，則益見中國文化深厚之所在。

秦漢以下，政治組織日形龐大，規制日形細密，人事日形複雜，伯夷一流在中國重視不衰。然能為伯夷者日少，亦可說竟無其人。伊尹一流，在政治上亦甚難表現。霍光追法伊尹，廢昌邑王，在中國歷史上殊不一二見。但霍光亦豈能望伊尹。惟如柳下惠之和，乃在中國政治史上最占重要，為絕不可少之多數。中國政治之長治久安，歷數千年，和之一德，最值稱道。任與清，皆出其下。亦因中國人天性最能和，而和之為功亦更大。柳下惠之為人，雖若出伊尹、伯夷之下，而其影響則猶遠在伊尹、伯夷之上。知人論世，決不當不與以注意。

漢高祖得天下，自稱能用三人。韓信肯出人跨下，而自負能聚市人而戰，多多益善。漢祖不知用，竟亡去。拜為帥，始留。此亦近任之一態。張良為報韓宿仇，遂從漢祖，然每不多言。天下定，即欲從赤松子遊，此即近清之一態。惟蕭何最無特殊可稱，近一和字。然漢之得天下，若蕭何終最不可缺。

此下如賈誼上〈治安策〉，任長沙王太傅，投文以弔屈原，及傅梁孝王，孝王墜馬死，誼亦憂傷以卒，此近任。汲黯治黃老言，面責武帝外好仁義而內多欲，武帝憚之，此乃清之一途。然賈誼汲黯兩人，形跡皆微近和，卒不與伊尹、伯夷相類似。此乃中國歷史古今一大變，而治史者或未之注意。古人形相，乃有絕不再見於後世者。而如東方朔之徒，則顯有近於柳下惠之和。今終不能謂東方朔為人絕不如賈誼汲黯，亦不能謂其在當時無影響無功效。人之所敬在此，而所需要仍不能只在此，而不知有在此之外者。

光武時，嚴光聖之清，最為後人所推仰。然光武得天下，不賴於嚴光。三國人物最推管寧，亦伯夷之清。然嚴光、管寧亦終不脫柳下惠和之一途。又如徐庶，赴曹操之召，其言行乃不復見，此亦一伯夷，然亦終不脫和之一途。此亦見世變。而有志伊尹之任者則更不論。如諸葛孔明，自比管樂，此即伊尹之任。然高臥隆中，劉先主三顧之於草廬之中，乃許出驅馳。可見後人形跡，自不得以古人拘之。

余嘗謂，自秦以下中國政府乃一士人政府。諸士參加政治活動，皆可謂由任清和三色所配成。又凡士皆儒，皆慕效孔子，以為最高之準則。故任不如伊尹，清不如伯夷，和亦不如柳下惠，雖不能如孔子之中行，要皆本其性之所近，斟酌於其所遭遇，而成一任清和之配合。此乃中國之道統，而政統亦追隨不離。兩千年來，未有大變。而近人不察，乃謂中國士人崇拜孔子，僅能為一臣，以奉侍君主而助成其專制，譏之曰官僚。以為中國政治無革命，非民主，為中國政治傳統一大污點。而歸罪於孔子儒家。不知士之從政，果能任，能清，能和，則此政府自不待有革命，為君者亦不能恣其專制。則為之臣，為之官僚，又何罪之有。

中國政府，自宋以下，較之漢唐，又一大變。其時如胡安定、范文正、王荊公、司馬溫公，皆任之一流。而孫泰山、石徂徠，則清之一流。而如周濂溪，則巍然為此下理學開山。其為《通書》，乃曰：「志伊尹之所志，學顏子之所學。」凡為儒士，則必以治平大道自任。孔子曰：「用之則行，舍之則藏」，此為中道。濂溪生平，僅為一小縣官。窺其意向，似決不欲為一隱淪，但畢生亦未一日臻顯達。既非志為伯夷，亦未能為伊尹，終亦近為一柳下惠。其〈愛蓮說〉有曰：「出汙泥而不染」，此亦猶柳下惠之言「焉能浼我」也。

繼濂溪而起者有張橫渠，欲為天地立心，為生民立命。不得志於仕宦，猶與其弟子劃地試行古井田制，是亦不失為伊尹之仕。程伊川為帝師，爭坐講之制，其後終貶於蜀，似近伯夷之清。其兄程明道，從者如坐春風，較近中道。然亦安於卑微，猶柳下惠之和。以下理學家出處進退各不同。要之，皆在任清和之間，性之近，時之宜，而不一其趨，其道則一。

元興，許衡出仕，於當代非無貢獻。方其在流離中，坐一果樹下，群皆爭食樹果，衡獨不然。曰：「果無主，吾心獨無主乎」。是衡亦決非鄉愿之歸。然後儒終鄙之，不得與同時劉因為倫。此見中國儒論之嚴。故每稱伊尹、伯夷，而頗不稱柳下惠。然柳下惠與伊尹、伯夷同為三聖人，又烏可輕。許衡不得望聖人之門牆，然亦具柳下惠之風矣。知人論世，或寬或嚴。前人鄙許衡，其論已嚴。今人輕鄙前儒，則適以證其無識。

滿清入主，李二曲、王船山、顧亭林、黃梨洲，乃至呂晚村等，此皆抗伯夷之清，不仕清廷。而夷夏之大防，較之殷周易代，大義所繫，抑猶遠之。所以不采薇餓死者，則因社會體制變。故顧亭林謂：「國家興亡，肉食者謀之。天下興亡，匹夫有責。」明代亡其國，而中國人則仍自有其天下，不隨國家而俱亡。既有其天下，自可復興其國家。故黃梨洲特著《明夷待訪錄》，維持此文化與道統，自可望政府與治統之復興。則晚明諸遺老，不僅為伯夷，亦復志於伊尹。周濂溪言：「志伊尹之所志，學顏子之所學。」在孔子顏子時，用之則行，舍之則藏。在亭林梨洲時，用之不行，只為伯夷，不為孔子。果孔子復生，亦必為亭林、梨洲晚明諸遺老，不復為孔子。是則亭林、梨洲晚明諸遺老，不學孔子，而孔子乃必反學於晚明。孔子聖之時，時之義亦大矣。斯晚明遺老之善學孔子，豈如近代國人之必以反孔非儒為善識時務之狂妄淺薄乎。

清政權既穩固，名儒仍出，仍以孔子為宗師。而如李恕谷、王白田、錢竹汀之流，依然不為伊尹之任，寧為伯夷之清。不得為伯夷之清，即為柳下惠之和。政權雖操於異族，而天下則依然是中國人之天下。文化歷史之大任，則惟儒士負其責。洪楊倡亂，號稱太平天國，奉耶穌為天兄，洪秀全自為天弟，所至焚燒孔廟。儻洪楊得逞，中國恐將不存在，降而為歐西人之寄子。如南北朝時，亦有北方中國人慕為鮮卑兒。幸有少數士人，出而任天下之興亡。其形跡則柳下惠之和，與伊尹之任相配合，其心則伯夷之心，其道統則仍宗師孔子。當洪楊時，乃有曾國藩、胡林翼、羅澤南諸儒之崛起，豈果為滿清政權作官僚。近日國人乃惟譏其不知革命，是亦淺之乎其視當時之諸儒矣。

民國創建，國人群尊孫中山為國父，認其足以遠追美國之華盛頓。不知東西文化相異，傳統不同。華盛頓乃於英國外別創一美國，孫中山創建中華民國則仍自為中國。而以臨時大總統位，不數月，即讓於袁世凱，以求中國之和平統一。革命之後，即繼之以禪讓。此亦如洪楊平，湘軍即解甲歸田。孫中山之與曾國藩，其斟酌輕重，天下為上，國家為下，道統為先，治統次之，皆以柳下惠之和繼伊尹之任，而皆有伯夷之一番心意存藏其肺腑深處。知人論世，首貴識時務。使孔子復生，亦當無以大異於曾國藩孫中山之所為。抑別有更大之道義出乎曾孫意想之外乎？此則有待真識孔子大道者之重為闡申。要之，孫中山與曾國藩皆確然成為一中國人，皆確然無背於孔子之大道。後人善繼其風，則中國人之天下必依然常在無疑。

近代國人，則不以為滿足，必以文化革命全盤西化為號召。毛澤東起，而有馬、恩、列、史、毛為文化與政治之新傳統。此五大偶像，每逢十月一日共黨國慶，高懸於北平之天安門。是則中國此下道統必出於馬克斯，治統必出於列寧、史太林，必使中國人嗣此長為猶太人、俄國人之義兒養子，乃始滿國人之心願。此誠言之若過激，而亦無以易其辭。毛澤東初得意，即盛推黃巢、張獻忠、李自成，尊之曰農民革命。一若中國無此數人，即無以預乎世界人類之行列。毛澤東殺人遠踰黃巢、張獻忠、李自成以上，何啻十百倍。是毛澤東不願為柳下惠無論。其晚年乃推崇秦始皇，其決不願為伊尹亦可知。伊尹僅為一臣，不爭為政治領袖，近代國人不滿中國之儒士亦在此，宜毛澤東無意為之。至毛澤東之不願為伯夷則更無論。尋之西方政治史，如伊尹、伯夷、柳下惠，實皆不易得，宜乎近代國人皆不復齒及此三人。毛澤東實亦近代崇尚西化一人物，非能卓然超乎一世，而自成其為毛澤東。

今日大陸漸知反蘇反毛，乃又轉而親美親西歐。要之，今日已無中國人之天下，不依仗一非中國人，即不足以自立於天地之間。至於國家興亡，政治轉移，此皆次要，不足深論。在今日，中國人若仍然希望自有一中國人之天下，則顧亭林言「天下興亡，匹夫有責」，在中國十億十一億之匹夫中，儻能不斷出有伊尹、伯夷、柳下惠，豈不仍將有中國人之天下存在。而孔子大聖，則自可暫置不論。余讀孟子之三聖人論，終不免低徊往復，心嚮往之，而不能自已。

今試以孟子此意觀西方，則自古希臘以來，即為個人主義之商業社會，不論無一共同之國家，亦復無一共同之天下。若謂亦有一共同天下，則市場為其中心，即國家亦建立於市場之上。人各專一業以謀生活，哲學家文學家藝術家皆然，政治家亦無不然。有權有勢，以臨駕於市場之上，斯即成一政府。強迫市人納稅，既無制度，索取無厭，市人群起反抗，遂有革命。民主政治即從此產生。故在民主政治下，主要問題，一切制度，惟以納稅人代表之多數意見而決定。多一票即為是，少一票即為非。然近代惟英美乃有兩大政黨分立，可以計多少數。其他如法國等，不成兩大政黨，各小黨分立，多少數亦難計，乃亦無是非可分，遂終成一不安之局。知識分子各治專業，如研究一洋老鼠，即以洋老鼠為其研究對象。亦可在政治上各投一票，有其幾百萬分中之一分之價值與意義。實則其所寄居之市場與其研究之洋老鼠，即為其人之天下。如英國人遷來美國，即為美國人，不復為英國人，亦何得謂其有國家觀。故西方人之國家觀與其天下觀，實與中國人不同。近代中國人一意西化，其主要途徑，亦當先求人生之市場化與商業化。即為一哲學家文學家，實亦等於以一工人資格之參加商場而已。故中國有士農工商之四民社會，而西方無之。至少西方社會中無如中國之有士，則何來有伊尹、伯夷、柳下惠，更何論有孔子。耶穌教亦與中國之士異。故今日中國而求西化，首當求工商化個人化。若不以此自足，則又有一途，即如毛澤東之馬列化。馬列社會主義，其實亦即個人主義，惟許有工商集體，不許有宗教信仰。又僅許無產專政，不許有選舉，兩者間之差別在此。孔子曰：「伯夷古之仁人也。」今日西方人惟爭人權，不論人道。一人有一權，若能得多數權，即人生大道所在，又必隨時有變。然則伯夷之仁，孔子之聖，又何從見於西方之市場。

近日我國人用文化二字，傳譯西語。實則此語在西方甚後起，大意指人事形態之普遍傳布，如鐵路、電燈等皆是。德國城市較落後，不願專為一追隨者，遂另用新語。大意指各地發展，有其自身之傳統性，如田野之生物。但中國自古早有文化二字，如曰「人文化成」，文即指道言，學求以道化其時代，則有伊尹之任。堅守其道，不惜違反其時代，則有伯夷之清。不違時，不失道，則有柳下惠之和。惟孔子亦任亦清亦和，能隨時而變其三態度，但終不失其為己，亦不失其於道。中國文化二字，兼人事與田野，亦不盡於人事與田野，更要當在大群政治上，尤要則在每一人之德性修養上。依中國字義說之，文化即人道。而其發展與變化，其主要關捩，則在少數人身上。中國人稱此少數人則曰聖曰賢。但人群大道與個人德性，在西方歷史上，並無此同樣觀念之出現。依今日國人意見，則孔子亦可，伊尹、伯夷、柳下惠亦可，且先投入一市場，先做一平等之市民。否則加入無產階級為一勞動大眾，然後乃可追隨時代，服從多數，與之俱變，乃庶可耳。惟投入市場中，則必有爭，亦無所謂和。孟子之論三聖人，恐將無一而可。今日國人，對於古人輕肆譏評，固亦無怪。故中西雙方文化自有分別，該先做一番鄭重之分別研討。

六六　中與和

《中庸》言：「喜怒哀樂之未發，謂之中，發而皆中節，謂之和。」中和二字，乃中國文化傳統一大要義，亦即中國人生理想一大要義。《小戴記．禮運》篇喜、怒、哀、懼、愛、惡、欲連言，後人乃以喜、怒、哀、樂、愛、惡、欲為七情。七情人人有之，方其未發，渾然一體，未見分別，故謂之中。發而中節，當有內外兩義。外面事物上，當喜則喜，當怒則怒，各有大小，不失其分，此為對外之中節。所發或喜或怒，乃其一端，尚有未發者，不能因其發而傷其未發，是為對內之中節。父母之喪，哀莫大焉。然不當因其一端傷其全體，故當節。武王一怒而天下安，方其怒之發，亦尚有其喜與哀樂之未發，是對內亦當有其和。此渾然之體稟自天，其因事外發則在人，能一天人合內外，斯為致中和。故致中和而天地位，萬物育，天地萬物亦位育於此一體。

故人生必有其未發，天地萬物亦各有其未發。尤貴已發者與未發者和，而未發則為之大本大源。故必知中乃知和，必得於內乃得於外，必求其全體乃始有部分之相當，此為中國最高人生理想之所在。

孟子論三聖人，柳下惠之和，爾為爾，我為我，袒裼裸裎於吾側，爾豈能浼我哉。是柳下惠和於外，而內不失其己。孔子聖之時，其出為魯司寇乃其任，辭位而去乃其清，老而歸魯乃其和。後世師孔子，政治大一統乃多見有和。嚴光之釣富春江上，林和靖之在孤山，乃其清而和。王荊公兩為宰相，老居金陵，乃其任而和，伊尹伯夷之為人後世乃少見。亦可謂耶穌聖之任，釋迦聖之清，孔子乃聖之和。中國乃一尚和之民族，而中國人多言中。釋迦之清，耶穌之任，但無和，乃亦不得謂之中。是則非存之內之謂中，亦必和於外乃始得謂之中。故中和一體，乃一而二，二而一。無和則不中，無中亦不和。渾然一體，乃始謂之中和。

人生不能有內而無外，亦不能有外而無內，內外合一始是人生之真體。擴而言之，宇宙萬物，不論有生無生，莫不皆然。其存於內者謂之中，其發於外者成為和。盡天地包萬物，只此中和兩字。故《中庸》又曰：「致中和，天地位焉，萬物育焉。」位即位於中，而育則育於和。人不知，誤分內為己而外為物，物我對立，則既不和亦失中。無中不和，烏得有天地萬物。

如外物引生我之怒，怒不在我，亦不在物，乃由物我之相交而發。惟貴發能中節，或小怒或大怒，恰符其分。物去事已，而怒亦隨止復歸於中。惑者不察，妄以為怒在己，所怒在物，務求己之勝物，則怒不中節，每易逾分。又或遷怒他及，則怒為一妄，非人生之真矣。

《孟子》曰：「武王一怒而天下治。」又曰：「聞誅一夫紂矣，未聞弒君也。」紂之為君，為之下者洵當怒。武王怒而誅紂，斯怒而中節不失其和。濫殺則增亂，非求治。如沛公入關秦亡，事可已矣。項王來，又欲在鴻門宴上殺沛公，此則增怒遷怒，怒不已而天下亂。不僅人事如此，即天地大自然亦如此。《老子》曰：「飄風不終朝，驟雨不終日。」飄風驟雨，亦即天地之怒。不終朝不終日乃中節，而得和。

人生有喜怒，亦有哀樂，此皆人情。方其存中未發，則不可分，故不謂之情而謂之性。及其發，始有喜怒哀樂之分，始見情。生老病死，可樂亦可哀。可樂自當樂，可哀亦當哀。孔子曰：「慎終追遠，民德歸厚。」中國古禮有三年之喪，其哀至矣。然哀而中節，斯即和，亦即一樂。則怒亦即喜，惡亦即愛矣。釋迦乃以生老病死為四大痛苦，欲求避去，此為失人情之常。去其情，即去其生。求歸涅槃，而無奈其不合於天地萬物之真相。

愛與惡亦一中和，有愛則必有惡，有惡則必有愛。合此喜、怒、哀、樂、愛、惡之六者則為欲。欲即是一嚮往，一趨勢。人性即一欲，人生亦僅是一欲，宇宙萬物仍僅是一欲。故七情乃歸宿在一欲字上。此一欲字，古人不僅不戒言，抑又鄭重言之，孔子曰：「我欲仁斯仁至。」又曰：

「己欲立而立人，己欲達而達人。」又曰：「七十而從心所欲不逾矩。」欲而逾矩正猶情之發而不中節，此乃可戒。情發中節，欲不逾矩，此即人生最高理想之所在。《孟子》亦曰：「可欲之謂善。」又曰：「養心莫善於寡欲。」惟寡欲乃始見可欲，亦非求無欲。後儒鑑於人欲橫流，乃轉言無欲。其實宇宙萬物天地人生只此一欲字，捨卻此一欲字，尚復何有。

然則人欲又何所畏。則在其妄分內外，必謂欲在我，所欲在物，乃爭於外以足其內。不知物我相交始有欲，達於一中和之境即是道，則欲又何足畏。如男女結為夫婦，父子合成一家，此乃天理，亦即人欲。非欲則無理可見。所貴則在其中和。富貴權力名位功利，此皆近代一世人之所欲，則為中國後儒之所戒。

《易》言：「一陰一陽之謂道。」德性存於內，未發為中，屬於陰。情欲發於外，中節成和，即屬陽。無德性即不見情欲，非情欲亦不見德性。亦可謂欲存於內，而情發於外。喜、怒、哀、樂、愛、惡皆當從外發求和，而欲則其未發之中。又可謂七情皆其未發之中，而立德成性乃其外發之和。要之，一陰一陽始成道，一死一生乃為人。道家之神仙，釋氏之涅槃，一求不死，一求無生，斯則皆失之。故生必歸於死，今人則求發於外者之常存，而不復歸於未發，則誠大誤之尤。

今再言人文大道。宇宙大自然乃其未發之中，而人文則其已發之和。亦可謂原始邃古，犧、農、黃帝，尚是一未發之中。而堯舜三代以下，乃成一已發之和。又可謂堯舜三代，尚是一未發之中。而孔子以下，乃是一已發之和。中國人文演進，綿延貫徹，達於五千年之久，則因其常有一未發之中之存藏，乃亦常有其已發之和之呈現。若從後起道家神仙方士言，則人可有生而無死。從釋迦言，則人當無生亦無死。從耶穌言，則人死後靈魂上天堂，又另是一生。儒家言中和，則生是一已發之和，而死當為一未發之中。推此言之，則今乃一已發之和，而古則為其未發之中。司馬遷「通天人之際，明古今之變」，天人古今，一內一外，此即一陰陽和合之大道。

朱子詩言：「舊學商量加邃密，新知涵養轉深沉。」犧農、黃帝以來五千年，古聖先賢之前言往行，其猶傳今世者，皆舊學，此皆已發之和。內存之己，則皆未發之中。世態已變，人事非舊，凡所交接而引生者，則皆新知。求其發而中節，則貴能涵養，非舊學之邃密，又何以致新知之深沉。人生非盡於一世，則人之為學又豈限於一己。是則我之未發之中，不僅賦於天，抑且傳自古。古之舊，實亦即我之天。此則今之中，亦即古之和。古之已發乃在外，而我之發於內者，則惟求加入此一外。此則外為主內為客，豈不成內外之倒置。內外可以倒置，而天人亦可互易。凡我之所發，而外及於人與物者，我若轉為之天，則天人亦成倒置。孔子之為至聖先師，不僅為後人之天。即自犧、農、黃帝兩三千年來之古中國，迄於孔子，而得會通融合，而成一大和，則孔子亦不啻為古中國之天。是則有人始有天，有已發，始有未發。自然之與人文亦相倒置。有此人文，乃始有此自然。此之謂通天人，合內外。大中至和，乃無可分別，而自成為一體。故我之為我，不僅頂天立地，乃可旋乾轉坤。周濂溪之所謂聖希天即此。如此而立大中，致大和，人生而達於此境，則更復何言。此甯不為人之大欲所在。故《中庸》言：「天命之謂性，率性之謂道，修道之謂教。」所修亦即天命之性，率性之道。人能修道立教，斯即人而即天，內而即外，亦即是和而即中。而豈語言文字之所能分別而解釋之。反而求之己心，則《大學》之所謂明明德。故朱子言新知涵養轉深沉。豈當前一事一物之知所能當。顏子曰：「如有所立卓爾。」司馬遷言：「高山仰止，景行行之。雖不能至，心嚮往之。」好學者其深體之。

今人慕效西化，分別天人內外，務求由內克外，以人勝天，以今蔑古，以新破舊，以己凌人，則又何可與語此中和之大道。

六七　人物與事業

㈠

方今世界棣通，五大洲如一家，人生諸相，形形色色，繽紛雜呈。正宜放開眼光，放大心胸，闢新思路，創新見解。不宜孤拘一是，以排眾異。美歐各大學設有比較文學一課，實具深義。惟不僅文學，即史學、哲學，凡諸學問，在今日均當作比較研究。自然科學，亦不例外。英國人李約瑟寫有《中國科學史》一書，材料雖不齊備，然椎輪大略，略有規模。國人正可據此與西洋科學史作比較研究。

中國古代陸路交通，即以無遠弗屆，乃有指南車之發明。西方古希臘因航海經商，遂有幾何學。地理異，斯發明異。中國發明火藥，傳至西方，遂造槍砲殺人利器。人性異，斯發明又異。人類文化最大工具推印刷術，中國首先發明。如是推闡，便知人類發明自然科學，苟由獅象鯤鵬或蜘蛛螞蟻來發明，其所發明必各不同。焉可拘一是以排群異。

上陳實已侵入文化比較之範圍。文化如一大建築，實係一大生命。建築必有基礎，生命必有根性。中西文化相異，必有一基礎根性之所在。由此措思，如網在綱，如水得源，可以操一以馭萬，可以匯萬以歸一。可供比較一大方便。

文化包羅萬象，盡屬人事。中西雙方觀念，對此有輕重之分別。西方重事，中國重人，雙方文化大異即由此生出。

二十餘年前，余在美國耶魯大學論史學應重人物。耶魯歷史系前主任盧定教授一夕招宴，席後談此謂：史學應重人，此義固然。但其人亦必具歷史事業，乃得入歷史。余答：君言正見雙方觀念不同。中國史上，不具歷史事業之人物為數當占十之三四，而且有極重要之地位。至其表現歷史事業者，其歷史地位反不重要，亦占大多數。一切歷史事業皆決定於人物，此為中國人觀念。此層大可深論。

嗣余又論及文學。謂西方重作品，可不問其作者。如莎士比亞，至今其人尚在不明不詳之列，而其作品則膾炙人口。中國則惟元明以下，劇曲小說之作者，如關漢卿施耐庵乃至曹雪芹，亦可不問其人之詳，而僅讀其作品，一如西方之例。而文學正宗則不在此。如屈原與宋玉，陶潛與謝靈運，作品高下，定於作者。西方有了作品，即成為一作家。中國則先有作者，乃始有其作品。李、杜、韓、柳、蘇、黃，皆無逃此例。

以上兩義，余皆曾撰文闡申，今乃擴大及於全文化。竊謂西方人重事業尤過於重人物，而中國人則重人物尤過於重事業。西方古希臘馬其頓之亞力山大，羅馬之凱撒，法國之拿破崙，皆歷史上第一號人物。前兩人且勿論，專言拿破崙。出生海外一孤島，未受高深教育，乘時崛起，一躍而為法國之大統帥，又為政府元首，軍事上政治上輝煌成就且弗論。其對法律上文學上，亦莫不表現其驚人之天才。然而終於軍敗身降，幽囚荒島上。又潛身逃回，再度興兵，終在滑鐵盧一戰再次軍敗投降，又再流放一更遠荒島上，羈留至死。

成敗人事難免。但就中國人觀念言，有斷頭將軍，無降將軍。何況以一全國三軍大統帥，又為國家政治元首，不惜兩次陣前投降，受敵人之宰制，在其為人品格上，終不得謂其無瑕疵。乃法國人一意崇拜，凱旋門永為巴黎市之主要中心，來遊者無不瞻仰。又增建拿破崙墓，為巴黎另一中心。全法國人至今仍以能有一拿破崙為榮。其他歐洲人，亦莫不於拿破崙加推敬。此乃西方人重功業不重品格一明證。

回論中國史。西楚霸王項羽與漢王劉邦爭天下，垓下之圍，烏江亭長檥船以待，勸項王速渡。

項王慨然曰：我率江東子弟八千人渡江而西，今以一身回，何面目重見江東父老。此乃一番真情實話，肺腑之言。一將功成萬骨枯，功成者尚如此，何論軍敗。然項羽事業雖敗，其烏江自刎，在其人之品格上，則可謂是一白璧，完好如初。事業可敗，品格不可敗。至今讀史者，對項王之自刎，無不抱同情。較之漢王成臯對語，「願分我一杯羹」，軒輊顯然。

同時有齊王田橫，兵敗於韓信，與五百壯士流亡一海島上。漢王既得天下，招之，謂橫來，非王即侯，否則遭兵戎。田橫卒赴召。距漢王闕下一驛，告其隨行二壯士，謂我與漢王並為一國王，今漢王為天子，我為荒島一亡命，何面目拜之階下。漢王欲見我一面，我死，汝二人攜我頭去，漢王猶得見我如生前。遂自殺。二壯士攜其頭赴漢闕，漢王大驚，謂我欲見田橫，何忍置之死。遂封二人，並命速召島上壯士來歸。此兩人回至田橫死地，亦自殺。其餘五百壯士留島上者，聞之，皆自殺，無一生留。田橫五百壯士墓，歷世受人崇拜。田橫事業無可言，然其不降志，不辱身，氣節皓然，可與日月爭光矣。

此等事，在中國歷史上屢見不一見。春秋時，介之推從晉公子重耳出亡，重耳回國賞從者，忘之推，推亦不言。偕其母隱山中。文公求之不出，乃焚山逼之，推與母皆焚死。推無其他事業，孤傲負氣，不願再受賞。不降志，不辱身。而其母從死，若終不可以為訓。但後世留傳，乃有寒食節，繼以清明掃墓，推行全國，至今不衰。可見中國人對此之同情，亦國民性之流露。論中國文化，當加注意。

其次又如公孫杵臼、程嬰故事，千古流傳。元人有《搜孤救孤》一劇，至今在京戲中尚流行。相傳此劇初至歐洲，德國大文學家歌德不勝欽慕，謂中國人作此劇時，德國人尚在林中擲石捕鳥為生。歌德所知中國文學並不深，惟較之當前國人專捧西洋文學，鄙中國舊文學如敝屣，棄之惟恐不盡不速，雙方意量相差，不啻天壤之相隔。儻從此等處輕視中國，乃庶近之。

唐代張巡許遠守睢陽故事，亦為後世推敬。而民初提倡新文化運動者，斥之為禮教吃人。專就事業論，當時江淮亦賴以保全，唐室亦藉以中興。論兩人之本身，則睢陽終於失守，兩人亦相繼被擒身死，不知豎白旗，效西方求光榮之和平。比論文化者，豈盡向西一面倒。

余幼年曾讀一法國短篇小說，作家及篇名俱忘，猶憶其故事。法國一貴族老婦，寡居孤寂，來一村覓一養女。村東西各有一家，均僅母女同居。村東母拒之，謂不忍割捨親生女給人作養女。村西母允之，其女遂隨去，得入貴族學校受高等教育。越三年，返鄉省母，高車大馬，僕從如雲，禮品盈箱滿篋。一村鬨動，群出聚觀，村東母女亦預其列。三年之隔，一女已儼然成貴族名媛，一女則貧窶如舊，依然一村女。此文作者似盛讚村西母之遠見達識，而村東母則為譏諷對象。余初讀，亦深受刺激。悲莫悲兮生別離。村西母驟失其女，晨夕思念何堪。其女驟落富貴熱鬧場中，豈能遽忘慈親。一夕歡聚，翌晨又散，縱母富女貴，較之村東母女貧賤中天倫之樂，孰得孰失，亦豈得謂西家全是，東家全非。竊謂此一故事，正可為中西文化作寫照。商人重利輕離別，中國人亦有此詠，而西方亦同有村東母女。故曰人同此心，心同此理。惟多少數則隨風以變，如是而已。

晚清王國維謂西方文學尤擅悲劇，曹雪芹《紅樓夢》得其近似。此下競尚西化，蔚成《紅》學，至今猶然。惟曹雪芹決非教人學賈寶玉、林黛玉，並謂大觀園惟門前一對石獅尚保得乾淨。曹雪芹意，乃教人勿做大觀園中人。《紅樓夢》雖非中國文學正品，亦尚未脫傳統，文學即人生，人生即文學，作家作品融化合一，與西方文學之僅作客觀描述者大不同。而中國人生中亦儘多悲劇，如前述伯夷、屈原、項羽、田橫，豈不俱是悲劇人物。惟西方悲劇多揑造無收場，而中國悲劇則真人真事，並有完好流傳。乃可喜，非可悲。中西悲劇不同，亦即文化不同。今人乃多嗤中國人好作團圓想，認為乃文學卑品。夫婦好合，乃為不可貴之收場。反之人情，豈果如是。

余讀西方小說，頗好托爾斯泰，乃一俄羅斯貴族，震於當時英法人言平等，心存愧疚，所言切近人生，而又多悲天憫人之感，近於東方人情調。晚年不安於家，隻身出走，死於道路，可見其心情之一斑。作品可喜，作者可悲，仍是西方文化傳統，仍是一西方悲劇。中國如屈原，如陶潛，如杜甫，如蘇軾、黃庭堅，生平在坎坷困阨中，若亦是一悲劇。然其所悲在對外，其一己之內在心情，則自有安放，我行我素，無入而不自得。托爾斯泰則自心磨擦，自作矛盾。社會生理，個己心理，各有不同，人文化成之相異乃如此。

又如馬克斯，亦近代西方一哲人。自離德國大學教席，即僑寓倫敦。終生羈居旅館中，完成其唯物史觀之大著作，撼動後世。然離去旅館覓一家宅，亦非馬氏所不能，終不此圖，亦見其心情有偏，更何論其思慮見解。馬氏重視人體兩手，動物中惟猿猴、猩猩亦能起立，但終無兩手。人類物質文明，分別有石器、銅器、鐵器、電氣諸時代，亦胥出兩手。然人之更異於其他動物者，兩手外尚有一口，乃有語言文字。思維之遞進，情感之相通，文化所賴，遠過兩手。乃馬氏不之及。尚有一腦，動腦與動手，為用大不同。馬氏論生產，重手不重腦，又何以成言。手口腦之外，尚有心。中國人特重此心。腦之用偏在理智，心則偏在情感。腦屬部分之用，心則全體之用。西方人重腦不重心，重理智不重情感。哲學思維僅尚理智戒言情感，故其人生不全，並多病害。有智而不仁，有能而無情，馬氏之唯物鬥爭史以之。

西方之自然科學最所短缺者，亦在心理學方面。最先是物理，進之乃生理，實皆是唯物的。最後有佛洛伊德之精神分析，乃是一種病態心理，在戰爭中從醫院病床上得來。日常心理，西方人向少研尋。但非實際人生所能缺，於是西方人乃極言男女戀愛，此誠亦人生。但中國人謂夫婦人倫之始，夫婦和合，乃有人倫。西方人重男女更過於夫婦，於是男女戀愛遂為文學主要一題材。近代國人又競相慕效，一若人生之愛惟在男女。轉歸宗教，則有博愛。馬氏共產主義主張階級鬥爭，乃必排斥宗教。資本主義偏在爭利，本亦無博愛可言。故富人入天國，如橐駝鑽針孔，耶穌《聖經》明言如此。則宗教家對資本主義亦所不許。但宗教家教人死後靈魂入天國，亦不重在日常人生之心地上立言。故西方宗教實不干涉人事。總言之，人生日常心理，西方人本未深入。而中國人教訓，則更重在心性上。此誠中西文化一大相異。故一重事業，一重人物，實重在心性品格上。今國人摒此不言，則其他尚復何言。

（二）

中國歷史以人物為主。耶魯盧定教授在港與余言，世界禍亂，大率由智識分子引起。嗣又言，知識分子解釋安定一義，時有不同。某一時謂安定當在此，別一時又謂安定當在彼。人事動亂，胥由此來。余念此層仍可以前論人物與事業之辨為答。大抵人物必趨於安定，而事業則多趨於變動。人之一生，必經許多事變，但事變則盡在人之一生中。故事有變，人可無變，終有其前後相承之一貫性，即相同性，亦即其安定性。故重人物，則其歷史之進程必多安定性。重事業，則其歷史之進程必多變動性。

以西方史言。拿破崙、希特勒亦各有其一生之事業。個性不同，斯其事業亦不同。惟西方人重事過於重人，每以事業來評衡人物。故人物活動亦多注重在事業上。必求創造事業來增高其地位，其歷史進程，自趨於多變而難安定。中國人觀念，則重人更過於重事。立德更在立功之上。有德不必有功，更為一受人重視之人物。如周武王開有周八百年之天下，而伯夷、叔齊，在當時並無事業可言，然其德之所表現，或可謂更超於周武王之上。故伯夷、叔齊亦名垂史乘，受後世尊重。

德性貴其同，事業貴其異。伯夷、叔齊以讓德稱，人人可讓，世世代代亦同可有讓，伯夷、叔齊之人之德之可尊乃在此。此即謂之立德。周武王伐紂有天下，乃一事業，遇此時際乃得為之，非盡人所能為。故雖立有大功，而其受後世人尊重，或反不如伯夷、叔齊。

不僅如此，即堯、舜、禹、湯、周文王，功在人群，德冠萬世，然其德可效，其業不可效。周公旦不居天子位，而其立功亦如堯、舜、禹、湯、文、武，庶易為後人所效法，故孔子乃有志學周公。孔子未嘗不關切當身人事，有志為天下大群立功，然不能求為堯、舜、禹、湯、文、武。儻當世或加信用，彼宜可得為一周公。故其周遊天下，遍歷諸國，其意即在此。然當時諸侯卒未能加以信用，終歸老於魯。生平教導後進，遂為中國之至聖先師。

可知孔子一生，非不有志於天下人群，非不有志於政治功業，而最所重視者，乃其在己之德性。論其功業，遠不如堯、舜、禹、湯、文、武、周公。而論其德性，則與堯、舜、禹、湯、文、武、周公相似。從中國後代人看，則孔子之功業，亦已超堯、舜、禹、湯、文、武、周公一般聖君賢相之上。故孔子弟子謂：「夫子賢於堯舜遠矣。」何以故？因堯舜地位人人所不得望，孔子則以社會一平民，其德性修養，講學明道，盡人可效法。豈非孔子功業已遠超堯舜而上之。故教育事業有功人群，應更超於政治事業之上。而道統則亦更高於政統治統之上。政統數百年必變，道統則可歷萬世而不變。人群中有道統存在，則終有前途可冀，其安定乃更超於其動亂之上。

就中國後代歷史人物言，東漢光武中興，太學同學得為開國元勳，名列政府高位者，不在少數。獨有嚴光未來。光武登帝位，下令遍覓之，得於富春江上，以漁釣為生。邀至京師，宮中親切晤談，入夜又邀同床而臥。親切愛敬如是，但嚴光終求還。光武不強留，放歸。嚴光並無事業可言，但亦中國一極有名之歷史人物，後人崇拜，尤在光武之上。故中國人崇拜政治人物極有限，而崇拜非政治人物則親切有加，尊敬更深。王莽亂世，功業成就，非可盡人效法光武。而嚴光之釣魚富春江上，則人人盡可效法。天生之德，同樣無虧。則其人豈不宜更受重視。故可親可敬在其人之可師法，而不在其不可師法處。

三國時代，有曹操與諸葛亮。事業成就，諸葛亮不如曹操。德性修養，則諸葛亮遠在曹操之上。曹操不僅是一政治家，同時亦是一軍事家、文學家。其事業表現，實遠超同時及前後其他歷史人物之上。但德性有虧，不忠漢室，存心篡弒，偽為周文王，待其子丕起為周武王。此種虛偽手段，更為後人輕鄙。此下中國歷史上之長期動亂，亦可謂曹操乃其罪魁禍首。而諸葛亮則奉侍蜀漢後主，鞠躬盡瘁，死而後已。事業並無成功，而德性則一如伊尹、周公。故其受後人崇拜，乃與曹操受後人之吐罵者，正相對比。同時又有管寧，避居遼東以師教為務。晚年復歸中原，不受曹操之邀請，清苦自守，迄於老死。更無事業可言。但論三國人物，則有更推管寧於諸葛亮之上，尊為三國時代之第一人。諸葛亮乃一政治人物，身為漢相，非能人人同有此遭遇。管寧逃亡授教，亂定還故國，食淡攻苦，清節自守，則人人均可效法，故管寧乃更為歷史人物之上乘。

唐末，梁、唐、晉、漢、周五代，八姓十三君，又有十國，分疆割據，其為禍亂，較之三國時代益甚。宋興，天下始安定。其時有陳摶，隱居華山，無事業可言。又有林逋隱居杭州西湖，無家無室，梅妻鶴子，終其生徜徉湖上，僅留詩數首而已，亦無事業可言。然論五代及宋初之歷史人物，則終必首推此兩人。馮道終生高居政治上位，經數代為宰相，自稱長樂老。國家興亡，政府更迭，絲毫無異於其身。當時亦受推崇，歐陽修為《新五代史》，乃加鄙棄。較之陳摶林逋，乃如霄壤之別。陳摶林逋德性無媿，供人效法，斯世終可望漸歸於安定。馮道無德可言，人人效之，禍亂曷極。

元代蒙古入主，天下大亂，黃東發、王深寧閉門著書，隱居明道，非有其他事業，但亦為歷史上有名人物。較之他代，未見遜色。政治動於上，而社會安於下。迄於明代興起，隱居山林，書院講學，八十年中繼踵相接，乃使明代依然得上承中國歷史文化之大傳統，而不感有中斷之痛。

此元儒之功，而東發、深寧亦無媿為中國歷史上之第一流人物。

清代入主，晚明諸遺老，如顧亭林、李二曲、黃梨洲、王船山之流，皆無事業，而同為第一流之歷史人物。亭林言：「國家興亡，肉食者謀之。天下興亡，匹夫有責。」此諸人皆在野一匹夫，而實負天下興亡之大任。此下清代，仍得為一五千年歷史相承之中國，亦諸人之貢獻。

更當闡說者，中國史中，女性多占篇幅。全部二十五史，女性成為歷史人物者亦不少。並無事業可言，而其德性則同得成為一人物，名列史乘而無媿。依中國文化傳統言，則天下興亡，匹婦亦當有責。即如顧亭林嗣母，身受明廷褒獎，遺命後人勿仕異姓。亭林謂身受遺命，故此身萬不當出仕。此雖婉辭遜言，免遭不測之禍，然其母此言，亦足永垂史冊矣。更有不知姓名，而亦得傳於史冊者，則如今平劇中之韓玉娘。其人本無姓名，其傳見於《明史》、《新元史》，亦中國文化一特色。

中國乃一農業社會，耕耘百畝，一家溫飽，傳子傳孫，兩三百年不變，故不言事業。宗親鄉黨，聚族而居，守望相助，休戚與共，特重人倫相處，而德性為之首。故重人物輕事業，乃中國傳統文化一特徵。廣土眾民，一政府臨其上，即可安定無事。非異族侵淩，可以不見兵革。五千年歷史相承，敦品修行，可無他道。

余生清光緒乙未年，余家即聚族而居，一村百家以上，綿延五六百年。村中有事，皆由族長裁判。即四圍農家，有事亦由我村中族長裁判。距城四十華里，舟行半日可達。然極少有上縣署涉訟，縣官亦少見下鄉。鄉人多畢生不見官吏。官民相親如一家，亦相隔如雲漢。惟安定中亦有動亂。余幼年即屢聞長老談洪楊之亂，舉族逃散。家有鴻議堂，即剿匪將帥在此集商得名。六歲庚子，有親戚仕宦天津，避難來居。辛亥年十七，族中辦團練，祖孫同隊，余以一中學生，被命為教練，指揮諸祖、伯、叔、兄長，演練兵操。至今思之，亂世應變，亦相親接，一如平居。一地如此，想他地皆然。

抗日軍興，余一人居雲南宜良山中寫《國史大綱》。山距宜良城八華里，環城四周，余遊蹤所到，皆安堵如常，若不知在國家民族興亡關捩之大戰中。及移居四川成都郊外，常在鄉村茶肆品茗，遇一八十老人，生平足跡未進城市一步。其實此村距成都城僅二十華里。在此大戰亂中，而民間安定有如此。以余當身經歷，回念歷史上種種戰禍，恐無大異。一邑之禍亂，不害他邑之安定。一時之禍亂，不害他時之安定。政府少干涉民間，民間亦少預聞政事。民間事由民間管，政府則由民間賢人組成。有考試制度，縣試出秀才，省試出舉人，京試出進士。全國各地官吏，皆由進士舉人出任，又必派赴異地任職。雲南人可遠仕黑龍江，福建人可遠仕甘肅新疆，使全國如一家，大群相處，安定無他虞。

余幼時在上海租界中始見有警察，俗稱巡捕。租界與中國社會異，諸方雜居，事端百出。尚有喫講茶。擇定一茶樓，爭議雙方均到，各申理由，供仲裁人評其是非。旁聽者亦許打抱不平，起立發言。亦有流氓參加，但決不願巡捕房干涉。其他各地尚未有警察，但社會安定則過於租界。

不久情形變，各鄉村各市鎮，處理公共事務者，皆目為土豪劣紳。民間事盡由官府解決，乃有警察保護治安。實則所謂土豪劣紳，本亦地方鄉村人物，其所貢獻，未必下於警察。中國四五千年，廣土眾民，長治久安，何待有警察。豈得謂全部中國史，禍亂其常，安定其變。史籍俱在，焉容強辯。

今日國人盡稱中國政治乃帝皇專制，然不派軍隊，不用警察，而能由帝皇一人專制全國亦一奇。又稱中國乃一封建社會，然民間無貴族，無堡壘，即所謂之土豪劣紳，亦不聞有保鏢有衛士。人自叩門登堂，聽其裁處。封建權力豈果如此。

西方觀念傳入中國，而一切乃大變。爭慕事業，不尊人物。無事業，則不得為人。所謂自由平等，平等當指人，不指其人所擁有之財富與權勢。一切事業則不平等。自由指行為，爭富為資本主義之社會，爭貴為民主尚法之政治。自由爭富，終亦有貧，決不平等。自由爭貴，終亦有賤，仍不平等。倘言獨立，則人與人相爭亦非真獨立。故今人僅求此三者，乃僅得一不安定，斯禍亂隨之。

中國人不爭事業，僅爭為人，故曰：「彼丈夫也，我丈夫也，吾何畏彼哉。」其乃向內、向己爭，不向外、向人爭。所爭乃品德性行。孝弟忠信，智仁勇，此須各自向內、向己爭，於是向外、向人乃益和。而且所爭必得，寧有人而不得為孝子忠臣者。如爭孝弟則家庭和，爭忠信則鄉黨和，爭知仁勇則國家天下和。不孝不弟，不忠不信，可以不齒之為人。斯非不平等不自由，但不由軍警，不由法律，而人群自臻於安定。

今論中國近代人物，一意西化，表現其大事業者，豈不當首推毛澤東。但毛澤東則終陷於失敗。惟就西方史西方觀念言，拿破崙希特勒何嘗非失敗。然拿破崙終在法國人心中為一大人物。拿破崙之為人，亦終自勝於希特勒與毛澤東。希特勒以西方人對付西方，亦終是西方歷史一大人物。毛澤東則以西方道理來對付中國人，甚至不許社會下層有嚴光管寧，不許有陳摶林逋。其最不可恕者，乃其僅提倡事業而不許有人物。此在西方亦少見。正為中國社會重視人物，乃一意痛加剷除。非以求安定，乃以創禍亂。其失敗則已昭然。

重事故尚爭，必分而日小。重人故尚和，必合而愈大。即言學術，西方亦主分爭，如科學、哲學、文學皆相分爭。對外如此，對內亦然。必成為一專家，此乃事業，非人物。中國人則立德、立功、立言。凡所言，非在己之德，即對群之功。道一風同，非求各成一專家。司馬遷所謂成一家之言，乃指其群相景從，從其人從其言。故西方學術同歸於事業，而中國學術則本之德性。

言進步，亦指事業非人物。西方重事業，故易見進步。然違離德性，故終難安定。中國重人重德，乃重大同，不言進步。但日趨和合，常見安定。苟有進步，則必仍在和合安定中。中西文化大別在此。西方學術分疆割席，各專一門，各求進步，亦人生中一事業。故貴自創造，自樹立，知人之所不知，言人之所不言，乃成其一己之表現。故曰：「我愛吾師，我尤愛真理。」但真理即在其表現中，乃點與線之真理，非面與體之真理。亦各有所見，各有所到，而未能會通和合發現一人群共同之大真理。故雖真理，亦必隨時隨地隨事隨人而變，終不能獲得一大同安定之境。

故西方學術特缺史學，晚近始有。固史學貴人，貴會通和合，一切人事皆歸納在內。史學非自我表現，亦非客觀。仁者見仁，智者見智，非已有德，不足以見人之德。非己之和且通，不足以見一世之和通。歷史記載人事，而史家自身之事則不預。但其所謂史，實即其自身之事。故又與西方異。史學在西方為晚起，而終亦與中國史學異。中國貴通史，而西方無通史。亦如中國貴通人，而西方無通人。身家國天下，各不相通，則亦何有事業相通。故西方人貴專業，無通業。既有史學，乃復有歷史、哲學之出現。亦非根據歷史來創造哲學，乃根據哲學來創造歷史，如黑格爾。其在西方學術傳統中，仍為一種自我表現。人與中國有不同，對歷史所觀察所發揚亦不同。歷史已過往，亦不安定，仍可各自創造。

繼黑格爾而起者，有馬克斯，創為唯物史觀。在其史觀中，乃更無人物地位存在。可謂乃十足表現了西方傳統。馬克斯既自創了一套哲學，乃又自創了一套史學，又自創了一套經濟理論，又自創了一套政治制度之理想。乃亦會通和合，兼哲學史學經濟政治各項專門而併歸一途。其影響乃超出西方各項專門之上，而引起了世界人心之大動搖大禍亂。盧定教授所欲著書，馬克斯必為其最當涉及之一例。

中國人從事學問，根本不在自我表現，更非求在人群中自創一事業。所謂學問，乃在其如何在人群中做一人。雖亦千差萬異，無可相同，堯自為堯，舜自為舜，周武王、伯夷、叔齊，周公、孔子，亦各自為人，然其大宗旨大根本則亦無可相異。每一人各可有表現，亦可無表現。各可有事業，亦可無事業。即如韓玉娘，連其姓名亦不為人知，而見於史，並播為一戲劇，流傳人間。七八百年來，世事大變，而人心終少變。韓玉娘之為人，則仍留在七八百年來之人心深處。西方正為缺少此等人物，於是其文學戲劇，乃特為創造，以資彌補。而史學則特闖進了種種哲學觀點，以接近各時代個人之所理想。而歷史則如一堆材料，供其使用。為利為害，則在史學家，不在歷史本身。故史學亦史學家一事業。中國則人生乃是一事業，與西方人之事業觀又不同。

今再綜合言之。重事業，重各人在人群中之特出表現，則其群自易趨於變動。重人物，重各人在人群中如何安分為人，則其群自易趨於安定。群在安定中，自易進步。以變動求進步，縱有進步，其群仍難安定。本文大旨在此。至人心所樂，究在安定，抑在變動，或兩者融會如所謂一陰一陽之調道，底細他詳，茲不贅。

六八　知識與德性

美國耶魯大學前歷史系主任盧定教授，余與相識近三十年。去歲香港重晤，在讌席上，盧定言，彼治西洋史，覺人類一切禍亂，皆自知識分子引起。不知中國史是否亦然。余答，中國史，治平大道知識分子負其責。盧定問，何以能然。余答，西方知識貴客觀，以純理性求。中國知識兼主觀，融情感，不重純理性。盧定謂，知識中夾雜情感，易有私見，更增禍亂。余曰，此誠中西歧見所在。中國人言，「士先器識」。識屬智，與今人所謂有不同。讌席上未能盡言，僅此而止。

別後，盧定自美來書，重提此事。余復書，中國道家老子言：「聖人不死，大盜不止。」「絕學無憂。」正與尊意合。但中國更尊儒，信奉孔孟。道家莊老特以補偏救弊。絕聖棄智，終非中國人所尚。余欲特撰一文答盧定，事隔數月，乃始下筆為此篇。

儒家知識從德性起。德性中即有情感。《孟子》曰：「堯舜性之，湯武反之。」性之，謂一切知識行為由天賦德性來。反之，謂見人如此，反而求之己，乃見其誠然。《中庸》言，「自誠明」，即性之。「自明誠」，即反之。德性知識，本末始終，一貫相承。德性為本為始，知識為末為終。情感即德性中一部份，而且為重要之一部分。人而無情，即無以見性，無以成德，亦無以為人。宋儒陸象山言，堯舜以前曾讀何書來。實乃讀了無字天書，即伊尹所謂天民之先覺。中國人學字有兩義，一曰覺，一曰效。覺即自誠明，性之。效則自明誠，反之。知識從德性來，而還以完成其德性。

德性由天賦。人同此性，亦同此德。時時地地人人事事若不勝其相異，不勝其區別，而終必有其共同大通處。中國知識貴通，各種專門知識居其次。如農學、醫學、曆數、算學、水利、工程等，皆重在事行，惟此等事皆於人群生活關係極大，中國自古即有。然尤要者則在行，即做人方面，即人群相處之道，所謂修齊治平。故知識必貴通。《詩經》三百首，為中國最古文學鼻祖，然中國人不認其專是一文學。《詩》以言志，分賦、比、興，我所志貴能通於人人之志，並貴通於其他生命。如詠夫婦和合，即起興於雎鳩。而《詩》以用於政，分風、雅、頌，即通於政治之各方面。政治尤貴能通於事事。故不通人情，不通天道，即無以言詩。不通政事，不通禮義，亦無以言詩。古希臘有荷馬史詩，為西方文學之祖，戀愛戰爭，雜以神話。然文學只是文學，非可通於社會人事，非可通於政治大道。中國古詩亦言戀愛戰爭，亦有神話，然其本源出發點，則在天道、人情、政府、社會之種種禮義法度。故於中國古詩中，有哲學，有政治學，有社會學，心理學種種知識學問，而融合會通以為詩。至少不通中國古代政事，即不足以言詩。不通中國古代社會情況，亦不足以言詩。若以近代觀念，戀愛、戰爭、神話，分門別類求之，則全失中國古詩之大意。

又如《尚書》，更主要者為《西周書》，乃中國三千年前之原始史料。非通天道，即中國古人之宇宙觀，非通政事，即中國古人之政治學，即無以言書。後世奉《尚書》為中國史學鼻祖，其實史學中，即包有哲學、政治學等，非可專以史學求。故中國古代之文學與史學，皆通學，非專門之學。非可如後人觀念，專以文學與史學視之。

中國後世之史學與文學。其淵源皆從《詩》、《書》來，亦非可以專門之知識技能為之限。即如屈原之〈離騷〉，屈原非一文學家，而〈離騷〉非僅一文學作品。又如司馬遷作為《史記》，司馬遷乃以史學名家之第一人，《史記》為中國二十五史之第一史。然司馬遷師於孔安國、董仲舒，孔安國治《尚書》，董仲舒治《春秋》。司馬遷之《史記》，又明舉董仲舒所言《春秋》大義為其著書之大本大法。故以中國舊觀念言，史學必本源於經學。以近代新觀念言，則史學必旁通哲學、政治學。故司馬遷亦不得專以史學家目之。司馬遷之高出於其他史家亦即在此。

唐代韓愈唱為古文，為此下一千數百年來中國散體文一大宗師。然韓愈自言，「好古之文，乃好古之道也」。則韓愈之文，乃以明道。故韓愈自比於孟子之距楊墨，以闢佛自任，則韓愈固不以一文學專家自命。韓愈生平並未努力於史，然其言曰，「誅奸諛於既死，發潛德之幽光。」此兩語十二字，已見中國史學傳統主要精神之所在。亦可說中國史學仍即是一種做人之學。政治上為奸為諛，掌大權，乘大勢，得意一時，然史家乃誅之於後世。孔子作《春秋》，而亂臣賊子懼。孔子曰，「《春秋》，天子之事也」。當時政治領袖不能誅奸諛，而後之史家誅之，使後之繼起者知有懼。則不通道，不通政，不懂做人，何得秉史筆。潛德尤不易知，孔子曰，「泰伯三以天下讓，民無得而稱之。」此非潛德乎。司馬遷作《史記》，世家始吳泰伯。伯夷亦讓國為一平民，及其終餓死於首陽之山。孔子曰：「伯夷古之仁人也」。司馬遷《史記》列傳首伯夷，此皆所謂發潛德之幽光。吳泰伯、伯夷遠在三千年前，然三千年來之中國人無不知尊崇此兩人，又連帶及於虞仲、叔齊，此皆由孔子、司馬遷之發其幽光。使非孔子、司馬遷之高瞻遠矚，亦何以識此兩人之能影響後世如是之悠久。但今人則俱不尊泰伯、伯夷，又不信孔子、司馬遷，則又奈之何。

孔子為魯司寇，位居三家之下，不久即辭去。孔子亦一平民，然司馬遷《史記》作為〈孔子世家〉。孔子非有爵位傳其子孫，司馬遷寧不知。然古代天子諸侯，爵位皆絕，而孔子則後世崇奉為至聖先師，其家世相傳至今兩千五百年不絕。司馬遷自違其例，以孔子為世家，可謂有遠識具百世之眼矣。

漢代崇經學，孔子《春秋》列為五經。孔子亦與周公並尊。孟子則在百家之列，與鄒衍、荀況、老、莊、申、韓為伍。韓愈特提高孟子，是亦發潛德之幽光。韓愈在當時僅弟子三數人，其學不再傳而絕。宋代歐陽修，始一意尊韓，此亦發潛德之幽光。歐陽修亦文亦史，其為《新五代史》，馮道始見貶斥，此則誅奸諛於既死。故中國之文學、史學，乃立名教之大防，文化傳統賴以維持，賴以發揚。西方人信靈魂，靈魂界與人生界分別存在。人生短暫多變，靈魂始悠久有常。人生善，死後靈魂升天堂。生而惡，死後靈魂下地獄。凱撒之事凱撒管，上帝耶穌不之問。西方惟宗教始稍近於中國人之講究做人，但又大不同。中國則僅有此一人生界，奸諛縱得意於生前，亦必見誅於後世。潛德雖幽暗於一時，亦必光昌於百代。其權則在知識分子，中國稱為士。士者，知識分子之志道、明道、行道、傳道者之稱。孔子後，戰國時代即成為士、農、工、商之四民社會，而士居其首。故有士貴王不貴之論。其時則王者卿大夫莫不貴士。下至漢代，遂成為士人政府。從政者必以士，故中國知識分子，其權則尤高出於政治人物之上。道統之尊於治統亦在此。如三國時，有曹操、司馬懿、諸葛亮，皆士，皆政治人物。然諸葛亮則流芳百世，曹操、司馬懿則遺臭萬年。南宋秦檜、岳飛亦皆士，皆政治人物。然岳飛流芳百世，秦檜則遺臭萬年。人孰不願為諸葛亮與岳飛，又誰願為曹操、司馬懿、秦檜。故中國人言，三代以上惟恐好名，三代以下惟恐不好名。名者，是非高下之準則，萬世人心共同向背之表示。中國人所謂知識，則首貴於知此。

惟此等知識分子，實居社會之少數。中國社會多數多能尊崇此少數，服從此少數。故千人之諾諾，不如一士之諤諤。善鈞始從眾。西方社會不幸而不見此少數。西方知識分門別類，各務專門，鑽牛角尖，一為蠻，一為觸，不求相通。西方人重事尤過於重人。人即重其事。各項專門知識之求得，亦即事。中國則在知識與事業之上尚有人。道必求相通。中西史跡昭然。古代如蘇格拉底，其社會地位，豈能與孔子相比。中世如康德，社會地位又豈能與朱子相比。即論知識，蘇格拉底與康德乃西方一哲學家，孔子則中國一大聖，朱子則中國一大儒，此已大不同。若以中西社會整體與文化傳統中之地位相比，則更見其不同。

即就近代論，中國在晚清之末，民國之初，有康有為、章太炎。論其學問知識，決不能定其為一文學家，或史學家，或哲學家、政治學家等。然論其在社會上所具有之力量與影響，亦斷非西方任何一大學教授所能比。故中國一知識分子，其在社會上之地位與責任，實遠較一西方知識分子為重大。顧亭林言：「國家興亡，肉食者謀之。天下興亡，匹夫有責。」即指知識分子言。惟知識分子，僅亦一匹夫。天下興亡，從何負其責。中國人言天下，乃指社會人群，興亡則指文化道統。反而求之一身，反而求之一心，我身此心即天下萬世人之心。此心所明即是道，可以通於天下之廣大，萬世之悠久。顧亭林《日知錄》分三部分，第一部分即明道。而亭林之影響於此下中國社會三百年，亦至大莫與京。康有為、章太炎，則不能與顧亭林相比。故使當前之中國，亦黯淡無前途。

謂天下興亡，匹夫有責，此亦一種甚深之情感。豈純客觀純理性之哲學知識可比。故在中國有文學，有史學，而無哲學。近代國人好以一切比擬西方，則莊老道家庶近西方哲學氣味。因其疏外人事，戒用情感。其實深求之，亦不然。此處不詳論。五經中有《周易》，近人亦好以哲學稱之。然《易》本為卜筮書，此在《周易》上下篇有明文，在《左傳》中有具體事例可證。儻哲學而以預卜人事吉凶為其主要功能，則仍不失中國文化大義。於人事預求吉凶，則必於人事求其通。枝節紛爭，利於此，或害於彼，決非大吉。故《易》曰：「元亨利貞」。元者，事之始。亨者，事之通。事必求其始，求其通，又求能通於後事，乃始為有利之貞。又曰：「義者，利之和。」一事一物之利，非於相互間求其和，斯為不義，亦即無吉無利可求。

西方古希臘哲學與科學本屬同根。下迄近代，亦仍有其緊密之相聯。中國古代，農學、醫學、天文、曆數、水利工程之學，本已早有發展，此皆於人世有大利用。然偏屬物理，非人道，中國人乃以次要視之。西方人在此種種專門知識上求通，即彼方之哲學。中國人則在人群修齊治平大道之通則下，再來運用此種種專門知識。此即中西相異。

換言之，西方人求通於物，中國人求通於心。如發明蒸氣，即可通於其他事物，但心不通則爭益甚。西方自然科學乃為人生多引爭端。而其哲學終不能於此等爭端上求會通。則知識誠為人類禍亂之本源。中國人先求通之心，修齊治平大道既立，縱於物有不通處，自可緩以圖之。無大不利，亦無大凶。

今日國人一意慕效西方，不知修齊治平大道不可於蒸汽機、電機中求之。亦不可分門別類，政治學、法律學、經濟學、軍事學、外交學種種各自獨立。中國自然科學非無發展，但政治、法律、經濟、外交、軍事等，皆不成專學。如孔門，子路治軍，冉有理財，公西華外交，當一專職則可，仍必有主持大計總其成者在其上。今日西方大學教育，亦復分門別類，軍事更為專門。由中國觀念言，非先求人事之通，豈能有政治、法律、經濟、外交諸學。故縱謂西方人不通政治、法律、經濟、外交諸學，亦無不可。既非所通，而登高位，掌大權。民選僅憑多數，多數無知，不得積成一知。以無知從事大政，引起人群之禍亂，非知識之罪，乃無知之罪。故近代西方民主政治下，非奸即諛，否則無以膺眾選而當大任。而禍亂乃無終極。

中國《大學》之書，有三綱領，八條目。八條目之後四，曰修身、齊家、治國、平天下。而曰：「自天子以至於庶人，一是皆以修身為本。」近代西方盛唱個人主義，但不言修身。帝國主義資本主義皆重向外發展，但不言平天下。《大學》言平天下，則在明明德於天下。明德即指人性，亦指人心，明此明德，修身、齊家、治國、平天下一以貫之，無他道矣。西方文學喜言戀愛，亦人性，但非明德，故戀愛非修齊之道。西方文學又好言戰爭，戰爭亦人性，但亦非明德，故戰爭非治平之道。

明德係何，則非大智不能知。《大學》八條目，其首二曰，格物、致知。致知首貴知此明德。格物者，物乃射者所立之位，亦射者所欲射之標的。射不中的，不在易射者之位，亦不在易所射之的，而在善求其射之道。格物即指不易其位與的言。如孝子，居子位而孝其父母，父母不歡，則益善求其道以孝。為子女而知如何能得父母之歡心，斯即明其明德矣。西方人言戀愛，亦必求得對方之歡心。然僅止於男女之間。上不及於對父母之孝，下不及於對子女之慈，更不知老吾老以及人之老，幼吾幼以及人之幼。則其愛，亦專而不通，即非明德。故專門之知，非大知。斯為小人，非君子。唯君子為能善處群，修身即求善處群。不修身，即無以齊家、治國、而平天下。

故《大學》三綱領，明明德之下即曰親民，夫親其妻，妻親其夫，上以親父母，下以親子女，盡人皆親，而後天下平。此曰至善。知為至善，即當止。故曰，止於至善。西方人言人生，知進不知止。戀愛成婚，即為夫婦，當求白首偕老。而又言離婚自由。以中國人言，此非自由，乃不得已。周公大義滅親，亦不得已。戰爭亦人生中一不得已事。故曰，止戈為武。必能以戰止戰，以爭止爭。但亦非失德以戰昧德以爭之所能同日而語。

故中國人言修齊治平乃做人大道，首貴在使人人知此心之明德而明之。此義發於《大學》。《大學》一書出於戰國之晚世，而不知究出於誰何人之手。至宋儒始尊以為四書之一，而成為中國人人一本必讀書。此亦可謂發潛德之幽光。今日國人盡譏中國人好古守舊。然古人何限，何以獨尊堯、舜、禹、湯、文、武、周公，何以於此外又尊吳泰伯與伯夷。古書何限，何以獨尊五經，而又於五經外又增以四書。此豈一意好古守舊者之所能與知。

宋儒張橫渠有言：「為天地立心，為生民立命，為往聖繼絕學，為萬世開太平。」如《大學》言明明德，即是為天地立心。《大學》言明明德以親民，即是為生民立命。表章《大學》，即為往聖繼絕學。而其意則在為萬世開太平。此豈又一意好古守舊者之所為。明道、伊川兩兄弟，即同時以張子〈西銘〉與《大學》一書開示學者，又豈專以好古守舊為學。若必專以好古守舊為事，則《詩》、《書》之外，不容再有孔子《春秋》屈原〈離騷〉，以及此下司馬遷之《史記》。孔子《論語》以後，亦不容再有《孟子》與《大學》、《中庸》之合成為四書。天下亦寧有無舊之新，又寧有無古之今。抑且新轉瞬即成舊，今轉瞬即為古。本末終始，吾道一貫，又寧有古今新舊之可辨。然而吾今日之國人，則若西方無不新，號為現代。即希臘羅馬猶然，因其為中國所未有。在中國則無不舊，是謂古老。不論唐、虞、三代，即下至宋、元、明、清亦莫不然，因其為中國之固有。此又為當前不爭之一種心理事實。然此種心理又何能不變。竊恐轉瞬之間，亦將成為一種陳舊古老心理。此則今日吾當前國人所當反而自問之己心者。此亦當前一莫大知識問題。

今再綜合言之，知識當為人生求，非為知求知。知識不當外於人生，而認其有客觀獨立之地位。如天文、曆數，以授民時。陰陽寒暑，晝夜晦明，日出而作，日入而息，不僅為農，亦人生日常所當循。抑且人事必有是非、邪正、利弊、得失相反之兩端，貴能執其兩端而用其中。中國人求知天，亦為道，即為人生，非為知求知。西方人發現地繞日，非日繞地。此對西方宗教信仰有大爭議。中國人得此，惟加首肯，於中國相傳人生大道非有可爭。西方天文學為知求知，尋而益遠，所知益精益細，其對人生之意義價值亦日進而日微。增一新知，非必於道有裨。

中國古人言：「天地之大德曰生。」「民吾同胞，物吾與也。」同此生命，即同稟天德。惟大德敦化，小德川流，德有大小。西方人發明生物進化論，亦於彼方宗教信仰有大爭議。中國人得此新知，於人生大道仍無大變，無多爭。西方生物學，一蠅一蚋，盡畢生之力以求，所求日精，所知日細，亦可謂於人生非有大裨益。而更可怪者，自然科學本求物理，而西方人乃循此以轉向人文。則人文又盡變為自然，乃天而非人，豈不即人世而已變為天堂。

中西雙方求知態度不同，故其所求得之知識之內容方面亦不同。其於人生之意義價值亦不同。此則可一言而判者。其他種種，引申無極，本篇暫止於此，不復旁及。

六九　學問與知識

中國人重言學問，西方人重言知識。學問乃求取知識之工夫，知識則學問獲得之成果。西方人重功利，故重知識成果。中國人重道義，故重學問工夫。此又中西文化歧異一要點。

但學問則人人可同，知識則各別相異。故西方人求知識必求標新立異，出奇致勝。我之所知所有，當為他人之所不知所無。亦如商品，只此一家，別無分出，乃可廣事推銷，多獲贏利。此乃為自己謀，非為他人謀。商品出售，果於購買者有真利實益與否，此為商人所不計。古希臘人謂知識即權力。近代美國哲學家杜威謂知識當如一張銀行支票，可向銀行兌現，始有其意義與價值。

今日為知識爆破時代，然而社會不安，國際動盪，人生禍亂叢起，亟亟不可終日。幾於知識愈進步，而人生愈墮退，此實一至為明顯之事。如自然科學中之天文學，自哥白尼與伽利略發明了地球繞太陽轉，非太陽繞地球轉，太陽與月亮非可相等並視。此已為人類知識開示出一正確觀點，於日常人生有大貢獻。但繼此而進，直至今日，太陽系外之無數星雲，以及太陽系內環繞太陽之各恆星，如火星土星之類，其種種知識，究與當前人類禍亂具何關係，有何挽救，豈不如河漢之不相涉。然而西方科學家，積數百年來對此方面耗費了大量心力財力，旦夕以求。天文知識日進無疆，而此輩知識分子，竟不肯稍回頭來，先求解決了當前危機，再向此無限知識界探求。豈不如一企業家，只求自己商品推銷，更不在當前經濟危機上暫時有所措意，一色無異。

又如生物學發明了人類演進來源，此於當前人類日常生活之應有知識上，亦有相當效益。繼此而進，世界生物何限，下至深海底，上及太空界，千儔萬品，一一探索，此亦盡成為一種知識。但對人類當前危機究何關係，則亦置而不問。

自然科學界如此，哲學亦然。其實西方哲學知識亦從自然科學知識中來。自然知識無窮，斯哲學構想亦無窮。即如西方宗教，實亦是一種知識。惟耶穌為一上帝獨生子，有關上帝天堂靈魂種種知識，只有耶穌得知。其他人只得對耶穌有信仰，不得在耶穌以外有知識發現。縱使自然科學乃及哲學有種種新發現，新解說，但信仰自信仰，仍可各不相牽涉。此亦如公司產生商品，各自牟利，互不相關。

中國人則不然。知識是各別的，而學問則是共同的。中國人獎勵人教導人去學問，卻不在知識上來過分求分別。故中國人只稱學人、學者、學士，卻無知識分子一稱呼。孔子自稱學不厭，教不倦，只自稱其學，並以學為教，即是亦教人學。至於學之所得知識方面之高下是非，則屬次要問題。此亦猶農業之但問耕耘不問收穫，同一意義。

學則必有知。中國人之學，主要在學做人，又更重在行。孔門七十二弟子，最能學孔子者，群推顏淵。顏淵有言：「夫子步亦步，夫子趨亦趨。既竭吾才，如有所立卓爾。雖欲從之，末由也已。」是顏淵主要在學孔子之為人，不在學孔子之知識。而如何為人，乃有其難知難學處。故孔子曰：「學而時習之，不亦說乎？有朋自遠方來，不亦樂乎？人不知而不慍，不亦君子乎？」是孔子非不知自己為人有他人難知處，但只求自己為人，非為要人知我。不僅他人不能盡知我，即我亦何從盡知得他人，故孔子又曰：「後生可畏，焉知來者之不如今。」是孔子亦自承對後生有不知，則又焉知後生之必知我。至於行，則有一共同標準。孔子所學在此，其教人亦在此。

此一共同標準，中國人謂之道。道重在行。西方人則言真理，真理重在知。我所知不能盡與人同。亞里斯多德言：「我愛吾師，我尤愛真理。」師弟子間所知，亦不能無分別。與顏淵之稱「雖欲從之，末由也已」，大不同。故中國人言尊師重道，與西方人言我愛吾師，我尤愛真理大不同。中國文化有傳統，一脈相承。而西方知識界則日變日新，師承傳統，皆非所重。

中國人重做人，不重知識，故亦不重著書立說，為自己作表揚。中國相傳最古書籍有《詩》、《書》、《禮》、《易》、《春秋》五經。《詩經》三百首，作者可考最多只幾首，但絕不重要。此三百首詩之編集人，後世亦不知。《書經》數十篇，不知其作者，亦不知其編集人。《易經》、《儀禮》，作者亦不知。惟《春秋》乃孔子作。但孔子作《春秋》，乃根據魯史舊文，與自己著書立說亦大不同。然惟此已為中國古代私人著書之惟一例證。

孔子生平教育門人弟子，均出隨時告語答問，並未自寫數十條作為其授教之綱要，更未嘗作一教本。《論語》所載，皆出其門人弟子所記錄。逐條記錄者，亦多不知其主名。《論語》一書之編纂，亦不知出於孔子身後幾代誰人之手。墨子亦未嘗親著書。今傳《墨子》書，亦不出於墨子弟子，乃在數傳之後。《孟子》七篇，乃由其門人萬章公孫丑之徒隨時記錄，或有孟子親所撰寫。然與立意自著書仍不同。

其他先秦諸子，大體皆然。惟道家如莊周、老聃，《莊子．內篇》七篇，《老子》上下篇，當出莊老之親筆。《莊子》〈外〉、〈雜篇〉，則不知出莊周後幾代誰何人之手。亦不自標姓名，惟傳師旨而止。今傳諸子書，惟荀卿、韓非兩人最多自撰之篇。或荀子為楚之蘭陵令，老於南方，遂多閉門撰述。而韓非則為韓之諸公子，不以傳授弟子為業，故亦多閒居之筆。

最晚如呂不韋，為秦相，廣招賓客，編撰《呂氏春秋》一書。但賓客姓名，亦所不知。西漢初，淮南王亦招賓客著書。賓客姓名略有傳，然何人作何篇，則均不可考。《周易》十傳，《大》、《小戴禮記》中所收各篇，後世最著名者如《中庸》、《大學》等，均不知作者姓名。要之，中國人觀念，著書乃以傳道，非以揚名。道為公，名則私。為社會大群傳道，非為個人著作揚名。果圖私名，即非公道。孔子曰：「述而不作。」先孔子，魯國有叔孫豹，有立德、立功、立言三不朽之說。隨時隨事所言當於道，後人記述之，其言即不朽。則德功言不朽，皆公非私。孔子所言，由其門人弟子記下，非孔子自立言以求不朽。

故中國古代經子，皆非私人著書。史籍乃記古人前言往行，與著書自立說不同，故孔子作《春秋》。但記述前言往行，宜亦有道，其道則在褒貶。孔子《春秋》雖因魯史舊文，然筆則筆，削則削，游夏之徒不能贊一辭。《春秋》有三傳，《公羊》《穀梁》傳其辭義，《左氏》詳其事跡，兩百四十年列國君臣前言往行，記載甚備。此皆出孔子以前列國史書，其作者姓名皆不詳。司馬遷身為史官，承父遺命，作為《太史公書》。義法一本《春秋》，是為中國史學界繼孔子後著書有主名之第一人。後代史書，始多作者主名。然司馬遷自言：「明天人之際，通古今之變，成一家之言。藏之名山，傳之其人。」則其書亦為傳道，不為自立說自成名。

經史子三種外有集部，今人稱之為文學。最早《詩經》三百首，繼之有屈原〈離騷〉，乃為中國文學有主名作者之第一人。然屈原忠君愛國，〈離騷〉者，猶罹憂也。屈原所憂在楚之君國，亦為公，不為私。〈離騷〉外，尚有他篇如〈九歌〉等，合稱《楚辭》。屈原弟子如宋玉、唐勒，慕效其師為文，但其地位斷不能與屈原相比。高下不在文辭，而在著作之心意。故雖同在《楚辭》中，意義價值自別。

其他戰國時代文學作品有主名可舉而獲後世之極高評價者，最著如樂毅〈報燕惠王書〉。樂毅亦如屈原，忠於燕，愛其君，而遭讒以去。其意亦本不求為一文學家，故其〈報燕惠王書〉，乃與文學家自創一文學作品之意義大不同。其次如李斯在秦〈諫逐客書〉，與秦國當時政事大有關，其書亦流傳，何嘗是李斯創意求為文傳名。又如其為〈嶧山碑〉，亦為秦代統一後一政事文件，非私人一文學創作。而李斯亦決非一文學家，但其作品則列入集部中。

漢初有賈誼作〈過秦論〉，此乃其青年從學，對當前史跡有莫大感觸所發抒。其上〈治安策〉（〈陳政事疏〉），則對當時政治深思熟慮作莫大之貢獻。及其遠赴長沙，弔屈原，為〈鵩鳥賦〉，則其憂傷國事，感觸遭遇，滿腔心情所難禁之發洩。凡所寫作，皆以一己身世作題材，主要則在性情上，對於國與天下人群有無上之關切，而豈有意於著書立說，為一己之表揚。更豈寫為文學，以供他人之娛樂。彙而觀之，則亦經亦子，亦史亦集，何嘗如近人所想，乃有一套各自分別之專門知識，成為一專門之創造與發明。如賈誼，亦僅以一己之學公之當世。凡中國人之所謂學，經、史、子、集四部大體皆然。

此下演變，同此本源。今不逐人逐書加以詳論，姑舉其較特出者略為陳說。東漢初王充《論衡》，人則隱淪，書則網羅以前各家各說，而一一加以懷疑批評，是亦見其知識之廣。其人之傑出於儕類，而有近於今人所慕效西方著書立說之所為。近代學人章太炎，乃特加欣賞，謂中國有一王充，可以無恥。其自著書，名《國故論衡》。同時有《國粹學報》。太炎意以往陳跡當稱國故，不當稱國粹，又必一一再加以論定。此見中國古人尚學不尚知，述而不作信而好古之傳統心情已大變。此下胡適之為《先秦哲學思想史》，不崇一家，不尊一說，所述必加批評，此亦太炎《國故論衡》之意。至於自著書自立說，則尚待後人努力。

中國之佛教，僧侶僅務傳譯，不事創作。或謂宗教信仰宜然。其實在印度，釋迦以後，佛教僧侶多自著書自立說。中國僧侶則述而不作，亦如儒家。傳譯以外，則加闡說。同時五經有義疏，注外加注，此一風氣亦受當時佛門之影響。隋唐以下，天台華嚴，中國僧人亦自成宗派，然不自創經典，仍據傳譯某部經為之會通闡說而止。同時有禪宗，則不立文字，僅有口說，受者寫為語錄。說者謂語錄乃禪門之新創，實則如《論語》，亦即孔門之語錄。惟《六祖壇經》乃用當時通俗白話，與《論語》雅言有別而已。是南北朝隋唐之佛徒，可謂仍不失中國學人傳統。

唐韓愈以提倡古文名，自言：「好古之文，乃好古之道。」又以己之闢佛自比於孟子之拒楊墨，毅然以師道自居，而曰：「並世無孔子，愈不當在弟子之列。」是韓愈以孔門之傳道者自任，非有意自創為一文人。惟道之所在，身家國天下，出處進退，一飲一讌，一會一別，一死一葬，隨時隨地，隨人隨事，一吟一詠，一章一篇，皆以見道，亦即如著書立說。韓柳然，李杜亦然，其詩其文，皆以傳道。後人乃以詩人文人目之，甯待必自編一傳奇，自創一劇本，乃始得以文學家成名。

宋代歐陽修承繼韓愈，倡導為古文。然歐陽說《詩》說《易》，作為《新五代史》、《新唐書》，其學亦經亦史，其集即亦自成一子。經、史、子、集四部之學，已兼有之，亦豈求為一文學專家。同時有曾鞏、王安石、蘇洵、軾、轍父子，其學其人，大體皆然。此等皆為中國之學人，與今世之所謂文學家知識分子有辨。

理學家起，周濂溪作為《易通書》，大旨在說《易》，亦所謂信而好古述而不作。張横渠著《正蒙》，書名亦本之《易》，大旨仍在闡說古經典，非為自著書自立說。二程兄弟，廣傳弟子，其學更見在其門人弟子之語錄。伊川生平唯著《易傳》一書，仍在闡說古經典。明道則無之。

南宋朱子，集周張二程理學之大成。著書說《詩》、說《易》、說《禮》、說《春秋》，又有《四書集注》，皆闡說古經典。有各朝名臣言行錄，乃屬史。其詩文成一集，即其一己作品之自成一子。其學亦經史子集四部皆備。而生平講學大旨，則更詳見於其門人弟子之語類。亦非自著書，自立說，自成一專家，如今人所想像。朱子畢生勤學，乃可為中國傳統學人一榜樣。今人乃亦目為一知識分子，則不專門，非專家，泛濫無歸，又何堪與當前分門別類之知識分子相比。

朱子先有《近思錄》，薈萃周張二程言，分十四目，首道體。此見中國學問傳統，主求道，即為己之學。中國古人稱道，後稱理，道學亦稱理學。做人必講道理，出處進退用捨行藏皆以道，一切財勢權力無如之何。西方重知識，求為人用，由中國觀念言，乃為人之學。乃有法律，保障自由人權。此乃中西為人為學一大相歧點。

《近思錄》第二目為學大要，第三格物窮理，此言為學之綱要。四存養，五改過遷善，克己復禮，即言為學主在做人。六齊家之道，七出處進退辭受之義，八治國平天下之道，由修身推至於齊家治國平天下，四者一以貫之，而人道盡。九制度，十處事之方，十一教學之道，此皆由修齊治平之道來。十二改過及人心疵病，十三辨異端之學，十四聖賢氣象，此三目乃言為人以聖賢為終極。故為學主做人明道，則重在大而通。知識則貴專而精。觀《近思錄》十四目，即知中國學問在做人，而知識非其首要。書名《近思錄》，乃從《論語》子夏「切問而近思，可謂好學」來。學做人，故需切問近思。西方哲學貴能遠思，能自創說，不待切問而近思。此亦中西為學一歧點。

元代王應麟厚齋著《困學紀聞》。孔子言生而知之，學而知之，困而學之。陸象山言堯舜以前曾讀何書來，則生而知之。孔子十有五而志於學，五十而知天命，則學而知之。厚齋亡國遺民，自居為困學，而不敢言知，故曰紀聞，實如一部讀書筆記。然而經、史、子、集四部之書無不學，此可謂博學多聞。其實厚齋此書即從朱子《近思錄》來。《近思錄》亦是一部讀書筆記，惟只記原文。厚齋之《紀聞》，則記其讀後之心得。得之古人，即心悟於道。非如今人必自創造自主張，乃為自我知識，非他人所能及。厚齋一代大儒，而自稱困學紀聞。中西學人意態豈不顯而易見。

清初顧炎武亭林，亦亡國遺民，著為《日知錄》，亦從《論語》子夏：「日知其所無，月無忘其所能，可謂好學也已矣」來。則亭林之所謂日知，亦猶厚齋之所謂困學。此皆見中國學人意態。其書亦即一種讀書筆記，經史子集無不學。厚齋亭林乃皆以博學於文為教，其實即皆孔子述而不作信而好古之義。故中國人又稱學人為讀書人，謂三日不讀書，便覺面目可憎。讀書人求為一非可憎人，斯足矣。

亭林同時黃宗羲梨洲，著《明夷待訪錄》。其書根源經史，自成一家言。經、史、子、集四部之學，亦兼而有之。賈誼〈陳政事疏〉，董仲舒〈賢良對策〉，梨洲亡國遺民，無此機緣，乃錄以待訪。心抱亡國之痛，而仍不忘以天下為己任，此亦傳道宏道之心，上同於孔子之作《春秋》。而豈著書立說，自我創造，自我表現，以自揚己名，如今人所想像之知識分子專門學者所當同類而語。

乾嘉以下，學風又變，分宋學與漢學。宋學尚言義理，而漢學僅治訓詁、考據，發明古人之所言，斯止矣。戴震作《孟子字義疏證》，拈出《孟子》書中主要幾字，定其義訓。非我有言，乃闡述《孟子》之言，義理即在是，故曰：「訓詁明而後義理明」。此亦述而不作。乾嘉之學仍是中國舊傳統，舊榘矱。其意若益謙，但實則為輕蔑鄙薄清廷之科舉功令，亦上承晚明遺老之意來。惟戴震之徒，有學無己，重知不重行，則與晚明遺老大異。而近人乃謂其有近似西方處，倍加稱重，斯又擬於不倫。惟高郵王氏父子著《讀書雜志》、《經義述聞》，乃一意於訓詁，不牽涉義理爭辨，此始有似於西方專門之學，為知識而知識，轉少大可譏評處。但其學術淵源，則中西終自大不同。昧於二王治學之用心，則亦不足以言二王之學。此義他詳，茲不贅。

乾嘉為學，亦文亦史亦子，不專一於治經。錢大昕著《十駕齋養新錄》，則亦為一部讀書筆記，遠追王顧遺緒。同時有章實齋著《文史通義》，其書不僅求通文史之學，並經子之學亦求通於一道。自謂其學淵源宋學，與當時分別漢宋以為學者不同。

晚清陳澧有《東塾讀書記》，亦如錢大昕《養新錄》，皆記錄其畢生為學，讀書所得，如是而已。何嘗標榜一己，自謂高出前人。中國學術傳統一大特性，即可由此而見。陳澧前有汪中，欲著《述學》一書，惜未成稿。述學者，即述其所學。中國古今學人，必重自述所學，學從何處來，不貴自創造。清末張之洞主張中學為體，西學為用。囑其門客為《書目答問》一書，亦舉古今書籍分類編目，讀此可知中學之大概。

當時分義理、考據、辭章為三學。今人謂辭章為文學，但中國文學亦非一專門之學。姚鼐為《古文辭類纂》一書，亦指示人如何讀前人文。曾國藩言：「國藩之粗解文章，由姚先生啟之。」乃自為《十八家詩鈔》，又命其門客為《經史百家雜鈔》。如何讀前人文，此即自己學文之途徑，如何讀前人書，亦即自己為學之途徑。捨此何以為學。故中國之學曰尊師重道，仍即孔子之所謂信而好古，述而不作。作為文章，尚不以自創造自開新為上。惟作者自有其身世遭遇，不同於前人，則雖好古不作，而仍不善其有自己特殊之一分，如此而已。辭章如此，更何論於義理、考據，而可自誇有創造有開新。曾國藩又有《求闕齋讀書記》，即《東塾讀書記》之先例。故曾國藩雖自稱學古文於姚惜抱，而又為〈聖哲畫像記〉。又於當時義理、考據、辭章三門學術之外，加入經濟一門。其所謂經濟，即屬治平大道。則湘鄉之學，又更在重行可知。

西學東來，世風大變，而無奈拘墟坐井，所變亦有限。章炳麟自號太炎，乃表其超於顧炎武。康有為自號長素，乃表其超於孔子。然康章皆信重佛教。康有為著《大同書》，大同二字本之《小戴禮記》之〈禮運〉篇，而其書內容則多從佛說。太炎《葑漢微言》，排列孔子地位在佛門為第幾等。則此兩人亦皆述而不作，不自標彰其一己知識之特出而獨立。實仍未脫中國舊傳統。胡適之始轉而師法歐美，曰賽先生德先生，全盤西化，但亦不謂有己見之特出獨立。自此以下，國人已不讀中國書，但依然述而不作，惟所述則在歐美，如是而已。然歐美之為學，則有作無述。是則今日國人之為學，豈不仍是一中學為體，西學為用之舊調。惟中國古人則主用夏變夷，近人則主用夷變夏。但西方主變，他日西方又變，則不知我國人又將何所承襲以自成其一己。

孔子曰：「知之為知之，不知為不知，是知也。」是知必當兼知其有所不知，學亦當兼知其有所不學。顏淵學孔子曰：「夫子步亦步，夫子趨亦趨。」在知識方面，易知則易學。又曰：「如有所立卓爾，雖欲從之，末由也已。」則在為人方面，有難知難學者。孔子所言，讀一部《論語》而可知。但孔子何由而出此言，又何為而出此言，則豈不難知而難學。若僅論知識，一部《論語》所言有限，我能超其所言而為言，豈不已超孔子而上之。孔子曰：「述而不作」，一部《論語》，實多述周公之所未及言，孔子則若自謂未有言。《孟子》曰：「孔子聖之時者。」孔子已與周公異時，乃成其為孔子。孔子之難知難學處乃在此。

今人則必曰現代化，生現代，當知現代，為現代人。現代與古代時不同，我乃得傑出於古人。但後人又必傑出於我。故僅知現代，僅學現代，不知有古人，不知有後人，則當成為一無知無學之人。孔子曰：「其或繼周者，雖百世可知。」則孔子為聖之時，與今人之所謂現代化又大異其趣矣。孔子又曰：「後生可畏，焉知來者之不如今。」則後生之可畏，乃為其亦能如前人。今人則又必謂人類進步，今人當決不能追隨後人，一如後人。斯則生為現代人，現代即變而去，又何知之有，何言之有。

七〇 知識與生命

中國古人極看重知識，孔孟儒家姑不論，即莊老道家亦然。《莊子・逍遙遊》稱「小知不及大知，小年不及大年。」知分大小，即其重視知識之證。又以知識與生命並言，更是其重視知識。中國人主從生命內部求知識，不向生命外面求。西方人則反之。此為中西雙方求知態度相異一大特徵。

《莊子・養生主》又稱：「吾生也有涯，而知也無涯，以有涯隨無涯，殆已。已而為知者，則殆而已矣。」從生命外面求，時空事物，無邊無際，無窮無竭，以我短暫狹小之生命，向之求知，此為一危殆之道。果憑此為知，則惟有危殆而止。此非不重知識，乃主知識不應向外求。

人生外部最大莫如天。人類莫不知有天。然天實難知，天上是否有一帝，此事不易知。中國古人似亦信天上有帝。孔子於此不加深求，僅曰「天生德於予」，又曰「知我者其天乎」，則孔子似非不信天上有帝，但孔子僅從己言，不從天言。孔子僅自信有德。就一般言，此德應由天賦。孔子自謙又自尊，自安又自慮。德之所成，並世稀知，則曰知我惟天，但不言何待人知。人果不知，仍望天知。孔子又言：「五十而知天命。」孔子五十成德，乃謂上天命我如是，此其意態仍可謂極自尊又極自謙，極自慮又極自安。能如此足矣，又何煩確求天帝之知。

孔子重道，乃人生之道，當就人生求。墨翟反孔子。孔子言孝，墨翟言兼愛，必欲視人之父若其父，謂此乃本之天志。孔子並未明言天上有帝，惟人生自幼即知孝父母，乃謂孝亦天命，如此而止。墨翟則似確信天上有帝，人生無不有父母，即天志命我以兼愛。此非內求諸己，乃外求之天。儒墨是非在此。《莊子．齊物論》兼反儒墨，然其求知意態則實近儒，不近墨。

《莊子．大宗師》有曰：「知天之所為，知人之所為者，至矣。知天之所為者，天而生也。知人之所為者，以其知之所知，以養其知之所不知，終其天年而不中道夭者，是知之盛也。」是《莊子》言知，亦兼天人言。惟《莊子》之求知於天者，僅曰：「天而生。」人由天生，此易知。惟天之生人，欲其孝抑欲其兼愛，則不易知。故《莊子》不之言。然則人生當奈何？《莊子》意，天既生我，我當盡其天年，而不中道夭，斯可矣。何以盡其天年？是必有道。而其道則半在人，半在天。在天者，我不知。則惟以我所知養我所不知而已，無煩深求。

此處《莊子》意頗近孔子。孔子曰：「知之為知之，不知為不知，是知也。」有所知，有所不知。知我所不知，亦即是知。人能知己有不知，亦即是知。寧知上天之必有帝，又如何為帝，此皆不易知。孔子曰：「祭神如神在，我不與祭如不祭。」人之祭神，固知神之所在，又果知神之若何而為神，孔子不深求。祭神如神在，僅求之吾心。人豈並己心而不知，知吾此心，臨祭而敬，斯即如神之在矣。然則神即在吾心之敬，若我不與祭，或心不生此敬，則祭如不祭。有神與無神事在外，孔子不論。祭與不祭在人事，孔子乃辨之。

或疑孔子果不知有神，何煩祭。但神之有無，孔子所不知，姑盡我之心而祭，此乃孔子對人生之慎，亦即《莊子》所謂以其所知養其所不知。臨祭而敬，可得神歡，孔子知之。臨祭而不敬，不可得神歡，孔子亦知之。至於神之有無，則孔子所不知，惟盡其在我，臨祭而敬，斯可矣。若必廢祭先求神之有無，萬一果有神，我此不祭，先獲神譴，慎於人事者不當如是。故貴以所知養所不知。

天與神，孔子不知。死亦孔子所不知。或問死，孔子曰：「未知生，焉知死。」先從事於可知，《莊子》曰「善吾生者，乃所以善吾死也。」此亦以其所知養所不知之一例。

個人如是，大群亦然。中國自堯、舜、禹、湯、文、武、周公以來，積兩千年之久，若何則治，若何則亂，史跡俱在，宜可知。此下事變繁興，豈能一一逆知。孔子曰：「述而不作，信而好古。其或繼周者，雖百世可知。」此亦以其所知養其所不知。而中國之大群人生，乃自孔子迄於今又已兩千五百年，而尚未有艾，此亦可謂善盡其天年矣。

西方古希臘人亦重知識，並謂知識即權力。但從人生外部求之，並又認為可以無所不知，有所全知，求得真理，乃可憑以指導人生。然外於人生，又何人生真理可得。西方人於科學、哲學皆有甚深造詣，但不知何以於異中求同。如古希臘有諸城邦，而無一統一領導之政府。有此民族，無此國家。馬其頓起，希臘即亡，此未可謂盡其天年。柏拉圖懸書門外，非通幾何學，勿入吾門。但幾何真理非即人生真理。從幾何學所得知識，乃部分知識，非全體知識。柏拉圖著《理想國》一書，不本之於實際人生，而僅憑理想。在當時無可通行，下及近世亦然。亞里斯多德繼柏拉圖而起，持論即與柏拉圖相異，並曰：「我愛吾師，我尤愛真理。」此與中國孔子、莊子所言甚不同。莊子並不師孔子，而所陳義理儘多相同處。何以故，以其同本之實際人生內部故。西方哲學則人持一說，至今無定見。

羅馬亦一城邦，憑武力統一義大利半島，又環地中海拓展形成一大帝國。但羅馬人不甚重知識，從希臘俘虜中獲得一知半解，即告滿足。羅馬帝國崩潰，亦未可謂羅馬人已盡其天年。中古時期，耶教昌行。但耶穌乃猶太人，其教何以得盛行於歐西？因歐西人生不安，信仰天國上帝，心始稍安。但真得安乃在死後。方其生前，固仍不安。循是以至現代國家興起，其生前之人心不安則如舊。一方效希臘人經商成為資本主義，一方效羅馬人整軍經武繼續帝國主義，富強不可一世。但經兩次世界大戰，國力均告衰退。以常理推之，能勿接踵希臘、羅馬遽此淪澌以盡，已為至幸。至於盛況再臨，西歐人已不作此夢想。豈得謂已盡其天年而非中道夭。

繼歐西而起者，曰美曰蘇，今稱世界兩大強。然第三次世界大戰是否不再繼起，無人能加保證。原子彈肆虐，兩敗俱傷，已有作此預言者。然則美蘇如何終其天年而不中道夭，亦復無此把握。西方文化陷此悲境，即在其不能以其所知以養其所不知，而僅求在不可知中求知。以為可以應變，而不知終是一危局。莊生則已先言之。

哲學、宗教既均不能解救此危機，試言科學。余生晚清光緒乙未，無錫鄉村中尚無電燈。十三歲入常州府中學堂，始見有電燈。及今回憶，余幼時十三年中，人生亦有快樂。十三年後，亦多極不快樂事。今人則謂科學使人生進步，實則科學僅與人一方便，非能使人生有進步。以余一人一生所知，此即一真理。科學發明，僅在物質上。人生安樂，則別有所在。至於人生之品質高下，則猶非安樂一端所能定。《孟子》曰：「生於憂患，死於安樂。」此則可與知者知，難為俗人言。余此下八十年來，科學種種發明，而人生則日增其不安不樂。此下之不安不樂，或將更過於今日。物質人生尚如此，品質人生更何論。

宰我以三年之喪問孔子，謂一年春夏秋冬四季，氣候變盡，守父母喪一年已可，何必三年。

孔子意，父母死，究否有鬼，鬼經三年，其變又如何，皆所不知，亦不向此等處求知。只謂子生三年，然後免於父母之懷抱，故守喪三年，乃覺心安。今汝若覺一年心安，即守一年喪亦可。此非孔子深斥宰我，實告宰我以人生大道，貴在及己求之。孟子告曹交亦曰：「子歸而求之有餘師。」古代是否有三年之喪，後人以考據家態度來疑孔子。實則孔子曰：「慎終追遠，民德歸厚。」孔子著意處正在人生之德上。莊子亦好言德，故有〈德充符〉之篇。西方人不言德，此又中西雙方言人生一大歧點。

《莊子．大宗師》又云：「以德為循者，言其與有足者至於丘也。」我何堪與無足者同至於丘，亦不能與無德者同臻於道。孔子曰：「十室之邑，必有忠信如丘者焉，不如丘之好學也。」人群大道亦惟一本於人性之忠信，加之以學，乃可達於道。學即學己之忠信而已。行遠自邇，登高自卑，人之至於丘，亦惟在己之雙足。有足自能行而至，有德自能學而成，此亦以其所知養其所不知。不知孔子之道，豈不知己心之忠信，是在好學。孔子曰：「學而時習之，不亦說乎？」學則自能悅，此亦人之德，在人自學而自知之。中國人教人，在教其內心之自知。西方哲學求知，則在人之外，不在人之內。故必有邏輯辨證，語言有組織，積累篇牘，強人以信。但人亦向外求，外又何限，求而得者不同，則曰：「我愛吾師，我尤愛真理。」中國教人，只自述所知。人有同德，斯亦同知。故中國言教必言化，乃學者之自化，非教者所能強加之以化。

《莊子・大宗師》又言：「道可傳而不可受。」孔子之時習而悅，此即孔子之傳道。學者自學自習，乃學者之自得。故學貴自學，得貴自得。西方哲學亦志在傳道，而期人之受，不待其化。《莊子》又曰：「其嗜慾深者其天機淺。」志在傳道，不待人之自化，志在受道，不求己之自得，此皆嗜慾。自化自得，此乃人之天機，以其所知養其所不知，天機自發，則所得日進，此乃是自然。

莊子善譬喻，〈養生主〉篇曰：「指窮於為薪，火傳也，不知其盡也。」人文大道，即今人所謂之文化，如一大燃燒體，發光發熱。人在大群體中亦如一薪，能發光發熱，傳及他薪。此薪已燃燒成灰，他薪仍續燃燒。堯舜禹湯文武周公前薪已盡，孔子如後薪，發光發熱，但亦必盡。孔子曰：「後生可畏，焉知來者之不如今。」莊子、孟子，又屬後生，同一發光發熱，亦同歸於盡。而人群至以永傳。西方哲學，各別成家。希臘羅馬各自成一文化，又有現代西方文化，文化日進步，前人不如後人，則人死惟有上天堂。故西方宗教雖與科學、哲學各相異，而人各有其久傳永存之價值。但人之知識，只能知其一部分，不能知其大全體。空間然，時間亦然。中國則以知養其所不知，西方則以互不相知互相爭，此其異。

《莊子・大宗師》又言：「古之真人，不忘其所始，不求其所終。」人生所始，如嬰孩三年，免於父母之懷抱，雖不自知，而能不忘。百年之生，亦非全知，而多能不忘。故中國人重記憶，乃重歷史。西方人則不重記憶，亦不重歷史。希臘、羅馬人，皆不言其始，乃亦不計其所終。現近西方人亦然。皆忘其所始，而又忽其所或終。故西方人乃輕其前後，而重視當身。求變求新，更求自創造。信當世不信先後天，乃至失其為人為我，而卒亦無可知其所將終。心勞日拙，現世則已，其果何為。故中國人尊先賢，畏後生。所知皆從先賢來，能為後生開一始，斯可矣。此亦以其知養其所不知，以待其自化。何嘗如西方人，必求自創一真理，為後人永守。後人承此心理，亦求變求新，而所謂真理，亦隨此日變日新而俱去。中國人則不求變，不求新，惟此一化，乃自變自新，而仍在此一化中。化即是道，萬化而不出此一道。惟儒家言道重人生，道家則推而至宇宙自然，非有他也。

《莊子・齊物論》，一儒墨之是非。然他篇如〈人間世〉、〈大宗師〉，多稱仲尼，亦及顏淵，乃不提墨翟、禽滑釐。雖亦寓言，而儒墨不齊可知。故《莊子》言至人神人，亦言聖人。老子始曰：「聖人不死，大盜不止」，乃見非聖意。《莊子》言道亦言德，《老子》則曰：「失道而後德。」莊老相較，淺深自見。《老子》又言：「絕學無憂。」《莊子・內篇》中有〈大宗師〉，既有宗師，則仍主有學。老子主張小國寡民，老死不相往來。而《莊子・內篇》中有〈應帝王〉，既有帝王，則非小國寡民可知。則莊子對教育，對政治，仍與孔子儒家有吾道一貫先後相承之大義存在。而老子則言之過激。老繼莊後，一如荀子繼孟子之後。後人欲求異於孔子，乃多舉老聃，鮮及莊周。但阮瞻終以「將毋同」三字得掾，見《世說新語》。則中國文化儒道兩家融通和會之大體系，實亦為歷代學人所同契。惟或偏莊老，或偏孔孟，乃若有其相異耳。

《莊子・應帝王》又曰：「明王之治，功蓋天下，而似不自己。」孔子亦曰：「堯舜恭己正南面而已矣，蕩蕩乎民無能名焉。」民無能名，即似不自己。可見莊子與孔子意實無大異。又曰：「化貸萬物，而民弗恃。」此語尤有深義。中國人言教，每曰教化。言治，每曰治化。言天地，則曰造化。化待萬物之自化。《大學》言：「自天子至於庶人，一是皆以修身為本。」修身即自化，故曰：「反求之己」，「盡其在我」，則在外無所恃。西方人必求恃於外。希臘經商恃財力，羅馬整軍恃武力。直至近代資本主義恃財力，帝國主義恃武力。宗教恃上帝，科學恃自然萬物，必在外有所恃，此在中國謂之霸道。中國尚王道。《孟子》曰：「霸者以力服人，非心服也，力不足也。王者以德服人，心悅而誠服之也。」尚德必修之身。韓愈曰：「德者，足於己無待於外。」故能弗恃在外。則莊周道家言，實與孔孟儒義無大殊矣。

〈應帝王〉又曰：「南海之帝為儵，北海之帝為忽，中央之帝為渾沌。儵與忽相遇於渾沌之地，渾沌待之甚善。儵與忽謀報渾沌之德，曰，人皆有七竅，以視聽食息。此獨無有，嘗試鑿之。日鑿一竅，七日而渾沌死。」七竅在〈養生主〉謂之官知，目視耳聽，求知皆在外。渾沌非無知，惟知在一身，融通和合，乃全體之知，非分別之知。若果無知，則何以能善待儵忽，此即儒家所謂忠信之德。忠信非無知，亦乃一全體知，非部分知。死生存亡均已融為一體，何論人己物我。曾子曰：「為人謀而不忠乎，與朋友交而不信乎。」渾沌善待儵忽，即此忠信之德。《莊子》德者成和之修，其言修德即猶儒家之言修身。忠信所以成和。而有子言：「禮之用，和為貴。」渾沌之善待儵忽即是禮。而《老子》又曰：「禮者，忠信之薄而亂之首。」則又拒禮於外，引而遠之矣。存之內，斯為忠信。表之外，斯為禮。禮即內外一體，寧有表之外而無存之內者。不忠不信即非禮。《老子》又曰：「六親不和有孝慈，國家昏亂有忠臣。」但孝慈即六親之和，忠臣亦所以成國家之治。《老子》又曰：「同謂之玄，玄之又玄，眾妙之門。」玄同猶言渾沌，《老子》言乃眾妙所出，此猶近《莊子》。《老子》又曰：「古之善為道者，非以明民，將以愚之。」此則又失渾沌玄同之義，《莊子》斷不為此言。惟曰「大巧若拙」，大智若愚，則庶近之。故渾沌乃大智之謂。視聽食息之知，外取於物，內供之己。物我別，人己亦別。近代個人主義之功利觀，一切皆賴七竅之分別知，而渾沌之全體知則已死。《莊子》之言，仍必會通之於儒義，乃得其真解。

西方人求知重分別，乃尚空間擴張。中國人求知重和合，乃尚時間綿延。儵與忽，即指時間之無綿延而言。惟渾沌全體無分別，乃能綿延。中國自黃帝、堯、舜迄於今，綿延四五千年之久，仍然一中國，則惟渾沌之化。西方自希臘、羅馬迄於今，則惟儵忽多變，而渾沌則已死。《莊子・應帝王》言政治，其大義亦何異於孔孟。惟儵忽分居南海北海，而渾沌乃居中央，空間不同，氣候不同，生物不同，斯其民族文化亦不同，斯亦一自然，無可奈何。故莊子意，必求為鯤鵬，能作逍遙之遊，庶可以有大知大年。其言不如孔子之親切，有規矩。然能通莊子義，則更能通孔子義。中國民族文化之所謂知，其庶無所大違越於其所謂道。與西方人之言知識與真理，則大相異。

莊子與惠子辨。惠子曰：「人而無情，何以謂之人。」莊子曰：「吾所謂無情者，言人之不以好惡內傷其身，常因自然而不益生。今子外乎子之神，勞乎子之精，倚樹而吟，據槁梧而瞑。天選子之形，子以堅白鳴。」惠施名家，其源自墨來。離堅白，近似西方哲學家言。莊子譏之。西方人求知識，皆求益於生。中國崇德性，即自然。好惡內傷其身，儒家謂之欲。故《孟子》曰：「養心莫善於寡欲。」求知識僅養心之一事。會通而觀，中國文化精神昭然若揭矣。今之求知者，又烏足以語此。

七一　知與情

西方人重知，中國人重情。知自外來，屬分別性。情由內發，屬和合性。孰輕孰重，人生隨之大異。

人之外界所知，萬事萬物，各有分別。即就能知言，目知色，耳知聲。目不能知聲，耳不能知色。則能知在我，亦有分別。今問目何以能視，耳何以能聽，則我不知，非習生理學、醫學、耳目專科者不能知。即治生理學、醫學、耳目專科，所知亦有限。耳目病求醫，不能治者尚多。則人雖能視能聽，實不知其何以視何以聽。

抑人生非為求視聽乃生此耳目。嬰孩墮地，已帶此耳目俱來。嬰孩何知，亦有目則視，有耳則聽而已。豈不在知之後面，仍為一不知。

人身外有五官，內有臟腑。臟腑更非所知。如胃腸主消化，並所不見，何知其若何為我消化。即胃腸專科醫生，所知亦有限。故胃腸有病，亦每不能盡治。

人之一身，近代知識所不知者何限。至於如何由此一身，而成其為一我。而我此百年之人生，自西方學術界言，則又有心理學、人生哲學、宗教神學種種分門別類之研究。而至今仍是一謎，未有明確之解答。

中國人重情不重知。孔子曰：「知之為知之，不知為不知，是知也。」人之知，必當同知其所不知。而知與不知融為一體，道家名之曰自然，儒家稱之曰天。我之為我，乃由天命自然。一天人，合內外，樂天知命，主要在其情。五倫之情，在此不詳言。

西方小說中有魯濱遜飄流荒島，無所用其情，但必用其知。何以得生存在此荒島上，則一憑其知。其實今人處紐約倫敦巴黎各大都市，百千萬人群麕集，亦何嘗不如魯濱遜之飄流荒島。今日四五十億人類，群居在此交通便利之現世界，又何嘗不如魯濱遜之飄流荒島。惟魯濱遜一人在荒島，其為生活則易。今日世界則如四五十億魯濱遜同居一島，其生活則殊難。今日不知明日，且度今日，則已竭吾知而無遺。

今則稱之曰個人自由主義。然如何得成其為個人，又如何得完成其個人之自由，則恐非今日人類所能知。科學發達，有電腦，有機器人。電腦可代我記憶，供我諮詢。機器人可由我役使，順我指揮。電腦機器人勝過人腦人身。何以故？電腦機器人無個性，無感情，無欲望，乃可一任我之支配與命令。果使魯濱遜在荒島亦隨身有電腦與機器人，豈非一大方便。然在今工商大群中，運用電腦與機器人，不啻以電腦來戰勝人腦，以機器人來代替真人，今則稱之曰戰勝自然，克服自然。但世界四五十億人，同是一自然。即我個人，亦仍是一自然。自然可戰勝克服，則人類將盡，而我個人又何以獨得存在。此雖不可知，實亦可知，可不煩深論。換言之，此種人生，只是以知來戰勝克服不知，而知與不知實為一體，不知無以為生，僅知亦無以生。此仍是一天命，亦仍是一自然，則雖不知而亦可知矣。

今再換言之，能知當前，安之樂之，斯已矣。此為重情之人生。必求戰勝當前，克服當前，不安不樂，以期求於將來之明天，此為重知之人生。而明天之不可知，則更過於今天之當前。則重知人生必深陷於不知中，宜為可知。

清末嚴復派赴英倫學海軍。西方知識重分別，學海軍亦當專心一意學。乃嚴復轉而寄情於英國其他各項學術思想，歸國後盡力翻譯，如穆勒父子之哲學，斯賓塞之社會學，亞當史密斯之經濟學，達爾文之生物學，及法國孟德斯鳩之政治學。在嚴復之意，此等學術思想皆可指導輔助吾國家民族之前進，或更勝於海軍武力。嚴復不知此乃以中國人心情來治西學，在西方則分門別類，各擅專長，豈可以一人精力盡通此諸方面。當時國人讀嚴復所譯，豈能由此進窺西學。知識重分別，不僅當前與將來有分別，此方與彼方亦同樣有分別。不知重分別，即不知西方之為學。

同時有辜鴻銘，生於南洋檳榔嶼，自幼即進英文學校讀書。長而遊學歐西，兼通英、法、德諸國文字。又通拉丁文、希臘文。西方書無所不讀。但專愛本國古典舊學，崇揚孔子《春秋》，與《語》、《孟》四書。辜嚴皆以中國人治西學，不失當時中學為體西學為用之大義。西方人則敬其學之異，而中國人則不知其淵源宗旨之所在，成為一時之怪人。

繼之有胡適之，亦以青年留學美國。先學農，又改治哲學。歸國後，宣揚西化唱為新文化運動。自稱服膺美國杜威哲學，則當終身任一大學教授，庶不失西方學者典型。宣揚西化，可收躬行實踐之效。但適之於中西雙方文學、史學，皆稍窺藩籬，未能深入。乃肆意卑中揚西，批舊崇新，昌言高論，漫無防戒。其於西學，獨尊民主政治，名之曰德先生。又尊自然科學，名之曰賽先生。其於哲學，則斥之曰玄學鬼，主張哲學關門。其於宗教，則鄙夷不談。但文化當論全體，崇洋西化，豈能蔑去宗教哲學於不談。西化重知識，貴專門。各務一項，亦屬自由。適之為學，似偏於通，不尚專，誠是中國風範。故適之似仍不失為一愛國家愛民族之通人，但其求對當前國家民族學術上之改進，先則主張提倡白話，廢止文言。又繼之以打倒孔家店，以非孔反孔作號召。其於知識是非姑不論，其於情感愛憎，則頗似失常。

陳獨秀與胡適之相友好，同為當時新文化運動一唱導主持人，乃一變而信仰共產主義。共產主義亦近代西方思想一支流。但如何以共產主義來改進中國，則千頭萬緒，問題複雜。此須長時期知識研尋，豈得如宗教，只求信仰，便即實現。則陳獨秀最多亦仍是一愛國家愛民族，重感情尚實踐，與胡適之同為一未失中國傳統之時髦學人，如是而已。

當時新文化運動，陳胡以外，尚有人主線裝書扔毛廁，或主廢止漢字，改用羅馬拼音。不得已則主漢字簡化。不讀古書，乃為惟一已見之成效。即尚有攻讀，亦多趨專門化，乃無所謂經史子集，而哲學家、文學家、史學家等種種稱呼出現，學術思想之西化，此可謂其第一步。

中國人做學問，不重分門別類，更重會通和合。非為求知，乃為求道。所謂道，主要為人道，為人與人相處之道。其惟一基礎，為人與人之一番同情心。故中國人所謂道，則必兼情。本於情，始見道。西方人求知在求真理，真理在外面事物上，故重客觀，不須兼以情。以情羼之，易失真理。中西求知態度大不同，而所知亦不同。中國人言修身、齊家、治國、平天下，皆屬道。人人同有身、家、國、天下，則其道大同。豈得分門別類以為學，而知識遂亦無門類可分。

姑舉最顯見者言，漢代司馬遷著為《太史公書》，今稱《史記》。自稱其書一本孔子《春秋》精神。然孔子《春秋》入經學，司馬遷《史記》入史學。中國經、史、子、集之分類，乃就其成書體裁言，不指其為學途徑言。若言為學途徑，則惟有一道。其道係何，曰為人之道。達此道，則非學問，非知識，惟其人而止。

唐韓愈以文學名家，但愈之自言曰：「好古之文，好古之道也。」文以載道，乃亦近代國人所詬病。其實中國傳統，文學自《詩》、〈騷〉以下，無不各歸於道。絕不許違道以為文。凡稱文，必通道。如言文化、文明、文教、文章，豈得分門別類，獨出一途徑，以成為文學。

宋代朱熹所著書，分別列入經、史、子、集四部中。然則朱熹之學，乃經學，抑史學，抑文學、哲學，抑渾沌含糊，不知門類，不明家派，以自成其學乎？以近代國人治學眼光來論朱子，則或稱朱子治哲學，或稱朱子治文學、史學，又別稱朱子治經學，則朱子可謂不知學不成學，乃雜學，亦無學可言矣。

其他中國一切學人全類此。如歐陽修，究為經學，抑文學，抑史學，或別有其一套哲學，甚難判定。又如唐代陸贄，是否得稱為一經濟學者。宋代鄭樵，是否得稱為一社會學者。三國時諸葛亮，明代王守仁，清代曾國藩是否得稱為一軍事學者。求把中國學人分門別類，納入西方學術規範，將見甚難安排。則中國民族，中國文化，豈為一無學無知之民族，無學無知之文化。則豈不又貶抑之過甚。

又如孔子言：「辭達而已矣。」又曰：「言之無文，行之不遠。」則文辭非可獨立成一項學問，乃以表達心情，而有文辭之修飾。文辭僅為一工具，中國古人稱為藝。故詩言志，言之不足則歌唱之，歌唱之不足則不知手之舞之、足之蹈之。則歌唱音樂與舞蹈皆一藝，而又與文藝相通一貫，融和會合，又增之以臉譜、服裝、彩色圖繪。如近世所傳播流行之平劇，不得不謂其亦是一項藝術，但亦不得謂其非一項文學。若必分別論之，則果為藝術，抑為文學，豈不又成一爭辨，而亦無可判定。故中國學術皆必通而為一。而西方如文學、音樂、繪畫、舞蹈，則皆可分門別類，互不相通，各自獨立。其和合乃偶然，其分別乃正途。此則與中國顯有異。

近代國人必稱中國無科學，而英人李約瑟乃著為《中國科學史》一書，歷舉史實，絕非空言。而在中國語文傳統中，則並無科學一名詞。李約瑟書稱中國科學源於老莊，其言是非，此不論。但《老》、《莊》書中，絕無科學一詞，是老莊不知有科學可知。老莊書中亦論及政治社會經濟，並及宇宙萬象。近代國人則多稱老莊為哲學。然哲學一詞，亦如科學，均不見於中國學人之稱述。則莊老亦不知有哲學一項可知。然則以西方觀念言，莊老究為何等一學人，豈不仍當為爭議一問題。

西方人既重分別之知，遂多分別之名詞出現。如論政治，西方有神權、君權、民權之分。中國傳統政治，於此三類中當屬何類，已成一問題。論社會，中國本無此名稱。在西方則有農奴社會、封建社會、資本主義社會諸分別。中國社會又當納入何項，亦已成問題。依西方傳統觀念言，依其重客觀分別之知言，則當為中國政治、中國社會另立新名稱，始為得之。否則中國人以前不知有西方，西方人以前亦同樣不知有中國。西方以前所分別，本未包括中國在內。今求以此等已成名詞勉強把中國納入，斯即為不客觀，不科學，亦可知。近代國人崇慕西化，惟當列中國於化外，始為得之。又豈得即化中國為西方，而一體加以論列。其決不符真象可知。

中國人重情，但西方人亦決非無情。中國人求知，與西方有不同。西方人求情，亦與中國有不同。此則仍是雙方一文化異同。如最近波蘭事變，西方人對之豈得謂無情。波蘭內部起此事變，又豈得謂波蘭人無情。果使中國古人處今日之波蘭，又將何以為情，何以自處，此則又有一分別，當提及。

西方人重知，重空間。中國人重情，重時間。西方人重擴張，中國人重綿延。歷史不同，在中國歷史演進中，當不致有如今日之波蘭。今再扼要言之，人生乃一綜合性。幼年、中年、老年，同是此一人，同是此一生。農人、工人、商人，亦同是一人。一切生活事業，可以隨時隨地而異。其同是一人生，則無可分別。西方人重知重分別，乃疏忽了此綜合性。如農業轉為工商業，西方人必認為乃人生一進步。故西方人昌言平等，而必於人生各方面，加以種種分別，成為一不平等。亦可謂西方一切知，乃不知此真人生。既所不知，復何有情。中國重情，乃為對此人生有真知。一旦面對西方人生，亦所不知，則宜乎其亦不知何以為情矣。如今日之波蘭，無論其為波蘭人，或非波蘭人，凡所表現之一切情，均可謂非人生真情。徒有情，而此邦之人生則終趨於日亂而無可救治，亦宜矣。

今日之波蘭人，果能動其真情，則波蘭共黨政權之軍事統治，宜亦可漸趨解消。波蘭四圍之非波蘭人，果能亦對波蘭動真情，則波蘭內部之亂，宜亦可漸趨於平息。欲速則不達，重情則知忍知讓，知緩以待之。飄風驟雨不終朝，而何是非強弱之足爭。今則爭是非爭強弱，亦無奈其無情何。則飄風驟雨雖不終朝，仍將復起。第一次第二次世界大戰後，或仍將有第三次之大戰繼起，亦惟此之故。

然則求當前世界人生有一大轉變，先當變其情，而非變其知。惟情乃可和，而知必出於爭。對此情與知和與爭之兩面，中西雙方觀念各不同。此則以中國觀念言，此情實乃一仁，惟知仁，乃得為大智。非仁且智，何以救世界救人類。其果有當乎，世人賢達，尚其平心衡論之。

七二　修養與表現

國人自慕西化，民族傳統備受譴責，但尚稱讚我民族之同化力。西方尚分化，古希臘以一半島城邦分裂未能成國。近代英倫三島，英格蘭、蘇格蘭、愛爾蘭各自分張。海外殖民，美利堅、加拿大、澳大利亞各自獨立，難於再合。全歐洲亦分數十國。此與中國傳統，一趨分，一趨合，顯見不同。中國人重內心修養，西方人重向外表現。此當為其主因所在。

重修養，每求親近人。重表現，好作相互比較。人之有群，宜相親不宜相較。其義淺顯，勿煩深論。西方如奧林匹克運動會，淵源古希臘，一步一跳，盡作比賽，蔚成國際風尚。個人表演，勝者固若有榮。其於群道，究何意義價值可言。

中國人崇尚孝弟忠信，非與人相爭，亦非自我表現。內盡己心，君子闇然而日彰，他人心悅而誠服。聲聞過情，乃己之恥。對人即以立己。人己輕重之間，一施一受，於其深處有大分別，此誠群道之大者。

西方人重己，求表現，不重人，不憚相爭，乃日趨於分化。如販賣黑奴去美國，亦已數百年之久。林肯總統解放黑奴，引起南北戰爭。解放後，為爭選票，黑人屢加優待。但美國人輕視黑人心理，則終不變。一住宅區，偶一黑人家庭遷入，同區美國人即相率避去，轉瞬成為一黑人區。最近風氣猶如此。但儻一黑人，拳壇出賽，榮膺拳王寶座，或則以歌唱稱后，美國人亦競加重視。猶太人在商業上有表現，美國人始終重視之。則能爭始見重，其群乃成一相爭之群。相爭求成群，則尚法。惟國際則尚無法。

世界第二次大戰，德日為美之敵，英法為美之友。大戰既平，德日商場競爭之利勝於英法，乃轉成美國之友。故能相爭，能為敵，始成友。西方傳統如此。今日西方群相呼號者有三語，曰自由，曰平等，曰獨立。自由乃求獨立，獨立始見自由，此之謂平等。凡所表現，皆一種獨立相異之表現。一國一家一人皆然。故其群必日趨於分化。

中國武術，播之銀幕，西方群相豔羨。然中國人登武當山，進少林寺，潛隱終身，武術亦人生一修養，不為爭表現。擂臺爭霸，乃江湖上事，少林武當中人所不為。今銀幕電視所表演之中國武術，則亦全為一種比賽，已非中國傳統精神。中國遠自唐代，酒樓旅館亦有歌伎，侑酒娛賓，亦寓有一種友情。亦有絕佳韻事，散見於詩詞傳奇小說中。非在大庭廣眾中，作自我表現者可比。

中西雙方在學術上，亦有修養與表現之異。中國學問重修養，修養有得，乃以立其己而公之人。孔子學不厭，教不倦，乃曰：「人不知而不慍。」道家亦云：「知我者希，則我者貴。」自我表現，求知於人，豈得稱為學問。中國五倫，所重在對方，修養則歸之一己。學問亦盡在此。不惟儒家然，諸子百家亦無不然。墨家兼愛，偏重對外表現，後世不傳。道家最不重表現，乃得與儒家並尊。學於人，問於人，自稱弟子。孔子曰：「有朋自遠方來」，則以朋友視來學。韓愈亦稱：「師不必賢於弟子，弟子不必不如師。」孔子更稱後生可畏。要之，中國人重謙重恭，此皆人生一種修養美德，豈有相輕敵視以作自我表現之意。

西方自古希臘起，文學、哲學、科學諸項，皆貴自創造自表現，不貴向人學向人問，更不貴謙恭向人，以虛自居。來學來問者，亦同貴創造表現。故曰：「我愛吾師，我尤愛真理。」哲學家論學著書，必貴自表現，能有新名詞新解說。又貴有邏輯，使人無可爭，無可辯。科學則必求證據，證據亦為表現，使人無可爭，無可辯。文學則講於道路，演於舞壇，聽者觀者群集，能事畢矣。其重己輕人之表現，豈不昭然若揭，又何修養之云。故在西方亦可謂無學問，無修養，無傳統，亦如在奧林匹克運動場，敵對比賽，各自表現，如是而已。中國師弟子相傳習，稱為一家言。此乃長老後進之相傳。西方則分門別類，惟我獨尊，亦稱一家言。此乃一己之專門。學術如此，政治亦然。近代民主政治，其情益顯。分黨競選，演說宣傳，亦各自表現，相互為敵。今人則稱之曰政治運動，斯真情實宛符矣。

西方自古希臘起，政治場合重演說，此即一種表現，貴在能針對異方，以求一己之勝利。中國傳統政治重奏議，如賈誼〈治安策〉，精思熟慮，杜門撰寫，此則須先有修養。歷代名人奏議皆由其學問修養來，非作自我表現，更非與敵相爭。即如董仲舒三年目不窺園，其天人對策，亦自抒其日常學問之修養。其主張罷黜百家，何乃是與百家爭。其在事先亦不待結黨求勝。用之則行，捨之則藏，此為在己之修養。若有表現，即表現其平日所修養。而修養則非為求表現。讀《論語》四子言志吾與點也章，可知其大意所在矣。

中國人不求表現，更有深意。伊尹五就桀五就湯，乃曰：「我將以斯道覺斯民。」所重在道，道為人不為己。伊尹處畎畝之中，而樂堯舜之道以自任。其學問即修養。故曰：「隱居以求其志，行己以達其道。」其志在道，不在自我表現。其所表現，乃為道義。孔子曰：「不仕無義。」又曰：「四十五十而無聞焉，斯亦不足畏也已矣。」修養在我，宜必有聞。故曰：「不患莫己知，求為可知。」患莫己知，則須表現。求為可知，則貴修養。子夏曰：「仕而優則學，學而優則仕。」斯則修養始有表現，表現仍須修養。兩者之別乃如此。

中國人言一視同仁。同一己，同一群，寧可橫加彼此，又必輕彼重此。中國人又曰：「夷狄而中國則中國之，中國而夷狄則夷狄之。」此亦非以中國與夷狄相敵視。但望夷狄能進入中國，則亦一視而同仁之。苟其不為中國，必為夷狄，則放之四海不與同中國。故修養同，表現同，乃得同群同仁。修養異，表現異，苟為不義，即不得視為同仁。春秋戰國時，居民有自由遷移權。不願留此國遷往他國，政府不之禁。孔子周遊齊、衛、陳、楚諸邦，然魯政府不之禁。梁惠王問孟子，鄰國之民未加少，梁國之民未加多，其對移民之一任自由，視春秋益寬放。中國人於列國之上又有一天下觀念。所謂同中國，實即是同天下。故中國封建時代，實已是天下一家時代。如西周封建，其與周同姓之諸姬，與周通婚姻最密如諸姜，其為一家可勿論。興滅國，繼絕世，凡同屬中國歷史傳統，在先有貢獻，亦同獲封建，則中國一家，亦即天下一家可知。此猶一己修養。同此道，乃得表現為同此仁同此群。

然亦有即為同姓，血統雖一，而其風俗人情不能相同者，則不加封建，視為夷狄。即如狐姬驪姬，同一姬姓，亦為夷狄。故在中國封建時代，雖重宗法，更重文化。浸染於同一文化傳統中，即同為中國人。不然則為夷狄。主要在農業與游牧之相異。以政治立場言，則在封建與不封建。以同屬人類言，則夷狄諸夏亦得一視同仁。明於此義，則夷狄而進於中國則中國之，宜毋詫怪。秦代以郡縣政治統一中國，此乃政治體制之變。若論社會，則車同軌，書同文，行同倫，已同屬一道。此則為中國歷史上一大進步，即中國古人之一視同仁以天下為一家之觀念有以致之。

秦漢時代，夷狄強鄰有匈奴。當時中國人認匈奴為夏代之後，仍與中國同血統，乃遠移而至蒙古沙漠。惟匈奴以侵略為懷，而中國則以防禦通商和親懷柔為對策。漢武帝時，始肆撻伐。其南來投降者，則仍處之中國境內，亦希其漸能同化為中國人。直至東漢之衰，魏晉之變，五胡亂華，在當時即不啻是中國之內亂。五胡之間，界線分明。而胡漢合作，在中國人則不加歧視。每進益深，乃有北魏孝文帝之南遷。隋唐之世，中國乃復歸於統一。從政治論，則又是一大變。而從社會論，則遠自漢末，始終是一中國社會，一線相承，不得謂之有大變。

專論漢唐兩代，政治社會傳統依然可謂無大變。但魏晉以下，則歷史之變不得謂不大。尤其在北方，王猛仕苻堅，其心亦求北方之安定，屢勸苻堅勿南侵，則其好好做一人之一番中國文化傳統修養，豈不深植心根。其他類似者，史書具在，難於縷述。曾子曰：「為人謀而不忠乎，與朋友交而不信乎。」孔子曰：「言忠信，行篤敬，雖蠻貊之邦行矣。言不忠信，行不篤敬，雖州里行乎哉。」親如州里，疏如蠻貊，忠信之道則一。當時北方胡漢合作，亦有忠信之道存乎其間。此亦中國文化傳統修養表現之一例。

至北周蘇綽，觀其文辭，及其施為，雖在夷狄，不失其仍為一中國人之傳統精神，則益明益顯。下迄隋代，王通居河汾，作為《文中子》一書，其所表現，亦即中國文化傳統之一番極深修養，讀其書而可知。唐得承漢起，主要在從此等處求之。中國最能同化人，然亦最不易為他族人同化，自有其一番文化道義傳統。從歷史論，自見有一番表現，而主要本源，則在各個人之修養。豈僅望事業功名之表現所能到達其境界。故一部中國史，實即一部中國人之修養史，而豈表現二字所能盡。

唐代安史亂後，藩鎮割據，下迄梁、唐、晉、漢、周五代，中國與夷狄重見分裂。人物修養，有不如五胡北朝之中國人，然亦未有絕跡。宋代興起，在遼在金，仍有不失傳統修養之中國人參其間。如元好問，仍為一中國傳統大詩人，非有修養，則決不得有此表現。其所修養，雖在當身當境，而上有千古，下有千古，有其一大傳統之存在。苟其僅求一己一時之表現，則必出於爭，無待於修養。故重修養，必能讓而退藏。希臘亡，希臘人又烏得與羅馬爭，則亦無可表現。而元好問則得在金人統治下，成一中國大詩人，仍有其代表中國之特殊表現。其他類此者不遑舉。元清兩代，蒙古滿洲入主，而中國社會可以傳統無變，一如其恆。其表現傳統文化之人物，更不勝縷舉。故中西歷史不僅分與合不同，其盛與衰亦不同。西方人好爭，其歷史乃衰而不復盛。中國人好讓，其歷史乃屢衰而屢盛。此又一相異。

最要者，表現不可傳，而修養則必有傳。求表現必各求創新，推翻前人，即其己之表現。修養則多依前言往行修之己，養之己，善與人同，樂取於人以為善。孔子曰：「三人行必有吾師焉。擇其善者而從之，其不善者而改之。」則不善者亦吾師，盡人而吾師矣。其弟子曰：「夫子何常師之有。」子欲居九夷，其弟子言九夷陋。孔子曰：「君子居之，何陋之有。」獨學而無友，則孤陋而寡聞。以一中國人居夷狄，依中國文化大統，夷狄亦盡可為師。此乃中國人修養之道。隱居以求其志，行義以達其道。人能宏道，非道宏人。宏道在己，貴有修養。所宏者道，敦行實踐，而豈自我表現之謂。

儒家重言仁，即人道。道家重言天，即自然之道。天地之大德曰生，人類亦由自然生。我之得為一人，必於天道人道有修有養，使在我無忝，斯已矣。同於天與人者大，斯之謂大道。同於天與人者小，斯之謂小道。唯道家言天，範圍大。儒家言人，範圍小，但更親切近人。道則決非自我一人之道，乃大群共遵之道。故道必傳自已往，以及於將來而有統。富貴財力，則不能有傳統。即中國古代封建傳統，亦以宗法之道為之主。惟其傳在宗族，故必尊祖先。如商傳湯道，周傳文王之道，血統之上必有道統。中國人言孝，非謂依順父母。父母不道，能納之歸於道，始是大孝。《老子》曰：「立天子，置三公，雖有拱璧以先駟馬，不如坐進此道。」則大忠亦如大孝，忠其祖即孝其親。忠祖孝親，即道之所在。道有常有變，亂世尤易見。惟能撥亂，始有小康。而大同則仍在將來。故中國人重修養，其所表現則在更遠之將來。一人如是，家國天下皆然。

東漢轉而為魏晉，世衰道微。印度佛法東來，中國僧人幡然歸之。視西土印度為中國，自居為夷狄。佛之一言一行，彌不勤搜廣羅，以學以問，以修以養。積而久之，乃覺佛說紛乘，不得其中心所在。陳隋以下，中國僧人乃有判教工作之興起。從各經典各異說中，加以組織，加以分別，以求其統之所在。遂有天台華嚴兩宗，一主內，一重外。一為一心三觀說，一為理事無礙事事無礙說。所持不同，難為再判。於是乃有禪宗，不立語言文字，惟主一悟。學問乃專在修養上，即身可以成佛，立地可以成佛。其說瀰漫全國，歷宋元明清長時期不衰。又有淨土宗，只一聲南無阿彌陀佛，聲在即心在，一生唸此，亦即此心之修養。所學在是，所問亦在是，不待再有學問。故禪淨合一，乃見佛法之中國化。一自然，一人文，自悟自發，正可見中國文化傳統主要精神之所在。

今若以孔子、釋迦、耶穌並稱為人類三大教，釋迦似乎最重思維，最重自由。菩提樹下枯坐不起，此即在自由思維。傳其教者，亦各人人自由思維，自由創造，自由表現，而其傳終不大。佛學乃終於在印度失傳。耶穌教則歷中古時期以迄於今，其門徒組織有教會、教廷、教皇，主要在能結合成一團體，能爭能鬥。亦可謂佛教史乃一部自由思維史，耶教史則為一部集團鬥爭史。穆罕默德繼耶穌而起，其徒一手持《可蘭經》一手持劍，其鬥爭精神乃益顯。孔子之教則在修養上，學而時習之，學習即修養。有朋自遠方來，同講學，即同修養。自修自養，故人不知而不慍。禮有來學，無往教。孔子學不厭教不倦，然亦來學則教，非登門強教。故孔子非教主。釋迦近如西歐一哲學家，然必出家離俗，故終為一教主。佛在教人思，耶穌在教人信，孔子則教人修教人養。此為儒、釋、耶三教之大分別。惟修養中仍有思有信。耶、釋兩教亦各有其修養。論其表現，則耶穌之釘死十字架上，釋迦之離家出走坐菩提樹下，孔子較之，凡所表現乃最不驚世而動俗，亦最為平易而近人。孔子之告其門人曰：「我無行而不與二三子者，是丘也。」斯其表現仍在大自然日常人生中，但有其一己之修養而已。中國社會與印度西歐之相異亦在此。

西化東來，最早已在晚明之衰世。其大量東來，則在清代之衰世。嘉道以下，中國社會即有變亂。使無西化之來，清政權亦必崩潰，此即觀於中國史之傳統而可知。惟西化強勢逼人，印度佛教遠非其比。晚明時西人東來，尚見東方而生慕。晚清時西人東來，則見東方而知易加輕侮。而中國人之嚮慕西方，亦遠勝於其嚮慕印度佛法。好學心切，樂取於人，亦中國文化傳統之內心積習。一百年來，自身內部變亂日烈，鬥爭無已，則亦西化使然。

西方文化主自我表現，彼此相爭。空間然，時間亦然。後人之於古人亦無不然。故有新無舊，無傳統。若謂有傳統，則惟爭求表現之一事。文化愈進步，表現愈新奇，鬥爭愈激烈。迄於最近七十年，兩次世界大戰接踵繼起，其結果在西歐本土則已意衰力竭，相互間之鬥爭無可有新表現。而美蘇二強，則在西歐本土之外，乃為舉世相爭主要之新對象。國人崇美崇蘇，亦成國內一新鬥爭。果能急起直追，迎頭趕上，西化成功，則當為中美蘇三強鼎力相對之鬥爭。而就中國一國言，則實即一種內亂。加入西洋史，則不啻即美蘇之相爭。情勢顯然如此，其果為已走上西化道路否，亦誠值近代我國人之深思。

湯之盤銘曰：「苟日新，日日新，又日新。」乃言修養，不言表現。上自三代，下迄漢唐，中國人文傳統，亦各有其日新又新之景象。然乃日新於平安，非日新於鬥爭。西方人乃謂中國文化傳統至唐而息。其實就中國社會言，宋元明清四代，依然有其日新又新，而人物修養之新，猶有過於漢唐。北宋新舊黨爭方興之際，周濂溪教二程兄弟尋孔顏樂處。私人德性修養，乃更出於公眾政治表現之上。宋明理學遂為此下中國社會奠新基。程朱言涵養，象山則言先立乎其大者，陽明言事上磨練。陸王所言工夫較淺，然其重內心，不重向外表現則同。若重表現，則必論方法，不論工夫，此其別。

中國近代之崇慕西化，倘亦能如陳隋以下佛教之有天台、華嚴、禪三宗繼起，西化仍轉為中國化，晚清儒有中學為體西學為用之說，庶乎近之。一切相鬥相爭之商品武器，凡屬科技，亦皆包涵在我傳統之意義與價值之內，而一由我之文化傳統加以運用，則宜可為利而不為害，此亦利多而害少。有志治中國史者，當求之魏晉南北朝，當求之五代宋初，當求之元清之入主。孟子所謂天之將降大任於斯人也，願我國人賢達其勉之。

七三　為政與修己

天運循環，一治一亂。人生在宇宙間，其本身即是一大自然，何能自逃於此天運循環之外。自個人言，有生必有死。自大群言，有治必有亂。惟雖有死，仍能生生不息。雖有亂，仍能治道常興。則人生與宇宙同其悠久，而可日臻於廣大與高明。中國文化傳統即具此理想，而一部中國史，亦即可為之證。

自黃帝、堯、舜、禹、湯、文、武迄於周公，已幾經治亂。周公制禮作樂，而天下大治。但自平王東遷，天下復亂，雖齊桓晉文迭起稱霸，稍挽狂瀾，而終不能返之治。孔子起於魯，講學明道，以今語說之，謂之思想自由。墨翟楊朱繼起，群言紛擾，思想界亦臻於亂。隨後有莊周，思加澄清，乃求以人生回歸大自然。〈內篇〉七篇，首〈逍遙遊〉，即主擺脫人群束縛，以翱翔於大自然中。次以〈齊物論〉，則高置大自然以駕於人文儒墨之上。此下五篇，首〈養生主〉，終〈應帝王〉，先從個人小己立腳，最後躋於大群天下之治。亦可謂其先猶楊朱之為我，而其終則墨翟之兼愛。莊周之意實已和融楊墨而為一。

其實周公制禮作樂，本從大群政治著想。其先黃帝、堯、舜以來，亦大體如是。孔子始改從下層在野個人小己為起點，故曰：「用之則行，捨之則藏。」人群大道先立諸己，出處進退則以隨時宜。莊周之意，實無違於孔子。惟偏人文，偏自然，儒道之歧乃在此。要之，此乃中國思想在當時一大轉變。先小己，後大群，此一態度，孔子啟之，莊子承之。孔子以前，如伊尹伯夷柳下惠，乃至如傅說、膠鬲、箕子、比干諸人，莫不供其身於大群人生，則不免以上層政治為務。否則為一小民，無以自表現。自有孔子，始於上層政治外，乃可自有一己獨立為人之道，以遯世而無悶。中國人文大傳統，於是乃開始有一新道，先有己，後有群。其門人弟子贊之曰：「孔子賢於堯舜。自有生民以來，未有如孔子。」

孔子曰：「古之學者為己，今之學者為人。」其實自孔子始，乃始有為己之學。伯夷、叔齊、柳下惠，又豈得謂盡是為己之學。至如莊周言許由務光，古代是否確有其人尚待考。介之推逃藏山中，僅為不願受賞，不得謂之隱居以求其志，與閔子騫之「則我必在汶上」不同。孔子教人隱居以求其志，亦必行義以達其道。人群除政治外，固可別有道。而莊周之道，則終與孔子不同。

亦可謂有道家，而從政以外為己之道乃益廣。惟儒家之辭受出處進退，較之道家乃益大。

孔子之後有孟子，發揮孔子之道益明益顯。其曰：「人皆可以為堯舜。」不指從政言，乃指為人言。政亂於上，身修於下，其道仍在，而其群終可以不敗。繼莊周有老聃，其書又偏言政治，實不如莊周之逍遙。故莊老同言自然，而莊周尤深遠。荀子繼孟軻而起，若以孔門四科言，則孟子應屬德行，而荀卿當列文學。以注重政治言，則荀孟之比亦如老莊。孟子後又有鄒衍，意欲會通莊周，以一陰一陽之道來言政，唱為五行家言。則政本於天，不本於群中之己。通於天而略於人，所言較莊老為益疏。而一時其說大行，則學術思想之晦明升沉，誠有難以究詰者。《易傳》、《中庸》最後起，乃能融會儒道而冶之一爐，然非精治孔、《孟》、《莊》、《老》四書，則亦無以掌握其深旨。呂不韋、淮南王又廣招賓客，欲薈萃百家，折衷一是，而未能達其所志。直待董仲舒起，周孔六經，定於一尊，而其餘百家盡遭廢棄。自孔子以來，則已歷三百年之久。學術定，而政治亦復歸於定。一治一亂，至是而循環復始。

大體論之，漢儒之學，其意所重，為政終過於修己。故孔子亦必依周公而尊。晚漢之亂，諸葛亮高臥隆中，自言：「苟全性命於亂世，不求聞達於諸侯。」於亂世中得全性命，此即孔子莊周修己之教。人知如此，則世亂亦可漸歸於治。而諸葛終許先主以馳驅，鞠躬盡瘁，死而後已。則所修於己者，終以施之於為政。其他如曹孟德、司馬仲達，皆以為政害其修己，而世亂乃不可救。王弼、何休、阮籍、嵇康之徒，則為政意淡，而修己之功則近道而遠於儒。東晉南渡，大抵承此一途而前。門第廕庇之，大政不能上軌道，而猶知修己，終獲偏安。北方門第，亦尚知修己，終得胡漢合作，由亂返治。佛教東來，脫世離群，而一以修己為務，亦於世運有大助。

其時為學，孔子前之《詩》、《書》五經，孔子後之諸子百家，皆歸暗淡，難期昌明。而史學乃特盛。何者？戰國諸子意在開新，而魏晉以後則情尚念舊。既知修己，又得門第廕庇，門第安定則在鄉。故惓惓於家室，戀戀於州里。大群亂，州里未必全歸崩潰。門第親族猶得維持自保，而一己之性命，則猶可苟全。中國人文傳統，至是已積累深厚，則宜其隨時隨地有生機之萌茁。風雨如晦，雞鳴不已。今以兩晉南北朝時代人之筆墨遺傳，言行記載，比之風雨中之雞鳴，宜亦無愧。

唐代興，其時學人，修己從政，有分道揚鑣之勢。政治則復返之兩漢與周孔，而修己之學則由莊老以轉入釋迦，乃有不可復挽之勢。更要者，重視修己，已顯見高出於重視為政之上。風氣已成，有莫知其然而然者。故雖一國之政治最高領袖帝王卿相之尊，其於修己之道，乃亦同尊出世之佛教。中國自孔子以下，有君有師，師或更尊於君。而至是則釋即是師，師即是釋。而中國之儒道兩家，則轉退在師門之外，此則為當時一大問題。

其時中國僧人，乃不斷以中國自己傳統儒道兩家精義融會入佛說，而疊創新義，邁向於中國佛教之建立。先之以天台宗之空假中一心三觀說，又繼之以華嚴宗之理事無礙事事無礙說，以及禪宗之明心見性，即身成佛，立地成佛說。如是乃使印度佛法出家逃俗之修己主義，與中國傳統大群為政之學，解除其隔閡，而大義可潛通。乃有神會和尚創為大會，為政府募捐籌餉，以助政府之興軍平亂。民間之葬親送死，亦必召僧侶參預，出世入世，泯歸一體。而中國社會之師道，乃不啻全讓於寺院，學校則僅為從政人仕一門徑一階梯。此誠中國文化傳統一未之前有之大變。而當時之中國人，則以政治已上軌道，乃於此而忽之。

中唐以下，韓愈起而闢佛，自比於孟子之拒楊墨。作為〈師說〉，以傳道、授業、解惑之大任自居。其所謂道，即孔孟儒道。其所謂業，則修己為政，一以貫之之業。其所謂惑，則時人以修己之學為出世之途，而群奉釋迦為一惑。自有韓愈，而孟子乃得與孔子同尊。中國後世群言孔孟以代周孔，於是修己之學始更駕於為政之上。惟韓愈在當時，實未見有大效。或欲以師道事柳宗元，宗元以蜀犬吠日之喻辭不敢當。是亦可見當時中國社會之一般情況。

有唐一代，論其政治成就，良堪與漢媲美。至其學術，則經史方面，遠不能與漢相比。即較魏晉南北朝，亦有遜色。惟杜佑《通典》，開後世通史之先河，獨步一代，實亦政治方面之貢獻。而子部則更見凋零。惟有佛法，一枝獨秀。當時人雖亦知為政之重要，而修養出世，終為最高期望之所寄。但精力餘賸，對於日常生活，抒情寫意，隨口吟詠，上接《詩三百》之十五〈國風〉，下承漢樂府之遺聲，乃至建安以下之新文學，而唐代之詩文集部，乃冠絕前人，最稱旺盛。韓愈則謂：「好古之文，乃好古之道。」以文傳道，與先秦子部有異曲同工之妙。自宋以後，集部遂成為子部之變相。亦可謂乃子部之支流餘裔。由是經史兩部，偏向上，與為政之學為近。子集兩部偏向下，與修己之學尤切。而韓愈實為古今學術風氣轉捩一主要人物。

自經唐末五代之亂，有宋興起，實可為中國歷史上之文藝復興時代。最先佛門信徒，亦知大群政治不上軌道，即私人出世修養亦無法完成。於是在僧寺中提倡韓愈。而一時士人為學，其修己之功，亦較前人倍見深切。如胡瑗、孫復、范希文、石介，其在山寺苦學之情況，後世競傳為嘉話美談。而歐陽修亦以孤兒崛起，提倡韓愈，蔚成一代風氣，更為中國學術史上一偉績。一時群士治學，莫不以修己為本。出仕從政，其政治理想，則輕薄漢唐，而上慕堯舜三代。更值重視者，則帝王尊儒亦遠過於漢唐。於是而有慶曆、熙寧兩朝之變法。范仲淹慶曆變法遭反對，即乞身引退。王荊公繼之以熙寧之新政，勉其君神宗當為堯舜，勿慕漢唐。王荊公亦治韓愈古文學，而益進欲為孟子，可謂當時一理想政治家。宋代之君，其尊賢下士之風亦益進於漢唐。至如荊公伊川之爭坐講，又史無前例。但古今情勢不同。戰國時諸子皆遊士，一得其君信從，即可大行其道。自漢以下，士人幾已盡入仕途，既群重修己之學，則出處進退，各先定己志，以不屈為高。王荊公同時即有司馬溫公。一重經學，一重史學。荊公重經學，尚理想。溫公治史學，尚經驗，不主張忽漢唐而肆意於前古。一時反抗新政者，多重修己。而奉行新政，則惟朝廷意志是從，轉多功利之徒。於是荊公新政不免失敗，而溫公舊黨繼起，乃亦無成就。而又有洛、蜀、朔三黨之分裂。在野修己之學，與在朝從政之道，如何得相濟相成，得一中道可尋，遂成為中國此下文化演進又一大問題。

繼此乃有新儒學興起。周濂溪著《易通書》有曰：「志伊尹之所志，學顏子之所學。」伊尹志在從政，顏淵學在修己。人之為學，必兼此兩者。張橫渠〈西銘〉則曰：「乾稱父，坤稱母，民吾同胞，物吾與也。」又曰：「生吾順事，沒吾寧也。」則人處天地間，亦如其處家。是亦為政，奚其為為政。修己為政之學，猶是一貫相承。惟濂溪論學多本《易》，橫渠則兼本《中庸》，此兩書皆融會儒道。而明道、伊川二程兄弟，乃更多本之《論》、《孟》。南宋朱子，直接二程，著為《論》、《孟》集注《學》、《庸》章句，以四書代五經。自洛閩以下，中國千年來莫不以孔孟代周孔。宋學與漢學異，主要在此。漢儒終為經史之學，而宋儒乃近子部與集部，修己之學更駕於為政之上。後代學術無以踰之。

惟北宋開國，先已有遼。及金興，而宋南渡。及元起，而宋亡。在政治方面，宋多外患不能與漢唐比。學術方面，則經、史、子、集四部融會宏通，更勝漢唐。群士精力萃於下，尤勝其顯於上。蒙古入主，中國社會依然不搖不變。政失於上，而學存於下。不得謂元代中國儒生不知修己，無志行道。明代之學，皆由元而來。漢宋開國皆無學，惟唐與明乃多擁有開國學人，而明則承自元，尤為難得。但亦有缺。唐代以佛門為盛，而明代學人，則群以在野不仕為高。此雖太祖成祖兩朝對士人用高壓政策有以激成，而此風實遠自元儒來，痕跡甚明顯。故明亦如唐，雖臻郅治，而根柢不深固。學人好隱在野之風，直待無錫東林講學，始求轉振。而滿洲入關，此風終不可挽。

明末遺老多精究經、史、子、集四部之學，而矢志不仕。影響上及朝政，故清政視元，更多循中國傳統舊規。而雍正朝之文字獄，遂又造成乾嘉之儒遠避政治，以漢學自標，而與漢儒通經致用之意，則其趣大異。此乃清學之缺。道咸以下，群士奮身再出。而西風東漸，同光之間，求有所變而未得其道。縱有中學為體西學為用之呼聲，而其所謂中學，則已破碎不全，沉霾不彰，整理乏人，提倡無力，世風亦由此而大壞。

西學與中學異，正在為政與修己之兩端。在西方乃絕無與中國相似之蹤影可尋。西方古希臘，海外經商為其人生最要任務。中國人嗤之為市道。市道之交，乃敵非友，損彼利己，乃商場相交之宗旨。非忠信，無得和合為群。故希臘小小一半島，終不能摶成為國。對內如此，對外愈然。人之無群，則己不待修。最感苦痛者，乃為夫婦一倫。商人重利輕離別，夫婦不能久相聚，他可弗論。故西方文學題材最重戀愛，一若人生真樂趣僅在此戀愛上。但亦如經商，同需向外追求。

其知識界亦主向外追求。亦可謂整個西方人生盡在向外追求中。故其文學、哲學、科學莫非向外追求。與中國人之反求諸己，內修於身者，大不同。羅馬繼起，轉為軍力征服，仍屬向外。中古時期封建社會轉而向內，則惟以堡壘自守，其為無群不相交則一。人生想望，惟在靈魂與天國。及文藝復興，新城市興起。現代國家創始，主要亦惟商業與軍力之二者。非剝取，即征服，精神仍向外。既無為一己之修，乃無為一群之政。民主政治興起，結黨以爭，仍屬向外。惟所爭在國內不在國外，稍有相異而已。中國人言：「君子群而不黨。」結黨與合群不同。中國人之宗法家族門第乃合群，非結黨。又如中國之鄰里鄉黨，乃家與家相群而成。擴大而為天下，普天之下，仍是一群。西方則有社會，社會與社會有別。如馬克斯所分農奴社會、封建社會、資本主義社會、共產社會，有分則必有爭。中國人則言：「大道之行，天下為公。」中國之人群觀，從天地大自然生。西方之社會觀與其黨，則出於人為，仍屬向外爭取。故中國人言群，只言和合。西方人則言組織，或言團結。即如夫婦婚禮，中國先拜天地，西方則必進教堂法堂，求取證明。一由內心，一依外力，是其大不同處。

西方宗教，其教會組織，亦如一政黨。羅馬教廷，亦儼然如一黨之大結合。商業上之大公司大廠家，亦如一黨。軍隊結合可弗論。知識界分門別類，或科學，或哲學，或文學，亦儼如分黨，互不相通。惟專門知識終為少數人所有，而黨則尚多數。故在西方政治上，亦惟知識界最無力量，僅供利用，不作領導。直至今日猶然。即如馬克斯之共產主義，其影響於近代政治者為力至大。馬克斯亦主結黨，而學人結黨，為力終微，亦僅供政黨之利用。故西方共產主義必待蘇維埃列寧興起，乃得盛行。馬克斯之共產主義，僅屬經濟理論社會理論，必待列寧起，始變為政治理論國際理論。此一轉變，豈不顯然。故在今日之西方，尚未見一學人一知識分子出而領導政治。西方人亦深慕中國之考試制度，於是在其實際之政治組織中，乃有專門知識之考試，成為政府中之職業人員。而最高領導，則仍屬於黨。此乃西方傳統大形勢所趨，有未可理解者。為政既不以學，亦未聞學以修己。外不尊其群，內不尊其己，惟在人事上向外尋求，曰富曰強，財力權力，外此則似無明顯之準則與號召。故西方傳統乃終不能擺脫希臘與羅馬之兩型。

近代國人對於西化一心向慕，所謂夫子步亦步，夫子趨亦趨，既竭吾才，必將見有卓爾而立欲從末由之嘆。西方之特立處，乃在其外無群，內無己。若謂有群，則自希臘迄於今，亦歷四千年，而今日歐洲各國林立，仍是希臘都市一變形。大敵當前，僅得一經濟同盟而止。其遷移海外，如美利堅，如加拿大，如澳洲，乃及其他各地，亦各分裂，不相統一。則西方人之不能和合為群，易趨分裂，難得和通，豈不昭然。

再則西方人無己。人之相處，必有對方始見有己。即如夫婦，中國人言夫婦有別。陰陽男女，親而無別，違逆自然，終非久道。西方則夫婦相別勝於相親，離婚自由，夫婦成為一法律上之結合。但法律力量有限，非可團結大群。故夫婦在西方，尚能偕老。至如子女，則成年即離去。後一代人對前一代人，不抱有親切感。西方人之懷念往古，只在留存之物質，人則不再有可親。即如學術，重其著作，更過於其作者，重物不重人。而史學則至近代乃始成立。中國人觀念，人生樂處主要在人與人，不在人與物。故人生真樂最親最近實在家庭夫婦、父子、兄弟之三倫。三倫立，推以至於大群，乃有君臣、朋友兩倫。在政治則有君臣，在社會則有朋友。故中國有己乃有群，為政之道則以修己為本。爭權爭財，決非人生之大道，又何得以為政。

中國人之所以得維繫此群道與己道於不壞者，其主要中心則為師道。在古代，則為孔子，或稱孔孟。在後代，則為朱子，或稱程朱。而中間之轉捩人物，則為韓愈。今則教育亦全趨西方化，有學校，無師道。傳授知識，各尚專門。又貴創造。最顯者如文學。中國文學，亦重傳統。韓愈文起八代之衰，而曰：「好古之文，乃好古之道。」文必統於道，而道則又必統於古。古今不成群，則又何道之有。故中國之群，不僅有其空間性，尤貴有時間性。修己之道亦然。不僅當為天下一士，尤貴能為千古一士。故曰天地君親師，親在家，君在國，而師則在天下。人生乃在天地間。所謂天地間，則古今中外，一以包之。道之意義價值乃在此，群之意義價值同在此，而己之意義價值亦在此。故齊家治國平天下，乃一以修身為本。

韓愈雖稱為一古文家，而其學實通經、史、子、集四部之學以為學。其學不僅上通於為政，而必立本於修己。亦不僅為唐代一文人，乃貫通於全部中國學術史，而為一承先啟後之人物。繼之起者，為宋代之歐陽修，亦會通四部之學以為學，亦本於修己以通於為政以為學。宋代可謂乃中國一文藝復興時代，而歐陽修實有大功。今日則必分別文學於其他各項學問之外，而目為一專門之學，又好今不好古，乃目古文學為死文學，而韓歐乃首在打倒之列，則又何中國學術史可言，又何中國文化史可言。於是今人乃惟知為政有學，而不知修己之有學。乃更不知修己乃為政之本，為中國文化之大傳統。則此下中國之前途，誠有難言矣。

除舊易，開新難。民國以來七十年，慕傚西方民主政治，而政黨制度終不能確立，則新政基礎亦終不得健全。西方政黨施行於小國寡民，猶經數百年之演進，亦惟英國能達成兩黨制，稍樹規模，為其他法義諸國所不逮。美國在新大陸亦能建兩黨制，然自十三州迄於五十一州，亦歷兩百年之久。實亦猶英國之有英格蘭、愛爾蘭、蘇格蘭，同為聯邦制，合之中仍有分，和之上仍有別。而中國則自秦漢以下為郡縣統一，書同文，行同倫，中央政府巍然在上。若謂是帝王專制，則此等專制其中應寓精義，豈不大可為近代所效法。又西方政黨，最先為納稅人達於某一稅額者擁有選舉權而成立。此下乃逐步達於普選。則其政治之重要性，乃在賦稅制度上。而中國傳統政治，則主要在察舉與考試制度之選賢與能上。故西方現代政治主要奠於經濟，奠於財。而中國傳統政治則主要奠於為臣之德性才學。雙方本源不同，精神不同。今日之中國，則廢學已有其效，而興財則未有其途，此為一大難題。大陸十億人口，共產黨員僅四千萬。既無學，又無財，高踞民上，何得相安。臺灣偏安，則言工商建國，不言品德建國。此亦與古相異。

中國傳統政治奠於學，而學者必先修己以道，故可進亦可退。其退而在野，則有家可親，有師可尊，而兼有朋友之交，故五倫中尚得其四，亦可樂以終身。今則此四倫亦皆破壞。士道已亡，惟有經商牟利，或結黨從政。而民國七十年來之政黨，乃胥由知識分子組成之。此又與西方政黨之由來有大不同。西方黨員多屬有財，可以退而在野。中國黨員則必進身在朝，有進無退。故雖一黨專政，而一黨之內仍不相安。如何善學西方，則西方人不我知，終亦無以為教。小國寡民，學於我，改學西方，則如日本。雖有成，而一敗塗地，以至今日，究不知其將來之所屆。今吾中國果能再獲統一，大陸重光，恐亦不當奉之以為學。此誠當前我國人一大惑不解之問題。

中國傳統有人品觀，人分上中下三品。《孟子》曰：「人之異於禽獸者幾希。」人之最下品，多數如原始人，近禽獸。人自大自然來，實終不能脫離其最原始之自然部分。求食謀生，用武自衛，凡屬人類，直至今日亦仍如此。然人生亦自有其演進。自有夫婦，有家庭，有父母兄弟，出門而有朋友，有君臣，人在此群體中生活，乃漸修漸養自下品以達於中品上品，為君子，為賢聖。有少數之中品上品人，人類乃得善成其為群。《孟子》曰：「待文王而興起者，庶人也。豪傑之士，雖無文王猶興。」陸象山言：「堯舜以前曾讀何書來。」則人文演進，實非由上層政治之領導，乃由少數傑出人領導。中國人之所謂聖賢君子，皆以推尊之於上層政治為領導人，而非由政治領導而產生。故道統尊於治統，而修己先於為政。作之君，作之師，惟當於此求之。

中國人之此一人品觀，以西方傳統來衡量，則未必盡然。西方人一切進步，主要仍不脫食以謀生武以自衛之兩途。雖其在物質條件上已與原始人大不同，然其主要觀念，則無大相異。故西方盛行個人主義，與中國傳統大群主義大不同。個人與個人必相爭，又何能成群以相安。惟賴法律加以制裁。以中國觀念言，則君子與賢聖，決不由法律來。法律乃以防制人，非以領導人。而西方之領導，則學術知識界，宗教、科學、哲學、文學，分門別類，人持一說，互不相通，亦形成一相爭之局。既無共通大道，則個人主義永難消失。於是人生之領導權，乃在其多數，尤在其科學發明對付外界事物之各項機器上。乃物質，非生命。乃無機，非有機。乃手段，非目的。乃工具，非本體。猶太人耶穌唱為人生原始罪惡之宗教，馬克斯唱為人類之唯物史觀。西方人有分別觀，無共同觀。其為群之古今領導，實由此兩位猶太人所發明。西方人除財力權力相爭外，不能自創一領導。西方悲劇正在此。

中國人則信己本之信天，重人更過於重物。故西方人主現實人生物質人生之平等，爭財爭權，人類益臻於不平等。中國人則不看重現實人生之不平等，而主希賢希聖以達於理想人生之平等。故西方歷史演進則財權日擴，成為一部唯物史。而中國歷史演進則賢聖踵起，乃成一部人文史。

此乃中西雙方文化大不同處。

今日國人又盛唱復興中國文化之口號，試問此五千年來之廣土眾民大一統之民族國家，其道究何在。自孔子以下，孟荀莊老乃及先秦諸子之修己為政之理想，以及董仲舒、韓愈，漢唐兩代孔孟儒學之何以獨盛，宋元明清四代之如何繼此發揚而光大。而尤要者，如元初南宋遺民黃東發、王伯厚，以及清初明遺民如顧亭林、黃梨洲、王船山諸人，如何政治崩潰於上，學行潛修於己，使中國傳統文化仍得漫衍於社會，而終有其光明之前途。變而不失其常，在野而終顯於群之獨特造詣之於何而完成。以及中國文化之於現代化，如何獲得其融通。此非望於中國自身之學術界，則又於何望之。此恐終非幾句空洞口號之所能濟事。則終有待於不待文王而興之豪傑，惟我國人其自勉之。

七四 進與退

(一)

中國社會崇退讓，西方社會重進取，此亦中西雙方德性風俗文化傳統相異一要點。中國天地大，物產豐，退讓有餘步。西方天地小，物產瘠，非進取無以自存。積習成性，肇此兩型，而文化展衍遂有大別。

財富與權力，為人群相爭兩大端。有錢能使鬼推磨，財富多，權自大。權大財富亦自多。中國歷史上，讓位與分財，為兩大美德，故事傳述，歷代皆有。而政治上之權力退讓則尤多。堯舜禪讓，尚有許由、務光故事。司馬遷登箕山，明見有許由冢。孔子不言許由，故司馬遷亦不加傳述。泰伯三以天下讓，孔子明稱之。伯夷、叔齊孤竹讓國，距泰伯、虞仲之讓不遠，孔子亦亟稱之。可見讓國中國古代屢見。即論周公，亦可謂有讓國美德。而尚有大於此者，故後世不以此稱周公。春秋吳季札亦讓國，乃以釀吳國之亂。從功利觀點言，可不讓。讓乃其德性，亦其道義，尤為人群功利中之更大者。故後人亦不以吳亂責季札。

中國人論學問尚通不尚專，通則大，專則小。道有大小，斯學亦有大小。雖小道必有可觀，致遠恐泥。功利乃小道，易起爭。爭於當前，貽害於後，無以致遠。中國人講學問又分等級，有小學，有大學。最大學問則曰治國平天下。《論語》子夏言：「仕而優則學，學而優則仕。」從政即須學，學當能從政。政學通，既不當專以從政為學，亦不當專於為學而不能從政。求學非為謀求一職業，亦非向人作誇耀，乃在完成其德性以為人服務。而治平之道，則為服務人群之最大者。故從政非為一己之功利，乃為大群之功利，此即所謂道義。故從政不為爭權，乃為行道。在道義中則有退讓。伯夷、叔齊、吳季札之讓，亦行其道義而已。退讓而有背於道義乃懦怯，非退讓。中國教人做聖賢，不教人以富貴。富貴途上必多爭，不重富貴始能讓。伯夷、叔齊、吳季札，乃聖賢中人。非聖賢，何以當治平之大任。故《大學》之治國平天下，必自修身齊家始。身不修，家不齊，又何以治國平天下。自堯舜以至於吳季札，亦務在先修其身，非逃避責任。而其於重責大任則能讓，乃更猶勝於不讓而出其上。

孔門四科，德行、言語、政事、文學。文學限於書本文字。學貴人事致用，則莫大於治平之道。故文學之上，乃為政事。然立國天地間，貴能治其內，尤貴能平其外。天下不平，國終不治。言語指國際外交，乃更在政事之上。近人謂弱國無外交，不知弱國乃更貴有外交。孔子稍前有鄭子產，孔子屢稱之。鄭以弱小處晉楚兩大間，子產周旋得其道，不僅鄭政得安，即晉楚亦得和平相處。則外交之責任，豈不更大於內政。然治其內有道，交於外亦有道。非詭詐欺騙之所能勝其任。孔子亦相魯，與齊會夾谷，而齊人服，返侵地。魯國地位大增。子貢屢為魯出使，其貢獻亦在子路、冉有之上。僅為一國謀富強，適以啟爭而召亂。孔子亦稱管仲九合諸侯，一匡天下，不以兵革。又曰：「齊桓正而不譎，晉文譎而不正。」苟非明通於天下之大道，則何以任國際之外交。故孔門四科言語先於政事，其義尤深遠。

今人則以外交處於內政之下。不知國無大小強弱，其國際外交之意義價值，乃尤在一國內政之上。僅有國際公法、國際同盟，苟其無道，則徒法不能以自行。近代人能知此義者尠矣。惟求科學發明，經濟繁榮，乃及原子彈核子武器殺人利器之日益精進。富強淩駕人上，資本主義與帝國主義亦僅以召亂致禍。天下益不平，而國內亦各不安。美國富強冠一世，然其最弱點則為外交無道。如雅爾達協定，以迄於今之承認中國大陸共產政權，豈此乃為外交之正道。孔子之道，其正其大，豈不鑑於當前世界局勢，而益見其彰明較著乎。

然孔門四科於言語、政事之上，猶有德行一科，此義益深遠，乃益不易為現代人所知。學貴能致用於人事，學者所以學為人。而為人之最高標準，則在其德性。用有大小，有大德，始有大用。非掌大權即可有大用。德性通於人人，所謂通天下之道，實乃通天下人之德。故德行乃為四科之首，亦為四科之本。言語政事文學，亦未有外於德行而可成其為學者。謙讓亦德行之大者，亦惟謙讓，始能使人服。

如言齊家。妻者，齊也。夫能與妻齊，斯為夫婦之道，亦即齊家之始。父母亦與子女齊。子女主孝，父母主慈。慈則必有教，而教則貴有義方。若惟教子女以服從，則豈義方乎。子女惟知服從，自陷於不義，亦陷父母於不義。豈有不義而可謂之孝。孔子教曾子，大杖則走，小杖則受，斯始為孝。可知父母與子女亦必有一齊。平等相待始為齊。但子之對其父母，可有不服從，而不能不孝。今人乃誤以服從為孝，則又大謬不然矣。西方人言父權、母權，權則主服從而不齊，而必出於爭，又何以為家。惟有小家庭，子女長大成婚，另立一家，始可免爭。然夫婦亦貴有離婚之自由，乃可免爭。一家如是，何以言國。大禹之治水，乃使水順流而趨下，非如鯀之為堤以防水，而反使水之橫決，為禍益大。故治者乃領導，非僅防制。近人言法治，則亦防制而已。若必求能領導，則在我必有其德性，乃能導人以德性。中國人所謂治平之道，盡於此。今天下乃如洪水為災，而惟鯀治之，斯誠可悲之尤矣。

今再言修身。必先能自治其身，乃始可以言治人。其身不治，焉能治人。近代民主政治必尚爭，大總統競選，必謂當此大任非我莫屬。不謙不讓，自中國人言之，決非修身之道。中國人言道，貴謙不貴誇，貴讓不貴爭。以周公之才與美，使驕且吝，則其餘不足觀。驕則不謙，吝則不讓，而必出於爭。管叔聯殷叛周，此即其自心驕吝之表現。周公東征平亂，而終不自居天子位，則其大義滅親，亦終無傷於其謙恭之為懷。孔子後儒群尊周公以治平為任，而必以謙讓為德。能自謙讓，乃能使人心服。魯哀公之誄孔子，曰：「旻天不弔，不憖遺一老。」則哀公雖不能行孔子之道，而其心則固尊孔子。孔子之道縱不行於當世，亦復傳於後世。後代之君，皆知尊孔子，亦知尊儒尊賢。漢高祖愛戚夫人，欲以趙王易太子位。見四皓在太子旁，乃不易。四皓皆高年，高祖招之不至，心尊其人。太子能致之，高祖自以為不如，遂不敢再有易太子之心。此下為君者，未必多能尊賢用賢，而猶知謙與讓，不尊孔尊儒，而絕無明白反孔反儒以為尊。此則大道不行而未失。中國兩千年傳統綿延，其要端即在此。

孔子曰：「君子思不出其位。」又曰：「君子無所爭，必也射乎。」射者各就己位，各射己鵠，其中與否，乃與己爭，非與人爭。則其爭仍是一退讓。孔子當時，天子諸侯，列國卿大夫，儻多出位以爭，則何治平可言。惟求不出其位，則上下無爭。居其位而不得行其道，則以去就爭。所爭在去在退，不爭進取上位。身雖退而道則存。道在己，惟求藏而弗失。非道在外，乃求爭而取之也。中國歷史多有亂世，而猶有道，惟其道藏而不行，如是而已。今世則爭權不爭道，故必爭於外不爭之己。則亦惟有進取，無退讓可言。

耶穌言凱撒事由凱撒管，西方宗教不言治道。近代科學如天文、地質、生物、心理、電磁、光力、農礦、漁牧，事事物物，無所不究，但亦不言治道。其他學術分野，如文學亦不言治道。其如哲學，蘇格拉底僅言人生，庾死獄中。柏拉圖榜其門，不通幾何者勿進，幾何學亦非治道。其為烏托邦，以哲人王掌治。實則其所想像，一國亦如一幾何圖形而已。後世如康德，亦何嘗措辭及於人類之治平大道。盧騷《民約論》，亦屬一人冥想，何嘗有歷史根據。馬克斯則唱為唯物史觀，則治平大道乃在財物分配，不在人。

近代西方大學，其先本由教會興起，此後分院分系，門類繁多，乃始有政治一系。不通法律、經濟、社會、教育種種人事，何得通政治。而於大學四年課程中，乃得完成其學業，最多亦只是些常識與技術。與中國人之所謂治平大道則無關。技術與技術間，則必出於相爭，而無退讓可言。

學問必有一對象。有關此一學問之知識，亦必有一來歷。治平大道，則本源於人類以往之歷史。治亂興亡，鑑古知今，此為史學。西方史學特遲起。大學興起時，亦尚有史學、文學是同是異之爭。黑格爾有歷史哲學，乃哲學，非歷史。其謂民族興衰，文化起伏，如日之自東西移，自中國印度移至日耳曼民族，乃始到達於最高無上之境界。此何嘗是歷史真相。並多爭意，絕少讓意。而當時日耳曼民族，竟亦受此鼓舞，孳孳日前。而其他西方史學家，竟亦無人出而加以糾正。此正亦同意於黑格爾西方勝東方之意見，而西方人之不重史學，亦可於此一端覘之。近代國人一切慕效西化，不惜捨己之田以芸人之田，此亦本之當前史實，而其意存謙退則亦可知。史學乃人類生命大總體之一項研究，當通體以觀，於古人知有讓，於其他國家其他民族亦當知有讓，而不以一時代一部分人之爭勝為目標，乃始有當於史學之大義。

歷史本是人事之懷念。西方人在人事懷念中，如戀愛鬥爭冒險諸端，乃及物質經濟建設，哲學思維，藝術創造，甚至如古希臘之奧林匹克運動會，羅馬之鬥獸場等娛樂事項，皆多稱述。而獨於政治一項，乃至一國家一民族之治亂興亡，其所懷念，若不甚親切。希臘亡，則推尊羅馬。羅馬亡，則迷惘於中古之封建社會。現代國家興起，乃一意於資本主義帝國主義之海外發展。似僅知一味向前，曾無鑑往知來，於古有借鏡，於今有警惕之心情。至於中國人之所謂治平大道，似無存胸懷間。世界第一次大戰時，德國人寫為《西方之沒落》一書，指陳病況，非不知前途有艱難，乃不見有痛悔前非，改弦易轍，針對病情，有所挽救之主張。第二次大戰後益然。頭痛醫頭，腳痛醫腳，亦毫無一舊方案可資依據。幾乎只是走一步算一步，過一程再一程。儻由積極轉消極，恐止於停步不前，似無其他可望。

人生在自然中，不得脫離自然而獨立。自然必同時有兩現象更迭互起，中國人謂之一陰一陽。

如晝夜寒暑，晴雨明暗，一正一反，循環往復。人事亦然。而政治則為人事之尤大者。治亂興亡，人事之最大妙用，在能亂後復治，亡後復興。政治之大作用亦在此。孔子曰：「其或繼周者，雖百世可知。」中國史之偉大成就，五千年來依然一中國，而日漸擴大，正為有一治平大道之存在。

治平大道係乎人。其人存，則其政舉。其人亡，則其政息。人道必本於天道。有爭則必有讓，有進則必有退，而退讓尤當為之主。否則政治之對內對外僅成一鬥爭場合，又或只論法不論人，乃無政治可言。要之，知爭不知讓，知進不知退，則為其致命傷所在。

中國講治平大道，又必建基於修齊。身不修，家不齊，何能出而治國平天下。而修身首貴讓。惟知爭奪進取，則家亦不齊。故修齊治平，一本於禮，以讓為主。亦有爭，如射。孔子又曰：「當仁不讓。」治平即仁道，當孝不讓，當忠不讓。不讓於此，則讓於彼。如孔子為魯司寇，不得行其道，則讓位而去。此之謂大不讓，然亦決不爭。是其讓而爭益大，其退而進益遠。存其道斯存其人，而政必舉。故亂可以復治，亡可以復興。諸葛亮苟全性命於亂世，不求聞達於諸侯，是其退。劉先主三顧草廬，遂許以馳驅，是其進。而後世論三國人物，管寧猶在諸葛之上，則以其有退而無進。中國傳統尚德，而退尤為德之首，即此亦見。

若為政而必出於爭以進，一時亦未嘗不可以得意。如孔子在魯，治軍有子路，理財有冉有，外交有子貢，先得一都，如陽虎，魯哀公、季孫氏亦可如摧枯拉朽。其他類此者，一部二十五史當可千百見。如樂毅，可拒燕惠王命。岳武穆亦可自朱仙鎮回師肅君側。不退不讓，必爭必進，一部中國史，可從頭改寫。但恐不得成為一廣土眾民之大國，亦恐不得綿延五千年之久。如希臘，如羅馬，如現代之英法，豈不亦各有其得意之一時，是在人善自擇之矣。

近代人物，當首尊孫中山先生。辛亥革命成功，遽辭臨時大總統職位，讓之袁世凱，而退居滬上。及廣州再起，又北上與張作霖、段祺瑞言和。苟使不死，此下不知究將成何局面。而中山先生之讓德，則亦可受後世無窮之推尊。能治其國，斯能進而平天下。西方如華盛頓，革命成功，遽告退位，此亦略有東方人氣味，惜乎其不多見。

董仲舒言：「行其義不謀其利，明其道不計其功。」如計功利，則必爭必進。如謀道義，則有退有讓。今則一世方務於功利，不知道義乃計永久之功利。披讀中西雙方歷史即可知。幸讀者其亦審思而慎擇之。

(二)

人群相處不能無政治，行政不能無領袖，而政治領袖之進退，乃為政治上一大問題。中國學人有兩大特點，一則無不關心政治，二則其對政治姿態每主退不主進。此可謂是孔子發之。墨家主兼愛，主尚同，對政治過分積極，無退義。道家主無為，意態消極，對政治可不聞問。獨孔子儒家，執兩用中，遂成中國學術大宗師，並為文化傳統一中心。決非無故而然。

孔子為魯司寇，居三家下第四位，可謂已極一時信用之至。但孔子所抱政治理想高，不遷就，不退讓，既不得行其志，終避位去魯。其周遊列國，亦備受禮重。然不符其理想，則寧不出仕，退老於魯。孔門四子言志，子路主治軍，冉有主理財，公西華主外交，獨曾點言：「春服既成，冠者五六人，童子六七人，浴乎沂，風乎舞雩，詠而歸。」孔子喟然有吾與點也之歎。果使孔子平日講學，不及於軍事、財務及外交諸端，則三子何來有此志。但一意於進，則孔子所不與。後冉有為季孫氏家宰，孔子曰：「季氏富於周公，冉有非吾徒也，小子鳴鼓而攻之可也。」此非斥冉子之善理財，乃斥其徒顯己長，違道義而不知退。故曰：「君子不器。」器則特見用於人。又曰：「古之學者為己，今之學者為人。」為己則自達其一己之理想，即以為人。為人則徒供人用，無理想無己可知。

孔子又曰：「不仕無義。道之不行，我知之矣。」《孟子》曰：「乃所願，則學孔子也。」孟子不欲為齊之稷下先生，但願正式出仕。不符其理想，則寧退。故不仕乃無義，而不退則無志。志則志於道，斯仕必合於道。此下儒家辭受出處進退之節，大率皆如是。而中國社會亦群知重此。漢初賈誼，抱有政治理想，而不得意於進，後世群尊之。次有董仲舒，同抱有理想，同不得進，後世亦尊之。公孫弘拜相封侯，極一時之顯榮。而曲學阿世，後世乃無稱。三代以下，惟恐不好名。賈董之名，賈董生前豈知。但後之學人，寧退不進，乃群以賈董自勉自慰。

故秦漢以下兩千年之中國傳統政治，縱多不符理想，而終有一政治理想存藏於社會之下層，使上層政治領袖心知愧怍，有所羞恥，有其廉節，而現實政治亦遂不致於大壞。如曹操有〈述志令〉，不敢身受漢禪，不得已而貌為周文王。此亦有一種內心潛力隱作主宰。爭權爭位，亦必曲折以赴，不敢明目張膽，肆無忌憚以為之。故在中國歷史上，偽君子常多於真小人，此亦文化傳統之潛力有以致之。

耶穌言，凱撒事凱撒管。既降生為人，塵世百年，不能無所作為，亦不得盡諉為凱撒事。為凱撒者，亦不得盡符於理想。西方自古希臘起，學人各務為一專家，如文學、哲學、科學等，不關心政治。即構思立論及於政治，亦非有心從政，實因其亦並無從政之機會。政教之分，早不自耶穌始。在如此情勢下之政治領袖，乃多如凱撒。希臘時代有蘇格拉底，羅馬時代有耶穌，皆受極刑。教人者與治人者，常可有大衝突，故學人常自居一旁，自守一職業，直至今世猶然。如大學教授，即以傳授專門知識為己任。而政治活動，則另有人為之。大學演進逐漸有政治、經濟、法律、外交諸課程，然亦皆如專門知識，備現實政治界引用，亦如孔子之所謂器。而君子一觀念，則為西方人所無。

政治領袖如何產生，近代西方民主政治由多數選舉決定。而多數民意，則僅為一種欲望，非可謂即是政治理想。此等欲望，要得要不得，又如何來達成，則仍待政治領袖作決定。西方政治領袖又必定期改選。也有在其任內引發內戰者，如美國林肯總統時之南北戰爭。惟一般有志政治活動者，多好進不好退。結黨競選，成為政治一大事。而政治領袖此種不好退之心理，其從政之或私或偏，亦所難免。

即如最近英阿福克蘭戰爭，本因阿根廷當局身處困境，借出兵福島以轉移國人之視聽。英國亦自有困境，當局者本受群情反對，正該引咎乞退。乃轉因出兵獲勝，又得安於其位。故政治本在解決問題，而西方政治則多引生問題。政治非以求安定，轉以增動亂，其病則在此。西方人好爭平等，重法不重禮，於上位政治領袖稱為公僕，亦不特加尊視。一旦退，即鄙夷如常人。故在位必憑其權力多求表現，即多滋事端亦所不惜。心理不平常，斯其表現亦宜然。

王荊公得宋神宗尊信，擢為首相，推行新政，亦其平日之政治理想所寄。反對者群起，荊公終亦乞身引退。而神宗尊信不輟。既復起，又乞退。舊黨用事，盡廢荊公之所為，而荊公隱淪在野，亦惟以吟詠自遣。此亦中國政治家傳統風格。即其前，范仲淹慶曆變政，亦遭反對而退，亦寧靜如荊公。一部中國二十五史，以政治為中心，而尤以不得志而退居下僚，乃及隱淪在野者為其主幹。人心重視從政，但不看重做官。從政乃以行道，做官則以求貴。能以做官與從政分作兩項看，此亦中國儒家修身養心一大要端。

故中國傳統，身居高位，必務自謙抑。尤其為一國之君，更不輕易表達其自己之主張。即如秦始皇帝焚書，亦下政府公議，而出丞相李斯之奏請。在歷代政治文件中，惟皇帝詔旨最無浮文費辭，不誇張，不闡揚，只簡單扼要一表示。絕少有政治上之大理論大發揮。政治上之大理論大發揮大文章，則盡在奏議中。而宰相大臣亦少此類文字。大奏議則多出新進後起下僚低位。後世傳誦者，亦不為帝王之詔旨，而必為臣僚之奏議。此亦中國政治傳統精神之所在。奈今人則盡以帝王專制四字訶之。此亦自表達其不讀書無知識而止，他又何言。

今人一依西方，好言平等。惟政治則顯不平等。中國人稱選賢與能，又稱賢者在位，不賢則不得高踞人上。然使其人果賢，苟居上位，則益當不敢以賢自負，必更自謙下。賢君則敬其宰輔，賢宰輔則敬其僚屬。苟其倨傲自肆，即不宜踞上位。至少當貌為謙下，乃得有安居上升之望。此乃中國傳統政治風氣，亦傳統政治心理所使然。故中國傳統政治必尚禮，禮主敬，不僅當敬其在上位者，尤當敬其在下位者。在上位，既受人敬，斯亦不得不益謙。此亦中國尚禮精神之一種精意所在。故中國人又提倡尊君，而今國人則斥之曰帝王專制。必對人不尊，乃見為平等，斯誠無禮之至矣。

近代西方民主政治必自露頭角，廣自宣傳，到處演講，認為非我莫屬。意態自傲，恬不為怪。及其出膺大任，既有種種法制束縛，又有議會從旁監察，加之評議。果使其以謙退自居，將不得成一事。故西方政治家必當有傲氣，有霸道，法治則所以防其傲與霸。中國重禮治，好讓，所以全其謙。西方好爭，無法則益以長其傲。風氣相異，乃其心理相異，據此可見。

中國人在謙退中，實有一番自尊。西方人在爭傲中，其內裡實含有自卑。其中尚有心理深處，今不深論。惟中國人反己自問，能自知己尊，則樂此不疲矣。西方人務外，反諸己，則常感自卑。此乃雙方心理有異。今日國人備受外力壓迫，乃亦常有自卑感，故崇慕西化而不知恥。專言政治，在下者不知尊其上，而在上者亦無自尊求退心，則政治自宜西化，再無舊轍可尋。新政治，舊心理，儼如河漢之隔，又烏得以新政治來推論舊心理。

今全國十億人口，使不先教以尊上，則政治何由得統一而安定。然又必社會同識尊賢更勝於尊上，乃使賢者甘居下不爭居上，於是乃能使社會下層高出於政治之上層，而政治亦得其安定。中國人群知尊君，乃其尊孔尤勝尊君。即為君者，亦知尊孔。而治孔學儒家傳統者，又率重政治尊上位，斯則中國秦漢以來二千年長治久安之道之所寄。大群相處，人心感召，成為風氣，尊賢尊上，遂為中國人最所重視之兩要項。中國自秦漢以下歷兩千年，政風學風，常此相沿，迄無大變，雖遭衰亂，仍得復興，此謂之政教合，但亦當深究其所以合。孔子之所以成為至聖先師，常受國人崇拜，中國之所以成為廣土眾民大一統之民族國家，其傳統文化之所以常照耀於當世，為其他民族所莫逮，則亦惟此之由。今則人心變，風俗變，政風學風均隨而變。學者不復以人群治平大道為己任。出仕從政，視為一己之私業。爭權謀位，與經商謀利，致富致貴，成為人生中兩重要專業。又受社會重視，群奉以為趨新之西化。而西方世界，自兩次世界大戰，迄今未百年，每下愈況，前車屢覆，後車終蹈前軌，無可改轍。危機昭彰，舉世不安。誠使國人能於舊傳統之政風學風，大體稍有領悟，重加研闡，或不僅可以救國，亦將可以救世。孔子曰：「後生可畏。」或終必有迷途知返之一日，企予望之，企予望之。

(三)

人生有快樂當求，但亦有苦痛當避。惟快樂每在外，不易知，不易求。苦痛則即在身在心，既自知之，亦當易避。並有尋求快樂而轉增苦痛者，亦有避免苦痛而即感快樂者。尋求快樂在遇事知有進，避免苦痛在遇事知有退。中國人生每在求其易，求其退，而不在求其難與進。此亦中國文化一要端。

男女各有求。在戀愛中求快樂，其事實不易，故西方文學多悲劇。夫婦和合，而快樂隨之。其事在我，較易著手。中國小說戲劇中多以團圓收場，亦教人退而求其易也。父母子女，不和不睦，苦痛易生。兄弟姊妹，離心離德，快樂亦自遠離。故中國人以齊家為修身要務，亦即教人求快樂而已。商人重利輕離別，為一時求利而輕離其家，斯則苦痛即隨來，而快樂則可望而不可即。

人有志在求利，而離家去鄉，一時不感其苦痛者。亦有安於家鄉，而一時不感其為快樂者。則貴有知者之善為指示，善為教導。中國則得天獨厚，以農立國，安於家鄉，其樂無比，而其事亦易知易得。如古希臘以海嶼為生，所得於天薄，不如中國，固易知。而如印度，則得天似較中國更厚。身披一衣，即可禦寒。手摘一果，即可飽腹。生事易足，而轉亦感人生之多苦。生老病死，莫非人生苦處，乃求涅槃。佛教雖有種種高深理論，雖儘求避免苦痛，而終亦無快樂可得。耶教雖亦知尋求快樂，但不求之於人生之當世，而求之死後之天堂，則亦終非人生之正道。

中國人雖知求快樂，而西力來侵，乃亦有快樂難求之感。西方人求富求強，乃使我有貧弱不能自安之苦。今日國人乃明白自認為後進國家，盡其所能以追隨西方而前進。而今日世界形勢，已明見前進無安樂之望，則當奈何。而國人對自己傳統文化之親敬心，則更為不可忽。舉其要而言之，則仍當知退不求進，知易不求難。我當不求富，僅求貧而安。當不求強，僅求弱而存。不求如美如蘇，同為世界大強國，而僅求得喘息之餘地，則庶可矣。

即以戰爭言，則先為不可勝，以待敵之可勝。何謂不可勝，我以廣土眾民十億人口之大國，而又有累積五千年文化傳統，使有自信，即為不可勝矣。以前如蒙古、滿洲，皆以異族入主。然僅掌握我之政權，不能轉變我之社會，彼則一意師法我之傳統以為治。今日則其事大不易，西方人不能移來我土，僅求我之服從。如最近俄國之於波蘭即其例。故最近世界已可使人不再有亡國之憂。一國之亡，轉增天下之大憂。如中東之巴基斯坦即其例。自歐洲兩次大戰後，而天下形勢已變，此一層不當不知。

我既無亡國之憂，又何必定求強。但如當前日本之不求強而儘求富，則斷無美好前途可言。今日立國，儘可求為一中等國家，即人亦可儘求為一中等人，斯則為當前最可安而易求者。今日當前之最大問題，則為如何移易國人之慕外心為自信心。此須有人來作提倡，而其提倡則必有當前實例，使人易知易從。

當前大陸最大苦痛，則為一意慕效蘇維埃，一旦覺悟，乃求轉而慕效美國，此則大陸終將陷於不可救之深淵，而無以自拔矣。謂余不信，則靜觀四五年而即可知。然反面例易知，而正面例難求。吾當前國人果當何以自處，亦非無例可求。主要當戒者，在莫過分誇耀他人，自居為專家先知，而徒淆國人之視聽。果肯人人以中國人自處，人人以中等人自處，則庶乎近之。

近日有一驚人大罪案之發生，即搶劫某銀行之獨行大盜是也。方其案未破，人人認為此大盜不知係何等人物。及破案，則亦一計程車司機。識其人者，亦以尋常人視之，乃不知其能為此一大罪案。其犯此大罪，亦僅為不甘為一尋常人而已。人人不甘為一尋常人，此乃當前世界人類一共同心理，而種種危亂不安，則胥由此起。苟使人人皆肯安心為一尋常人，則世界自可改觀，而中國傳統文化則惟此是尚，即所謂中庸是也。人人肯為一中人，肯為一庸人，則社會自安，天下自平，無他道矣。

立人如此，立國亦然。百年前之大英帝國，自不當以一中等國視之。然今日已降為一中等國。果能即此自安，亦尚有其前途。而當前之英阿戰爭，即英國人不肯以一中等國自安，此下後果尚難預言。要之，為禍不為福，則似可預言者。人人分析英阿之戰，率以其所使用之武器言，不知尚有兩國人民之心理作用，則更為重要。今日人人言平等，但亦人人知有不平等。阿根廷自不能與英國作平等看，此雖阿根廷人亦自知之。故其雙方相戰，而阿根廷人之勇氣乃可倍加於英國人之上。即如以前大陸之援韓抗美，其使用之人海戰術，每一中國人面當美國大敵在前，生死已在預計中，能獲一小小酬報，則心慰無已。此則為美國人所不知。即如美國在南越之戰，其所遇北越人，作戰心理之強，亦何嘗不如此。即當前蘇俄之在阿富汗，亦有如此心理之對比。再就第二次世界大戰論，日本軍隊之對美軍，則奮勇有加。中國軍隊之對日軍，則亦如日軍之對美。就當時中國人心理言，非不知日本之軍備武裝視我遠勝。然而彼亦學習西化，與我相似，心有不服，斯則頑抗難馴。果使中國軍隊與美英對壘，衷心崇仰，佩服已至，則不知仍能保有此一腔憤慨敵情否。惟當前人類同遵西化，而僅求平等，少如中國人之虛心熱忱，一以自卑為懷。遂使強者有其弱處，弱者有其強處，非武器一端之所能衡量。故今西方人競言平等，已使此世界難安於不平等之處。戰爭如此，商業亦然。今日世界經濟不景氣，亦有此等心理作用之存在。此亦中國人所謂中庸之道。且勿太尊視所謂先進國，太輕視所謂落後國，而一以中庸之道對付，宜亦可少其差失矣。

今人又好言自由。其實循乎中庸，則其自由亦易而多。必求超乎中庸，則其自由亦難而少。如一中等財富之家，則自由多。必為一上等財富之家，斯其自由必隨而少。家如此，國亦然。一中等國家，其自由轉多。力求為一超等大強國，其自由亦必減而少。如今美國，於英於以色列於日本，皆可謂其親善之邦。然其於此三國，所擁有之自由又幾何。即如其最近之對中國大陸與臺灣，首鼠兩端，捉襟見肘，亦見其左右之為難。要之，今日全世界已同趨於西化，則天下惟有分裂，不和不讓，相爭不已。一若惟有美國，惟有民主自由，乃可和合天下，而重歸之於一。則不知到此時亦尚有中國之存在否。今則自居為後進國，惟美國之馬首是瞻。到那時則豈不又將並此國家與民族亦相隨於盡，而惟美國之巍然獨存於一世之上乎?要之，今日國人只求站在美國一邊，其意若謂國內之錯綜複雜，自可迎刃而解。固不知吾國人之是否抱此期望，而據今日之言論行事為判，則一似非此亦無他途之可期。今日國人亦尚言文化復興，然所謂文化，亦有一準則。不合西化，不合美國，已盡屏於其所謂文化之外，其他復何言。中國人言物極必反，當前西方文化，亦可謂已到極而必反之程度，而國人則不知情。

然則今日國人思路之變，實已到達一急需之境。百年以前，國人惟慕西化。百年以來，世變已亟，而國人之思路尚不變，則何以為適應。中國實為一中庸性之民族，不喜走極端，好易而不喜難，好退而不喜進，此亦似為我國民性之弱點。然處當今之世，則轉見其優處。今日為國人計，當勿好高，勿務遠，勿求速，勿求全，務盡一己之實力，惟期一己之安心。勿求為人上人，勿圖虛名，勿希奇功，腳踏實地，步步為營，樂天知命，不知不慍，各求為一普通尋常之中庸人。則極其所至，最低限度，宜可無大災禍之來臨。試細讀中國古聖先賢，上自孔孟，下迄程朱，凡所教人之言，莫不如是。若必輕鄙前人，爭為時髦，居心浮薄，宜非福澤之所歸矣。日日言現代化，則惟有隨現代以俱盡，其他則無可期。國人其尚加警惕之。

七五　積極與消極

人生意態，可分積極、消極兩種。就中國言，儒家思想是積極的，墨家更積極。楊朱是消極的，莊周、老聃同是消極，但不如楊朱之甚。人生應該積極，但不宜過分。中國後代，揚儒棄墨，可謂采酌有當。但積極人生，非可一步到達。漫長的過程中，終不免滋生流弊。莊老道家即針對此種種流弊而求挽救。中國後代，又采取了莊老道家來為孔孟儒家作補救，這見中國後人之聰明處。

印度人生比中國道家更消極，西歐人生則較中國儒家更積極。積極人生必求發展向前，換言之亦是向外。外面有路發展，受害者先是其發展之對方。而發展主體，則暫時可以見其利，不見其害，待發展到外面無路，則受害者會轉回到發展者之自身。古代西方史且不論，就近代西方言，帝國主義殖民政策之向外發展，受害遍及全世界，但西歐各國，則欣欣向榮，一若可以漫無止境般向前。但外面可供發展之環境究有限，不數百年，轉回頭自相爭奪。第一、二次世界大戰，接踵迭起，西歐本身受創。抑且愈積極，則所受創傷亦愈深重。大英帝國國旗遍懸全世界，可以永不見日落。而且兩次大戰都站在勝利一面，乃其所受創傷獨甚。法帝國疆域較小，兩次大戰中都遭挫敗，而其所受災禍，似轉較英帝國為輕。德國為兩次大戰之主動，連遭覆滅。但其復興機運，卻較英法為多。論短期，德國為積極，論長期，英法更積極。論受害，短期德國為重，長期英法更深。此乃愈積極則受害愈甚之眼前一好例。

兩次世界大戰以後，西歐傳統的積極人生，轉移到美國與蘇俄。四百年前英法人向新大陸移殖，而有今天的美國。美國自始即從西歐積極人生中產出。立國兩百年來，最先一百年，不斷由東向西移殖，亦積極向前，受害者屬印第安人。美國自身，則僅見其利，不感其害。但積極向前終有一限度。到今天，西部開發已告一段落。而自參加兩次世界大戰以後，美國一躍而為世界第一大強國。但全世界形勢已變，帝國主義已難再起，殖民漸轉為殖財。共產主義一方，又把殖財那條大路堵塞了。餘下的自由世界，又是滿目瘡痍，要殖財，且先得輸財。待其瘡痍漸復，一樣懂得堵塞殖財，甚至反殖財。資本主義沒有帝國主義為後盾，則其向前發展更有限。眼前自由世界經濟恐慌前起後擁，不啻告訴人們積極的經濟人生，已到達了斷港絕潢，並無大海洋在前，可資恣意翻騰。積極人生向外翺翔之天地日形窄縮，於是轉回頭，在其自身內部見病害。目前美國社會腐蝕情形，觸目驚心，先識之士，認為古西方羅馬帝國之末日，不久會在美國社會重演，已不見為是杞人之憂。

其次牘下最積極者，只一個蘇維埃。它的武力、財力，皆遠不逮美國。正為如此，更激起其積極向前之意態。而且遠從帝俄時代起，俄國人早已追隨西歐積極向前，但為西歐所阻壓。東向西伯利亞之開發，亦遠不能如美國西部開發之順遂而愉快。俄國人數百年來積極向前之積壓心理，終於要一洩為快。然而更積極則更受害，歷史前例，無可否認。蘇維埃共產立國，至今已五十年之久。儻能改變意態，先整頓內部，逐漸從和平繁榮的大道上，安定自身。此種意態，像似消極，但消極中有積極，卻不失為一種無禍害之真積極。無奈從帝俄以來，其一意向外向前之路線，急切間無法自變。君以此始，亦以此終。無怪今日蘇維埃之執迷不悟。而世界第三次大戰之陰影威脅，則愈逼愈厲。誰也不敢擔保其可以避免，誰也不能逆料其孰勝孰敗。但就前兩次教訓，大戰後之雙方，終必兩敗俱傷。而愈積極者愈受害。勝者一方之受害程度，必更在敗者一方之上。

其實從第二次大戰以來，各地戰事，此起彼落，並未間斷過，惟人們心中之三次大戰，則必然將為一核子戰，主要必在美俄兩個核子大國的身上。非更積極亦不能成為一核子大國。而核子戰又當以先下手為強。但先動手也不能禁制敵人回手。循此以下，雖有上智，亦無可預言其進程中一切可有之變化。但從整體論，仍當是最積極者，最受禍，依次及於核子裝備之較劣者。而無核子裝備之國家，則受禍當最淺。此一猜測，應可無誤。

上述是說人生愈積極，受禍當愈大。而不幸近世人心，但受數百年來西歐積極人生之迫害災禍太深重，而相率追隨盡走上積極的路，而惟恐或後。最先是爭財富，接著是爭強力。群認為此是人生唯一正途。所以核子戰雖未起，而不夠核子戰的較低級戰爭，則風起雲湧，早在不夠積極的國家中興起。其實此等較低級戰爭，同樣有飛機、大砲、坦克，以及各種艦艇，陸空海規模較之第二次大戰，無多遜。較之第一次大戰，尤過之。積極人生，力求進步。謀財殺人的技巧，則為現代積極人生力求進步之主要項目。其前途自可想見。

尤可詫者，在積極人生中，一面要求能多殺人，另一面，又主張少生人。節制生育，乃現代化中一時髦宣傳。一面要少生人，另一面又要多產物。重物輕人，愛物惡人，已成為現代積極人生中一共同心理。在中國傳統文化中，如瓷器、絲綢，凡所產物，皆寓有極豐富的人生藝術精神。不僅供人以物質上之使用，還能供人以心靈上之享受。但從牟利觀點看，不夠積極，現在的瓷器與織品生產，已改換以機械為主，人工為副。在人造物之內，已逐漸減少了人工的成分。最好能沒有人工，始為現代生產之最高理想。而又惟恐人使用此等產物發生了心靈上之愛好，如此則將妨礙其繼起之推銷。所以每隔一兩年，必有新花樣、新品種。要推銷新的，自先要厭棄舊的。主要條件在不斷毀滅人心對舊有的愛好。

貨品如此，影響及於其他方面，如舞蹈、歌唱、戲劇、繪畫等娛樂方面，亦是只求變，只求新。亦可謂，是主要在使人心對藝術無愛好、無價值觀、無享受感。一味喜新厭舊，乃可繼續有新的推出。其實對新的也不能有真愛好，如是乃能日新又新。其實凡是有的必迅速地成了舊，只有現尚未有的纔是新。人心之喜新厭舊，乃轉變成厭惡一切所有，來想望一切所沒有。如是乃始是真積極。現代化，成為未來化，亦可說是幻想化、虛無化，如此纔能使人不斷向前。但未來究是未來，究是一種幻想與虛無。如是則積極人生，豈不終將撲一空。

由藝術轉到文學亦如此，轉到其他思想，以及一切風俗習慣人生行為，全如此。上面說過，積極人生必向外。鼓勵人向外，先求其不滿自我，感得內裡空虛。現代人，一面追求能多殺人，務使殺人武器之進步。一面追求多產物，能不斷賺人錢財。一是求人死，二是盼人窮。現代之積極人生，豈不在貶降人生價值，使其達於虛無化。使人當下無可留戀，纔肯積極向外向前。但向外，又是太廣漠，太無邊際。向前，必待決定一方向。方向愈單純，庶愈易前進。而現代人之向前，則主要在制人死命要人窮，此之謂富強的人生。弱者不犯人，貧者不離人。貧弱人生，使人相親相和，走向善的路，但為現代人厭棄。必互求富強，相鬥相爭，乃使現代人想慕。

中國儒家所指導的，亦是一套積極人生。但儒家向外，主要以人類大群為對象。分有家國天下三環，有夫婦、父子、兄弟、君臣、朋友之五倫。人生對象在此。至於物，僅供使用，非目標所在。而人生向外向前之主要中心及其出腳點，則為人之心。心與心相交，乃見為人之德性。如父母之慈與子女之孝，論其向外，是一種貢獻，論其向前，則為自己內在德性之進修與完成。此乃一種合內外之道。自盡己性，自明己德。循此向前，可有無窮發展。但縱前行了一萬步，仍然站定在腳下，寸步未移。堯有丹朱，舜有商均，西伯昌有發與旦，子各不同，但其得為一慈父則同。舜有瞽叟，周公有文王，父各不同，但其得為一孝子則同。故人生向外，唯一道路只是貢獻。人生向前，其唯一到達點，則是各自小己德性之完成。貢獻出了自己，同時也即是完成了自己。惟其一切工夫，則仍必待自己，不能待於外。同有慈父，但丹朱商均與發旦終不同。同有孝子，但瞽叟與姬昌終不同。舜之孝不能使其父為姬昌，舜之慈不能使其子為姬旦，其中有天命。天命，即指人之無奈何之處。人人各得對外面他人作貢獻，人人各得對內面自己求完成。此是天命，亦即是人性。中國儒家務求人文大道與自然大道之合一，此即所謂天人合一。儒家指導積極人生一番大道理在此。此番道理，通天人，合內外，這是每一人之性命。

因此儒家的理想人生，乃是一種人文本位的人生。儒家的理想文化，乃是一種人文本位的文化。墨家兼愛，要人視人之父若其父，像比儒家孝道更積極，但不本於人心，而上推天志。把天高壓在人之上，天人不相應，內無所本，轉成一幻想之虛無。楊朱為我，拔一毛而利天下不為，此亦是人本位，但太消極了，把人的範圍，封閉在各自小己個人之內，與墨翟適成一對立。莊老亦主張消極人生，不贊成儒墨，但亦不贊成楊朱。人事複雜，楊朱專以個人小己為立場，較儒墨簡單化了，但天之生人，並不單獨只生一個我。人生不能有內無外。太封閉、太單純，亦將無前途。莊老主張人相忘於道術，如魚之相忘於江湖。此是一種自然主義，但同時亦是一種人本位主義。人生在自然中，不能不仰物為生。人生仰於外物，於是人與物爭，尋至人與人爭，而莊老道家則不喜此一爭。莊老的人生理想，要人相忘不相爭。於是得在人生中，特別選取一理想環境。小國寡民，使民老死不相往來，庶可使人能相忘。莊老並不想要人回到原始狀態去，人類自需一種文化環境，莊老只希望此境能使人相忘相安，即此而止，不希望再向前。但此亦終是一幻想。

老子為此幻想提出了三項主張。一曰慈，二曰儉，三曰不敢為天下先。儒家之仁，墨家之兼愛，與楊朱之為我，意態皆較老子之為慈積極。但慈則不殺人。佛家講慈，故戒殺生。老子又提出一儉字。不僅經濟物質生活上要儉，即情感生活也要儉。老子並不教人不向前。飢求食，寒求衣，但得有一限度，便不貪著要賺錢。人生只隨著大化，又對外能慈，對內能儉，則自不敢為天下先。今天的積極人生，則殺人賺錢，事事務爭先。一落人後，便喫虧。並須迎頭趕上，又得制敵機先。敢字乃成人生第一步驟。然而最積極、最勇敢，則最受禍，此已明白昭示在前。但人類對此終不憬惕。今天的世界，至少已分了有與無的兩方。有的世界早在財富上爭了先。無的世界只有在強力上爭先。再由強力來奪人財富。財富爭先，是一無形戰場。強力爭先，成一有形戰場。既已進入了戰場，則無形必會轉成有形。第三次大戰，已如箭在弦上，一觸即發。欲求和解，斷不能只許人有財富戰，不許人有強力戰。我在鈔票資本上占先，別人只有在核子彈與海底潛艇上另求占先。就實論之，亦並不是廢止一切武器，即是和平。貧富之間，早就不和不平。馬克斯的階級鬥爭史觀，是西方積極人生的寫照。最和平的共產主義，只有罷工運動。但在有的社會中可以罷工，無的社會中，根本無可罷工。禁止國外貿易，也不能使國內無的社會轉瞬變成有的。財富早成國際性，則核子彈與海底潛艇，當然亦成國際性。資本主義既成國際性，則共產主義當然亦必變成國際性。最先英倫島上之紡織業革新，一馬當先，繼之以販鴉片、販黑奴，又繼之以世界戰爭與共產主義之崛起，隴山西倒，洛鐘東應。針對此種種複雜，老子慈與儉與不敢為天下先之三語，似可加以消解與挽救。

然而老子此三語，依然有病。世界各大宗教，無不同樣提出慈。不僅印度佛教，即西方耶、回教何嘗不講慈。然而耶穌上了十字架。穆罕默德教人，一手持《可蘭經》，另一手持刀。耶穌說：「凱撒事凱撒管」，於是自己只有上十字架。穆罕默德要兼管凱撒事，於是只有教信徒各自手裡拿一把刀。釋迦牟尼說：「我不入地獄，誰入地獄。」但塵世儻真是一地獄，則不佩刀，惟有上十字架。佛教教義究竟比耶回兩教更消極，所以釋迦牟尼不佩刀，也不上十字架。但佛教在印度，終亦不能存在，及其來中國，反獲暢行。此乃社會不同，此層須另再闡發。

要之佛耶回三教，皆以慈為主，而其推行究有限。抑且父慈而子不孝，待此子為人父，終將不成一慈父。老子主慈不教孝，故老子之道最後亦終成為權謀術數，慈的心腸也終會消失。

老子講儉，其道亦不能久。父慈不教子孝，其子必成一嬌子。受人慈而嬌，其人亦終將不能儉。西方中古時期，乃一耶教天下，然繼之者即是文藝復興，工商業驟起。嬌兒驟離家庭，進入社會，可成一浪子。西漢初年，崇尚黃老無為，與民休息。繼之即遊俠貨殖迭興，便絕不是一儉的社會。故慈儉，均屬消極性，不足以垂教。

離了慈與儉，其心放縱無顧忌，則必敢為天下先。近代人無視傳統，倡言創造，不甘隨人後，定要超人先，必求能邁步闖入一新境界。不僅如哥倫布之尋覓新大陸。一切學術思想，均當擺脫前人束縛，闖開新境。哲學文學全如此。但如此則究嫌與現實人生又多增了隔離。近代自然科學更親切闖進了現實人生。其先如天文學，發現地球繞太陽，不是太陽繞地球。又如生物學，天演進化，人類不從亞當夏娃來，尚屬在當時現實人生之純信仰上起腳。違反了宗教而進入到現實真人生，由消極轉積極。一切追尋向外，不顧內。向前，不顧後。人生只賸一闖字，即創字。盲人騎瞎馬，夜半臨深池。到此刻自然科學中又獲有兩大創新，一是核子武器，另一是人類登陸月球。但登陸月球，正如哥倫布登新大陸，把當時西、葡兩國原有問題帶去，循致印第安人遭消滅，非洲黑人被販賣，將來月球上，也必有新糾紛。若真要解決當前地球上人類問題，此刻只安排了最後一著，即核子戰爭。此是現代積極人生之真實相，豈不已彰灼共見。若果能采用老子慈儉與不敢為天下先之三句教，人生意態稍轉消極，或許世界不致有今日。即在今日果能采用老子三句教，或許人生還可有轉向。

但人生究是複雜而又該積極向外向前的。莊老道家，目睹當時社會種種病態，想勒馬回頭，但馬頭勒回仍向前。兩漢儒家人生衍生了流弊，勒回馬頭轉向道家。但馬蹄停不下，老子之小國寡民，又轉成釋氏之出家入山寺。社會人生問題依然存在。果使社會大眾盡都出家入山寺，則全部人生問題都會帶進山寺去。幸而只是少數人披剃入山，但在此少數人身上，還帶著很多留在塵世的人生問題，不得解決。故依佛教義，只有人人悟徹涅槃大道，纔是人生問題之終極解決。但河清難俟，此事又談何容易。

孔孟儒家所指導的人生，乃是一種通力合作的人生。即如一家庭，父母慈，子女不孝，即不能通力合作。近代中國人，慕效西方，務競變為一夫一妻制的小家庭。但小家庭也須夫妻通力合作，若儘講個人自由、獨立平等，夫婦也會不合作。於是再把婚姻制度放寬，離婚自由，乃至於性解放，可以無夫婦，無父母子女，無家庭，但一樣有生育，有傳種接代，豈不好。但問題又會轉移到別處去，而且可更複雜。核子戰爭，豈不更積極，但亦同時轉成了更消極。問題依然存在。

須待全人類毀滅，纔是真解決。

只有孔孟儒家人生，教人通力合作，得人人參加，要事事顧到，物物有分，時時不息。複雜成了簡單。長時不息，現代與古代合作，後代仍和現代合作，能使全人生在此大道中通力合作下永遠向前。

全人生即是一仁字，通力合作即是一義字。而仁之與義，只由我一人做起，故曰為仁由己。又曰義內。一切人生大道全在一己之內心。孔門教人，有志道、據德、依仁、游藝之四項，有德行、言語、政事、文學之四科。孟子較單純，荀卿即複雜。程朱較複雜，陸王又單純。但要能於單純中展衍出複雜，孟子之長即在此。又要能於複雜中把握住單純，程朱所長即在此。荀卿雖複雜，但失卻了作為中心之單純面。陸王雖單純，但忽略了向外向前之複雜面。所以衡量其得失而評定其是非者，則又待有不斷繼起之智慧，此即是後世與前世合作，而貴其能不斷向前。

積極過了分，都不免急功近利。墨家兼愛，一遵天志，不顧人心，其病即在急功利，怕複雜。道家從人類文化之病處看，釋耶回三教亦然，都嫌看得太單純。如進醫院檢查，可以只見病處。悲天憫人，而實無當人生之真相，無怪其都要走上人生消極的路。近代人生，縱積極，但亦不勝其急功近利之心，太過分，亦是太簡單了，只認一條路，工品製造，商貨貿易，那能遽領全人生向前。而且廠商製造，必剝削了勞工。貨品推銷，又欺騙了買主。演而愈進，廣告費可以占了十

七、八，成本只占十二、三。又必用種種方法，誘導人奢侈，激發人物質慾望。使外物供給永不能填充內心需要，而後工商企業乃可立於不敗之地位。但另外問題即由此引生。作始也簡，將畢也巨，今天工商社會之弊病即在此。

所以近代的積極人生，並不能解決問題，乃僅以滋生問題。三數十年前，與三數十年後，問題性質已大不同。今天的大問題，並不在送人上月球，更不論去火星。今天的首要大問題，乃在如何消弭核子戰爭，退一步言，且先求禁止國際間之軍火販賣。然而此事已不易。回溯數十百年前，問題只在如何積極生產，如何向外謀財殖貨。但由於以前的有問題，而引生出當前的問題。其實新舊問題只是同一根脈。概而言之，是積極人生過了分，今天卻該轉向消極。否則老問題終是解決不了新事變，一部近代歐洲史，可作例證。就美國言，它已躍踞世界列強之新霸位，此刻都希望它來解決世界問題，但它第一還是積極生產，連核武器以及種種殺人武器都在內。第二是向外推銷，連殺人武器也在內。美國最大強敵是蘇維埃，美蘇競造核武器，但蘇維埃缺了糧食，正好向美國求購，美國既要生產核武器，又要生產糧食，心力分了。而蘇維埃則可以憑藉美國糧食接濟，來一意生產核武器。在目前的爭霸戰上，宜乎蘇維埃可以處處占盡了上風。

現代的積極人生，其最易見效處，正在其能不顧一切，單從一個目標闖向前。三四百年來，西歐英法帝國主義便由此上路，英國是島國，目標更單純，故更見效。到目前形勢大變，武力鬥爭進占第一位，財富競賽退居第二位，中國大陸寧願民眾沒有褲子穿，第一目標是製造原子彈。而當前世界各國元首，競以能到北京朝見毛澤東一面為得意。不獲到北京一見毛澤東，總是現代政治鬥爭上一缺憾。美國總統尼克遜，獲到中國大陸朝見毛澤東，便認為新世界即將來臨。尼克遜被迫退位，但此一意想，仍為其繼任總統乃及美國大多數人所接受。甚至最近，毛澤東命在旦夕（按，此稿發表時，毛澤東已死），而美國人急要在他死前能和中國大陸外交關係正常化，認為是當前迫不及待之急務。以如此之人心，可以想像世界之明日。

根據上所觀察，所以我認為當前世界的積極人生，實已前面無路，而不自覺地在轉向消極。其仍抱積極意態，以鬥爭搗亂為惟一首務者，則惟群目蘇俄為然，故為舉世人俯首而下氣。但上面已指出，愈積極則愈受禍。西歐英法舊日帝國美夢何在。日本帝國主義首先嘗到原子彈滋味，武裝解除了，一意想做一經濟大國。日本想依靠美國武力來專做現代一經濟大國，正如蘇俄想靠美國農產品來在核子武器上壓倒美國，那都是單方戀愛，未必有美滿婚姻。而美國意態，則並不如往前英法般積極，它因是一大陸國，儘可向內發展。但其得有今天，仍由接受了英法往年這一筆積極人生的爛糊舊賬。而不幸美國又增添了自身內部一筆爛糊新賬，其社會日常人生之日趨於糜爛與腐化。物質豐盈，但求不務向外殺人，專一在其內部求安享，這亦會成一場夢。單謀財不殺人，美國已著先鞭，日本亦緊隨其後。而不知積極的經濟人生，到頭必會無出路，無前途。中國大陸經濟無基礎，急要武裝向外，民不聊生，大亂亦不旋踵而起。算惟有蘇維埃，最為當前敢於采取積極向前的一大國，經濟為次，武裝為先。已異於往前之英法，更積極了，只想以無的來搶有的。它的途徑，卻更近於它往日親所受難的蒙古。惟蒙古只靠騎兵，而今天的蘇維埃，則靠核子武器。因此更可怕。即使萬無可能地禁止了核子戰爭，但其飛機、炸彈、坦克、大砲、潛艇襲擊，貽禍人類，也將在蒙古乃及第一、二次大戰之上。若使蘇維埃而終於得志，則為人生大道證明了惟有武力至上始是最高真理，亦只為此數百年來西歐積極人生作一修正，得一結論，未始非對人類文化有一大貢獻。而無奈其不然，則蘇聯人今天的積極意態，亦不過為它自己多拉些陪葬者而止。此真是近代積極人生一悲劇。儻或改鯨吞為蠶食，酌采消極意態，蘇聯的得志機會可較多。但美國乃在不知不覺中走上了消極。要蘇俄在深思遠慮中採取消極，但蘇俄無此心理修養，其事甚不易。

人事複雜，未來不可測，然而當前的那一套積極人生，已無前途，則早已彰灼可見。乃舉世迷惘，只就眼前頭痛醫頭，腳痛醫腳，曲突徙薪的設計，固絕不有其人。連焦頭爛額的救急，也不知從何下手。世界已有絕大多數人在轉向消極，但亦只是生活糜爛而已，更不知有其他的消極法。此已不是一意態問題，而是一知識問題。現代人的所有知識，已全屬專門化。積極人生急功近利，則必然會獎勵知識專門化。循至只知有頭有腳，不知有此身。只知有身，不知有此心。非不知有心，乃把此心亦封閉錮塞在專門化中，驅使它鑽牛角尖。蠻乎觸乎，互不相知。外交、軍事、經濟、法律，各有專家。專家內又得分專家，但全人生的大問題，則每一專家，都無法來解決。哲學、文學、藝術、科學，亦是各有專家。專家內又復有專家，但全人生的大問題，也不是此等專家所能領導。只因急功近利，專攻某一項，易見成績，而且誰也不能批評誰，誰也不能壓倒誰。每一專家都完成了，但每一問題都存在不解決。中國俗語說，三個臭皮匠，湊成一個諸葛亮。但現代的專家，卻非臭皮匠之比。其最大癥結，乃在各自傑出，無法配湊。儘大多數的知識分子，愈專門化，便愈成為少數。今日號稱為知識爆炸，其實是知識分裂。知識的力量日微，只能各為人用。循至今天，全人生的大問題，已不由知識來領導解決。專家知識所能領導解決的，全屬枝節上的小問題。製造核子彈，今天人類已有知識，但如何消弭戰爭，則今天人類並無此知識。登上月球，今天人類已有此知識，但如何使人各有一可以居之安而樂的家庭，則今天人類也無此知識。今天人類全認小知識為大知識。真屬人類的大知識，則甘心自安於無知識。此是知識專家化之罪。

孔門儒家求知識的積極目標，則正在此全人生的大問題上。一則應使各人有一家而可以居之安與樂，一則應消弭戰爭，使大家和平相處。中國如一人，天下如一家。此種知識，不屬專門化，但是更專門的，似乎無用，而實更有用。不待焦頭爛額，而教人曲突徙薪，但焦頭爛額者終為上客，曲突徙薪則不見恩澤。故士志於道，則必能先天下之憂而憂，但又必以不恥惡衣惡食為條件。此等知識，中國儒家謂之道，可以行於全人類，可以行於千載之上，亦可行於千載之下，此為現代專家知識分子所絕不信。專家知識，只貴各自分述，隨時前進，隨於新事物而變，隨於新對象而爭。後一時代興起，前一時代即遭遺棄。知識然，人生亦然。現代的積極人生，貴能以後一代遺棄前一代。後不顧前，而曾幾何時，現代亦成前代，而亦為後代所遺棄。但全人生之大問題，則必融會時空之異而存在。佛家說：「我佛為一大事因緣出世」，這算是認識了人生有此一大事，但非教人進山門求證涅槃境界，所能解決。耶教則教人各自在死後靈魂進天堂，至於人生問題，暫讓凱撒去管，留待上帝來作末日審判。近代西方自然科學，則僅在每一人生前，各求其物質生活之滿足，把現世物質人生來代替天堂。至於人生全體大問題，則似乎只留待核子武器來作總解決。所以現代西方人，亦認為第三次世界核子大戰爭，乃是此世界之末日審判。可見西方近代的自然科學，外貌上雖若反宗教，而其內裡，則仍是耶教精神之原來模樣原來想法。即是只管了當前物質人生，亦如耶教之只管死後靈魂上天堂，其他則全不管。至於中國儒家，則以大道之行為其終極目標。此大道，絕非佛教之涅槃境界，更非耶教之末日審判。大道行後，還得天下為公。須每一人各自繼續努力。全人生永遠有此大道，待人努力。故曾子曰「仁以為己宅」，即是把此全人生大道，由每一個自我小己來擔任。「死而後已」，則是每一個自我小己之責任期限，到死而止。

曾子那九個字，應是異時異地，每一人之共同職責，共同任務，誰也不能自外。

佛家精神，徹頭徹尾，是消極的。耶教精神，則在個人小我方面儘積極，務要各自靈魂上天堂。而大群集體方面則仍是消極，且讓凱撒去管。總之在釋迦、耶穌兩人心中，有管有不管。而孔子心中，則全人生大體無不管。天不變，道亦不變。天地大自然生出人類，此是天之慈。人類把此全人生大體好好完整地繼續下去，來對天作交代，此是人之孝。所以在中國儒家思想中，可以包容有宗教精神，同時亦包容有自然科學精神。包容人類大群，同時亦包容個人小己。但中國儒家思想，究竟是否可用來解決當前世界問題呢？可惜儒家思想極複雜，不單純，其他民族驟不易了解。當前的中國人，則只學儒家謙虛好學精神，一意虛心向外學。學習資本主義，亦想學習共產主義。學習耶穌教，亦想學習近代自然科學。學習原子彈殺人，同時亦學習死後靈魂上天堂。一切現代專家知識全想學。當前好學的，中國人可以首屈一指。但儒家所提出最重要的仁以為己任、當仁不讓的積極精神，當前的中國人則把它遺棄淡忘了。此一責任，且讓西方人來負。我們則惟西方馬首是瞻，而無奈西方人向來無此意想。至少我們今天最所歸嚮的美國人，也似乎無此意想。我們要反共，但美國不斷向共產大陸送媚眼，又不斷向蘇維埃求和解。在這一層上，至少是我們學西方、學美國，還學得不到家。如又想待西方來學我們東方，要教西方人也把自由世界和共產強權武力世界分劃清楚，那豈不更難了。但若真通了中國儒家思想，則此等難題實也並不難。只要認清一大前提大原則，再來運用現代西方各項專家知識，自會有一條路向前。此事說來話長，則只有姑此住筆了。

七六　存藏與表現

(一)

中國與西方，社會不同，人生不同，因此歷史演進與文化傳統亦各不同。姑舉三項言之。孔子曰：「古之學者為己，今之學者為人。」中國乃一農業社會，耕稼本為己，賸餘乃及人。西方是一商業社會，須貨品先有銷路，供給了別人需求，自己纔有利潤可得，故其人生乃先為人。此其一。

人生有工作有休閒。農業工作即為己，故於工作與休閒上不加大分別。商業工作在為人，獲得休閒乃為己，故視工作與休閒若為人生之兩體，意義價值均大不同。此其二。

中國人常講中庸之道，凡事甚難恰到好處，過與不及總不免。務農為已，一家百畝，常覺夠了，每不貪多。貪多反致荒蕪，並無益處。商業應外面需求，愈多愈好，每感欲罷不能，總喜增不喜減。此其三。

但就自然言，有時增不如減。如一日三餐，多喫反傷健康，少喫轉合衛生。又如睡眠，多睡反增倦。以言財富，貧而樂，其事易。富而好禮，其事難。抑且貧有限，勤勞即可免此限。富無限，向外追求總難滿意。又安貧易，保富難。故以社會整體言，不患貧而患不均，但惟中國人始能有此想法。西方人惟望財富提高，無限度，有危險。

繼此又有兩觀念分歧。貧能儉、有貯蓄，三年耕有一年之蓄，九年耕有三年之蓄，則無患矣。求富則貴能經營，餘貲存積，不如再投入商場，多財善賈，富上加富。故貧人易於安其故常，此之謂保守。富人易於繼長增高，此之謂進取。保守心向內，進取心向外。此一歧，乃生出一切更大之不同。

無限進取，無限向前，但仍只為一己生活打算，而工作與休閒，在其意象中，分別乃更大。工作僅生活一手段，休閒轉成生活之目的。本來人生即是一工作，休閒乃得繼續再工作，故工作休閒，實是人生之一體。從自然生命言，休閒乃手段，工作為目的。今乃倒轉，休閒若轉成為目的。但人生不即是休閒，於是乃又從休閒中別尋快樂，工作轉成負擔，不知人生快樂正在工作上。

如此一倒轉，整個人生觀乃不得不大變。於是人生中乃又有專尋快樂之工作，西方文學即由此起。甚至言文化即起於閒暇。中國人則曰民生在勤，不啻認勤勞即生命。日出而作，日入而息，工作中自有休閒。一陰一陽，陽即工作，陰即休閒，豈非一體。中國人重勤勞，亦非於休閒有輕忽。農民則減輕其租稅，工人則先加以廩給，工農皆世襲，積年累世於不慌不忙不知不覺中得精進，勤勞乃成一快樂，豈休閒之務求。

再申言之，人生乃全從其生命之內部自身演進，生命以外，更無其他功利可圖。生命平安快樂，即是生命進步。此非哲理乃實事。人生自嬰孩始，嬰孩決不為其自身生活有計畫有打算。更不把其當前生活作為一種手段，以別有期圖。一哭一笑，一休一息，即其生命，亦即其工作與快樂之所在。若謂嬰孩賴別人輔養，則長大成人後，豈不仍有賴於別人，不得獨立為生。魯濱遜漂流荒島，亦有一犬，並有漂流前之一切經驗，人生決非一人獨立為生可知。

《孟子》曰：「大人者，不失其赤子之心者也。」中國人最高理想之人生，要能勿失其赤子心。天真快樂，本色依然。中國人最重孝弟之德，孝弟即是赤子心。孔子曰：「德不孤，必有鄰。」能孝能弟，斯能在大群中做一人。光大悠久，其本皆在此。

中國古代風俗，工農皆世襲。老斲輪言得心應手之妙，不能以喻其子。然其子自為嬰孩，即已視其父之斲輪。初長成人，亦即追隨習斲，亦自能得心應手。其孫又然，累代相傳。斲輪非其一家之勞作，乃其一家之生命。生命繼續不已。孔子曰：「後生可畏，焉知來者之不如今。」累代相傳之斲，必當較前進步。即其生命進步，其快樂又可知，又何待於斲輪外別求閒暇為樂。抑且僅求閒暇，亦非真樂。孔子曰：「飯疏食，飲水，曲肱而枕之，樂亦在其中矣。」此樂乃學不厭教不倦之樂，即孔子生命之樂。若在飯飲枕上求，非生命樂，為樂至淺且暫，實亦無樂可言。

中國人言樂，主存藏，不主表現。有存藏，自能有表現。能表現，仍貴能存藏。存藏在內為己，表現在外或為人。老斲輪所樂，即在其日斲不已得心應手之生命中。非求其斲輪之得人欣賞，或獲厚利，更非於斲輪後求獲休閒，別尋他樂。子子孫孫，世襲其業，世傳其樂，人生如此，更復何求。此即中國文化真精神所在。亦可謂中國文化乃一生命文化，存藏在己。不失其赤子之心，即此意。

人生嬰孩期，亦可謂即自然生命一種最高藝術之表現，此下各期生命貴能承之不失。赤子之心，即其生命藝術最深厚之根源。赤子初生，乃與自然大天地同體。中國最佳之田園詩山林詩，亦可謂皆從此心來。最佳之亭園建築，亦從此心來。最佳之山水禽鳥花卉一切繪畫，亦從此心來。此皆所謂不失其赤子之心之一種表現，即一種極深之守舊，所守即此心。人之耄老，登一山，沿一水，坐一園亭中，仰天俯地，樂不可言，亦仍此赤子心。天真純潔，活潑自然，無旁雜，無糾纏，無拘束，此是人之真生命，何樂如之。

今人最好言新。如旅途中，遇見家人，父母夫婦兄弟，或舊相識，其內心之樂，較之途逢新人，相差又如何。少小離家老大還，舊家舊鄉皆可喜。鄉音無改，斯即生命之無改，更可喜。鬢毛摧，則無可奈何。身變而心不變。但兒童已相見不相識，笑問客從何處來。本屬舊人，乃成新知，則又可悲之至。實則生命是一舊，乃可樂。日新月異，生命何在，可樂又何在。

中國人又言：「人惟求舊，物惟求新。」此物字乃指日常所用言，若傳家保藏之物，則亦惟舊乃貴。如一花瓶，乾隆窰景泰窰可貴，宋窰唐窰尤可貴。如牆上一畫，明畫元畫可貴，宋畫更可貴。天地大自然如一大物，中國之園亭建構，則把此大物依稀彷彿存藏其中，常供遊人玩賞，又何等可貴。可知人心所貴，終在舊，不在新。中國山川名勝，豈不凡新皆由舊，愈舊而愈新。

如登泰山，如遊西湖，乃及其他名勝，其間皆存藏有累代積世相傳之人心。而此等心則決非功利、機械、變詐、爭奪、霸占心，大體是至誠惻怛之一片天真赤子心。即如名勝中多有古剎，乃有前世高僧來此潛修。後人仰慕瞻拜，亦以新心接舊心，亦即《孟子》所謂不失其赤子之心。而生命快樂即在其中。埃及金字塔、羅馬鬥獸場，無可同類相視。

讀中國書，如遊中國名勝。如古詩三百首，每一詩，均三千年前中國人之生命心情，從一不知名人口中吐露，從一不知名人筆下寫出。如關關雎鳩，乃中國古人夫婦和愛心，任由後人心自加體會。文學全是一生命，是一古今不朽之大生命。一吟詠，一寫作，同是一生命工作，而快樂自在其中。《天方夜譚》一千零一夜，則與中國古詩三百大不同。其述故事，乃求聽者愛聽。乃為人，非為己。希臘荷馬史詩亦然。大眾所喜，乃為文學。舞臺戲劇亦如是，乃為觀眾之欣賞。凡所表現，主要皆在外，不在內。

屈原〈離騷〉，猶離憂。心藏忠君愛國之憂，一吐為快。此亦生命一工作，亦生命一快樂。司馬遷《太史公書》亦然。其寫作心情，在〈報任少卿書〉中，已表露無遺，是亦司馬遷生命所在。以自己生命來體會到古人生命，宜其書之超絕千古，無與倫比。此等心情，此等工作，可謂乃中國傳統之文化心情，文化工作。故曰：「藏之名山，傳之其人。」人類自有一大生命存藏，中國之史學文學，皆此大生命之工作表現。西方文學則皆以個人主義之小生命工作，故不求傳統，僅重開創。至於史學，則晚近始有，非古代西方人所重。

文史外，一切學問亦無不然。孔子曰：「學而時習之，不亦說乎？有朋自遠方來，不亦樂乎？」學與習，皆即己之生命，豈不可悅。遠方朋來，與我同此生命，豈不可樂。縱無人知，己之生命則仍然，故曰：「人不知而不慍。」必待外面人知，則生命之意義價值亦淺薄難定矣。

孔子言：「述而不作，信而好古。」此八字，述出了孔子畢生學不厭教不倦之一番赤子之心來。赤子初生，其父母即是一古，與我同是一人，而信之好之。孔子之生，中國文化傳統已歷兩三千年，孔子乃此文化傳統中一嬰孩。及其長大成人，能為中國文化傳統一孝子，一忠臣，心願已足。人由天生，天命人在人群中做一人，此乃人之性，即天之命。故中國人言「安分守己」，「樂天知命。」孔子之為人，亦何嘗不如此。

孔子曰：「我無行而不與二三子」，此乃孔子之表現。顏淵言「如有所立卓爾，雖欲從之，末由也矣」，此則孔子之存藏。泰山其頹，哲人其萎，表現只是一時髦，一摩登。逝者如斯，生命如此，孔子大聖亦終如此。高山仰止，景行行之，雖不能至，心嚮往之。存藏乃始是真生命，真傳統。今人則必謂孔子乃二千五百年前一人物，此即知表現不知存藏，其深受西化亦可知。故在西方人生中，獨耶穌一人能復活。在中國人生中，則人人皆得有不朽，此其異。

孔子作《春秋》，相傳由聞西狩獲麟而作。今人則謂之迷信。孔子聞獲麟而心憂，則孔子作《春秋》，亦猶後起之屈子作〈離騷〉，同是一生命工作。孔子《春秋》因魯舊史，亦是述而不作，惟寓褒貶深意。如隱公元年春王正月，正月前加一王字，此即有深意。孔子亦未必對其弟子詳加解釋，或偶有申述，其弟子傳習之，又詳加討論，乃有《公羊》、《穀梁》、《左氏》三傳，而《左氏傳》尤網羅遺聞，詳加記載。此一經三傳，乃歷百年以上，不知幾何人之工作而始成。在中國則稱之曰《春秋》一家。此如百畝之田，父傳子，子傳孫，以耕以耘，乃一大生命工作，非小生命工作。至於《論語》，乃由孔子門人弟子，積數傳數十百人之合力而成。此亦一種家學，乃為後代儒家學之始祖。中國一切學問皆求成家，與西方之個人獨創，而今國人乃亦稱之為專家學者又不同。

今再申言之。亦可謂中國大群主義，為人即所以為己。如孝弟忠信，即以成賢成聖是矣。西方個人主義，為己亦即以為人。如大資本家給養大批勞工，乃以造成大財富。當前資本主義帝國主義向外侵略，而西洋文化遂亦遍布全世界。中國亦備受欺凌壓迫，而崇揚西化，乃有新文化運動。可見無內外，無群己，而天人合一，乃一無可違背之大自然中一大生命。和合人文自然，乃始兩得之。分別人文自然，則必兩失之。討論中西文化異同，於此不得不深加注意。

天地萬物惟此心最能日變日新。湯之盤銘曰：「苟日新，日日新，又日新」，乃指此心言。日新而不失其舊，個人生命大群生命皆如此。中國人抱有心生命一觀念，心統性情，故中國生命哲學最好言性情。喜、怒、哀、樂、愛、惡、欲七情，喜怒觸於外，發於內，最易見，亦暫而易變。哀樂藏於內，更具時間性，不易見，不易變。愛惡已由情轉性，亦即欲。欲之正面即愛，反面則惡。喜怒哀樂亦皆欲之正反面。故性即欲，欲即性。惟性乃存藏於內，欲則必發於外。故性可常，而欲必變。西方人好言男女之愛，近於欲。中國人好言父母子女之慈孝，始見性。中西文化歧異只在此。

(二)

中國五千年文化有其一貫相承之傳統，舉其大者有二。一曰政統，一曰學統。政統在上，學統在野。先言學統。

先秦以下中國學術分兩大統，曰儒，曰道。儒統始於孔子，孔子自歎道不行。學不厭，教不倦。登其門受業者踰七十人，知名於時者不踰二十人。或先孔子卒。孔子身後，其弟子無一在朝得勢者。然儒學乃大行。李斯相秦始皇，公孫弘相漢武帝，兩人皆出儒統，然為儒林所鄙。儒統之傳，大賢豪傑多在野。宋代王安石司馬光，兩巨儒皆在朝為相。然儒學大統則傳自同時在野之周敦頤，終其生僅為一小縣令。兩千五百年來儒學傳統大體皆如此。無權無位，群所歸向，而儒學尊嚴乃成中國文化體系中一大傳統。

道家起自莊周，乃戰國時宋一漆園吏，位卑名微。繼之有《老子》書，其作者姓名更無考。兩人之弟子亦無知名。道學之傳，乃更無在朝踞高位掌大權者。其在野亦多隱淪。較之儒，益不顯。然在中國文化傳統大體系中，則道終與儒相抗衡。

次論政統。君位世襲，歷四五千年不變，然朝代則屢變。但政統實不在王朝之血統，而在其歷代所通行之制度。故一部二十五史，自班固《漢書》以下，皆為斷代史。而唐之杜佑《通典》，宋之鄭樵《通志》，元之馬端臨《文獻通考》，後人稱之為三通。繼之又有續三通、九通、十通，實為中國之通史。專論制度沿革，乃見中國政統之所在。朝代變，制度不變，其中有歷夏商周三代而來者，有自秦漢以下歷朝所新創者。然其大意義所在，則仍有承襲，未能大違於前古。古今一貫相承，此始可謂之政統。

各項制度，決不自帝王制定，亦絕少制定於宰相。乃出自在朝或在野某幾人之主張，經政府群僚集議而成。詳見史籍。尤以三通及《五禮通考》為備。亦可謂政統大體源於學統，而又大體源於儒統。周公制禮作樂，遠在西周之初。秦漢以下，立法大意率本孔子。故中國人於政統學統之上，又言道統，大體則自周孔創其端。周公在朝，貴為攝政，其得創制成統則固宜。孔子在野，僅為一開門授徒之師，乃得為此下兩千五百年政統學統道統之祖師宗主，其事尤值深闡。

孔子既卒，非能自尊，乃由後世人尊之。在野多尊孔，在朝者則多來自在野。乃至貴為帝王，亦必尊孔。而在朝之尊孔，又終不如在野之盛。故歷代大儒多在野。達而在朝，其見尊之程度轉減。考之史籍可證。在野之足以轉移在朝，考之道家更可見。佛教東來，高僧多在山林，在野尊之，而在朝亦尊之。其事亦同似道家。又如蒙古人主，軍權則蒙古人親操之，財貨權則操於回人，而其君亦信奉中國之道教。社會則儒風終盛，元代政制亦隨此形式而變。中國政道傳統之在野勝於在朝，而儒統之終不可侮，專就元代歷史言，亦更可見。

故中國文化傳統其主要乃在野，其力若散不成統，而轉成為大統。元代道家，若有力成統，雖稱盛一時，而終即於衰，不能如儒家之為統。其中有深義，討論中國文化傳統，必當注意。西方耶教亦在野，然必有教會組織，並擁戴一教皇。新教無教皇，但亦有教會組織。孔子卒，門人欲奉有子為師，曾子拒之，議遂罷。《論語・學而》篇，以有子、曾子語繼孔子，是當時孔門猶同尊此兩人。墨家有鉅子組織，但鉅子不由推選，而由前任指定。然墨家傳統終絕。兩漢儒統之昌，經學在朝乃亦轉不如在野之盛。及東漢之末，鄭玄以在野一徵君，括囊大典，集經注之大成。又即有王肅起而持異。南宋朱子編北宋周張二程語為《近思錄》，又為《四書章句集注》，可謂集理學之大成。又即有陸象山起與持異。故中國儒學，孔子下既無組織，又無定尊，一若散而無統。乃其為統之深沉博大，更遠勝於耶教。

佛教在中國，亦散而無統。歷代高僧，皆由後人尊奉，非以大組織成大力量。即如達摩面壁，其後乃有禪宗。然自達摩始，祖師相傳，亦只六傳而止。此後支派叢立，禪風遍天下，但終亦非有一嚴格之組織。神會上憑政府力量，名噪一時，但後即闃寂無聞。其遺集，直至近代，乃於巴黎所藏敦煌鈔本中得之。又如玄奘西遊，歸而得皇室尊養，然唯識一宗，乃亦不得與天台、華嚴、禪諸宗爭盛。故耶教在西方，兩千年來惟尊一耶穌。佛教在中國，歷代高僧，名言崇論，著述斐然，雖其教來自印度，然亦終與中國傳統相會相成。其在印度已中絕，而在中國則永傳無窮。觀佛斯知儒，是皆散而無統，又多在野不在朝，而終亦成為中國文化中一大傳統。

西方政統亦仗外力。帝皇必擁兵擁財以自保其位。中國君位不掌財，不掌兵，乃在下者群尊之以安其位而成其統。近代西方民主政治，兵權、財權仍由政府元首把握。中國則為君為相均不掌財權、軍權。西方民主選舉，又必結黨以爭。有黨乃有統，多黨或無黨，則其政必亂。中國傳統政治下，不許有黨。有黨則亂，無黨始治。此又中西一大異。

西方資本主義，亦賴組織成統。共產主義則於資本主義外，另有組織，另成系統。中國則凡屬生產事業，均不許有私家組織。如鹽如鐵，如絲如陶，後代有如瓷如茶，皆賴群力經營，而政府則防其自有組織，故終無資本主義之出現。更後有漕運，雖政府主於上，而必長期結集群力，乃有幫會之組織。然中國幫會對上不犯法，對下有通財之誼，濟貧卹災，並對社會有大功。明代中國人僑遷南洋各地，亦賴此等意義之變通，而亦有其長期之傳統。亦可不向上干涉政治，而在下自有其維持安定繼續發展之一道。治中國社會史，必當注意及此。

西力東漸，一時國人自認為中國民眾無組織，如一盤散沙。又認在上為專制政治，在下為封建社會。不知中國乃有一散而無統之大傳統，不仗外力組織，而其統乃益緊益密，有其不可解散之內力。此誠中國文化傳統一深藏之大特徵，必當體究深知。

論及中國學術思想，近代國人又必譏其無組織無系統。孔子曰：「吾道一以貫之。」不仗外面組織，而能內部相貫通，中國社會如是，學術思想亦如是。即專就儒家言，孔子以下，人人為學不同，人人立言又各不同，然同尊孔子，同為一儒。此真散而無統，而自有其一貫相通之內在大傳統。非上下古今博通歷代儒家言，又何以知之。

就學術演變言，儒與儒相通，道與儒亦相通，釋與儒道亦相通。又且學與政相通，朝與野相通，古與今相通。所以中國民族能不賴外面力量組織，而成為一廣土眾民之大一統，歷四五千年至今，豈一種外力組織之所能至。

顏淵言孔子之教，「博我以文，約我以禮」，文散而無統，禮則通死生人我以為一體，斯有統矣。「人而不仁如禮何」，仁則本於心，心有同然，相通成體。聖即通義，故曰：「聖人先得吾心之同然。」中國文化傳統之最高理想，當即一聖統。其最先基本則為心統，可以各反己心而得之。

中國古代儒家言禮，宋儒則參用道釋，改言理字。朱子言：「禮者，天理之節文。」有節有文，斯則禮在人而可上通於天矣。張橫渠言：「為天地立心，為生民立命，為往聖繼絕學，為萬世開太平。」天地無心，則為之立心。生民無命，則為之立命。此乃中國往聖之絕學，繼此絕學，則可開萬世之太平。司馬遷言：「明天人之際，通古今之變。」今日國人競言求變求新，其意皆在外，曷不於己心求之。僅求之於外，事事物物，則不得不加以一力以為統，西方之法統即在此。《孟子》曰：「人皆可以為堯舜。」今當易其辭曰：「凡吾中國人，則無不可為一理想之中國人。」中國文化大傳統，則即在吾國人之內心。反己以求，即心而得。今再易其辭曰：「中國文化傳統，即是一人心自由之傳統。」今吾國人競言自由，乃於外力組織中求，曷不於吾民族文化傳統中求，又曷不於己之內心求。

今再要言之，天地自然乃一大存藏，人生文化則只是其一表現。人之此心，則即表現即存藏。通天人，合內外，孔子所謂吾道一以貫之者即此心。中國人知重此心，西方人則轉而重物。故中國人生主存藏，西方人生主表現。存藏可通而能常，表現必別又多變。雙方文化傳統，乃及一切學術思想，所異即在此。願吾國人賢達善加體認。

七七　入世與出世

中國人有入世、出世之兩辭。生命即是一入世。生前死後，情狀渺茫，不可捉摸。中國乃一人文本位之文化。方其未生，即有胎教。及其死後，葬祭之禮，慎終追遠，亦為生人。在中國傳統文化中，迄無一種出世之教。

世界各大宗教，則胥教人出世。從中國人立場言，各教徒亦仍在世間，所教亦仍是世間法。如釋迦牟尼，乃印度一王子，棄妻拋子，離家出走。菩提樹下枯坐有年，依然一在世人，未嘗出世。及其得悟，四出傳道，則更見是世人世法，惟與其他世人世法有異，如是而已。佛法來中國，中國人自以中國文化傳統加以體會解釋，佛法終於中國化。尤著者為禪宗。此心悟，即身成佛，立地成佛，則此佛豈不仍是一世間人，所悟仍是一世間法。信從諸僧侶，亦必自有工作，生活在世，惟出家不食葷有異而已。

中國語有云：「天下名山僧占盡。」名山亦在世間，仍談不上出世。所謂出世，乃指不營幹塵俗事，不操心努力於人群大眾之尋常事，獨身無家即其一端。衣食住三項物質生活，乃人生起碼必備條件，而僧侶則一衲一缽，沿門乞討，一窟一洞，一草蓬，一茆庵，暫避風雨，已算解決。其所操心努力日夜修行以副所期望者，可云僅屬內心精神方面，乃以謂之出世。

嘗憶民國十七八年間，曾漫步至蘇州西南郊外天平山一佛寺。其方丈乃無錫同鄉，告余，年過四十，有妻室，有子女，忽決心出家為僧。一夕，到此山，愛其林樹叢草，遂終夜坐山頂敲木魚。山下農家聞之，晨來尋看，給以食物。如是積月，來者益眾。供給食物外，並為蓋一草蓬。於是積年不去，始終在山頂，長敲木魚渡夜。遠方聞風來捐助，乃成此寺，正在擴建中。佛像香案，規模儼然。此山乃不啻為此僧占了。此僧不為私，不為名利，並亦不為衣食。世俗人慕之，乃群策群力，共闢此山，共創此寺。天下名山僧占盡，率皆類此。僧尼既占此山，修理保護。遊山者來此，得食得宿。又得道路橋樑交通，種種方便，經亂不破壞。「老僧已死成新塔，壞壁無由見舊題。」其死生轉換亦與塵世無異。正因其志在逃世，與世無爭，乃得世人之共同贊助。為社會興起了多少至高精美之藝術境界，創闢了多少奧絕超卓之名勝，為亂世預先安排了許多乾淨土，為苦難者妥當布置了各種方便的逃避處。佛教之在中國，亦正有其正面積極之貢獻。

猶太人流亡遷徙，為人類中遭遇最多苦難一民族，乃想望上帝之拯救。耶穌則謂上帝不僅將拯救猶太人，亦將同樣拯救世界其他一切人，乃有耶穌教之建立。但耶穌對世界人類有原始罪惡觀，謂人類皆自天堂因罪降謫而生。逮其回歸天堂，乃有世界末日。此與釋迦之由業轉世與其涅槃觀，可謂大體相似。但耶穌上十字架，仍言將復活，斯其一種熱烈堅強之入世精神，則較釋迦為益勝。

耶教徒在羅馬城中作地下活動，群情同感，使羅馬皇帝亦不得不信其教。故耶教與佛教相比，一趨消極，一趨積極，兩適相反，但同趨於不爭。歐洲中古時期，封建堡壘遍地割據，而耶教寺院轉亦林立。苦難人民，轉相依附。治人者在堡壘中，而教人者則在寺院中。使無耶教宣揚教義，則舉世黑暗，乃無一線光明之呈現。至於神聖羅馬帝國之幻想，則不免與人爭，乃終不能實現。十字軍東征亦類此。要之，宗教出世非真出世，乃以不與人爭，為世人定一新方針，闢一新途徑。而一世亦莫得與之爭，此則耶佛兩教之同一精神。惟回教則乃與政治入世同有其好爭之現象，阿拉伯人之在此世界，乃亦無長時期之得意可希。

歐洲自中古時期進至於現代國家，人多歸功於文藝復興之城市興起。不知城市興起，耶教亦有功。而工商業之為力則亦有限。余嘗遊英倫之牛津劍橋，教會之有功於西方社會者大矣。自然科學日以昌明，工商機械日以精進，世爭日烈，宗教信仰日衰，教育精神亦日以轉移。今之為教，主要乃在科學與工商業。此可謂乃一種入世教，主要在教人爭，受教者亦各為其一己之私爭。而宗教則退居在後。帝國主義殖民政策開其先路，宗教信徒則追隨其後，人乃目宗教為帝國主義之走狗。此實西方近代文化一最可悲觀之現象。如商人販黑奴，而教徒乃隨入黑奴群中傳教，乃不能教商人不販黑奴，但亦終不能教黑奴出世。而主奴之爭一悲劇，乃終不能免。

中國傳統文化異於印歐，乃在其文化體系中並不產生有宗教。主要在其政教合一。堯、舜、禹、湯、文、武、周公，聖君賢相，既主政，亦掌教。其政治地位之崇高，在其德，不在其力。尤在其能讓，不在其能爭。堯舜禪讓，乃為中國政治史上傳誦不絕一嘉話。政治本為公，不為私。乃為天下蒼生，不為一身一家。瘁心勞神，乃其職責所在，非於一己之私有期圖。天子高位，傳賢不傳子。道家言堯又以天子位讓之許由、務光，皆不受。其人其事無可詳考。要之，政治高位，在中國非人人所欲爭，則史跡昭然，可無多疑。故中國能有堯舜以下之大聖大賢，而不能有釋迦耶穌。社會不同，文化傳統不同，斯人心人事亦不同。出世入世，形跡有異，而精神胸懷，亦有可相通以求者，不貴乎拘泥一格以求。

大禹治水，櫛甚風，沐烈雨，腓無胈，脛無毛，十三年在外，子生方呱呱，三過家門而不入。心惟在公不在私，較之耶穌、釋迦尤過之，但顯為一入世人物，非出世人物。舜以天下讓禹，又相似於羅馬教廷之教皇，而又甚有其相異。禹欲傳天子位於益，而舉國人民競擁禹子啟承襲皇位，此亦舉國人心所歸，豈由大禹用心爭奪來。中國此下君位世襲之制度，亦政治一本人心之精意所在，又豈得以帝王專制為詬病。

夏尚忠，商尚鬼。商民族於鬼神有更深之信仰，故商湯為諸侯時，有葛伯仇餉之故事。及為天子，久不雨，築臺以禱，湯自為犧牲，臥臺上。其禱文曰：「四方有罪，罪在朕躬。朕躬有罪，無以罪四方。」是宗教精神與政治精神融凝一體，亦即中國傳統文化一特有之精神。

周初泰伯、虞仲兄弟讓國逃去荊蠻。西伯昌幽於羑里，三分天下有其二，以服事殷。武王伐紂，伯夷、叔齊扣馬而諫。伯夷、叔齊亦讓國。為政即當有其所以為教。周武王弔民伐罪，而不免有以兵力爭天下之嫌。使無伯夷、叔齊以及周公之繼起，周武王故事將何以教後世。而後世之尊伯夷、叔齊，乃亦更出於尊周武王之上。中國人心深有如此。

成王年幼，周公攝政。成王長而歸政，是周公實不啻以天子位讓成王。伊尹相太甲，放太甲於桐宮，自攝政。太甲悔過，伊尹迎之，歸政。是伊尹亦不啻以天子位讓太甲。讓國讓天下，不僅有堯、舜、泰伯、虞仲、伯夷、叔齊，即伊尹周公亦然。下至春秋，天下已亂，管仲相齊桓公，九合諸侯，一匡天下，不以兵力。孔子曰：「微管仲，吾其披髮左衽矣。」然東周王位猶在，齊仍守諸侯位。其他讓國之事亦屢見。此見中國古代尊天子，亦一如西方中古時期之尊羅馬教皇。惟所尊在教，故有讓位而弗居。湯武征誅，雖與堯舜禪讓並稱，然西周開國，乃上推之於文王。

孔子亦稱武王有慚德。孔子弟子子貢有曰：「桀紂之惡，不如是之甚。」則征誅之與禪讓終有辨。一部中國古代政治史，東周以上，亦已近二千年。不以兵力，疆土日擴，民眾日繁，而一統之局面維持不輟。其他民族政治成績殆無其比。此非中國傳統文化一特徵而何。

孔子乃商人之後。而曰：「郁郁乎文哉，我從周。」又亦常夢見周公，而曰：「如有用我者，其為東周乎。」然又曰：「道之不行，我知之矣。用之則行，捨之則藏。」又曰：「君子無所爭。」其告季孫氏則曰：「子為政，焉用殺。」不以殺伐為政，寧有殺伐爭政？天子之位無可爭，我則待用我者，如周公，亦可以行道於天下。世無用我者，則藏道以俟。孔子不得志於政，而一其志於教。古代政教合，至於孔子而政教分，此為中國文化一大轉變。政不行於上，而教明於下，則雖分猶不分。此為中國文化之大傳統。

孔子後，墨翟繼起，不學周公而轉學大禹。孔墨之傳道，即猶古之居高位而傳政。楚欲攻宋，墨子弟子三百人，為宋守城，是亦當時國際間一隊義勇軍。當時從政者不能用孔墨，而亦同知尊孔墨之道。政亂於上，而教昌於下。此亦猶羅馬皇帝之同信耶教。惟耶穌不管凱撒事，而孔墨則即以大禹、周公為志。故中國終是政教合，與西方大不同。

《孟子》曰：「聞誅一夫紂矣，未聞弒君也。」此為孔墨所不言。但循此以往，政治終必出於爭。西歐英法之君，均有上斷頭臺者。而中國此下歷史少其例。《孟子》曰：「以齊王猶反手也。」又曰：「不嗜殺人者，乃能一天下。」古之言一天下，推本於天命。而《孟子》則轉主於民心。君者，群也。王者，往也。大群人心所歸往，斯則為君王矣。民心即天命，民心變，斯天命亦無常。惟尊重人心則仍不至殺伐。故曰：「王者以德服人，霸者以力服人。非真服也，力不足也。」則《孟子》之論仍為儒家正統無疑。秦以後，《論語》為人人必讀書，《孟子》則列於百家。《論》、《孟》兩書，地位不同。《論語》重言天，《孟子》重言民。重言民，則可以有政治不再有宗教。重言天，則有了政治，終不免再生有宗教。所貴則在能兼言之。誠則心而天，明則天而心。《中庸》後出於《孟子》，而孔孟大義之相通，則於此見之。一部中國思想史不斷有進步，而亦終不失其述而不作信而好古之精神。此又中國文化傳統一大特徵。

《戰國策》齊宣王見顏斶，顏斶言：「士貴王不貴」，此乃自古未有之高論。堯、舜、禹、湯、文、武，皆以王貴。孔子始以士貴。然孔子不言王不貴。王不貴，則政治失其地位，失其尊嚴，失其功能，而社會秩序散亂，群道已隳，士又何貴。耶穌言上帝，但仍不廢凱撒。荀子言法後王，亦仍不失為儒統。魯仲連義不帝秦，曰，「惟有蹈東海而死。」此亦如伯夷、叔齊之不食周粟，此則王與士仍同貴。孟子不為稷下先生，寧為臣，道不行則辭而去，此乃不失儒家之正統。中國文化傳統，政教合一之精意，亦於此而見。

呂不韋以邯鄲商人為秦相，廣招群士，創為《呂氏春秋》一書。榜懸之咸陽門，曰，「能易一字，賞千金。」實覬覦王位，遭變罹罪。果使得志，則士貴於王，政屈於教，流風所被，政統不立，則教統亦將亂。當猶不如西方之政教分。此則難以盡言。

秦始皇帝之焚書罷博士官位，則將使王貴於士，教屈於政，斯亦失之。漢淮南王河間王皆廣攬群士，勢駕中央政府之上。武帝乃表章五經，設立太學，創為士人政府。公孫弘以海上一牧豕奴，拜相封侯，而曲學阿世，不能正學以言。其過在下不在上，在士不在王。要之，士貴則王亦貴，武帝之創為士人政府，實中國文化傳統一大躍進。

中國五倫，君臣、朋友兩倫相通。劉先主臨終托孤於諸葛亮，曰：「孺子可輔則輔之，不可輔則自取之。」豈不君臣亦如朋友。諸葛亮告後主，受先帝之託，鞠躬盡瘁，死而後已。此則君臣大義亦猶朋友。曹操、司馬懿志存篡弑，為後世鄙斥。道統尊王，父子相傳，以期舉世之平安。君位世襲可免紛爭，遂成為中國之法統。而法統之上尤有道統教統，此乃為中國之政統。故中國歷史以士為貴。士不貴，為王者豈可蔑道統、教統於治統、政統之外。此則非中國文化傳統之所許。

近代國人尊尚西化，自秦以下鄙之謂帝王專制。不知君位世襲，乃一制度，非即專制。一部二十五史，昭彰可證。唐太宗欲讀當時史臣所為實錄，史臣拒之曰：「實錄國史，所以告後世，非陛下所當閱。」太宗不之強。即此一例，可概其餘。孔子作《春秋》，君臣同有褒貶。曰：「《春秋》天子之事。」後世承之，一部二十五史中，君王之罪不絕書。幽厲則為幽厲，桓靈則為桓靈。桓靈而得專制，何來董卓曹操。專制而得其道，即非專制。

西方文化傳統，亦可謂其最失敗者乃在政治一項。希臘、羅馬中古時期可勿論。專就現代言，果使政治得其道，西歐狹小一地區，不當多國分裂，又常相戰鬥，不得有一日之安定。哥倫布橫渡大西洋，戰鬥遂遍及於其他各洲。專就英國言，如今之美國、加拿大、澳洲，豈不皆由英民移殖，而亦分裂成國，不相統一。其他殖民地，今亦各自獨立。則英倫三島，亦仍此英倫三島而止。此即政治失敗，亦其政教分立，有政無教所使然。

西方人政治無理想，當其艱苦困阨，則寄望於宗教。天國出世，轉而為入世，乃有民主革命。又轉而向外，則為帝國兼併。美其名曰爭自由，爭平等，爭人權，而始終脫不了一爭字。當前世界有國一百五十以上，實不啻皆從爭來。宗教不足饜一世之望，政治亦然，乃轉而寄望於科學。則試問電燈、自來水豈能統治此世界？飛機、潛艇、大砲亦豈能統治此世界？即最高殺人利器如核子武器、原子彈，又豈能統治此世界？凱撒不能耶穌化，轉而原子彈、核子彈化，生民前途復何望。

中國人心理則不同。艱苦困阨，則望有聖君賢相出，以拯斯民於水火。其所想望，不在出世在入世，不在耶穌在凱撒。縱使聖君不易遇，尚可得賢相。秦以下，至少亦維持一廣土眾民之大國，迄兩千年之久。此亦非無弱點。秀才遇了兵，有理說不清。近代中國人遭遇西方壓力，乃深以為恥。如日本，本受中國化，改受西化，一躍而為世界大強國。占據朝鮮臺灣，食而不化，貪喫無饜，又求吞併全中國，引起第二次世界大戰，卒以無條件投降。往事不遠，猶在目前，豈不足引為炯戒。

民國肇建，七十年來，人人為愛國家愛民族，不惜捨己從人。人以機關槍來，我亦以機關槍往。線裝書扔毛廁，出洋留學則為立國惟一大本。最近則學美學蘇，全國分裂為二。美蘇形勢如何轉變，尚不易知。可知者，世界決不得安。全部歐洲史可作明證。教不問政，政不從教。政教分，乃其大病害。求之舉世其他民族，獨中國能政教合一。若西方人能專從耶穌教，亦不會產生機關槍，更何論原子彈。西方政治在教化之外，故其政府乃能有此殺人利器之發明。中國亦求進步如西方，乃自堯舜周孔並加毀棄，不僅無政，並將無教。而競言爭平等、爭自由、爭民主、爭人權，則試問無政無教又於何爭之？若一意西化，則試問學蘇學美之爭，又作何解。中國傳統文化乃一入世精神之文化，而慕效西化，乃一意學凱撒，而不知西方文化中尚有耶穌，則宜其遠失之。當前即然，何論將來。

七八　宗教與道德

宗教與道德兩項，亦可說是今天世界人類一個大家應該注意討論的大問題。不管外行內行，應該大家都對這個問題用一些心，說一些話，總對這個問題可能有一些貢獻。我對任何宗教都沒有詳細研究過，一知半解都談不到。講話很粗淺，只可算是我個人的說法。

我認為每一個宗教都有它一種出世的精神。宗教是依然在我們人間世的，然而宗教的精神是一種出世的。我很粗淺的說，譬如佛教釋迦牟尼，他是一個皇太子，結了婚，有了小孩，他出家去，這當然是一種出世的精神。但是佛教，我認為至少在我們中國社會有很大的影響。講中國文化，講中國社會，不能不注意到佛教。

我不通佛教，我舉個門外漢的說法。我們中國有一句話，說「天下名山僧占盡」。中國的名山，好像說都被和尚占領去了。我想這一句話並不是這個意思。我們可以說，中國的名山，一切名勝可供遊覽的地方，現在所謂觀光地，都是和尚在那裡開闢，在那裡保管的。倘使沒有和尚，就不曉得今天中國全國各地的名勝，名山勝景，是何景象了。

我到過華山。華山有五個峰，每一峰上，就有一所道院的建築。這樣的交通艱難，倘使沒有這幾個廟宇的話，華山簡直不能遊。不只華山，一切中國的名勝都是這樣的。為甚麼呢，因為和尚佛教徒他是出世的。所謂出世的，他沒有家，單身到和尚寺修行佛法，宣揚佛教，只為他對佛教有信仰。他的一切可說只為一信仰。我們換一句話講，是為一個公，要希望大家都有這個信仰。並不是為個私，因此他可以得到各方面的同情與幫助，來建築這個寺廟，來開闢此山林。到了天下亂，可是亂不到這許多山林名勝地方去。甚至於就在平地，譬如說，在杭州西湖，一切的風景，不僅是南高峰北高峰，其他遊覽地所在，都是和尚出的力量，去開闢，去保守的。而且從唐宋以來到現在，一千年的西湖名勝還保留在那裡。這至少是中國文化的一角。我看在中國的社會裡，中國的藝術、文學、文化，可以說很大的一部分，都由佛教徒盡的力量，開創起來，保留下來的。

進而說到人物，如在華山，宋朝初年就有陳摶。陳摶不講，再講到不信宗教的人，住在泰山就有胡安定、孫泰山。我也曾經到過他們居住的廟裡去。再如范仲淹，我沒有到過他所讀書的和尚寺去。然而我們倘使拿這一個情形來看中國的歷史，我們來看東漢以後魏晉南北朝，直到今天，天下大亂，可以不亂到世外。名山大寺廟，都算是世外。我們還有一塊乾淨土，可以保留一點我們說是文化種子吧。甚至於也可以養很多人。這都是佛教徒的貢獻。

我們拿這個觀念來看耶穌教。耶穌是一個猶太人，猶太是人世間被擠在一旁的，不重要的，受苦受難的一個民族。尤其耶穌的生活是極清苦的，他僅有十三個門徒，然而他還死在十字架上。我特別注意他一句話，他說，上帝的事情他管，凱撒的事情凱撒管。這就是一種與世無爭的出世精神。他不管現世界政治上一切人世間的大問題，他只管出世的。那麼同印度釋迦不是同樣精神嗎？

我到羅馬看天主教徒地下活動的所在地。他們不管政治，只在羅馬掘了地道作為他們晚上的宣教場所。這仍是一種出世的精神。從而影響到羅馬皇帝也要信奉耶穌教，這個不講。羅馬帝國崩潰了，下面來了他們中古時期的封建社會。大家把中古封建時期中間有一段叫黑暗時期。有一個德國學者，我不記得他的姓名。他說，倘使從另一個角度來看，譬如說，用耶穌教的角度來看，那個時期是黑暗的呢？恐怕我們這個時期是黑暗的，中古時期並不黑暗。至少我們可以知道，沒有耶穌教，歐洲這一個中古時期，絕不能醞釀出下邊的現代歐洲來。因為耶穌教不與人爭，他是一個自居世外的。當時的封建貴族也不去管到他，所以還能有教會的存在和他的影響。

如說到教育，對整個人類的教育，西方當然有文學、哲學，後來有科學，有種種的學問，然而宗教又是特有一種教育精神。我到過英國牛津，我住的旅館外，就有一塊大的石碑。上面記載的是，當時一班教徒到牛津去建立牛津學院傳教，地方上的人表示反對，這一事的經過。這六七百年來，我們不能不說牛津、劍橋的創立，對英國的教育，對此下的英國，有極大的影響。

美國最先的大學也都由教徒創辦的。我曾在耶魯住了一段時候。耶魯大學是一個教徒把他所有一條船上的東西捐出創辦的。哈佛以及一些其他學校，最初亦都由教會開始創辦。我們要想像四百年前美國人，陸續從英國跑到美洲去，那時的一種生活狀態。我們只要到美國任何一個鄉村，都有教堂，極小極僻的地方都有。為甚麼呢？他們教徒犧牲了自己，為宣傳他們的信仰。這不是對四百年來的美國人有很大的影響嗎？

特別在中國，我曾乘平綏鐵路，從張家口到包頭。在這條路上，從火車北窗看一帶陰山山脈，沿途有一所所的房子，分散在山坡上。這些房子都是歐洲天主教徒，到這個地方來傳教蓋的。我不懂佛教，然而我看了很多和尚寺，我不能不佩服佛教徒。我不懂天主教耶穌教，至少看到了陰山山脈上沿途的天主教堂，他們歐洲人肯跑到中國，不是到北平，到上海，到通都大邑，而到蒙古山區裡邊去傳教，這種精神不亦很可佩服嗎？其實他們到美洲，到非洲去，也一樣。傳的甚麼，我們暫不論。然而他們是一種出世精神，與世無爭，這是很可佩服的。

歐洲商人販賣黑奴到美國，教徒不能管，凱撒的事情凱撒管。然而他們肯跟著這批黑奴，在黑奴隊伍裡去宣傳他們的教。他們去到非洲，也是一樣。我不懂宗教，然而我絕不敢菲薄宗教。無論是佛教、耶穌教、回教都一樣。至少他們都帶有一種與世無爭的出世精神。

上面說宗教是出世的，但宗教也可以世俗化。我們不必舉其他的例，單舉一個例。譬如說，梁武帝信佛教，他沒有出家，仍在皇宮裡做皇帝。這就可說是宗教的世俗化了。他來主持一個朝廷，管理一個國家，就出了大禍。我認為今天的世界，不僅中國、歐洲，乃至於全世界各地，都會出問題。恐怕大亂的日子不容易就結束。在這個情形之下，我們不得不懷念西方乃及東方一般宗教徒，一種與世無爭的出世精神。他們已曾為我們保留了一部分人類文化，乃及人類的生命。然而宗教世俗化了，就也不免起爭端，造禍亂，詳細情形不再多說。

中國人的文化傳統有一特性，主要的不是宗教的出世精神，而是一種聖賢的淑世精神。中國的聖人堯、舜、禹、湯、文、武、周公，都是政治上的領導人。可是他們的精神，不為自己，不為身，不為家，不為名，不為利，他們的淑世精神，同宗教的出世精神是一樣的。譬如我們講堯，他把皇帝的位傳給舜，不傳給自己的兒子。倘使照我們世俗的眼光來看，他把天下讓掉了。舜也不傳給自己的兒子，而傳給禹。禹的治水，三過家門而不入。這種精神就是宗教家的出世精神。禹下邊有湯，有周文王、武王、周公，我們不詳講。

中國後來的儒家孔孟，甚至於其他各家，墨家道家，乃至於以後的一般有志為聖賢的學者們，他們並不講出世，他們只講修身、齊家、治國、平天下，這是入世的。然而他們的生活，他們的精神，是同宗教家的出世精神有相類似。所以我說，中國的讀書人是半個和尚，因為他不出家的。我又說，中國的讀書人是雙料和尚，因為他的精神是一種和尚出世的精神，也是神父、牧師的精神，即是宗教家的精神，是與世無爭的。然而他們注意努力的，都是入世的業務，這不成為一雙料和尚嗎？

我們不講別人，就講顏淵。一簞食，一瓢飲，居陋巷，人不堪其憂。比一山裡的和尚，比一個教堂裡的神父、牧師，他的生活不亦很相似嗎？他為什麼呢？孔子說：「用之則行，捨之則藏。」可見顏淵有一套本領，但他這一套本領是為公，不為私的。像范仲淹、胡安定，像清朝初年的顧亭林、李二曲、王船山。我曾到過王船山在南嶽住的一個和尚寺，想像王船山的生活。李二曲的生活，只要看他的傳，亦就可以想像到。無論其為是出世的，無論其為是入世的，他們都可以說是修成了孔子所謂的用之則行、捨之則藏的一番本領。或許你藏在和尚寺裡，或許你藏在一個土室裡，中國一個讀書人，總是有他藏的地方。他或許可以保留著整個傳統文化的生命，就像清初的諸大儒，他們不好算都是一個雙料和尚嗎？

中國人辦學校，特別是宋明以後的理學家，就是一種和尚精神，都是一種超然世外的講學。無論白鹿洞，無論象山，乃至於到陽明，他們的講學都不是為私，而是為公。我想我們的資本有兩種，一種是商業資本，一種我不知道該稱為甚麼。不是共產集團出自無產階級的，乃是人群大眾共同的意願與力量所協助而成的。我們看美國的耶魯、哈佛，看英國的牛津、劍橋，它都是為公的。大家信仰它，這所學校就可維持下去，而且會日益擴大。都不靠政府的力量。照理中國人辦私立學校，應該照中國舊式書院的精神。我想這些學校應該避得遠一點，不要在熱鬧的地方。爭名者於朝，爭利者於市。能有一般有志的，有一種特別的風格，特別的信仰。可以政治變，他不變。社會變，他不變。這就會形成維持文化傳統的一番大力量。但現在的大陸就可怕了，共產黨一到，連和尚寺都要剷除，一切人都沒有地方避了。

我想共產主義有今天，還得想起馬克斯。馬克斯不做大學教授，跑到倫敦一個旅館，他雖不出家，幾十年在此旅館中，不事家人生產，專心寫他的書。為世界勞苦民眾說話。他的生活也可說是一種出世的。他的精神也可說是為公不為私的。自從馬克斯以來的世界，一百年來，科學繼續有它的進步。也可以說研究科學的大部分人，也都是為公不為私的。不過這裡面有一大不同。世界上各大宗教，都要先叫你離開了俗世，出了家，來修行，來宣傳，這就是宗教。中國人不許你離家，要孝弟，要忠信，要修身、齊家、治國、平天下，用忠字來對己對人，以至於天下。我們拿這兩種精神如何樣來實踐，來發揮，我們如何能在今天的學校教育裡來宣揚這種精神，這不是我們當前人生一個絕大的問題嗎？

我總覺得宗教的出世，實際並未出世，還在這世界上，然而他們不為私而爭。我們入世的，倘使也能不為私而爭，就如我們〈禮運〉篇所謂的天下為公。孫中山先生常寫這四個字。至少中國的學術傳統常是有一種為公的心，同和尚一樣，同天主教徒、耶穌教徒一樣，同回教徒一樣。大家是為了公，不是為私。我不信教，我想不信教的人很多。我們希望把這一種精神宣揚到社會上，大家都能不為私而為公。不講理論，不講信仰，大家都該對這番精神給以一地位。

他做了和尚，你也不必對他爭，說你錯了。他做了耶教徒，你也不必對他爭，說你錯了。你不信教，你不做和尚，不做一切教徒，就好了，這是不相干的。他一輩子吃辛受苦，做了一個和尚，他又與你無爭，這不就該算了嗎？中國文化傳統裡不自創宗教，但能容忍一切宗教。做了一個中國的讀書人，也該能用之則行，捨之則藏。我就算講錯了，只要與世無爭，我一個人講，不在國立大學，不在郡學、縣學中講，退避到山裡面一個小書院裡，聚著幾個人講，這應讓他保留下來。我們要有一種容忍的精神，要寬容，要忍耐。對於任何一種宗教，對於任何一種講道德的人，他既與世無爭，我們應對他容讓，不要去加以干涉。我們是個中國人，也算是一個中國的讀書人，如何來宣揚中國修身、齊家、治國、平天下這一套，又能用之則行，捨之則藏。藏在那裡？那麼你看顏淵就是藏了，他藏在陋巷的簞食瓢飲中。我們看做和尚的，做神父牧師的，他們也都藏了。我想我們能不能來盡我們一番粗淺的容忍，至少該抱一種同情心，或許對將來的世界人生有一點幫助。凱撒的事凱撒管，我不說上帝的事讓我們管，因為這是有關信仰的話，讓對此有信仰的人去講。我們總該有一種出世的精神來入世，盡我們一番心，盡我們一番力。這是中國讀書人的一番道德精神。

中國人特具一番特別重視道德之精神，實不啻即為一種宗教精神，我無以名之，故名之曰乃一種淑世教，乃一種天人合一教，乃一種一己教。即以一己為教徒，同時亦即以一己為教主。儒家如是，道家之近似宗教更然，墨家又更然。故中國之師教，乃不啻實即是一種宗教。此乃中國傳統教育精神與其他民族之特異處。

七九　平等與自由

西方人太過重視物質生活，遂深感貧富之不平等。貧人多，富人少，不平等之刺激更明顯。由經濟財力轉移到政治權力上，又感到貴賤之不平等，貴少賤多，不平等之現象益明顯。

誰不欲富貴？誰甘於貧賤？但外面有種種條件，種種因緣，誰也料不到，誰也捉不住。中國人說富貴有命，則不由自主，豈不又加了一層不自由。因此平等自由的呼聲，一人唱之，千人諾之，成為人生最高理想，亦若是人生唯一目標。西方民主政治即從此來。政府最高領袖由民選，算是一平等。任期權力各有限，豈不更平等。但實際仍不平等，只在政治領袖方面加一些不自由而已。而且千萬人中難得有一人出來競選。出來競選的，亦難得當選，豈非又是一不自由。故西方民主自由，實是一種法治，在法律上儘多加上了種種限制，使在政治上位者感其不平等、不自由。人生盡由法治，又何意義價值可言。

在民主政治下有自由資本，又顯是一不平等。只許人自由競爭，但始終爭不到一平等，愈爭而愈不平等。於是又在法律上來加以限制。所得愈多，賦稅愈重。貧窮失業，則加以救濟。一切措施，只在人生之不平等不自由中制裁其得意者，輔助其不得意者。抑制少許放肆，使多數獲得少許安慰，而其為不平等不自由則依然如故。真自由真平等，實只在許人爭，如是而已。

男女戀愛，稱為平等自由，但亦有種種因緣條件。其在通都大邑，或在窮鄉僻壤，即一不平等。窮鄉僻壤對象少，通都大邑對象多。但亦有種種限制，種種束縛，與窮鄉僻壤亦無多異，此皆不自由。中國人言「人相偶」，佳偶相逢作一遇字。偶與遇，皆難得義。故佳偶乃巧遇，天生天成，來自天命，明非自由。即生之於身，身之於家，亦偶所寄寓。以中國文字學言，天人內外之通合相偶亦然。自然皆偶然，非一己之所得自由。人生平等則正是一不自由。儘爭自由，將更見為不平等。儘爭平等，將更見為不自由。如是而已。

美國一婦人，其夫為總統，貴為第一夫人，已躋不平等之上乘。不幸其夫遇刺死，倘此婦守節不再嫁，豈不更得國人崇敬。乃此婦又改嫁一世界首富希臘船王，不幸其夫又死。可見自由有限，不得常如己志。惟此婦仍求再嫁，此亦法律所許。然在首貴首富外，欲覓第三人，究屬不易。是則自由改嫁易，欲覓三夫平等難。仍將以自由獲得不平等。一場春夢又一場，人生真相，此婦誠一例。

西方有宗教，進入教堂，富貴貧賤，皆平等。又信仰自由，豈不乃一自由平等之人生。但耶穌上十字架，即是一不自由不平等。靈魂上天堂或下地獄，又是一不自由不平等。故宗教信仰，乃亦仍不足以滿足實際人生之希望。

又如奧林匹克運動會，已成世界化。乃於法律規定之不自由中，許以爭奪之自由，於本屬人生平等中，來求取不平等。其勝負又有幸有不幸。果優劣顯然，則不成比賽。勝者得名得利，然全人生則已奉獻在此。一旦退休，幾無他業可再從事。但參加比賽者，畢竟亦有限。場外觀眾，數萬數十萬，乃真獲得一場平等自由之機會。然座位有不平等，不得自由入場。要之，則已為人生一快事。運動外，又有歌場舞廳，購票入座，則亦仍有不平等不自由。然則人生職業不平等，娛樂亦有不平等。職業不自由，娛樂亦有不自由。人生豈果如此。

中國社會亦有貧富貴賤之不平等，亦同希富貴。孔子曰：「富貴不可求。」此乃實際人生中一真情實況，中國人謂此不可求曰命，乃一種外力，非己所主。中國古人教人知命。則安和而不爭。命來自天，《孟子》曰：「莫之為而為者謂之天。」即是一大自然。人生必有死，亦不能盡富貴。孰不願平等自由，而終不能平等自由。中國人歸之於天命。在此大自然中，有種種複雜因緣，複雜條件，產生種種複雜現象。究竟孰在為之，則無可指名，而名之曰天，亦曰自然，言其乃自已如此。人生亦大自然中一小自然，一切非可全憑作為，亦非可一切前知。但生命有一進程，物質生命之後，繼以精神生命，則亦確有能自作主張自出安排處。孔子言從吾所好，所好乃曰性。天命之謂性，則自由不自由乃同歸天命，不足辨。

不論有生無生，凡物皆有性。物指其當前具體言，性指其變化之內在可能言。飢思食，寒思衣，亦屬性。溫飽後，更求多餘，則謂欲。但性與欲之界線極難分。《孟子》曰：「養心莫善於寡欲。」養其心即養其性，亦即養其情。所好之情已得，所欲乃未得。溫飽已得即可好，其所未得，不當一一加以欲而求。必寡欲而後性得養，此義耐深思。

性有好惡。山洞人出獵，偶多獲，留一羊。羊性善，而形美，可玩賞。繁殖多，洞外放牧，可免獵取之勞。一人如此，人人效之。一家如此，家家盡然。人群自漁獵轉而為畜牧，為人生一大進步，此亦孔子之所謂從吾所好矣。

馬、牛、羊、雞、犬、豕，家有六畜，皆自從心所好來。放牧多閒，進而轉入耕稼，又為人生一大進步。此亦皆人性所好。漁獵求生，迫於欲。耕稼定居，出所好。非由教誨，一從性好，乃亦自然。耕稼餘暇，又為陶冶，同所性好。進而日美，亦從性好中流出，乃成人生中之藝術。百工愈分，日中為市，以所有易所無，各得所欲而退。則人之赴市場，亦從心所好，非以為利。別有國際商人，亦如農工，皆世襲皆由公家給養。於是治國之外又求其漸達於平天下，亦皆從其性好，非有他故。

性有所好，得其所好斯為德。民生在勤勞，非所欲。勤其所好，乃以成德。性之流而為欲，所當戒。性之養而成德，則當勉。堯舜以前，曾讀何書。性中有德，非有教者，乃讀無字天書來。雎鳩之德，人亦同好。夫婦遂為人倫之始。乃本之性，發於情，亦所好，而非欲。

孔子曰：「歲寒然後知松柏之後凋。」冰雪交加，眾木皆凋，松柏獨能後凋，此即松柏之德。人知好之，亦自能畜成其德。孔子慕松柏，後世人盡慕孔子。世運屆於嚴冬，必有大賢後凋之君子，歷世常青。世運之轉，人道不隨以遽絕，則亦賴之。

孔子又曰：「鳳鳥不至，河不出圖，我已矣夫。」鳳凰非梧桐不棲，非練食不食。孔子之飯疏食飲水，曲肱而枕，亦似之。故鳳凰之來，乃世治之象。晦蒙否塞之極，許衡與眾坐大樹下，樹上果落地，群爭取之，衡獨不取。眾曰：果無主，何害拾取。衡曰，果無主，此心無獨主乎。宋末大亂，生事艱難，衡能有守如此。一時之群，亦知慕敬，遂以傳述。是衡亦元初一鳳矣。世運之轉，不得謂衡無其功。富貴不可求，此心有主，非可好乎。

古詩三百首有比有興，可以人而不如鳥乎。比之鳥而性自興。孔子曰：「志於道，據於德。」人生群居大道，乃自人群中各己之德來。孔子又曰：「未見好德如好色者。」色在外，好之乃成欲。德在內，好之乃為情。情可好，欲不可好。先知覺後知，先覺覺後覺，故貴以斯道覺斯民。

德，人所同好，亦人所同具。發揚己德，亦以成人，斯為人生中大人。故據於德又必依於仁。有子曰：「本立而道生。孝弟也者，其為人之本與。」人生即知愛父母，敬兄長，此為孝弟。居家為一好子弟，出即為一好人，故曰孝弟為仁之本。舜之大孝，則為人生一種最高藝術。非有此藝，不成其孝。故依於仁，又必游於藝。藝則為人生行為中之可法可好。

周公之孝，亦同與舜。其制禮作樂、治國平天下，亦為人生一大藝術。縱謂民到於今受其賜，舜與周公當之無愧。孔子大聖，則為人生一大藝術家。藝術之可貴，則貴在能以己之所好所樂同之人。但非唱一歌作一畫之所能盡。

西方人分別真善美三者皆在外。但依中國人觀念，人生向外皆為欲。人欲之所嚮，則不真不善不美。又中國人以真善美為一，天人內外，同此一體。此心此德，即真善美之所在。孔子曰：「知之者不如好之者，好之者不如樂之者。」知之即真，好之即善，樂之即美。則此心亦即同是真善美。西方哲學僅求知，科學求好求樂，皆有大欲存焉。中西人生之不同，此亦其一端。

中國人言：「死生有命，富貴在天。」此一天，此一命，莫能自外，亦莫能自異。中國人視人生，實亦一平等，但不能自由。家私萬貫之與不名一文，販夫走卒之與君卿高位，同是人，同有生，所不平等者，在其所遇，不在其德與性。德性內具於己，人得自由，非外力所能主使。顏淵曰：「舜何人也，予何人也，有為者亦若是。」有為即是一自由，其決定則在己之志。孔子言：

「志於道。」又曰：「士志於道，而恥惡衣惡食者，未足與議也。」道乃內在之精神人生，衣食則外在之物質人生。物質人生關係小，大體平等，無多分別。強生分別，但又不自由，無法相爭。精神人生則謂之道，大道小道，君子之道小人之道，其間有大分別，乃真不平等，關鍵則在己心之所志。反求諸己，人各自由。志於此，而又恥於彼，則誠無足與議矣。

中國人所謂之人生不平等，指其流品。班固《漢書．古今人表》，分人為上、中、下三品。每一品中又各分三品，共九品。上智下愚暫不論。大聖大賢，極惡小人，論其本源，則盡由其所志來。全由其己各自負責，則不平等仍屬平等。但人豈自願為一小人，而終於下流之歸。是其智不及，故必從事於學。孔子曰：「十室之邑，必有忠信如丘者焉，不如丘之好學也。」人性忠信，屬大平等。好學與不好學，則人不平等。心之所好，亦從天性來，乃人生一真樂，又何外欲之求。故人既平等，又各自由，中國人論人生乃如此。

孔子言上智下愚不移，但又言性相近。非言人道之難移，乃言人道之易於有移也。舜之居深山中，與木石居，與鹿豕遊，然聞一善言，見一善行，沛然若決江河，莫之能禦。此乃舜之所以為上智。文滅道喪，晦盲否塞之際，有一上智者出，世道亦隨而移。風雨如晦，雞鳴不已。雞之鳴亦其性，聞雞鳴而起舞，此見人道之易移矣。至於下愚，亦人中之絕少數，不立志，不好學，亦其性。然既不為人移，亦不能移人，終不聞有舉世為下愚所移者。然則下愚之不移，又何病於大道之行。下愚亦當在人道涵育中，不必強求其移。

孔子又曰：「焉知來者之不如今。」人類長期綿延，前有大舜周公，後有孔子，則焉知後世之不再有舜與周孔。孔子十五志學，即志學於周公。三十而立，四十而不惑，強立不返。五十而知天命，則知來者之亦將如今，故能人不知而不慍。又能六十而耳順，聲入心通，視人一皆平等，莫不知其所以然，即皆知天命之所在。七十而從心所欲不踰矩，此則此心即天，天即此心。孔子之一生，其學之隨年而移有如此。此即上智之不移。《孟子》曰：「盡心知性，盡性知天。」亦豈有所移。

今日國人乃盡欲移我以效人，曰平等，曰自由，既見彼我之不平等，亦見我之不自由。則正為有一功利之欲害之，乃至於無情如此。但亦非不可移，則靜以待之可矣。

八〇　文與物

(一)

中國人常連用文物二字。文指人文，物指物質，人生有種種物質條件，但其意義價值則低於人文。西方人重視物質，更在人文之上。

中國綿亙五千年，為一廣土眾民大一統之民族國家，此為中國人文最高意義價值所在，並世諸民族無堪相比。西方人馬可波羅初來中國，作為遊記，所述即偏在物不在文。西方人讀其書，乃疑其虛構不實，則對中國物質成就，尚知景慕可知。及晚明利瑪竇來，於中國人文知所欣羨，乃一面傳教，一面求學。但其所學亦未到深處。此後英法諸邦再通中國，則當已在清代乾隆盛世，乃曾無詫訝尋討之心。經濟通商，惟求獲得財貨利潤而止。晚清鴉片戰爭起，英國人割據香港，又得五口通商。西方人往來中國，獲遊內地者日多。但經商傳教，而於中國之風俗人情，則初無感動。其視中國人，亦不過為一未開化之低級民族而止。同時中國人則已知崇慕西化。嚴復留學英倫，乃歸而遍譯英法諸名著，全國傳誦。林琴南未出國門一步，不識歐邦一字，乃傳譯西方文學名著多及百種，名震一時。然在西方，則殊無此等事。

余嘗遊英倫，一私家收藏中國歷代名瓷，闢為一博物館。登樓循覽，亦甚美備。可知西方人之重視中國，乃在此等物質上，此即其一例。又如敦煌古籍，英法兩國學人運用不法手續偷運出口，分藏於倫敦巴黎之博物院及圖書館中。依中國人觀念言，偷竊他人存藏，乃至偷竊於國外，此當為英法兩國之奇恥大辱，而英法人則視之為榮譽。英倫所藏，尚有印行本可購。巴黎所藏，則不加印行。求閱者必親去其圖書館中借閱傳鈔，至不方便。在此兩國，亦僅為一種物質搜羅，而其有關中國傳統人文之意義所在，則甚少研尋。

八國聯軍，庚子賠款，美國率先退回，供中國派遣學人赴美留學之用。清華大學由此創立。此見美國人對中國情意深厚，但美國亦無同樣派遣留學生來中國之意圖。美國林肯總統南北戰爭時，北美一將領退居紐約，一山東華僑丁龍傭其家。此將領深慕丁龍之為人，特捐款哥倫比亞大學，設一講座，專門研討中國文化，但久歷歲月，亦無成績可言。又哈佛大學與燕京大學合作，創哈佛燕京社，在北平廣購中國古籍。余曾親往哈佛參觀，網羅豐富。其他美國大學及博物館，收藏中國書籍書畫，親模可觀者尚不少。然亦多作物質搜藏，深入作人文研究者，則寥寥可數。中西藝術，即專以繪畫一事論，雙方顯有不同。然當前中國藝術家擅西畫者蠭起雲湧，造詣亦多可觀。而歐美畫家則極少學習中國畫。近代國人每以閉門守舊，固步自封，固執不變，自譴自責。果試平心衡量，則西方人之守舊不變，固執自封，當更勝於中國。要言之，乃西方心理習慣之重物不重文，有以致此。

中國學術界又曾於第一次世界大戰後，敦聘美國杜威，英國羅素，先後來中國講學。其他西方名學者，來訪中國甚少見。即在西方本土，亦英自英，法自法，甚少往來共相研尋。如盧騷，如莎士比亞，豈不各自封閉於其一國之內。此見中西雙方人文之大異。惟歐陸第一次大戰，震天撼地，舉世惶惑，此下人生何去何從。中國乃此世界中除歐陸外一文化綿亙四五千年之古老大國，其山川之壯麗，都邑之羅布，民物之繁盛，工藝之精絕，亦可謂獨特少偶。杜威羅素畢生瘁精，正為探求人生真理。尤其如杜威，中國有名留美學人多出其門。中國傳統極重視教育，師生相聚如一家，而中國以往之事業與理想，乃絲毫未入杜威心中，有所詢問，有所探究。及其親來中國，亦不聞其有觀摩切磋、流連欣賞之心情。惟暢抒其一己之崇論宏議，幾如耶穌之傳教。彼似不知中國亦有宋明諸儒如程朱陸王，亦曾暢發教育理想，與彼宗旨大異。及其歸，亦未聞其來中國具何感觸，獲何新知。此非又是一抱殘守缺，專己自信而何？遠不如羅素之來，尚提及中國《老子》書。及其歸，又窺涉及孔子《論語》。又謂此下世界，大陸國家蘇俄、中國、美國，有成為世界三強之希望。其持論較之杜威，尚見其胸懷之寬大，有變有新，如是而已。實亦未見其於中國人文演化，有更深入之研尋。關於中西文化交流，更非其意想所及。

並世有印度，亦為一文化古國。受英倫統治，亦已歷有年代。泰山不讓土壤，所以成其高。江河不廢涓流，所以成其大。但未聞英國於印度學術文化上有吸納，集思廣益，以自充擴。西方人一求前進，其實乃各自限於其一己之小範圍內。融會和通，似乎乃非其所願。英國人之視印度，亦僅如其占有之一物。印度人之人文精神，則殊不足以動英國人參考觀摩之心。及今英國已退出印度，則往日之雪泥鴻爪，亦多無足留戀。然有一事則常留在英國人心中，亦留在西歐人心中，曰攀登喜馬拉雅山之最高峰。能一償此壯志，一完此豪舉，則傲視舉世群倫而無媿矣。此亦西方人重物質生活，不重人文情趣，一心理明證。

中國唐三藏玄奘法師，亦曾橫越喜馬拉雅山，西遊印度。然志在取經求法，不在跨越高峰。佛法之來中國已久，各宗派，各經典，中國均有傳譯，玄奘亦均有探究。獨唯識宗特少經典傳來，玄奘乃親往取求。其在印度，亦多遇其他各宗派僧侶，有所討論商榷。及其獲取大量唯識宗經典歸，廣羅門人，瘁精翻譯。玄奘亦非於佛法中專尊唯識一宗，乃以補中國傳譯之缺，以求佛法之全。又特賞窺基許其不出家為僧，助成譯事。其意識之宏通廣大又如此。此後印度佛法衰，中國則迄今佛法依然流行。

近代國人崇慕西化，一如往昔之信仰佛法。海外留學，並羈居不再返國者，亦幾乎遍地有之。西化中各門類各行業，無不參加。亦可見吾國人之虛心好學求廣求通一種精神之表現。而西方則似不免有己無人，有爭不讓。專於己，不求通於人。攘於外，亦不求通於己。中西雙方人心之廣狹通塞，亦誠可由此而見。儻吾國人一如已往，崇慕西化，而仍能保持舊傳，則庶於國家民族前途大可增其福祉，亦於全世界人類能更有貢獻。天下興亡，匹夫有責。此亦中國人之傳統心情，國人賢達，其慎保勿失之。

(二)

子貢言：「夫子之言性與天道，不可得聞。」實則孔子亦未嘗不言性與天道。子曰：「十室之邑，必有忠信如丘者焉，不如丘之好學也。」忠信即人性，亦即天道。不僅人類有忠信之性，凡有生之物，草木蟲魚鳥獸，亦莫不有之。如一草一蟻，各盡力於其生，此即其忠。今日如是，亙千萬年亦復如是，此即其信。不僅有生物，即無生物亦然。水是水，石是石，是即其忠其信，即其性，亦即天道。

天道然，人道亦然。生而有男女之求，故夫婦和合。忠於己，即以忠於人。自父母而有子女，父慈子孝，忠於己即以忠於人，而人與己乃可互信。孔子曰：「言忠信，行篤敬，雖蠻貊之邦行矣。」篤者即篤於此忠信，敬者即敬於此忠信，而人道乃大行。中國人所謂通天人合內外，亦如是而已。惟人生複雜多變，故須學乃能盡人以盡天，成己以成人，而推之於成物。而主要契機則在己。故人類之忠信，乃與萬物自然之忠信大不同。孔子曰：「古之學者為己，今之學者為人。」若不為己而僅為人，則於己不忠，而亦難信於人矣。

孔子又言仁。仁亦人之性。惟忠信，十室之邑有之，仁則非學養之高不能至。忠信如人之在嬰孩幼童期，仁則百年期頤，非盡人可達。孔子曰：「我欲仁，斯仁至」，乃勉人之辭。曰：「若聖與仁，則我豈敢」，乃自謙之辭。孔子又曰：「志於道，據於德，依於仁，游於藝。」仁之達於人賴於藝。孔子當時有禮、樂、射、御、書、數六藝。孔子曰：「人而不仁如禮何，人而不仁如樂何。」則禮樂之本皆在人心之仁。周公修禮制樂，治平天下。順一家之心斯家齊，順一國之心斯國治，順天下之人心斯天下平，其本亦在仁。故必依於仁而始游於藝。藝亦須學，孔子即以六藝教，其本則在仁，在人之心，在道義，而功利亦兼在其內。

孔子又曰：「君子不器。」器則僅供人用，寧有人生乃僅供人用者。凡藝則必賴器，禮、樂、射、御、書、數皆有器。然器供人用，心則用此器者。人身亦如一器，心則用此身者。人生大道必養此身以供用，非即以養此身為人生之大道。誤以養身即為人生大道，一切藝皆為養此身，流於不仁，而藝遂為殺人之利器。如今之資本主義工廠機器，以及帝國主義之核子武器皆是矣。

樊遲問為農為圃，孔子曰：「我不如老農老圃。」又曰：「小人哉，樊遲也。」農圃亦有藝，人生所不可缺。十室之邑，必有忠信。為農為圃，豈無忠信。然僅求供用，則為小人。子路長治軍，冉有善理財，子貢能言語，擅任外交使節，但軍事、財務、外交亦皆藝。專於一藝，僅供人用，故孔子亦以子貢為器。但為瑚璉，藏於宗廟，不易使用，乃器中之貴者。而其斥冉有則曰：「非吾徒也，小子鳴鼓而攻之可也。」君子不器之義斯可知。

顏淵曰：「夫子博我以文，約我以禮。」文亦皆藝。孔門六藝，即夫子之文章。惟能博，斯可游。但必約以禮，即內心之自忠信而達於仁。故孔子稱之曰：「用之則行，捨之則藏。惟我與爾有是夫。」不限一藝，則不為一器。非無用，乃可大用。藏而不用，即吾道不行。孔子之學，其要在此。或疑此與科學現代化太不合。然如前英國首相邱吉爾，亦曾任海軍部長，但非學海軍出身。其在第二次大戰時，豈不對英國有大用。英國最先采用中國考試制度，然專治某業，僅能出任某一部之常務次長，而部長與政務次長則非專治此業者。又如美國今總統雷根，曾為電影名星，然並不以電影演員之一藝而獲選為總統。則今日西方政治上之用與不用，尚亦無逃於孔子當年之理想，但不能如孔子之明白提出以教人。

近代西方人所明白提出教人者，則以專習一藝為主。如專習廣告，則專為商業騙人。專習核子武器，則專為殺人劊子手。而對於超乎群藝之上，以領導運用此群藝之一道，則轉無此教，乃亦無此學，此則終成為西方文化一大病。或疑西方有哲學，不知西方哲學非如孔子之志道、據德、依仁、游藝之學。嚴格說來，西方哲學亦僅一藝，可列入孔門文章之內。而夫子之文章，則非西方哲學所能盡。近人或以孔子為一哲學家，則遠失之。

中國人之學都不限於一藝。即如文學，古代如屈原作〈離騷〉，豈得謂其乃有志專為一文學家，專限於一藝。後世如陶潛、杜甫、韓愈、歐陽修，亦豈得謂其專求為一文學家，專限於一藝。諸人實皆志道、據德、依仁而游於藝，乃發為詩文。則亦其游於藝之表現成就有如此。西方文學如小說如劇本，則專為供人閒暇之娛樂。其故事不外戀愛、戰鬥、神怪、冒險、偵探等，緊張刺激，曲折離奇，出人意外，入人心中，如此而止。豈得與中國文學，上自《詩》、〈騷〉下變為陶杜韓歐者相比。然中國亦有流傳在社會下層之小說劇本，亦以虛造故事供人娛樂為宗旨，其內容，其題材，亦大體若與西方相似。然終不脫中國傳統，仍存有其志道、據德、依仁之意味，與《詩》、〈騷〉、陶、杜、韓、歐一脈之上層文學相髣髴。

即如《水滸傳》，敘述魯智深、林沖、武松、李逵諸人，豈不一一具有孝弟忠信仁義武俠之純真天性之流露，豈不與中國人相傳人倫大道有其內在精神之相關。尤其如忠義堂一百零八位好漢中，為之魁者，獨為一無才無能之宋江。此亦中國傳統政治理想之一端，豈西方小說劇本中所能有。《西遊記》中之唐僧亦然。據此一例，其餘可推。又如在晚清流傳之平劇，如《過五關斬六將》，如《四郎探母》，如《三娘教子》，如《二進宮》，故事各異，而修身、齊家、治國、平天下人生大道，亦已散見雜出。如戀愛，如戰鬥，如神怪，如冒險、偵探等，平劇中亦色色俱備，然孝弟忠信仁義諸德，則為中國平劇中共同所有。此則西方小說劇本中獨付缺如。即偶然觸及，亦不加重視。此誠中西文學一大相歧異處。

在中國，亦非無專擅一藝者。如在戰國，扁鵲之於醫，伯牙之於琴，陶朱公之於商，李冰父子之於水利工程，亦皆名傳一世，迄今未息。然試檢之班固《漢書．古今人表》，此諸人亦備列，乃絕不登入上三等。中國人於人品高下自有衡量，尤其如名醫，豈不為歷代所重。如治水專家，更屬難能可貴。音樂占六藝中之第二，豈不為人人所同好。商人之見於史籍者，自春秋鄭國弦高以來，亦歷代有之。惟能游於此，斯為上乘。專於此，則終有不足。又如諸葛亮創為木牛流馬，近人稱之，謂其即如近代之機器人。然諸葛亮之為諸葛亮，豈即在此。

今日之世界，藝之進步則已前無古人，而又一日千里，無可計量。但有藝而無道，人專一藝，則人盡為器，但供使用。今日之世界，可謂乃一器世界，而不見為人世界。重其器，輕其人，誰用其器，妄自求用，世界之亂，其端在此。誠不知何以為救矣。今當易孔子之四語曰：「志於利，據於物，依於器，專於藝」，其庶有當於今日之世。而無奈其無當於性與天道，其奈之何。

今再退一步言之，亦可謂西方宗教亦即志於道。然其道乃為靈魂上天堂，非為肉身處人世。宗教信徒為醫師為律師，亦以救人，則亦依於仁而游於藝。然凱撒事歸凱撒管，則其道有限。果使主政者，從軍者，治學者，經商者，亦一切以宗教信仰為主，亦一切如在教堂中作禮拜，一切以十字架為精神，則西方世界亦當早已改觀。而無奈西方教徒之禮拜，之禱告，之歌頌，亦一切如一藝。其最高目的，亦僅止為一己之靈魂上天堂。而其視上帝，視耶穌，乃亦如一器一物，可以惟我之求，供我利用，則誠無奈之何矣。今再深切言之，不知有己，何從知有上帝。己如一物，上帝亦僅如一物。此真無法相喻矣。中國人所謂一天人，合內外，乃由己之心合之一之。己不立，則何天人內外之有。故孔子之言志道、據德、依仁、游藝，非善通於中國學術，中國之文化者，亦誠無足以喻之。

八一　靜與滅

時間是生命中主要一項目，亦可說時間即是生命。非有時間，生命當於何存在。人自嬰孩長大成人，乃至六十，花甲一周，則必稱觴祝壽。七十則稱古稀之年，八十以至一百，此屬人生難達之境。近代醫藥進步，八十不難，而百年則至今為稀。是生命必有時限。然五口之家，夫婦成偶，堂上父母，膝下子女，當有三代。又兼記憶，為孫一代追憶其祖父母，雖人已亡去，而事尚在心，則家庭生命在每一人之記憶中，普通當在一百五十年以上。如此子孫綿延。如舉孔子為例，至今已七十餘代，共達兩千五百年以上。若再自孔子上推，迄於殷商之先祖契，豈不遠踰三四千年。其實趙錢孫李百家姓，均可依此推算。人人如是，整個一民族如是，此之謂大生命。一部二十五史，實際只是此一大生命長時間之回憶而已。

但時間必親自經歷，頃刻有變，瞬息相異。禹惜寸陰，陶侃教人惜分陰，今人稱分秒必爭，又該惜秒陰。《莊子》說：「朝菌不知晦朔，蟪蛄不知春秋。」此是倏忽即不存在之小生命。孔子曰：「歲寒然後知松柏之後凋。」人人皆欲效松柏，不願為朝菌蟪蛄。但今日又人人言求變求新。從生命言，則變與新之上，該有一不變不新者始得。孔子在川上言：「逝者如斯夫，不捨晝夜。」時間如是，生命也如是。能在不捨晝夜之逝去中，常見此川流，此須一項大學問。便該連帶說到靜與動。動是過去，是變。靜則不動不過去不變，如此常在。但川流中每滴水，果亦不動不變不過去，豈不成了一條死水。必水滴變，川流不變，人類生命即如此。

首要條件在能單純。時間是單純的，須要添進內容，否則一片空洞，便無本體可覓。孟子言「天時地利人和」。非陰陽晝夜春夏秋冬，即無天時可言。非山川田野水陸高低，即無地理可言。人生亦然。嬰孩即賴父母養育，成人亦必群居為生。故人和乃始是人生。即一身之內亦必和，其食衣住行亦必與外物和。天人內外相和，乃見為單純。大生命乃始見單純，小生命則轉而為複雜。但複雜則仍必在單純中。故人生大道貴能在複雜中求單純。

生命本質極單純。如川流，純為水滴相和。若雜以泥土沙礫，則水流不暢。上游盈科而後進，源泉混混，乃能不捨晝夜而前進。兩旁又必有堤岸夾峙，否則四周泛濫，即亦無流。人類生命乃不啻如天地大生命一堤岸。不接於目，即無色。不接於耳，即無聲。不接於鼻，即無香。不接於舌，即無味。天地雖大，接於身，乃始有之。故此身乃為天地大生命一和。其單純有如此。若使不賴於目而接天下之色，此即不見有色而為盲。若使不賴於耳而接天下之聲，此即不聞有聲而為聾。《老子》曰：「五色令人目盲，五音令人耳聾。」欲保其聰明，則必減其在外之聲色，務勿淫於視聽而後聰明可保。《莊子》曰：「道不欲雜，雜則多，多則惑。」即此旨。

世俗人生往往求多有，求增不求減，而尤以自然科學發達後之近世為然。即如電之發明，有電燈，有電話，有電影，有電視，凡耳目所不及，電皆為之增其功能，使視聽遠超於耳目為用之上。天賦人以耳目，而科學濟之以電。視聽日增，聰明日減。色聲日多，影響日小。前人以一分視聽達十分聰明，今人則以十分視聽，而僅保有一分之聰明。前人睹一桃花色，聽一流水聲，詩意自然生於其心。今人目盡天下色，耳盡天下聲，而所謂詩意則渺不得其存在。聲色紛乘，雅興轉塞。亦可謂科學日進，詩情日退。詩情乃自然人生之所有，科學則反抗自然戰勝自然，固宜有此趨勢。

不僅如上述，一切人生內涵，日淺日狹，外力強而內心弱。耳目生於天，一切科學機械發明創自人。然耳目之用，於心為親切。而機械之用，則僅以代耳目，與心隔了一層，不親不切。耳目之用本於心，故能長此心之聰明。機械之用來自外，則轉以窒塞此心之聰明。《老子》曰：「有之以為利，無之以為用」。機械外物乃一有，心則乃一無。故一切科學發明若於人身為有利，實於人心乃無用。人之生命主要在心不在身。故科學日發明，而心生命則日衰退。今世乃不啻以物世界來代替了人世界，即心世界。

人之生命乃天地大生命中一小生命，如川流中一水滴，故其生命實在孤獨處。求生命則必求有一我，我即一孤獨之我。浮現在外，在眾多處，一與人同，則何有所謂我。而科學機械之用，則必在眾多處，不在孤獨處。如電影，由一人觀之，其影像可與眾共觀相同。但電影乃是一商品，其攝製則只求眾人觀，不供一人觀，宜其與生命意義有別。換言之，科學實不為生命用，轉以用生命。主客易位。此下之世界勢將成為一機械世界，不復是一人世界。數百千枚核子武器，即可主宰全世界人類而有餘，即其證。

何以謂科學非生命，因生命必有情，而科學則無情。中國以農立國，農民日與大自然大生命相接觸，可謂中國古人早已讀了一部無字天書。學問全從生命來，孔子言，誦《詩三百》，可以多識鳥獸草木之名。姑以草木言，中國人愛楊柳，自古詩人筆下無不詠柳。楊柳富感性，春光初到，柳最先知。桃李未花，柳條已青。柳又富耐性，秋冬群木雕謝，柳條猶在，故詩人亦多詠衰柳。楊柳依依，唐人栽之灞橋之兩旁，左宗棠栽之赴新疆之路上，以其若特賦遊子以同情。而夕陽衰柳，尤能耐此寂寞。此感性耐性，乃中國人心所同尚。柳無花，而有絮，亦具特性。中國詩人賦楊柳層出不窮，亦可謂楊柳乃中國人一至親密友矣。

柳之外有竹。綠竹漪漪，竹之入詩亦歷三千年如柳。中國人言，不可居無竹。居不見竹，亦如行不見柳，同為人生一憾事。柳則柔婉多情，而竹則剛直有節。個性不同，故柳則栽之牆外路邊，而竹則植之庭前階下。「能益多師是吾師」，天地群生可為我師我友者，復何限，是在我善擇之而已。蘭則盛唱於屈原之〈離騷〉，菊則盛唱於陶潛之詩，林和靖有梅妻，周濂溪則愛蓮，中國人之花卉草木，則莫不深通之於性情。天地一大生命，亦惟此性情而已。性情相通，斯生命相通。中國人對此大生命之認識與體驗，則多見之文學中。其實亦可謂是一套人文科學或哲學。

草木外言鳥獸。中國人於家畜中最喜羊，美、善、祥、群、義、養諸字，皆从羊。若言利用，不如犬馬牛。若言鬥爭，羊最懦弱。中國古人教牧羊者曰，視其後者而鞭之。則羊性亦自能向前，而牧羊亦當一任羊性之自由。中國人又特喜龍。《易》乾卦言，潛龍在淵，見龍在地，飛龍在天，則龍乃一三棲動物。君子無入而不自得，惟龍有之。但龍少見，或僅一想像。惟亢龍有悔，在人群中能見群龍無首，乃為大吉。此又是何等景象。生命第一要求當為存在，其次始有表現與活躍。羊能善存在而不爭，龍能表現又活躍，但亢龍有悔，則活躍亦有其限度。西方人信仰有靈魂，乃可不尊存在，僅求表現活躍，乃求為亢龍而不悔。

中國古人又以麟鳳龜龍為四靈。麟鳳稀見，龜則泥塗中物，易見常見，而能藏身自保，與物無爭，又能壽，故亦為中國人所尊。中國人尊龍，同時又尊龜，此又是何等景象。龜甲用以供占卜，藏之宗廟。莊子辭楚相，曰，寧為曳尾塗中之龜，不願藏甲於宗廟。曳尾塗中，則猶潛龍之勿用。苟全性命於亂世，不求聞達於諸侯，中國人生理想之所貴乃在此。但既曳尾塗中，而仍能藏甲於宗廟。既能藏甲於宗廟，而又願曳尾於塗中。出處進退，隱現榮辱，一以貫之，此誠中國人文社會一特徵。而龜又常見易見。中國人乃奉之為四靈之一，屢見文學歌詞中。天將以夫子為木鐸，中國文學中有烏龜，斯亦不啻以烏龜為木鐸矣。殺身成仁，捨生取義，當別論，茲不詳。

中國古代，象亦易見，象亦龐然大物，其性亦和善不爭。但象為人用，尚不如羊之無用。佛法東來，始屢言及象，然終不為中國人所尊。佛法亦好言獅，獅噬人，象供人用，兩者皆失之，遂皆不為中國人所尊。龜不噬人，亦不供人用，然自保能壽，中國人尊龜過於獅象。近代生物學家好言蜂蟻，謂其能群，但蜂蟻以功利為群，羊則性情之群，而龜則不群。中國人於天地群生間，自有其別擇取捨可知。

《易》乾象龍，坤象馬。馬效馳驅，亦供人用。然言牛馬與言犬馬大不同。牛馬供人用，犬馬則見性情。中國以農立國，牛司稼，豈不為用大。然中國人尊馬不尊牛。牛供人用，隨人駕使，乃不如馬之尤見有性情。馬有駿駑之別，駿馬一日千里，聞有千里馬，不聞有千里牛。牛略同如象，不見個己之別，而犬馬則有之。有性情，則有個己之別矣。羊亦若無個己之別，然羊性之能群，則又在牛馬之上。朱子言格物窮理，中國人能於有生物中窮格其理，自有一種人文科學之發明。

柏拉圖懸榜門外，不通幾何學勿進吾門。幾何僅一形式，非有生命，亦無性情。嚴格求之，世間乃無真方真圓，僅有約略相近似之方圓，真方真圓只在天上。中國人則謂規矩方圓之至。方圓屬自然，規矩屬人文，能善用規矩製器，此即善用自然以興人文，而天人合一矣。僅從方圓求方圓，此之謂不通人情。如言孝弟忠信，乃從人之性情言，各得性情之真，即可為萬世之榜樣。西方人乃避此不言，謂感情作用即無當於理性之真。此又天人顯有分別。

故中國古人於天地萬物，不論有生無生，能善觀而善為取捨，能比能興，此乃中國文化之真源。善觀是其智，而善為比興取捨則其仁。仁乃人類一種同情心。自具性情，乃能外擇於物，以取其性之所近，而捨其性之所遠。中國人好群，故有取於羊。中國人好長保其生命，故有取於龜。兩者實相通。不能群，烏能長保其生命。人各不能長保其生命，則其群亦不立。故中國人好群，又好有個性。惟求其個性之不害群而又能傑出於群，則必有大利於其群矣。僅知有群，不知有個性，則亦為中國人所不喜。

周濂溪〈太極圖說〉：「太極動而生陽，動極而靜，靜而生陰，一動一靜，互為其根。」又曰：「主靜立人極。」人極與太極不同。太極自無生有，人極則自有生無。羊虎同群，性不同。羊不殺虎，虎必殺羊。人為五行之秀，萬物之靈。使人治其群，則驅虎於深山，善牧其羊。此則羊與虎皆所不能，惟人能之。故太極之下，惟可立人極。天地能兼生羊與虎，但不能使羊與虎必相遠勿相近，惟人能之。故曰人能贊天地之化育，而與天地參。如火盛人能噴水以滅火，水盛人能築為堤防，使水不泛濫。人能盡五行之性，以善其人群，此乃一種人文科學。何以能此，則必全人之性，存而勿失，此曰靜。故主靜立人極。

人有欲，則動而向外，《孟子》稱之曰「放心」。心放在外，則性亦漸失而不見。故曰「存心養性」。先存其心，而後性有所養。靜則心不動而存。故《孟子》曰：「我四十不動心。」又曰：「養心莫善於寡欲。」欲與情有別，先養其性與情，則所欲皆一發於正。性情為之本，則所欲亦可一內外。務於外，求其所欲，則內失性情之正，而欲乃無窮，終不能達，亦於外物有害。如是則人生一於動而無靜，與天地之一動一靜互為其根者又大相違。中國人稱之為天人之爭。天指性言，人指欲言。宋儒曰性即理，則性欲之爭即理欲之爭。戴東原《孟子字義疏證》主得所欲即為理，較宋儒言，可謂大失之。當謂符於理乃為可欲，則始得之。

近代科學家乃謂發明物理可以滿足人欲，斯又失之。人欲日滋月長，無可滿足。所謂物理，亦本於人之性情而見。以人情見物理，與以人欲見物理，所見之理大不同。如虎遇羊，認為可噬，此乃在虎有欲噬之心，非在羊有可噬之理。而虎之欲噬之心，則本於其性。性不同，斯理亦不同。人性之善，較近於羊。而人性之智，則遠過於羊。故人性可以謂之仁，而羊性則終不得目之為仁。

蓋仁必兼智，智必待學。孔子曰：「十室之邑，必有忠信如丘者焉，不如丘之好學也。」西方人之學，則重智不重仁，又不同。孔子本於性情以為學，西方之自然科學則不仁無情，有失於人之全性。不仁無情而濟之以學，則其為害恐將有甚於其為利矣。此誠近代國人好治西學者之所當究。

人性皆然，何以東西方有如是之不同。孔子曰：「性相近，習相遠。」西方古希臘以商業為主，商業內不足而求之外，求有得，則益進不已，遂惟見欲而不見性。然亦不得謂西方人性惡，能改其習而返之正，則善性亦自見。但少成若天性，積幾千年之傳統，一旦改弦更轍，亦自難。惟當就其習以為改，或主先復興宗教，使與科學持衡得平，為其改革之一途。但如最近耶回之爭，則又無奈之何矣。

陸象山言，「人方求增，我惟求減」。西方財富權力，日增無止境。人生正當理想，亦莫如求減。權力減，財富減，庶得與貧弱日增其同情。私欲日減，同情日增，則人性漸復。或疑事減則若閒，不知人生正大有事在。居家則奉老撫幼，此屬門內事。出門則愛國家，愛民族，以忠信愛其群，豈不大有事在。事在性情在生命，與在功利在物欲，所事不同。《孟子》曰：「必有事焉而勿正，心勿忘，勿助長。」西方人所有事，重在功利物欲，所患不在忘，在助。揠苗助長，反以喪苗之生。象山主求減，亦在求其勿助長。其門人乃一意靜坐，若將忘其必有事，宜為朱子所斥。西方人求助長，印度人則求忘。濂溪主靜立人極，靜非忘，減亦非求無事。惟事來務助長，則必功利物欲之歸矣。

生命寓於時間，時間當下即是，亦轉瞬即逝。勿可忘，忘則不覺有時間之存在。但亦不可助長，求其時之住，與其延長，與其速，與其即來，皆不可能。時間剎那即變，但變亦有常。時間永古長在，但亦倏忽即變。如嬰孩以至老死，乃有新生繼起，此即道家所言之自然。道家轉而為長生家言，則又失其真。長生家有鉛汞之術，乃引生西方之化學。但鉛汞非生命，求以非生命助長其生命，西方一切現代科學皆由此。乃使此下將成為一物世界，而駕於生命之上，生命僅居次位。果使生命得替代，則此下將為一無生命之世界。馬克斯之唯物史觀是矣。人之求於物質機構者，其果如此乎？

近人多言科學可減少工作時間。盡得閒暇，自尋快樂，豈非人類文化一大進步。然生命即工作，中國古人言，「小人閒居為不善。」於工作外求閒暇，閒暇中求快樂，人生一切墮落，一切罪惡，皆由此起。一陰一陽之謂道，工作勞動乃生命之陽面，閒暇休息乃生命之陰面，一動一靜互為其根。人當於工作中有閒暇，閒暇中有工作，和合為一體。果分別為二，則無往而不失其生命之正矣。故娛樂工作亦為一體。

中國文學自〈豳風〉以至清末，多慣農詩。而農自可樂。工附於農，不附於商，工農皆一生命表現，亦即藝術表現，亦即德性表現。西方商業社會盛行博物院，其中陳列多采自巴比倫埃及，希臘僅居其次。猶著者乃如埃及之金字塔。凡此皆非人生工作，乃於人生外別創工作。不於工作上表現出生命，乃俯順屈服犧牲生命以為工作，表現生命中一奴性，亦以顯示當時埃及皇帝無上之欲望與權力。以一人之意志，奴役萬人之生命，乃有此金字塔之製成。中國最近發掘得秦始皇墓，庶相近似。然始皇墓始終湮沒不彰，不為漢後人所知。阿房宮為人所知，則一炬成灰，後世不加惜，反加快。而如四川灌縣之水利工程，則修益加修，精益加精，直至於今不廢。李冰父子二王廟，亦永受後人祭祀崇拜。即以灌縣離堆工程與二王廟之建築，與埃及金字塔相比，亦可見中西文化相異之一斑。離堆工程，自秦迄今兩千年，殺身捨生者又何限，但皆成仁取義而去。故離堆工程遂得為中國名勝古蹟之一。

娛樂亦性情，工作者先有樂，乃可得人之同樂。金字塔乃《孟子》所謂之獨樂樂，灌縣離堆工程則《孟子》所謂之眾樂樂。金字塔遂使埃及人永失其生命，而灌縣離堆工程則使兩千年來四川人同得其樂。故離堆工程乃一生命工程，而金字塔則不得稱為生命工程。亦可謂近代西方科學之一切進步，多非生命進步。而中國自大禹以至李冰父子，大聖大賢，一切工程一切建設，不僅科學，亦寓有宗教教育之大生命意義在內。凡中國至今尚存之一切傳統，一切建設，一切工程，皆如此。此皆中國人所謂之禮樂，乃即生命之崇高表現，而豈專在物質機械上用心者可比。

娛樂中又有繪畫與歌唱，此兩事原始人類即知即能，然中西雙方傳遞有不同。西方人繪畫但求其與外物近似，如畫山水，即坐山水前臨摹，謂之寫真。中國人五日一山，十日一水，提筆作畫，乃畫我心中之山水，故曰寫意。寫真即科學，寫意乃人文。心領神會，即同是我之生命。故中國人畫人物亦曰傳神。西方人論女性體段重三圍，中國人則曰臨去秋波那一轉。三圍之美具體在彼身，誘生我欲。臨去秋波，抽象一動，在彼亦在我，此謂之情。使其無此一轉，則三圍之美又與我何涉。故三圍僅物質之可欲，而一轉乃生命之相通。中西雙方審美觀念之不同又如此。近人又必謂西方重客觀乃科學，中國主觀非科學。但非主無客，無情不美。中國俗語情人眼裡出西施，實亦一種人文科學。

歌唱，歌者先自樂，而聞者亦同其樂，此乃生命之真樂。歌以求人樂，則歌者先無樂，聞者之樂亦復不真。《詩三百》，歌者先有其樂。〈離騷〉、〈九歌〉，亦歌者先有其哀。漢樂府亦《詩》、〈騷〉之流，每一歌中亦自具一番真情。唐詩人白樂天，詠潯陽江頭商人婦之琵琶曲，亦以自鳴其哀怨斯始為貴。若以歌為技，為謀生一職業，斯又何貴。

中國近代京劇，有諷有諫，有勸有懲，功在教諭風化。操此業者，固亦藉以謀生，然畢生情趣，亦寄寓其中，故不為高雅君子所棄。又演劇娛神，民亦同樂。若以演劇為純商業，觀劇為純娛樂，則中國風俗初不如此。譚鑫培、梅蘭芳名震一世，但其登臺，終非專供人樂。而善唱善演，亦終不如畫家之閉門揮毫自得其樂之為高。此皆中國舊觀念，莫不有甚深生命意義寓之。

中國又有武功一項，如武當山，如少林寺，道士僧尼，出家閒暇，乃以習武。不為表演，不為比賽，師徒相傳，積數百年，乃成絕藝。偶一用之，乃為俠義，無他心。得人崇敬，亦出真誠。清末義和團，亦本俠義心，事敗稱拳匪。但憑鎗炮殺人滅國，恣意所欲，中國人心有不服，乃稱八國聯軍，莊嚴肅穆，又何詞譏之。此則史學文學分道揚鑣，各自專門，記載史事不知以文學用心，乃有此弊。至於中國功夫，亦非西方所能。最近忽有人在電影中表演，大獲西方人佩服，中國功夫乃成現代一專門名詞。但此等功夫純是一種生命精神之凝聚。若在電影表演，則是西方功夫，決非中國功夫，此又不當不辨。惟今國人一經西方人稱讚，又有重利可得，相習成風，則誠可悲歎矣。

中國人傳統心習，看不起機器。但機器勝過工夫，即據義和團一例可見。中國以人為萬物之靈，機器則靈過於人。人轉為機器操作，得閒暇，別尋快樂，乃成為人生之惟一目的。則人生之意義與價值又何在？孔子曰：「飯疏食，飲水，曲肱而枕之，樂在其中矣。」又曰：「顏子居陋巷，一簞食，一瓢飲，人不堪其憂，回也不改其樂。」孔顏所樂，即在其日常工作中。西方人謂文化自閒暇來，中國則文化自勤勞來。文化即人生，人生乃勤勞，非閒暇。

故工作當自性情來，不當自欲望來。性情中亦自有欲望，但不當為欲望而漫失其性情。性情出於天賦，亦即自然，中國人合稱之曰性命。天人合一即在此。不知性命，徒求生活，則獸生禽生，生而無靈，何得謂之人生。中國人最所尋求者正在此。尋得到此，則工作閒暇快樂苦痛皆一以貫之，又何分別可言。尋不到此，而惟機器功利之為見，則人生最高境界亦惟一項機器一番功利而止。象山之言減，濂溪之言靜，諸葛亮言：「澹泊明志，寧靜致遠。」澹泊斯能減而靜。孔子曰：「富貴不可求，從吾所好。」孔子之所好，亦惟心存澹泊始能明之。中國人之理想人生大率如是，而豈能語於今日之西方功利昌行之世。

八二　廣與深

人生有廣狹與深淺之兩面。如服裝，率趨時髦，無多分別。儀表則見教育修養，言辭則深淺更易辨，觀其行為，則人無遁形矣。人生自衣裝、儀表、言語、行為以及其心地五方面，逐層推進，遞見其深度。孔子曰：「不患莫己知，求為可知。」求知於人，自當於此五方面努力。然孔子又曰：「人不知而不慍，不亦君子乎。」則知人不易。《老子》曰：「知我者稀，則我者貴。」則人之可貴，正在其有難知處。

人如此，民族更然。大概言之，西方人求之外，貴推廣。中國人求之內，貴深存。其先乃由其生事來。中國務農，歷千年少變。求於外者易，乃轉而求之內。古詩：「日之夕矣，牛羊下來。」農人向晚得閒，遠眺村外，山坡草原，易見此景。日日可見，年年可見，一生一世，人人世世常可見，似無足道。但山下全村各戶孰不有牛羊，放牧山上，結隊而下，豈非各戶豐衣足食之根源所在。然其存之心者既久，乃百千萬戶生命之大共體，安其平居，樂其常然。深言之，此乃一種生命境界。生命與大自然合一，亦即天人合一。人之小生命，乃與其宇宙大生命融洽浸潤，儼成一體。故「日之夕矣，牛羊下來」八字，雖不失為一幅好風景，但詩人吟詠，則不專為風景。此八字是何等境地，何等情味，乃得為中國文學上品，傳誦三千年。中國文學乃有其特殊極深處。人生即文學，此又中國人生一特殊極深處。

陶淵明為一田園詩人，其詩有曰：「犬吠深巷中，雞鳴桑樹顛。」雞鳴犬吠，從來如此。《老子》言：「小國寡民。甘其食，美其服，安其居，樂其俗，鄰國相望，雞犬之聲相聞，民至老死不相往來。」此為一天下太平景象，雞鳴犬吠，國際聲氣相通。犬吠非為鬥噬聲，雞鳴亦非驚惶聲，一片和平歡暢聲，不啻為人生安樂大道作呼囔。今雖村居，亦遍聞機車聲，警笛聲。一不慎，而死生隨之，尚何雞鳴犬吠之有。故古人言雞鳴犬吠，即人生一共相。人類之生長，即在此境界中，我此生命即此境界。若無多味，卻有深味。而且此味常在心頭，既親切，又悠久。《中庸》所謂「致廣大而盡精微」，雞鳴犬吠之境界豈不廣大，而人生之精微亦無逃於此矣。《中庸》又曰：「極高明而道中庸。」日聽此深巷犬吠桑樹雞鳴，豈不極平常極庸俗。而宇宙大自然之與人生相會合，其高明處，則亦已深藏其中。《中庸》又曰：「尊德性而道問學。」其實雞鳴犬吠，乃與人生之內在德性昕合無間。能學問，始見此德性之可尊。

淵明詩又云：「采菊東籬下，悠然見南山。此中有真意，欲辨已忘言。」籬邊種菊，偶往采摘，抬頭見山，此乃人生易遇事。而遠山景色入吾心頭，即不啻我當時生命之一部分。一番真義，乃非言辭所能表達，故乃欲辨而忘言。陶詩所描寫，所吐露，通常言之，乃屬一種農村人生。實則推至一切人生，乃至宇宙大自然，同此一真義。但在中國，乃非哲學，為文學。故可謂中國乃一種文學人生，亦即人生文學。深處難求，而淺處則易遇易見。

唐人孟浩然詩：「綠樹村邊合，青山郭外斜，開軒面場圃，把酒話桑麻。」中國農村四圍綠樹，遠山一抹，到處易見，千年常然。雞犬與桑麻，皆農村人生之共相。但雞犬虛景，堪欣賞。桑麻實物，須營求。中國詩人先言雞犬，次及桑麻，亦不得謂非世道人文中一進步。開軒面圃，兩人對酌言談，此境易得，亦可常而不變。一經詩人指點，卻見此種人生大可享受，大可玩味，何待厭棄他求。天地之境界，人生之情調，文學之本事，一以貫之，即已成一套人生哲學。反己求之，向內求之，即易得矣。此之謂自得。「足於已，無待於外」，斯又為有德之言。故曰「學而時習之，不亦悅乎？」

中國文學，上古西周如是，南朝晉宋如是，唐如是，宋亦如是。陸放翁晚年鄉居，作詩如寫日記。日常所見所聞，所遇所值，皆入詩中。孔子六十而耳順，七十而從心所欲不踰矩。外所接觸，既無違忤。內所發抒，亦無踰越。乃盡在人生大道中。《孟子》曰：「可欲之謂善，有諸己之謂信，充實之謂美，充實而有光輝之謂大，大而化之之謂聖，聖而不可知之謂神。」孔子晚年人生，可謂已達聖與神之境界。放翁晚年生活，亦可謂成一片大好文章。但較之孔子，則還遠有層次，人生深淺即在此。

清代鄭子尹，以一經學家兼詩人，老居遵義山中其母墓旁。日有思，夜有夢，皆追憶其母之一片孝心，而皆以見於詩。除此一片孝心外，詩中亦更無多有。孝即人生，即人生千萬歲大道，但可當下即得，亦即其詩之所由成家。詩之與心與其人，三者合一，而其較之古詩人，乃至於孔子，亦各見深淺。中國人生有一言即得者，亦有萬言難盡者，亦可於此求之矣。儻於人生外，別求文學，得為一文學家，既有名又有利。但一為文人，便無足道。此中深意，大須領略。

孟子曰：「詩言志。」中國人言志，不言求富求貴，而必志於道。此道即人生之大道。人生並不由外面事零碎拚湊而成，乃由一整體人生中流露出此一切事。一切事皆內本於心。志，心之所存，乃人生之主腦。詩言志，即猶近人言文學表達人生。唐人詩：「欲窮千里目，更上一層樓。」死於句下，則更上一層樓乃一小事，又何意義價值可言。古詩又有，「振衣千仞岡，濯足萬里流。」振衣濯足，乃人生尋常事，不知所比興，則亦無意義價值可言。蘇軾詩：「橫看成嶺側成峰，遠近高低各不同，不識廬山真面目，只為身在此山中。」此詩亦詠人生。離卻人生，廬山面目即不用人識，亦無待吟詠。藝術亦然。山在心中，畫山乃畫意畫心。畫中有詩，詩中有畫，若儘在詩中去求畫，畫中去求詩，則必兩失之。苟其作者於人生深處無體會，則其詩其畫皆不得臻上乘。書法亦與人品有大關係，更難言宣，惟有心領。

西方人生則不同，古希臘人乃生活在工商都市中，必向外求取利潤。身在都市中，心在都市外。身在工商業中，心在工商業外。其整體人生猶待別求。故希臘有哲學，先創宇宙論，乃以尋求人生論。並無中國人一天人合內外之觀念。文學亦向人生外事中求，事務非即生活，乃生活中一手段。文學亦如商品，偽造故事，驚心動魄，得人愛好，乃可沿途歌唱。如荷馬史詩，或戀愛，或戰爭，或神話，驚險奇變，乃始視之為人生。此下又有冒險偵探等故事。要之，非見作者心，乃以迎合讀者心。一如商品，惟求合購買者之心。此心乃惟求推廣，不求深入。推而愈廣，不僅益淺難深，抑且散而無存。

再言工業。工業附屬於商，與附屬於農者有不同。中國陶瓷業，能在其作品上十分表現出作者個人之心情。僅以給用，非為商品牟利。又世襲其職，歷代安心，精益求精，其所作業即其人生全體所在，故得成為藝術精品。一如詩之為文學，同是通天人合內外。故藝術即人生。西方則乃以商業心情製造，求廣銷，獲重利。亦人生一手段，非即人生。心情異，則其作品亦不同。中國《莊子》稱此心為機心。《中庸》則言誠，實與《莊子》機心相對。道家言人生，每於其向外處深言。儒家言人生，則多在其向內處。故中國人必兼通儒道，乃能得人生之全。文學亦無逃於此。

西方繪畫亦附帶有商業心情。故必開畫展，作畫者每以觀者心為心，求廣銷。其心外向，又焉能深入，與中國畫又不同。中國於畫品中見人品，亦曰寫意。但作畫先求形似，尚有外面拘束。書法則可一任其意之所至，而流露出其內心之蘊藏。詩文則更可傳其內心，而更達於充實光輝之一境。故中國之文學家，則尤在書畫家之上。

中國文學中亦有劇曲歌唱舞臺表演，但其品格則較低，故戲劇不得預於中國文學之正統。登臺演奏，不論生旦淨丑，演員與劇中角色不同，故只論演技，乃成人生一業務，亦藉以謀生。不如吟詩作畫，其本身即人生，非業務。儻亦認為一業務，則一文不值矣。登臺演戲者，後臺卸裝，始是其本人。觀劇聽唱亦僅是人生一娛樂，與詩畫之為人生修養，深淺不同。

由此可見，人與事當分別看。人乃生命一本體，事則生命一表現。從廣處求，則吟詩作畫演劇，可以推而愈廣。從深處求，則詩最深，畫次之，劇則淺。中國詩最先，畫次之，劇最後，此即中國人生貴從深處求一顯證。西方演劇，乃文學之開始，文學內容亦即舞臺之本事，讀劇本不如在舞臺下看。多人欣賞，推廣更要於深入。故事有大小，人品無高下。吟一詩，聽者少。作一畫，觀者多。演一劇，觀者更多。西方人生重在外面廣處，則莎士比亞之劇本，宜為文學之上選矣。故戲劇乃西方文學之正統，與中國大異。孰是孰非，此為雙方文化傳統人生大道所繫，非可一言而定。又豈重洋蔑己一時流俗之所能定。

西方人論人生，重事不重人。如莎士比亞其人莫可考，然其劇則幾百年不衰。中國「日之夕矣，牛羊下來」八字，作者亦難考，亦難上臺表演。然能賞及此，即證其人品之高。此即雙方人生不同一例。西方人重事，又重財富。但求推廣，不求深入。孔子曰：「為富不仁。」深而求之心，則為富稀能免於不仁。孔子又曰：「富而可求，雖執鞭之士，吾亦為之。」孔子非不知富亦可求。季氏富於周公，乃冉有為之求之，而孔子曰：「冉有非吾徒也，小子鳴鼓而攻之可也。」孔子又曰：「賜不受命而貨殖焉，臆則屢中。」是則子貢亦能求富。則孔子之所謂不可，乃在道義上。《孟子》曰：「非不能也，是不為也。」富人亦必求所好，財富乃是一手段。今雖貧，亦能從所好，則何富之求？豈不更直接，愈易簡矣。

富不可求，貴更不可求。孔子之稱賞顏淵則曰：「用之則行，舍之則藏，惟我與爾有是夫。」貴亦在求用，求貴亦仍是一手段。若僅知求貴，則更求權，求強，求武力，求能殺人，推之愈廣，而愈無止境。希臘人僅求富，羅馬人則轉而求貴，既武又強，乃亦終歸於崩潰。孔子雖不求貴，而為用則可達千萬年無竭。

中國乃廣土眾民一大國，主政者貴莫能比。乃孔子之稱舜，則曰：「恭己正南面而已矣。」有此天下，而心若無事。此種人生境界，乃純屬內心，中國人稱之曰德。德者，得也。得於心，非得於外。韓愈釋之曰：「足乎己，無待於外。」足於己，即是富。無待於外，則不煩權力以爭。中國從來之政事，乃亦與西方政事大不同。西方政事重在外，必以權力相爭。中國人則曰盡職，曰讓，曰為政以德，皆向內求。《孟子》曰：「以力服人者，非心服也。以德服人者，中心悅而誠服也。」故西方之為政者求之事，為富為強，以力相爭。中國人為政，則求之心。一人之心即千萬人之心，一世之心即千萬世之心。得於心，斯得於人人，得於世世，可以無他求。

然而此心則當向深處求之。他人有心，予忖度之，此心即忠恕之心。舜居深山之中，與野人居，與鹿豕遊，及其見一善行，聞一善言，沛然若決江河，此則舜心開。中國人稱人生最快樂事即曰開心。心開則同得他人心。《大學》言正心誠意為修身、齊家、治國、平天下之本，即此意。西方人向外求，此心專在事上，知事不知人，又或專知一事，不知他事。政治屬眾人事，當開放政權，由眾人為之。西方則結黨競選一領袖，名之曰民主，實非民主，仍由少數人擅權行政，其心亦仍重事不重人，於是政爭無已。競選必求多數，日趨卑俗，則政事乃無日進向上之望。求富求強，推而廣之，惟在力，而離道則日遠。

政治固當下通卑俗，即文學藝術何莫不然。惟政事文學同當求深更在求通之上。男女同有戀愛，但必深入於為夫婦。夫婦一倫，其心情可以普天下歷百世而常然。今儻謂戀愛乃青春心，夫婦不得謂非老成心。人生豈得常在青春中，而無老成。故婚姻乃始得人心之同。然而西方人又常以商業視人生，貴異不貴同，乃謂婚姻乃戀愛之墳墓，則家國大同天下太平豈非即人生群居之墳墓。故知戀愛與戰爭，當不得為文學之正宗材料，因其乃在人生之幼稚期，未成熟期。淺露與深藏，亦可論其文而知其人矣。如《左傳》一書所載戰爭與戀愛之故事，極為繁多，但當看《左傳》書中對此等故事如何描寫法，始見文學之奧妙。今讀西方文學中之戀愛與戰爭，則不得不謂其顯較淺出。然而遂謂西方人無深入處，則又不然。惟能多賺錢，多殺人，乃西方深入處。豈不然？果能於人道有深入，則此兩道決不深入。苟於此兩道有深入，則其一切皆淺出，此又可得而定者。

韓愈言：「好古之文，好古之道。」今人則貪財、好色、能武、善殺盡謂之文學，則宜韓愈之深見鄙斥矣。文學必求深入人心之同然。唐人詩：「打起黃鶯兒，莫教枝上啼，啼時驚妾夢，不得到遼西。」春鶯群啼，何等佳事，把它打起，寧不殺風景。但她得好好做夢，此乃夫婦情感，非男女戀愛。而遼西兵役非當時人心所安，亦言外可見。即此一詩，寥寥二十字，兒女私情，亦即治平大道之所本。中國文學深入人心之高處有如此。

孔子曰：「子為政，焉用殺。」又曰：「聽訟我猶人也，必也使無訟乎。」既不用殺，又能使人無訟，當必有一套學問，能深入人心，一如文學。但文學範圍狹，政治學範圍更廣。子貢聞一以知二，顏淵聞一以知十。故孔門為政，子貢當不如顏淵。子路僅限於治軍，冉有僅限於理財，則更非為政上選。故中國為學，求通不求專。通於人心，不專於人事。

西方科學重事更重物。發明蒸氣，一切人事大變，人生亦為之大變。發明電氣亦然。當前世界乃有石油之爭，石油乃能主宰人生，一國缺石油，其國即大變。愈進步，其國之變乃愈大。但掌有石油主權之阿拉伯國家，卻不知如何來善用此大權。猶如擁有原子彈，亦不知究當如何來善為使用。人生前途，則全已為此等石油、原子彈諸魔群妖所困擾，所折磨，並將為之所吞噬。不知人類化了幾許血汗精力創造發明此諸妖魔，乃轉為此諸妖魔所困擾，所折磨，所吞噬，而無奈之何。亦可怪矣。今世界都市林立，凡困擾折磨吞噬人之諸妖魔，皆薈萃於此都市中，農村則少見。但舉世群棄農村，湧入都市，認為是人生之進步。苟無農村，人類生存又何賴。

余漫遊歐美，好訪其鄉村。一日薄暮，在倫敦郊外與兩英人交談。知余來自美國，問美英孰優。余對美不如英。兩英人驚喜，續問余言何據。余答，此刻村人老幼散步田塍，仰天俯地。美國則大馬路上汽車奔馳，烏得有此。兩英人頷首，但又愀然言，美國生活不久即迫來，吾儕此刻景象，又烏能長有。又指山坡草地言，此等均歷五百年以上，在美國最多不逾四百年，因不勝嗟歎。

人生難言，民族文化更難言。如俄國，顯屬西方文化之一部分。而地居寒帶，又多業農，其民族性顯與其他西方民族有不同。余讀托爾斯泰小說，每愛其和平忠厚，有惻隱辭讓心。在西方文學中，體制題材大同，而心情迥異。又如索忍尼辛，逃居美國，乃能直言美國種種缺點，心存故國長處，乃若一時陰雲蒙蔽，恨不能頃刻大放其光明。又如沙卡洛夫，見稱為其國氫彈之父，殺人利器由其創製，乃竭意擁護人權，遭政府拘禁，寧甘忍受，不樂流遁他邦。凡此人物，顯若與其他西方各國有別。俄羅斯本屬一農國，工商都市尚未發展。文化系統顯屬西方，而人心深處則潛存有東方氣息。托爾斯泰之小說，便多染鄉土氣，即其證。馬克斯猶太人，本無國家觀。提倡共產主義，以無產階級為號召。但產業觀起自工商都市。猶太人乃一商業民族，馬克斯僑居倫敦，故其所謂無產，乃指資本社會下之工人言，不指農人言。農人乃真有生產，資本企業乃製造非生產。財富武裝，乃人生中之假生產。故資本社會實可謂一無產社會，乃轉而凌跨駕馭在生產社會之上，而恣其所欲。馬克斯之共產主義，實應限制商業，使其轉在農工之下。務使人人生產，而不占私有之大財富，此則當轉成為中國社會。馬克斯不知有中國，只就西方都市商業社會發論，故其共產思想，仍不失為西方文化之一支。

列寧依借馬克斯共產主義為號召，推翻俄皇專制，解放農奴。使其盡為自由農民，使人人有生產，而不再受商業資本之剝削。索忍尼辛之寄想或即在此，但惜其無此知識，因亦不能明白創此理論。而蘇俄自史太林以下，則轉成為西方傳統帝國主義之變相，僅求在力上推廣，不向心處深求。而更側重在唯物觀點上，憑物而喪心，乃致力於發明氫彈，又求保有人權。此見俄國人之內心衝突。誠不失為人類一悲劇。近代國人，尊慕西化已甚，雖亦崇奉馬恩列史，而國內乃竟無索忍尼辛、沙卡洛夫其人者出，此亦誠堪嗟嘆矣。

印度亦農國，非商國，地居熱帶，民生不在勤，轉生厭怠心，遂有佛教出世思想。但雖求出世，不失慈悲心辭讓心，戒淫戒殺，與西方文學題材大異其趣。但佛教專重私人人生，不牽涉大群政治，故在印度終自衰歇。其來中國，在大一統政治下，轉得滋長，亦因其有深入人心之一部分使然。近代印度人甘地，久居英國，其對西方資本帝國文化終不能無反對心。乃提倡不合作運動，此亦農業民族尚和平退讓、不尚鬥爭一特徵。中國戰國時代有許行，創農家言，謂賢者與民並耕而食，饔飧而治。帝王與農民同生活，再加上一套政治責任，則其責任又何由完成。故《孟子》非之曰：「勞力者食人，勞心者食於人。」惟政治勞心與資本家之勞心又不同。資本家勞心於其財富事業之向外推廣，中國理想中政治家之勞心，則勞於能深入人心。即以己心通他心，復以他心通大群心。即以其人之心，治其人之身，修身、齊家、治國、平天下，其道一以貫之，亦貫之於此心而止。故在修齊治平之上，復有正心誠意之教。此等知識，則非專務財貨事業之推廣者所能知。現代印度已久受西方帝國主義之殖民統治，乃轉與中國大陸同親蘇聯，但中印之與蘇，亦終不能會通合一走上同一道路去。

人類文化終不能離其生事，以空言爭。而人之生事，則須積年累月，以悠久時間之浸潤，深入人心而始然。既不能推廣向外求，亦不能於短時間速成。欲速則不達。今日世界問題，究將於何得解決，得安定，誠難得定論。而又加以欲速之心，亦誠難言之矣。司馬遷《史記・孔子世家贊》，《詩》曰：「高山仰止，景行行止。雖不能至，然心嚮往之。」孔子遂成為中國之至聖先師，文化傳統一大宗師。西方則人爭平等，事求實現。阿拉伯人《天方夜譚》，能言鳥終於在登山尋求人手中。近代攀登喜馬拉雅山者又幾人？惟耶穌乃上帝獨生子，信仰及此，西方宗教乃得成立。

近代美國哲學家杜威，有真理如銀行支票能兌現之喻。兌現乃銀行與持票人彼我間立時立刻事，非必有時間綿亙。顏淵之讚孔子則曰：「夫子步亦步，夫子趨亦趨。如有所立卓爾，雖欲從之，末由也已。」則孔子之可貴，乃在其有無可兌現處。故中國有道統，有政統。有自孔子至孫中山，綿延兩千五百年，一線相承之民族文化傳統。但身修、家齊、國治、天下平，若果問何年何月得實現，則誠淺之乎其為問矣。當知修齊治平乃道，言道則再不言得，而改言德。或問「夫子聖矣乎？」孔子曰：「若聖與仁，則我豈敢，抑為之不厭，誨人不倦。」或曰：「夫子既聖矣。」學不厭教不倦，乃孔子之道，聖則孔子之德。故中國人一切人生皆僅言道德，不言功利。而西方人則一切言功利，不言道德。道德在心，深處難求。功利在事，淺處易見。人心深淺即在此。此又為研討中西文化異同者所當知。

八二　多數與少數

(一)

西方言民權，人人平等，故惟多數為貴。然人性終喜於多數中特出為少數。如何乃為特出？自多數言之，最易見者為財富。人擁十萬百萬，我獨千萬，斯為特出矣。故商人謀財富，其意亦並不僅為身家圖享受。稱為富翁，便見特出，心自喜悅。然其評價標準則終在群眾之多數，此亦不可否認。

財力之上復有武力。一將功成萬骨枯，則武力亦當仗多數。羅馬武力震耀，環地中海歐亞非三洲，無不慴伏。雄心之滿足，猶勝於希臘之富商，斯亦足以自豪。然其評價標準，則仍在多數之群眾。西方近代之資本主義、帝國主義，乃胥由古希臘、羅馬之舊傳統來。

不僅如此，荷馬為史詩，評定其價值者，乃為其沿途四圍之聽眾。使無此聽眾，荷馬亦何由成名。雅典市區有劇場，每一劇之演出，亦仗觀眾而成名。即至近代，莎士比亞不知其究為何人，然一劇登臺，觀者累月盈年而不衰，斯即成名矣。其評價標準亦在多數觀眾，不在作劇者之一己。其他文學，亦多以暢銷書成名。

文學然，藝術亦然。近世西方畫家必開畫展，競售一空，斯即成名矣。法國近代大畫家畢加索言，我畫之價值不在我所畫，而在我畫上之題名。人尊其名，即畫價高昂。其評價之標準，仍在外面多數，不在內之一己。則文學藝術亦盡如一商品，必入市場，乃有價值可言。西方人重多數，則其趨勢必如此。而人性之喜於群眾中求表現，其例猶不止此。

古希臘即有奧林匹克運動會，古羅馬有鬥獸場，直至近代，種種競技比賽，尤層出無窮。於是有拳王爭霸賽，兩人拳擊，事何足貴，貴在有萬千之觀眾。然使一出拳，對方即倒地不起，斯亦不足觀。故拳王相擊，往往雙方不相上下，歷十數回合，僅以分數定高下，此則拳逢敵手，愈緊張愈動看。實則一兩分上下所差無幾，而拳王之榮座，即在此十數回合中之一兩分上。既得名，又得利，人生無上光榮即在此。然一過三十，則務求急流勇退，又豈能終其生登拳王寶座而不退者。然則人生價值，豈真在此三十年前之剎那間乎。但多數群眾喜觀此剎那間，則價值亦即在此剎那間。

拳王之外，有歌王。歌之為技，豈論勝負。而歌王之得名，終亦定於多數之聽者。入場券可稽，券多售即獲利多，享名大，歌王之名亦定。然多數聽眾之興趣則易變，慣聽則厭，驟聽則覺新奇。別有譁眾取寵者出，而歌王寶座亦易位。故歌王亦常有後生新秀起而代興者。凡西方之喜新喜變，乃多以博取群眾多數一時興趣為主要條件。

賽拳賽歌之外，又如賽馬賽車。群馬奔馳，眾所樂觀。其到達終點，僅一頭之差，而勝負定。賽車亦多爭在分秒間。其他各種競賽，勝負之分亦甚微。亦有賽程已畢，勝負不分，乃延長若干時，甲隊得一分，乙隊即告負。果使再延長，焉知乙隊不轉增一分。要之，勝負多暫定於僥倖，具何價值，又當別論。人生如兒戲，富強豈即人生真價值所在。賽拳、賽馬、賽球、賽車，循至如登高山，遊大海，空中飛行，飲啤酒，喫生蠔，吸鼻煙，人生一切事皆可賽。然果能化世界各大都市盡成為大運動場，化世界第三次大戰為一奧林匹克大會，豈非西方文化之終極理想所在，人類莫大幸運之所係乎？

惟人生既過分崇尚多數，終亦不免輕忽少數。而少數則誠有傑出於多數者。在古希臘之雅典，即有蘇格拉底在街道上宣講哲理，遂以招忌，竟入獄判死。豈能亦如唱詩演戲，僅供大眾之娛樂。羅馬統治之下，耶穌漁村論道，信徒十三人，終亦與兩盜犯同上十字架。其徒轉入羅馬城，潛為地下活動，聽眾愈多，信徒日增，上撼帝國政府，皇帝亦轉信其教。信耶穌，抑信地下群眾？自少數轉而為多數，其形勢乃大變。羅馬帝國崩潰，羅馬城獨有教皇遞傳弗絕，以迄於今。教皇非即耶穌，乃為群眾多數所仰望，遂為不可侮。非耶穌教言不可侮，乃多數信徒之勢力不可侮而已。耶穌言，凱撒之事由凱撒管，耶穌不與凱撒爭。教會中擁戴一教皇，斯則宗教亦凱撒化，而於是有政教之相爭。西方中古時期以下之一部政教相爭史，其與奧林匹克運動會之種種相爭，有其異，亦有其同。要之，其同屬西方文化傳統，則迄今無變。

政治本為大群中少數人之事，革命則為下層多數與上層少數爭。英法兩國皇帝皆上斷頭臺，亦如蘇格拉底之下獄判死罪，耶穌之上十字架，不論其間相異處，實同是多數得意，少數被壓制。今日已為民主政治，少數政治人物皆受多數擁戴而起。然美國大總統任期四年，期滿需再選，連選得連任，亦僅兩次八年而止。非遇國家有大事變，多數急切感有需要，則不易競選第三任。英國首相無任期，一旦國會中多數投不信任票，惟有解散國會改選。果改選後，仍不獲多數信任，則惟有退職一途。多數則總喜變換一局面，一新耳目，或無理由可言。如邱吉爾在英國，當世界第二次大戰時，厥功甚偉，戰事方畢，即不獲再當選。非邱吉爾更無連任之價值，亦當時多數人心之喜變而已。

故言民主政治，必兼言法治。其所謂法，亦以保護多數，抑壓少數。即一國行政首長，亦稱曰公僕，其他政治人物，亦同為僕可知。麥克阿瑟不失為近代軍人中一傑出人物，當南北韓戰爭時，始終不敢轟炸鴨綠江大橋，乃遵杜魯門總統之禁令。然仍不免陣前撤職，以一老兵資格返國，深受紐約數十萬市民之歡迎。要之，其奉命守法，亦當為被歡迎之一條件。又英國分英格蘭、愛爾蘭、蘇格蘭三部分，美國自十三州擴大至五十一州，各自分裂，並不受中央嚴格之統制。可見民主政治終為一柔性的平弱政治，非為一剛性的強硬政治。其上層之統治權，必日削日縮，而其下層之選舉及議會表決權，則日擴日大。尤其罷工潮，風起雲湧。更如美國早期之黑奴，轉升為選民，亦同為美國之主人翁。在被歧視之心理下，既缺乏適當之教育，而生齒日繁，救濟金日益增，選舉權亦日益普及，今已有黑人競選副總統，不久將來或可有黑人總統出現。黑白人多少數之消長，亦堪為美國當前一隱憂。

至於一輩大學名教授名學者，自屬人群中之少數，乃都絕不抱政治野心，躲避一旁，理亂不知，黜陟不聞，此亦受多數之抑制。參加競選，恐決不為多數所擁戴。至於辭世而去，淪為一陳死人，其為群眾大多數所忽視，更不待論。故西方史學最為後起，亦受此崇尚多數之心理影響使然。

轉論中國則大不然。中國人崇尚少數。前人之稱述於後世者，則尤屬少數中之少數，乃尤受國人之崇尚。孔子曰：「述而不作，信而好古。」以此語之西方人，將難獲贊同。即中國多數人，亦難瞭其深意。故孔子曰：「人不知而不慍。」又曰：「知我者其天乎。」又曰：「莫患不己知，求為可知。」此亦決不求為群眾多數人所知，即求之少數人，亦非必相知，則惟有期於上天之知。故孔子三十而立，即求超乎此群眾多數而自立。四十而不惑，即不再惑於群眾多數。五十而知天命，則知己之所立，乃受命於天，非多數人可知，其意亦甚明矣。此意即道家亦言之。故曰：「知我者稀，則我者貴。」惟儒道兩家並為後世所尊，則中國文化傳統崇尚少數，亦居可知矣。

以言文學。古詩三百首，雅頌施於宗廟朝廷，其為上層少數中人作，亦流傳於上層少數間，可弗論。即十五〈國風〉，有出自里閭民間者，然經列國君卿大夫采錄潤色，亦流行在上層，不再屬多數。孔子作《春秋》，筆則筆，削則削，游夏之徒不能贊一辭。游夏乃孔門文學之徒，游夏尚然，其他可知。及漢代司馬遷繼孔子《春秋》作為《史記》，乃曰：「藏之名山，傳之其人。」則其不求人知之意，亦昭然若揭矣。

以言音樂。伯牙之知音，亦僅鍾子期一人，下里巴人決不能與陽春白雪同類等視。則文學藝術之一切評價，決不在多數亦可知。漢代有司馬相如，以辭賦擅盛名，揚子雲效之，亦名聞當時。久而悔之，曰：「雕蟲小技，壯夫不為。」乃效《論語》為《法言》，又效《周易》為《太玄》。其友笑之曰，《太玄》人莫曉，當以覆醬瓿耳。揚子雲曰，無害，後世復有揚子雲，必好之矣。揚子雲之見重於後世，乃更勝於司馬相如。但孔子則曰：「知我者其天乎。」大聖人大文學家，品格高下，此亦其一端。

孔子又曰：「古之學者為己，今之學者為人。」為己之學乃貴納己於道。道者，人生大道，古今上下盡人當然。則乃貴其最多數之同然，此必求之最少數。但士為知己者死，女為悅己者容。鍾子期死，伯牙終身不復鼓琴。則人生為人，果為少數，尚有快樂可尋，亦有意義價值可言。果必為多數，則將無言可立，亦無德可成。孔子曰：「道之不行，我知之矣。不仕無義。」出仕亦行義，治平為多數，亦即己之大德。張橫渠言：「為生民立命，為萬世開太平。」而豈多少數財富權力之足計。依仗外力，亦決非中國人所謂之為人。

初唐詩人陳子昂有詩曰：「前不見古人，後不見來者，念天地之悠悠，獨愴然而涕下。」此乃中國大文學家之志氣。前之作家已作古，後之作家未出世，當我此生，多數群眾誰歟知我。則天地悠悠，惟有抱一愴然獨立之感而已。人生最少數為一己，中國人生大道，其最所寶貴者，亦即在此一己。韓昌黎倡為古文，亦曰：「好古之文，乃好古之道。」又曰：「千里馬常有，而伯樂不常有。」當其生，來從學者，不過三四人。下歷兩三百年，北宋歐陽修起，而古文始大行。是歐陽修乃始為韓愈之伯樂。苟使對韓歐間一番情意不認識不同情，則何從來讀一部中國文學史。

南宋詩人陸放翁又有詩曰：「斜陽衰柳趙家莊，負鼓盲翁正作場，千古是非誰管得，滿村聽說蔡中郎。」此負鼓盲翁之來此村莊唱說蔡中郎故事，有似於古希臘荷馬之唱史詩。其所唱亦趙五娘、張老爹之流，心存諷勸，有裨教化，較之荷馬之僅唱戀愛戰爭神話以博眾歡者有不同。然蔡伯喈何嘗有此故事。放翁亦南宋一文學家，心存好古，情切求真。而村人所喜，此千載以上之往事，又何從去管其是非。

元代之劇曲，有明之說部，接踵迭起。此等彈詞戲曲小說，始與西方文學依稀髣髴可相比擬。然在中國文學史中，此等終視為稗官，為閒書，僅供群眾一時之消遣與娛樂，不得與上乘正統文學為伍。金聖嘆放誕高論，乃以《西廂記》、《水滸傳》與《騷》《莊》馬杜同列為才子書，但亦未為後人所遵奉。近代國人則競慕西化，遂喜捧《西廂記》、《水滸傳》，認為如此始是真文學。群斥中國文學正統如《騷》《莊》馬，謂其是古文，是死文學，是封建文學貴族文學，不得與近代之白話文學、活文學、平民文學、社會文學相提並論。其間乃可見中西文化傳統一大分別，一尚多數，一尚少數。最多亦只能說是各有得失，烏得謂在彼者盡是，在此者盡非。

政治亦然。人群中必有智愚賢不肖之分，愚不肖常占多數，賢智常占少數。中國提倡賢人政治，賢人乃可代表群眾民意之深處，多數則僅能代表民意之淺處，既有賢人政府，則不須再求崇尚多數之民主政治。中國人言天賦人性，不言天賦人權。孔子曰：「性相近，習相遠。」又曰：「十室之邑，必有忠信如丘者焉，不如丘之好學。」忠信屬天性，平等相近。惟人文社會須有學，學有廣狹深淺。故「千人之諾諾，不如一士之諤諤」，是非得失又豈得以多少數為定。故又曰：

「賢鈞從眾。」在少數賢人中而有意見相歧，則始從其多數。實乃少數中之更少數。

道家尚自然，但亦不諱言少數。少數中有孔子，亦可有盜跖。道家乃以孔子與盜跖並舉，而曰：「聖人不死，則大盜不止。」但其自修為人則仍貴為一少數，不貴取法於多數。故道家言政治領袖亦仍言聖人，則其尊少數可知。儒家主性善論，認為社會中出一孔子自可減少盜跖之產生。孔子之告季孫氏曰：「子為政，焉用殺。」則孔子不誅少正卯可知。故政治重教化，重領導，不貴仗法律制裁。孔子又曰：「聽訟吾猶人也，必也使無訟乎。」人群中能無訟，則又何大盜之有。此乃儒家思想。至於荀子主性惡，韓非出其門，乃兼道家言而轉主法治。然韓非亦從尚少數，與西方人所言法治仍不同。故自中國傳統文化言，則韓非不如老子，而老子猶不如孔子，其間自有一衡量標準。自近代國人論之，乃惟韓非是尚。

中國人言政治尚少數，主尊君。君乃一國政治之元首，尤少數中之少數。然君亦有道，苟失其道，《孟子》曰：「聞誅一夫紂矣，未聞弒君也。」《孟子》又曰：「民為貴，社稷次之，君為輕。」若以今日西方觀念言，則民權為上，神權次之，君權尤其下。中國人則言天生民而立之君，政治乃為民眾而有，少數亦為多數而有，而多數則當尊少數，民亦當尊君。不僅尊君，即臣亦當尊。孔子惟慕效周公，出仕為臣，非欲為君。若人各求為君，則啟爭道。孔子曰：「君子無所爭，必也射乎。」射乃中國一禮，禮貴讓，不貴爭。中國言禮治，不言法治，亦貴讓，不貴爭。從政為臣如伊尹、周公、孔子，皆尊君。無意為君，非無意行道。自秦以下，一部中國政治史，慕為伊尹、周公、孔子者何限。而近代國人，又必譏斥之謂儒家僅有意為一官僚，為專制君主撐腰助勢，曾不聞西方民主政治之美意。如此言之，則中國自民國以前所未聞於西方者多矣，自黃帝堯舜以來，四千年全部中國政治史，豈不盡成一片黑暗。

少數人之可貴在其能。心在大眾，能為大眾謀，能領導大眾共趨一大道，而志不在為小己個人謀。孔子曰：「士志於道，而恥惡衣惡食者，未足與議也。」孟子曰：「憂以天下，樂以天下。」范仲淹為秀才時，即以天下為己任，亦曰：「先天下之憂而憂，後天下之樂而樂。」故此少數人，乃能代表多數。中國社會士、農、工、商，士最少數，而居四民之首。士希賢，賢希聖，聖賢則士中之尤少數。此與西方崇尚多數民權社會大不同。社會不同，斯政治亦不同。此意在近代，惟孫中山先生知之。五權憲法中，有考試權與監察權。中國考試由察舉來，察舉、考試兩權皆操在上層從政者之少數，不操之在下層社會之多數。察舉、考試之用意在選賢與能，果使多數人來負此選賢與能之責，則其事當不易勝任。中山先生言，一大學教授與一洋車夫出街競選，此大學教授恐難當選。故在五權中，特設考試權。不僅被選人應先由考試通過資格，即選舉人亦然。顯與天賦人權，人人平等之說法，大相違異。故西方民主政治必尚普選，而五權憲法中之考試權則對選權加以嚴格之限制。

又中山先生似不主有黨。彼謂國民黨即是革命黨。此意乃謂在革命時應有黨，一俟革命成功，經軍政訓政而至憲政階段，則不須再有黨。在民主憲政完成後，須多黨，抑兩黨，抑一黨專政，中山先生都不言及。果經嚴格考試，選舉已成少數人事，君子群而不黨，又何必分黨以爭。

五權中於立法權外，又增監察權。自中國政治史言，監察權無所不及，立法行政一切均應不斷在被監察中。唐代中書省偏近立法，門下省即偏近監察，而尚書省則偏近行政。上推漢代，宰相偏近立法，九卿偏近行政，而御史大夫即偏近監察。在中國人觀念中，立法、行政、監察當分三大部，司法則只在行政中占一部分，遠不能與監察相比。惟立法與行政，則其事甚難顯然劃分。西方國會，實是一審議機關，最先惟租稅一項必付審議，此下凡須經審議者，皆由憲法規定，則何得目此為立法機關。如美國之總統與英國之首相，凡負全國行政首長之權位者，豈不已兼立法與行政兩權而有之。如美國總統卡特，廢止承認中華民國，改與大陸共產政權建交，此非一種絕大之立法事項乎？然其權在總統，不在國會。國會僅負審議之權，而仍不能不承認此一立法之有效。建交如此，宣戰亦如此。其權皆在政府。國會之權，則甚有限。

西方政治上之有國會，亦僅對政府有其一種審議權而止。國會代表民眾，顯然為民眾多數監督政府少數之一機構。而在中國，則立法、行政、監察三權，胥由政府分別擔任。惟設官分職，職與位有其不同而已。君亦一位，惟君若無職，故在歷代職官表中不列君。而立法、行政、監察諸權，亦皆不在君職之內，則君僅乃一虛位。故曰：「堯舜之有天下，而若無與焉，民莫得而稱之。」堯舜即懸為中國君道之楷模，後世中國賢臣莫不盼其君之為堯舜，則亦望其主持大計，不實際多參預政事而已。但中國人乃絕不倡言虛君，為君者亦得預聞政事，然政府一切立法、行政、監察諸項，則皆有分職，為君者不得越位而侵之。漢有宰相，有大司馬，有御史大夫，有九卿。唐有中書省，門下省，與尚書省之六部。各有職責。又有言：「將在外，君命有所不受。」然則中國自秦以下，不近於西方之虛君制，即近於西方之君主立憲制。以中國歷史上之君權，較之近代英美之總統與首相，其權迥不相侔。惟中國之君位為獨尊，而西方之總統與首相則有權而不尊，如是而已。

故西方政治可謂主要在去其尊，而爭其權。其所尊，則國旗國歌。英國尚有君，其君之得尊，則亦如國旗國歌而止。中國政治可謂主要在定其尊，而泯其爭。今日國人則競曰此乃一帝皇專制之政治。則何不一讀自秦以下之中國政治制度史，如唐杜佑《通典》以下之三通九通，何一制度乃由帝皇所制定？何一制度乃不見君權之限制？唐太宗曾欲一讀當時史臣所為國史記錄，其意乃懼國史所載流傳後世，或將見譏及君，是亦可謂一賢君，然當時史臣竟拒而不許。此等故事，在西方政治史上亦曾有類是者否？近代美國大總統，當其去位以後，必寫一回憶錄，亦必為一暢銷書，出版商競出鉅款相爭取。即如最近之尼克遜，以彈劾退位，乃亦得寫一回憶錄，亦博取出版商之鉅款，國會無權禁止。中西文化傳統不同，國情不同。中國國君不自發議論，自表意見。即讀歷代詔令可見，更何論著書作自傳。

中山先生三民主義中民權一講，重言申明，權在民眾，而能在政府。此一觀念，則仍是中國觀念。果使民眾無此能，又何得有此權。今日國人則競謂有此權，斯即有此能。如選舉，民眾有此權，但豈真有選賢與能之能。故西方民主政治必由政黨操縱，政黨之操縱人，即已屬少數。故美國兩百年來歷任大總統，其真賢真能者，亦只華盛頓林肯等少數而止。賢能總在少數，能知尊少數，始可望賢能之時出。若僅知尚多數，則惟有限之以法。《孟子》又曰：「徒法不能以自行。」則行使法治，亦仍貴有少數之能知此義者。舉世諸民族，惟中國人知此，故能成為一廣土眾民之大國，傳世綿延迄於五千年之久。此即具體客觀之明證。故一部中國政治史，乃中國文化傳統中一大成就大貢獻。今日國人，知者其誰。中國古帝王有堯、舜、禹、湯、文、武，今日國人不信，目之為是託古改制之一片謊言，而孔孟則真不失為助長君權造謠欺世之大奸。於是而有自秦以下兩千年來之帝王專制，中國民族乃亦誠為一卑下無能奴性深厚之劣等民族。中山先生三民主義其首即為民族主義，此乃指有五千年深厚文化傳統之中國民族言，非專指當前國人言。林肯解放黑奴，大義昭然，但其許黑人以平等選舉權，則尚可商榷。中山先生之三民主義，絕不當與林肯之民有民治民享，相提並論，渾為一談。中山先生又特唱知難行易之說，知難即屬少數，行易則屬多數。然則果當重多數抑重少數，中山先生之意亦可知。

《中庸》有言：「尊德性而道問學，致廣大而盡精微，極高明而道中庸。」廣大面中庸面，乃大群中多數人所處。多數所同，乃在其先天所賦之德性。能於共同德性上繼續加以後天之問學，則屬少數人事。能向少數人問學，又能向已往古代少數中之更少數人問學，問學不已，始可於廣大中發見精微，於中庸上表顯高明，而後乃始群學大昌。中國民族乃於天下人群中獨知尊少數。然就一時一處言，少數之不勝多數，亦屢有之矣。則宜乎今日國人之無以自處於斯世，而惟古人之是罪矣。然吾古人則已為吾中華創成此一廣土眾民之大國，其賢其能，亦可謂已在並世各民族中最占上乘。今日國人方競尚西方之崇尚多數，而不知吾民族之獨當崇尚。此又吾今日國人所當深切反省之一事。

(二)

中國人重少數，西洋人重多數。其實此乃重抽象與重具體之一分別。多數人僅知具體，惟少數人乃能知抽象。如言生命，多數人僅知食衣住行一軀體之生命，獨少數人乃知天命與人性之為生命。中國人重少數，故重言道。西方人重多數，則僅言理。中國人能舉其共通處，而西方人則只指其分別處。如中國人言天，乃一共通體。西方人則言上帝天堂與靈魂，皆天體中之分別處。

故中國人不能有如西方人之宗教信仰，而西方人亦決不能有如中國人之天道觀。

惟其中國人重抽象，故多言其共通處。此一時，彼一時，此一地，彼一地，皆可有其相互共通之處。故孔子言繼周已往，雖百世可知。百世已達三千年之久。三千年前人，已可知三千年後事。故中國人好言常，輕言變，乃若無進步可言。此之謂達觀。由一己即可推而知大群，由當前即可推而知古今。此等知識，只能為少數人所具有，故曰先知覺後知，先覺覺後覺。而中國之聖人乃能為百世師。

西方人重具體，則此刻無以知彼刻，此處亦無由知彼處。故其尚多數，又必為短時期之多數。縱云信賴多數，亦必為短時期信賴。稍隔幾年，此多數又必變。三年前之多數，三年後已必變，不可信，故必三年一選舉。而西方人乃無一三年以上繼續可行之大道。換言之，西方人生乃短行程的。如希臘、羅馬、中古時期、現代國家中之英法與當前之美蘇，皆短時期必變。然則今日以後，又當為如何一世界，此則無人能知，亦惟上帝與耶穌始知。故西方科學之與時俱新，依宗教家言，實乃凱撒事非上帝事。凱撒事，上帝所不管。則可謂宗教與科學從西方文化言乃同一規轍，實無二致。近代人言自由平等獨立，豈不信仰上帝與科學創造，同屬其內，更無越出乎。

西方人重隨時變，故重物質。中國人重常不變，故重精神。今人言宗教精神，又言科學精神，其實乃會通中西雙方觀念言之，始有此。西方之宗教與科學，皆具體可指可數，在其具體以上，別無精神可言。如最近通行之電腦，豈真如真人之腦，有何精神可言？又如大量殺人之核子武器，亦只可謂其有能力，不得謂其有精神。即如上帝與耶穌，亦只可謂其有能力，不得謂其有精神。能力始是西方觀念，精神則屬中國觀念，兩者絕不相同。

故中國人言智慧，而西洋人則言知識。知識乃知具體分別的，智慧所知則抽象共通的。故凡屬具體分別事，中國人皆不之重。如言富貴，即具體的。中國人言：「貧而樂，富而好禮。」樂與好禮，乃屬融通抽象的。如顏淵之一簞食，一瓢飲，居陋巷，而不改其樂。簞食、瓢飲、陋巷，雖具體，顏子之樂則係抽象。人人可以慕而效之，舉世千年皆然。又如依共產主義言，顏淵若同在一無產階級中。然無產階級多屬唯物的，顏子則屬唯心的，其間有大不同。

余又謂西方惟猶太人有世界觀，即天下觀，如耶穌與馬克斯皆是。實則耶穌亦可謂主唯物。其所信仰之上帝與天堂與靈魂，皆屬具體化，當可包括在馬克斯之唯物論中，與中國人所言之天與性命者大不同。

中國人重少數，故於大群中有聖賢，先知先覺，先得吾心之同然。西方人重多數，乃無中國之人品觀，無等級之分，人人平等。舉手投票，僅論多數。果使千萬人同投一票，票數相等，僅一票之差，孰從孰違，亦由此一票而定。此一票，當可分屬任何人，非特定於某一人。雖亦下愚一最無知識人，其所投之票，亦與上智所投票，同有分別從違勝負之力量。其所重，實在票不在人。故曰平等，其真義乃在此。若在中國，則顏淵已不能與孔子相平等，何論其他七十二賢。既不平等，乃亦無可言自由與獨立。故孔子雖曰：「學而時習之」，必又繼之曰：「有朋自遠方來。」既曰：「學不厭」，又必繼之曰：「教不倦。」顏淵則必曰：「夫子步亦步，夫子趨亦趨。」非好學不倦，又何得為顏子。故中國人論道論人生，首言仁。仁不見於單獨之一人，必大群同居乃始見。朱子言：「仁者，心之德，愛之理。」西方人僅知言愛，不知言仁。猶其僅知言心，不知言德。故西方列國數千年來，乃獨無一仁字。中西文化不同，即此可知矣。

又西方人本以個人主義為人生之實體。個人既獨立為生，社會群居與相對立，故又有社會一名詞。在中國，則生命本屬群體，個人不能單獨為生，仁則此心始合大群之生命體。生命中有身家國天下之別，而獨無社會一名稱。曰身、曰家、曰國、曰天下，人群大生命有此四大分別。一心之仁，可以包容無遺。既無個人生命可言，乃亦不用與個人相對立之社會一名稱。西方人言家言國，亦個人聚居為生。所謂家與國，亦如一社會，乃其個人生命所在一分別之名稱。而西方乃獨無天下一名稱，僅有國際一名稱。個人相聚為生，有法律規定，以免其相爭無底止。國與國亦然，乃有國際公法。中國人觀念，則生命乃一大群體，或見之於身，或見之於家與國與天下，外在有大小之異，而實同此一生命。惟此生命，乃屬抽象性，非具體性。西方人無此生命觀，故無中國之仁字，乃有中國人所不用之社會一名詞。

近代國人以西方人用社會一詞，又用法律一詞，乃稱西方人有公德心。不知由中國觀念言，可謂有公道，無公德。道必屬於公，德則屬於私，公私則相通。由各人之私德，發而為大群之公道。故《論語》言：「志於道，據於德。」非各人之私德，即無以成大群之公道。今國人則以西方人之守法謂公德。不知德必內屬心，無公可言。法則外於心，而強心以必從，乃無德可言。西方人本無德之一觀念。德者，得也。西方人所得，皆屬外在具體物質方面者。中國人所得，乃有在心體之抽象方面者，而名之曰德。此皆不得不加之以明辨。

又中國人言禮，禮即一生命之體。惟身之為體，屬於具體，而禮則為一抽象之體。禮之抽象存在，即其心之仁。故曰：「人而不仁如禮何。」人生未有外於仁而可以為禮者，法則可以外於仁而立。西方重個人主義，乃重法。中國重群體主義，則重禮。故曰：「相鼠有體，人而無禮」，此見禮乃人生之抽象體。大群人生之有禮，則猶如一鼠之生命之有其體。禮即人生之體，即據此詩句而自見。今人乃又以禮為法，一若禮法相同，則又無中西之辨矣。

今再言公私。西方人之生命，既屬個人主義，乃有私而無公。制為法律，以公限其私，故其為國民則曰公民，國際立法乃稱公法。中國則生命即一至公之大群體，故有公無私。私則屬物質方面，如身為一人之私，故曰私身。但家、國、天下則均非私。如言私家，則父母豈為一子一女所私。己有兄弟，則父母已非一人所得私。又父母亦有兄弟姊妹。人有父母，又有外父外母，又有伯仲叔季之諸父，乃及母之亦有姊妹兄弟為諸舅諸姨。專推父母一倫，即可廣大無涯，豈獨專於一父一母而已乎。故中國之孝道，乃一極廣大之道。而德則限於一身一心，無可推廣為公德。如舜之孝其父，乃可推及其嗣母，並以此心推及於廣大人群，而成為一大仁之心。但舜之德，則獨為私有。舜有此心此德，不得謂即其弟象亦所同有，而成為公心公德。其弟象若亦欲如舜之孝，則必象之自修其心其德，而成其為象之孝。故中國人之道德，實即公私之辨。《老子》言：「失道而後德」，此謂失其公乃有私。其實則本之德乃有道，本之私乃有公。人生必由私以及公。故修身養性，乃中國大群人生大本大源之所在。

今再言本源之辨。中國人生之大本大源，則盡在其一己之私處。孔子曰：「為仁由己，而由人乎哉。」己即其私處，仁即其公處。德即其私處，而道即其公處。西方人主個人人生，乃從社會大群中立法，以限制此各別個人之人生，則公私為對立的。中國人則以大群人生為本，乃從大群中之個人生命為此大本之分枝。故個人之私生活，各盡其禮，以達於大群生命之共體，則積極為公，公私乃一貫相通，無可分別。中國人之言性命即此義。故權利可分別，而性命則無可分別。法治乃為權利，不如禮治之為性命。此又中西生命與文化一大不相同處。

今再言同異。西方個人主義必尚異，非相異無以見其相互之個性。但相異必相爭，尚多數乃以平息爭端，則其尚多數乃人為一法治，非生命本質。中國乃大群人生，故尚同，其重少數乃謂聖人先得吾心之同然。故中國重師教尤重於法治。其在西方，天堂中無數靈魂，一上帝獨司其懲罰。此上帝即為一專制獨裁者。其獨生子耶穌，降在世間，乃謂凱撒事凱撒管，則凱撒亦得專制，故耶穌終於上十字架。其後耶穌信徒在羅馬作地下活動，甚至凱撒亦不得不信耶穌教。此下民主政治之尚多數，淵源即在此。故尚多數，乃一種政治運動，實為自然生命一對抗一反動，非生命之自然。中國人尚少數，先知先覺，先得眾心之同然，則中國之尚少數，乃含有尚多數之真實性。故中國人言大同太平，皆非西方人所知。抑且西方之尚多數，實係相爭一手段。惟其尚異，乃重多數。中國尚同，乃重少數。中國人之所謂相反相成，乃如此。

西方科學亦以數學為基礎，一切科學脫離不了數字。中國科學則以時為重，不以數為重。時乃富生命性，數則無生命性。一曰質，一曰量。中國人言氣質，西方人言數量。如中國農業米麥豆蔬皆重質。西方商業交易則更重量。西方人之所謂進步，主要則皆在數字上。如原子彈殺人最多，斯為武器中之最進步者。但在人道中言，則斷非進，當成為一大退步。中國人言進退皆重質，此豈西方人所知。

近人又譏中國為多神教。不知西方惟獨上帝一神，即成專制獨裁。中國則上帝外尚有山川諸神，又有城隍土地，到處皆神，乃為分職群治，而非專制獨裁。

中國於政治之上，尚有教化。師道尤尊於君道。然人之患在好為人師，中國之為師者，乃由從學者自加擇取。故孔子既言「學而時習之」，又言「有朋自遠方來」，中國五倫，君臣一倫外，有朋友一倫。師道則即在朋友一倫中，故曰：「三人行，必有吾師焉」，蓋師乃由為弟子者自由擇取之。如西方教皇，又必由大主教選舉，由多數中選出此一人來。儻在春秋時，由魯國大眾來選一師，則孔子恐終不中選。或如子貢，其庶幾近之。故中國無選舉，儻有之，必由少數選，不由多數選。而此少數，則由指定，非由多數選出。西漢時代之有選舉即如此。此又中西文化之大相異處。

中國亦有科學，遠起墨家，大成於陰陽家言。陰陽本於天，又言五行，金、木、水、火、土，則本之地。會合天地萬物，求其相通之用處，故曰格物。格有限止義，亦有到達義。物各有其限止，亦各有其所能到達之處，故曰格物致知。則中國人認為人類知識乃由格物來。但中國人言知識與言性情不同，性情本於天，而知識則創自人。故自格物致知，而達於正心誠意，乃自知識上達於性情。可謂由人以達天。若依西方言，則當自科學上達於宗教。但西方則宗教科學各自平等，自由獨立，互不相關。故中國學問必歸於一，故尚通。而西方學問則達於多，各尚專。專此專彼，各相異，宜必相爭，而無和可言。能和則能平，不能和則惟有尚多數，乃可屈指計數而得之。是非曲直皆在此。

今再言窮與通。西方人主個人主義，故重分別。中國貴大群主義，故主會通。莊周言：「一尺之棰，日取其半，萬世不竭。」此則數學而通於哲學矣。果能日取其半，是必有其他一半之存在。然其半太微，乃不能復以半取之，但非已竭，乃只不可分而已。讀中國思想史，中國先秦諸子亦各自分家，相互獨立，最後則匯歸於儒道兩家，而終得其大會通。若如中國例，西方宗教必當匯歸於科學，科學亦當匯歸於宗教，而西方則終不能有此趨向。中國學問必相通，猶如做人亦必其道相通。故中國無專門學問，亦如生命無個人主義。凡西方各項專門之學，在中國傳統中均不得有其存在之地位。苟有存在，則必相通。在中國則稱此曰藝，亦即術，而儒學為其代表。故儒為術士之稱。又曰：「志於道，據於德，依於仁，游於藝。」大者曰六藝。藝即術也，術即藝也。中國一切人生，可謂之乃藝術人生。中國一切學問，亦可稱之為藝術學問。一切知識皆藝術，必具一美性。

西方人分真、善、美為三大類，在中國則三者亦相通。得其一，即可通於其二。未有真而不善不美，亦未有善而不真不美，並未有美而不真不善。故中國無此真、善、美之三分法，僅以一誠字盡之。而真善美則胥在其一誠之中。西方藝術亦為一專門之學。苟既不獲兼顧旁通，在中國則不得謂之藝，亦不得謂之術。故中國人則言道藝，又言道術。在西方則並無此一道字，而藝術亦成為一專門。專門則窮而不通，又烏得謂之為藝術，在中國則誠不辭之尤矣。即一語一字之微，亦可證文化大體之異同。今若以中國人語，謂宗教乃西方文化中一藝術，科學亦西方文化中一藝術，則庶乎近之。故藝必貴能游，游即互相灌溉，互相融通，而不貴其自封自閉於一技一能之內。

近人又言中國人好靜，西方人好動。其實西方言專門即主靜，中國人尚通重藝術即主動。如藝五穀，靜在畎畝中，豈不日有生意動向。故中國人能靜中有動，而西方人則惟有一動，反見其為靜而不變矣。無生意之動，豈能與有生意之靜相比。即此亦可觀中西文化之相異矣。

如此拉雜言之，將無所終極。姑止於此，以待讀者之自為尋索。此亦多少數相比之一例。故中國人不貴多言，而此文之拉雜，則亦終不免其為趨於西化之例矣。中國人則必有所止，乃能無窮。姑止於此，庶其稍有當於知止之一義。有極而無極，此之謂太極，讀者其深思之。

八四　福與壽

福、壽二字為中國通俗人生之兩大目標。福，條件具備義。如有嚴父慈母，有良配偶，有佳子女，一家和樂，此即是福。其事非我所能主，若出天賜。今人稱幸福，亦庶得之。蓋福皆自幸運來，俗又稱享福，有福須知享，若有福不自知，不能享，則有福如無福，亦無多意義矣。

福自外至，非可自造。俗稱造福人群，我為他人為大群，可為之造福，但不能為己自造。惟可只求，《詩》曰：「自求多福」。人生孰不有父母，父母不能盡賢，亦不能盡如己意。古人常福德連稱，則惟有自盡己德，善修孝道，使父子之間少衝突，少扞格，多和洽，多諒解，斯亦自求多福之一道。人孰不有夫婦婚配，〈關雎〉之詩曰：「窈窕淑女，君子好逑。」使己能為一君子，能知求窈窕淑女為配，此亦自求多福之一端。有子女，能教以義方，此亦自求多福。

富貴亦人生之福。但孔子曰：「富而可求也，雖執鞭之士，吾亦為之。如不可求，從吾所好。」又曰：「不義而富且貴，於我如浮雲。」中國人講道設教，貴於人人可能。富貴則不然，一人居高位，斯必千萬人居其下。一人擁財富，斯必千萬人相形見貧乏。人人求富貴，斯必啟爭端。少數人得之，必多數人失之。多數人之所失，成為少數人之所得，其道不可由。至於家庭，則人人可得。邦國天下，則人人不可失。故夫婦、父子、長幼、君臣、朋友，中國人定為五倫。孝弟忠信，中國人定為至德要道。為人君止於仁，果使在上位者能仁，豈不即是在下者之福。又曰：「貧而樂，富而好禮。」果使居貧能樂，斯亦是福。富而好禮，則貧者亦自得其福矣。

惟自求多福雖為中國人通俗人生之主要教訓，而福終在外不在己，乃終不免有無福之人生。中國歷史人物最受中國人崇仰景慕者，必推至聖先師孔子。而孔子實為一無福之人，且為無福中之尤無福者。孔子早孤，幼年即喪父。逮及成年，又喪母。故孔子乃為一無父母之人。大舜父頑母嚚，而大舜猶得盡其孝道，父母感格。孔子方成人，父母俱亡，其福薄矣。孔子有兄，故字仲尼，今國人稱之曰孔老二。然其兄從不見稱述，殆一庸俗人。孔子出妻，則夫婦一倫之福，孔子亦不能享有。子伯魚先孔子卒，則父子之福，孔子亦薄於人。家庭之福，在孔子亦有憾。

孔子曾為委吏乘田，孔子曰：「吾少也賤，故多能鄙事。」則孔子在早期任職上，亦無福可知。年三十左右，即開門授徒，以教為業。逢國難，曾避至齊，不久而返。年五十始出仕，位司寇，為魯政府三家以下之第一高位。然以不得行其志辭位。去衛，雖受尊寵，然有祿無職，終亦離去。遭難於宋，至陳得安。又罹亂，有絕糧之困。在外十四年，不得意，仍返魯，以老而死。則孔子生平事業，亦極摧抑流離之苦，無福可言。

故孔子一生，惟有學與教。自稱：「學不厭，教不倦。」又曰：「學而時習之，不亦說乎？有朋自遠方來，不亦樂乎？」此即孔子之自求多福。孔子最稱賞之弟子為顏淵，先孔子卒。孔子最熟稔之弟子為子路，亦先孔子卒。當此二人之卒，孔子均發天喪予之歎。則孔子即在師弟子之間，實亦可謂無福。中國人既以自求多福為通俗人生之最主要教訓，而獨選一最無福之人生如孔子，而崇奉之為至聖先師，斯亦見中國人之深智高慧，可謂能善擇其師矣。

孔子之後有墨翟，亦如黥布，乃以黥墨之罪為刑徒。其道以自苦為極，腓無胈，脛無毛，摩頂放踵，利天下為之，以大禹治水為榜樣。謂非大禹之道，不足以為墨。其徒千人，然於墨子之家世妻室子女，更無一語道及，則其私人生活乃一薄福人可知。其徒如禽滑釐以下，莫不皆然。有鉅子孟勝，與其徒一百八十人，盡死楚難。此一百八十人有家屬否，皆不可知，則墨徒皆薄福人。

儒墨之繼起有道家莊周，為宋漆園吏。宋乃其時一小國，漆園吏尤卑職。楚聘莊周為相，周辭焉，曰：「願為曳尾塗中之龜。」其妻死，莊周鼓盆而歌。周之私人生活，可知者僅此。則周之為薄福人亦可知。其他如孟子，後車數十乘，從者數百人，傳食諸侯，見梁惠王、齊宣王，皆當世鉅君，皆受敬禮。然孟子卒辭官而歸，僅知其有一老母，《列女傳》謂其欲出妻，老母禁之。其他盡不知，則孟軻亦一薄福人。

呂不韋以鉅商為秦相，廣招賓客，著書懸咸陽門上，能易一字，賞千金。斯其富貴，可謂超絕同時諸子百家之上。然其書雖傳，其人終不受後世之推崇。其他諸子如匡章，如許行之徒，皆名高一世，而其皆屬非福生活，此不詳舉。

以言文學，《詩三百》以後，屈原〈離騷〉最受後代尊崇。尊其辭，乃因尊其人。而屈原沉湘以死，其福薄更可知。「風蕭蕭兮易水寒，壯士一去兮不復還。」後世尊荊軻，此兩句詩乃亦兩千年傳誦不絕。其實此種風氣，乃遠起孔子以前。如伯夷、叔齊，孤竹君之二子，其父欲傳國於叔齊，伯夷讓以去，叔齊亦隨而去。則此兩兄弟之父，非為能知其子者。及周武王興師伐紂，伯夷、叔齊在途中扣馬而諫。周一天下，伯夷、叔齊恥食周粟，採薇首陽之山，餓而死。此兩人究有妻室子女否，今不知。要之，為薄福人。孔子稱之曰：「求仁得仁，又何怨。」是孔子只教人求仁，不教人求福。孟子尊伯夷為聖之清，清亦無福之稱。伯夷、叔齊以前，尚有西周泰伯、虞仲，以讓位於其弟王季，遠適荊蠻。在當時，其生活之艱辛困苦，亦為一無福人。而孔子稱之曰：「三以天下讓，民無得而稱焉。」孔子又稱殷有三仁，比干諫而死，微子去之，箕子囚焉，是亦皆無福之人。孔子以前，其他無福人備受後世推尊者，尚不勝舉。是中國人以自求多福為通俗人生之目標，而所推崇，則多係無福之人。此非中國文化傳統中至堪闡申一大項目乎？

以今語言之，福乃人之生活，德則人之生命。中國人看重生命之意義價值，遠在生活之上。固然生命必表現為生活，但生活只是生命之外皮，人生一切意義價值全在內，不在外。中國五千年歷史綿延一廣大之民族國家，此即中華民族之生命。近代西方一切科技發展，物質進步，至富且強，以爭以奪，此只是西方人之生活。至論西方人之生命，則自希臘羅馬，以至現代之英法，皆短命，皆苦命，昭張目前，無待深言。

中國人常德性連言，故生命亦言性命。諸葛亮苟全性命於亂世，不求聞達於諸侯是也。《中庸》：「天命之謂性，率性之謂道。」性命連言即是天人合一，人生大道盡是矣。至於名為聞達，此乃人之生活際遇，宜屬無足深論。也有聞達而福薄者。諸葛孔明高臥隆中，劉先主三顧草廬，遂許以馳驅。及其晚年，六出祁山，鞠躬盡瘁，死而後已，卒以食少事繁，病死五丈原軍中。其家惟有桑八百枝。詳考其終生，亦一無福人，但諸葛亮乃為三國時代大賢之首選。

又如南宋岳飛父子同受斬於風波亭，但其受後世尊崇，則同時如韓世忠諸人亦遠不能比。果專就生活言，韓世忠尚獲騎驢西湖之上，豈不較岳飛為勝。若就生命言，人孰無死，而岳武穆之生命，則可與宇宙共存。故中國人之所崇敬尊仰，則在彼不在此。史跡昭然，人心若揭，我無以名之，竊名之曰此乃中國人之同情心。

孔子不言求福，而言求仁。仁即是一種同情心。我之幸，當知同情人之不幸。我之不幸，則更當同情人之不幸。以其同情而加以愛敬，斯對人為有福，而己之福亦在其中矣。中國人既以自求多福為通俗人生之主要目標，遇有不幸薄福，而非其人自身有不當行為所招致，則人盡付之以同情。孔子之教仁，非違乎人心以為教，實本乎人情以為教。而人生之福，亦端賴之。

《孟子》曰：「天將降大任於是人也，必先苦其心志，勞其筋骨，餓其體膚，空乏其身，行拂亂其所為；所以動心忍性，增益其所不能。」人孰不能孝，而舜之父頑母嚚，超乎常情，而舜心仍不忘乎孝，而其孝乃有人之所難能。人盡付以同情，舜之孝名洋溢乎鄰里，以上聞乎朝廷，而堯遂妻以二女，以詳覘其日常之行，而遂擢用之於政府，而終受堯禪為天子。此則以不幸而致厚福，乃非常人之所及。禹父治水無道而殛，禹繼父業求幹父蠱，此亦不幸薄福。十三年勞苦不休，終平水患，而亦得受舜禪為天子。舜與禹能人所不能，皆其不幸薄福之所致。橫渠〈西銘〉謂「貧賤憂戚庸玉汝於成」，故中國人常能在危亂困阨中自奮發，自振作，在薄福中得大福，此亦天命。故中國人能安命，而不務求福，此乃中國最高人生哲學。乃能文化綿延達於五千年之久而不衰，而為務求多福者所不及。孔子五十而知天命即此意。

中國人既主自求多福，其所求不在外，而在內。所謂福，亦可只在人之心情。其心能同情人，斯即對人對己皆有福。如互不同情，即互相無福。孝即對父母之同情，父母與己皆有福，不孝則父母與己皆無福。故求福貴安心，於人有同情，於己無私欲，以福讓人，則己益多福。《老子》曰：「既以為人己愈有，既以與人己愈多。」此惟求福人生足以當之。故《老子》又曰：「人各安其土，樂其俗，老死不相往來。」此惟農業社會宗法社會有此俗，有此樂。而行遊求樂之人生，乃為中國所忽視。離鄉去家，遠出在外，羈旅孤單，是樂非所樂，福亦非福矣。故商人重利輕別離，為中國人心所不忍。重利乃一種手段，非即福。輕別離，則父母、妻室、子女、家鄉人情皆淡，無福可言矣。而且商人必取於人以為己利，人己之間，先後顯別。公私之分，輕重倒置。外在條件摒棄不論，惟圖一己之私，又何福之言。

福猶幅，人生必有一幅度，父母、夫婦、兄弟、君臣、朋友皆在人生幅度之內。如點線面，非面無線，非線無點。非外在之幅度，即無內在之基點。故有德乃有福，即猶言有群始有己，亦即言有天始有人。此就空間言，時間亦然。使無過去未來，又何得有現在，此又即人生之幅度，亦即人生之福，非福即無由得人生。故人生之福乃在過去，乃在未來，而豈得限於眼前一時之有福。

商人向外謀利，非即是福，此已盡人皆知。故必俟獲利，乃退而求樂，乃始謂福。但真實人生則早已失去，非能向人生求樂。乃於人生外求樂，故業商而所樂則在商之外。中國人則於人生中求樂，於人生幅度內求樂。幅度大，則稱多福，家庭鄉里，歲月時令，當下眼前皆是。故中國社會乃不以求福為宗旨。德即是福，生命即是生活，人盡由之，而知者其誰。此乃人文教化之功，故稱文化。若西方人則人盡務於物，物競天擇，優勝劣敗，全部西方史盡成一部物競史，將來誰是優勝者，則人無能言，此亦誠可謂乃一福薄之社會矣，而又何文化之可言。

姑舉臺灣言。中國乃一大陸國，亦沿大海，乃中國人不以出海遠遊為樂。今人所詬病者，此亦其一端。但閩廣人渡海來臺，臺灣乃一島，四面大海，孤居島上，仍不以出海為樂。今臺灣人亦能製造遊艇，但僅供外銷。除漁民外，臺灣人仍安居島上，寧非一怪事。

臺灣亦多崇山峻嶺，遊山亦人生一樂事，乃臺灣另有山地民族居之。平地人不登山，亦不動其心。即如日月潭，亦一勝境，乃由山地人發現，非日本人來，平地人若不知有此潭。安土重遷，中國民族性可詬病者誠其一端。然中國人自有樂趣，並不在攀嶺越海。居臺灣即知大陸。山川勝境何可勝言，然大陸人亦不務遊山玩水。隱士居山，道釋登山拜神。林和靖梅妻鶴子，在西湖孤山中，西湖實亦一小地面，而林和靖乃終身安居不出。今日西化東漸，人盡以登山玩水為人生一樂事，則林和靖復生，亦不得有此雅興矣。遊人麕集，何從得安。

中國文學中，亦有山水之樂，並成文學一大題材。然名山大川，亦如孔墨為人。以非群眾所居，故遂尊為名勝，親近乃人生一大樂。譬如飲酒，一杯在手，亦人生一樂，但不沉溺杯中。賓朋讌席，相互舉杯，必有禮數。而西方人則飲酒盡量，彼此不相照顧。人生樂趣相異有如此。故中國人生為線的面的體的，有幅度的，而西方人生則為點的，分別獨立，不相關連，無幅度。此亦人生相異淺顯之一例。

尤著者，如當前舉世盛行之運動會，尤如拳王爭霸，打倒對方，即為成功。年過三十，便該退出。儻求繼續，敗績繼踵。但此下四十、五十、六十、七十、八十，五十年之長時間，回視其早年生活，豈不已如隔世，果求另創一新人生，則幼年已失，又何得開始。行屍走肉，情志全消，人生苦痛，又何以自解而自遣。此惟點的人生，不顧前後，僅爭一時，寧有是處。抑且盡人為運動員拳王打手，社會成何社會，世界成何世界。中國則家國天下，時空廣大而悠久，有其面，乃始有其太平大同之人生。中國人教人，俗有體面二字亦其義。如言孝，自幼到老，百世千世，豈不成體成面。此之謂幅度，亦即謂之福。

又如運動中有少年棒球賽。十年前，臺中某少棒隊赴美競賽，榮獲冠軍，歸國來備受歡迎，獎勵無不至。隊中尤傑出者某少年，斯亦登上了人生之最高峰，此下何以為繼。為之長為之師者，又將何以為教。轉瞬十多年來，乃為一淪落不肖之人。中國人言，「衣錦尚絅」，「大器晚成」。未成年，出鋒頭，但足喪其前途。

一人如此，國家民族亦然。猶太人積世未能成國，第二次大戰後，歐洲人為之創設一以色列，又貸之財，助之軍，而不此之安，侵略鄰邦，奴役異族，為中東平增禍害，或當為此下第三次大戰作導火線。已往數千年歷史經驗，乃盡不在記憶中。如此不仁無義，此亦開創猶太人三四千年來未所前有之故事。今日國人方務競財富，求以經濟大國進為文化大國。不知當前世界，言財富，言文化，正如運動場上比賽，一人得勝，餘人盡負，而此一人亦不得為常勝將軍。而且運動項目繁多，專在一項目獲勝，與其他項目渺不相干。自求多福，吾國人其深思之。

《尚書・洪範》五福，一曰壽，二曰富，三曰康寧，四曰攸好德，五曰考終命。富無限，儘求不得所終極。壽有限，百歲即天年盡。故壽富不可求。中國人重孝弟睦婣任卹，通人我以為德。子孫綿延，即祖宗常在。故不孝有三，無後為大。有後即有福。中國通俗人生亦以福壽全歸為主要目標，實則福非限於一人，壽亦非限於一人，皆在外不在內。至於富，農業社會無大富，經商求富，則一人富而萬人窮，為中國人所不取。

康寧亦在外，不在內，亦不可求。如生亂世，居危邦，苟全性命寧非大福。惟攸好德，則全在己，而人可求。有德亦即有福。其最無福者，轉易養成大德，為聖為賢，造福人群，故〈洪範〉列之第四在壽富康寧之後。而考終命最居其末，則更非易求而亦更當有求。即如伯夷、叔齊，大德無虧，而餓死首陽山，孔子曰求仁得仁，孟子以為聖之清，兼仁與聖，此考終命之尤大者。

伯魚死，孔子非不心痛，然猶能忍。顏淵死，孔子哭之慟，又曰「天喪予，天喪予。」孔子福薄，僅希傳道於後世，顏子最其所望。孔子畏於匡，顏淵後。子曰：「我以汝為死矣。」顏淵對曰：「子在，回何敢死。」則顏淵慎重其生命求以傳師道。居陋巷，簞食瓢飲，不改其樂。豈不知攝生自衛，而卒不壽。但後世以孔顏並稱，則亦可謂之考終命矣。子路死於衛，孔子早知其不歸，雖亦慟之曰「天喪予」，但子路終不得謂考終命。其與後世諸葛亮岳飛之死亦有辨。孔子曰：「我五十而知天命。」國人欲遵孔子之道，以維持我中華五千年傳統之文化，〈洪範〉之考終命，烏得不深究其涵意。今百年來，國人慕西化，競求財富。孔顏之貧，不得為典型。彼此不知足，相與無同情，相爭相奪，至於相殘。較之中國故有人生，利弊得失，宜可自明。

就通俗言，如當前之美國，富強冠一世，安定亦愈常，然每年交通失事身亡者何限，何得謂之考終命。其他不獲考終命者，尚難計數。而此一富強大群之最後考終命又當何若？〈洪範〉列考終命於五福之最後，如我中華以五千年歷史成一廣土眾民之大國，豈不賴於有好德，殆亦可有考終命之望矣。中國人之人生求福，亦可謂乃是最難得，而又最易求者。人在福中不知福，不安於己，不安其常，爭求於外，但求大變，則咎由自取。考終命之望，竊恐其或亦將有變矣。願我國人其再三深思之。

八五　同異得失

中國人重同不重異。同為人，同處世，則有為人處世之道。如同為子，同有父母，乃同有孝道。然舜則父頑母嚚，舜必仍守孝道，乃成為大孝。周公旦父文王，母太姜，皆聖賢，其孝易。舜弟象傲，舜守弟道則難。周公兄武王，其守弟道易。然武王卒，周公有兄管叔，姪成王年尚幼，天下初定，求治則難。周公輔成王，誅管叔，大義滅親，而周公孝弟之道亦懸為後世法。舜與周公非求與人異，乃其所遭遇不同，遂得不與人同，為人中之大孝大聖。

孔子聖之時。孔子與舜與周公之時又不同。孔子幼而孤，母亦早逝，其兄無聞，少而賤。然孔子為中國之大聖，其為後世法，則尤過於舜與周公。因孔子非在上位，終其身不得志，不如舜與周公之得意於從政。而其教人以為人處世之大道，則可以歷千萬世而不變，又人人得為之。故孔子賢於堯舜，而為生民以來所未有。

故為人處世不當求異於人，惟當安其同於人。同於一鄉之人，更貴其能同於一國之人，天下之人。而猶貴其能上下古今同於百世千萬世之人。何以同？同在道。在家為子弟，有孝弟之道。立身處世，則有忠信之道。更大有仁道。盡人未必能守此道，行此道，而我之為人處世則必求其道，是則為我之志。論其志，非求異於人，乃求盡其道而已。道則為人之標準，亦即為人之範疇。

孟子亦幼孤，其母三遷，則其亦少賤可知。韓愈幼時，父母雙亡。隨其兄，兄亦卒。隨其嫂，與一姪，三人同一家，乃得長大成人。頌伯夷，慕其聖之清。闢佛，自比於孟子。好古之文，上同於兩漢三代，以下異於後起之八代。范仲淹早孤，母貧改嫁。仲淹讀書僧寺，斷虀畫粥，近成人，始復姓范。其為秀才時，乃以天下為己任，先天下之憂而憂，後天下之樂而樂。是仲淹亦與人同有憂樂，但其所憂所樂則有異。慶曆變政無成，而仲淹終為此下千載一大儒。

孔孟韓范，皆中國古聖先賢，莫不以同於人為志為道，而非求異於人，終異於人，乃使人仰望不可及。顏淵讚孔子曰：「如有所立卓爾，雖欲從之，末由也已。」孔子亦求在人中能有立，而其立卓爾，使人學從末由，歷兩千五百年至今猶然。孟韓范亦可謂卓爾有立，亦皆已在一兩千年之上。《孟子》曰：「天將降大任於是人也，必先苦其心志，勞其筋骨，餓其體膚，空乏其身，行拂亂其所為；所以動心忍性，增益其所不能。」苟使生在一平常家庭，平常時代中，得為一平常人，斯即其人之幸福。然而人生不能常希望有此福，惟其生不如人，喫得苦中苦，乃為人上人。一若天之將降大任於是人。使無此等人，則人群之福無由來。

人生不自知，亦不由自主，皆若有命。誰命之，亦不知，乃曰天命。父母子女，皆不自知，亦不自主。生而為人之子女，為人之父母，皆若有命。其他遭遇皆然，則惟安之而已。為父母則必慈，為子女則必孝，為人則必仁，此曰道。命異而道同，惟有大小高下深淺之別。十室之邑，必有忠信，此乃指小道言。天生德於予，孔子之德，乃成大道。孔子又曰：「道之不行，我知之矣，不仕無義。」道不行而仍必以行道為己任，此又誰知之。故孔子曰：「人不知而不慍」，「知我者其天乎。」然孔子五十而知天命，孟子則四十不動心，是亦即知命矣。至范希文為秀才時，即以天下為己任，是其知天命尤早於孔孟。此非其優於孔孟，乃孔道昌明，後生可畏，大賢日出，乃愈後而愈盛。然天又何不命人盡皆為堯舜，為聖賢，又何必降大任於人中之少數？此則天命不易知，而孔子亦少言之，故必謂之命。道家言自然，其實亦猶言天命，而所言各異。後代中國人則即以自然言天，會通儒道而一言之。

天生人必命其同為人，又必命其各為一己。人相同，己各異。孔子曰「古之學者為己」，即必求己在人中能自立，成其己，此亦即可謂之知命。然己有立，即不得盡同於人。如只知求同於人，而不知有己，則為鄉愿。孔子曰：「過我門而不入我室，我不憾焉者，其惟鄉愿乎！」鄉愿僅得為一鄉之愿人，無預於一國與天下。何者？一鄉之內可相同，一鄉之外即不相同。故一鄉稱之曰愿人，他鄉未必然。如孝，中國有百孝圖，其孝各異而各成其為孝，此則見孝道之大。如聖，孟子以伊尹、伯夷、柳下惠為三聖，乃無一與孔子同。孔子以下，中國人再不以聖歸之他人。然兩千年來，大賢輩出，亦無一相同。再言學，人各學名儒大賢，未聞其學能盡同於人。若果有之，則不成其為學，亦不成其為儒與賢矣。

故最能異於人者，亦為中國人為然，但非其所求。中國人但求同為人，而不失其己。失其己又何得為人。果求異於人以為己，則既異於人，又焉得己之仍為人。西方人則若必求異於人，而稱個人主義。但既同是個人，則亦無以相異矣。此處乃有中西雙方對天命觀念一大分別。中國人認為天只生人，非各別生每一人，故曰：「天生民而立之君。」既生了大群人，乃於大群人中立一統治此大群人之君。君為民立，亦本天命。故惟君乃稱天子，乃得上通於天。而祭天之禮，則惟掌於天子，大群民眾不得預。故中國古代尊君如尊天。黃帝、堯、舜、禹、湯、文、武，則為聖君，聖天子。其有不稱職者如紂，則孟子稱之曰一夫。然聖君聖天子克配上帝者，實不多有。乃如周公，不為天子，不為君，亦克盡為君為天子之大任。孔子則惟有志於周公，又極稱管仲。管仲亦僅一臣。孔子亦為魯司寇，然終不得志而去。終其生，乃僅為一平民，僅為平民中一師，而後人則尊之曰至聖先師。而中國後人所嚮往者，則為孔子一人，不為君，不為臣，僅為一民。

惟有道為人師，則亦克配上帝，不媿其生矣。

孟子於孔子以上，又稱伊尹、伯夷、柳下惠三聖，此三人皆不為君，亦有不得於君而不克為臣，並亦未嘗開門授徒如孔子，然而其道則同可為人師。故《荀子》曰「天地君親師。」縱其道不得為人師，然為人父母，亦代天地自然盡其生人之道，斯亦足尊矣。為人父母外，貴能為人師。孔子曰：「三人行，必有吾師焉。」此則盡人可尊，其有不可尊，則不得謂之人。如紂，稱一夫可誅，則亦不得為人矣。中國人之人生大道乃如此。《大學》言，「為人君止於仁。」其實人道即止於仁。孔子曰「我欲仁斯仁至」，此為最自由，亦為最平等，並為最獨立。近代人高呼自由、平等、獨立三口號，其實中國人言人道已盡之，而天道亦無外於此。

西方人則認為天生個人，如亞當夏娃，故個人可直接上通於天。而人與人之相交，則與天無預。故耶穌言上帝之事由他管，凱撒事凱撒管。凱撒所管，即人與人相交之事。人在禮拜堂中，人人可直接通上帝，最為自由平等獨立。一出禮拜堂，亦求自由平等獨立，則別有凱撒管。但凱撒終不能使人人自由平等獨立。此為西方人生實際上一大問題。

天命又有長短，如天生人，則其命可長至千萬億兆年。如天生個人，則其命只限百年。千萬億兆年斯有常，百年則無常而必變。中國人尊其常，常中有變，則安之樂之而已。西方人尊其變，而常則所不計。既有長短，又有得失。如舜為大孝，舜之生命百年則盡，而孝道則與世長存。孔子主仁道，孔子之生命亦百年而盡，而仁道則與世以長存。故中國謂人生有道，得其道則雖死如生，如舜如孔子，雖謂其至今猶在可也。西方人則謂身在即人生，其身亡人死則生亦隨之盡，無道可言。故西方之個人主義則必求無死，乃信仰死後靈魂上天堂，可以彌其缺失。此乃中西雙方生命觀念之不同，亦即可謂天命之不同。誰是而誰非，西方人則以宗教為判。孔子不言天道，故孔子雖為師，而非宗教，實可謂之無教。孔子曰「學不厭，教不倦」，孔子之教，亦僅教人之學而已。耶穌則不學而教，並亦不教人以學，惟求能信而已。但縱信耶穌，又豈得亦同為上帝之獨生子。故信孔子，則可同為孔子。信耶穌則不得同為耶穌。今再分析言之，亦可謂天命孔子，乃與其命耶穌者不同，此又誰與辨之。

然而有得於人道，則必有失於其人。如為人子必孝，則於其保持個人主義者必有失。有得於個人主義，則必有失於孝道。故盛唱個人主義，則必孝道無存。又中國人謂樂天知命，孝弟忠信皆天命，盡人道而樂亦在其中。西方人則謂天生個人，又以罪降謫而生，則個人之生，本無樂可言。樂則在個人自求之。而或得或失，則亦盡待個人之各自努力。又有得於千萬億兆年之常，則不能不於百年之變有所失。有得於百年之變，亦不能不於千萬億兆年之常有所失。故西方人盛唱個人主義，而終必主張有世界之末日。百年已盡，則世界末日我已上天堂，又與我何關乎。此又中西雙方人生之大異所在。凡此亦皆有關於〈洪範〉「攸好德考終命」之大義，茲不具詳。

八六　德與性

中國人生，余謂乃音樂人生，亦可謂是超空人生，即抽象人生而非具體人生。具體人生重軀體，重物質。抽象人生則重心靈，重情感。中國人連言禮樂，禮具體、落實，樂抽象超空。其實禮樂兼言，禮亦超空。如賓主之禮，必超賓主以上。夫婦父子之禮，亦超夫婦父子以上。凡屬人生，必超個體人生以上。群性之具體實際，即失人生之真。

何謂超空？積四五千年，廣土眾民之統一大國，國之外尚有天下，此一民族生命，則不得不謂之超空。然超空必有落實處，故曰：「致廣大而盡精微，極高明而道中庸，尊德性而道問學。」精微中有廣大，廣大中亦有精微。中庸之上有高明，高明之下有中庸。德性中有學問，學問中亦當不忘有德性。故惟精微必求廣大，中庸必求高明，而凡所學問決不能忘其德性。亦當知德性必待學問，高明必求中庸，而廣大亦必有其精微，乃始得之。

中國人最好言德性。但言德即性，非云性即德。水性動，盈天地，億兆年，到處可見水，而動之一字盡之。石性靜，盈天地，億兆年，到處可遇石，而靜之一字盡之。但動靜之中，仍各有德。中國人不重言人事，而重言人性。然水可淹死人，石可壓死人，故中國人言性則必言德。亦可謂德即性之精微處，亦即性之高明處，而有待於人之學問以成。《易》言：「成性存存，道義之門。」成性即德，失德則性亦不存。

核武器之建造，亦賴學問。但未成其德，亦不足謂性。西方科學不尊德，亦可謂之不盡性，即不自然。西方宗教信人死靈魂上天堂，雖亦人所欲，但賴上帝之力，既非人性，亦非德。凱撒事凱撒管，亦非性所欲，即非率性之道，亦無德可稱。

中國人言性必言德。孟子主性善，而曰：「人皆可以為堯舜」，乃重德言，但非忘性。故一切學問皆重德。發財做官，求富求貴，或可不重德，亦非性，故中國人以為戒。孔子言，富貴不可求，從吾所好。求富貴當向外，所好則向內求。向外求無常而必變，向內求則有常可守。德有常，據德乃有道。孔子言：「天生德於予。」德言天生，亦由性來，而與性有不同。性人人相似，德必志於學，磨練修養以成。少數傑出者乃有大德。孔子又曰：「十室之邑，必有忠信如丘者焉，不如丘之好學也。」忠信德之基，亦即性。孔子好學，超於全天下億兆世之全人類，故謂至聖先師。學而非性無德，亦不得謂之學。

子夏曰：「富貴在天，死生有命。」在天指其在外不在己，有命指其有常不可變。謂人人盡得在天之富貴，可逃有命之死生，此則愚而惑矣。故孔子言：「不義而富且貴，於我如浮雲。」曾子言：「慎終追遠，民德歸厚。」死則一切歸休，但必慎其終，又當追於遠。視死者長如生，於變中得求常，此可謂性之德。人具好生之性，則可成其慎終追遠之德矣。是為中國儒家教民育德一大節目。

西方人亦非不知好生惡死、慎終追遠，然求之於外於物於事，而不知求之於內於心於德。如埃及之金字塔木乃伊，惟少數富貴人所能，多數無可模倣。宗教家之信仰靈魂天堂，雖亦在終處遠處，然各為私人一己打算。其慎其追，各在其人一己身上，非對他人之忠信。故可謂西方人縱知性，不知德。此又中西文化一大異。

中國人對天地，亦言其德，不言其性。如曰「天地之大德曰生」，天地生萬物乃自然，可謂乃天地之性。然而必謂之德，此即猶人性忠信之德。若必謂之迷信，則不失為違性非德之言矣。深言之，性有限，可變。德無限，可常。衣食住行乃性，其對象皆在外在物，故其事有限而可變。孝弟忠信之德亦屬性，其對象在內在心，故其事乃無限而可常。「孝子不匱，永錫爾類」，孝德無限可常。西方人好言男女戀愛只是性，中國人更好言夫婦和合則成德。但主性，則戀愛自由，離婚亦自由。惟重德，則百年偕老，乃為夫婦一倫之常道。天地生萬物，廣大無限，悠久不變，故乃言德不言性。

中國人言萬物，亦好言其德，如陰陽家言五行之德。西方自然科學研討物性，但不知欣賞其德。五穀養人即其德，商品則惟求贏利，非可謂有德。農商社會觀念不同，此亦其一大異。故西方學問家，決不言及德字。其知識對象，求專求有限，又必言變，而不言常不言通，一若常即無進步，通即非專門。不知其內在之德，則可通可常而亦有進。此為西方求知態度一缺憾。今日國人一尊西化，求常則曰守舊，好德則曰迂腐，我民族五千年文化舊傳統乃無可言。今苟謂性屬自然，德乃人文，則亦可謂全世界人類文化學惟中國為首創。

德貴同。《孟子》曰：「聖人先得吾心之同然」，即指德言。少數傑出人之德而下同於普通廣大之群眾，乃有所謂德化，亦即所謂人文化成。故中國人言文化，亦言德化，又言教化。《中庸》曰：「大德敦化，小德川流。」川流亦貴在通，涓滴必歸於大海。大德則貴在化。安重敦厚不動如山，而化及於天下萬世，此為敦化。西方人貴言流動，其中乃無通義。西方人言文化，其中亦無德意。電燈自來水，流行遍及全世界，然各是一物，何嘗有德與心之相通。普遍流行，乃商業意義，又何有所謂德化。故西方文化流行，乃物與物之流行，必分裂而相爭。

西方學者，大科學家，大哲學家，大文學家，可謂其有大業，但不得謂其有大仁大德。西方一切事，以中國人觀念言，皆可謂之為缺德。發明核武器，此非大缺德而何。馬克斯發明共產主義，引起普世災禍，亦可謂之為缺德。於西方學術界求一德字，則誠難之又難矣。西方人言真善美，亦皆指外不指內。即言善，亦指對外及物，非指內心所存。若存於內不及外，則一無意義價值可言。然則自中國人言，無之內而行之外，又何德何道之有。

果從西方觀念言，則僅有個人，無家無國無天下。家則夫婦可合可離。國則政府權力必歸之多數。天下則商戰兵爭。中國人言君即群所歸往，故必言君德，而不言君權。中國人言天下，則曰大同太平，非如近代西方人之言國際。此正中國文化理想所寄，而為西方文化理想之所缺。中國人又貴少數，學術人物，大智大德，上通天人之際，下明古今之變者，又得幾人。然而中國傳統文化不斷綿延，不斷擴大，則胥賴此少數。

少數多數即德性之別。性則多數所同，德乃少數之異。惟德仍性中所有，少數亦必出於多數之中。隔離多數，即不成少數。故政府必有首長，軍隊必有統帥，宗教必有主教與牧師，學校必有教授，工廠必有管理員與工程師，古今中外一切社會莫不如是。不得謂政府重少數即專制。經濟重少數則成資本主義，重多數則為共產主義。中國則貴執兩用中，貧而樂富而好禮。西方哲學言惟心惟物，心物內外亦非可嚴格分別。無物即不見心，無心即不見物。而中國人言心，則有人心道心之別。分言之，則必知有合。合言之，又必知有分。乃見中道。今日國人非不當知有西化，但只知開新，不知守舊。只重現代化，而不知有傳統。只重視專門，而不知有通識。只重視功利，而不知有道義。則終不免偏執一端，而無中可用矣。但我國家自古即稱中國，今又何辭以變之。豈得謂民國即開新進步，中國即守舊退步，則惟兼而通之曰中華民國，乃始有當於人心。

朱子〈中庸章句序〉，陽明〈答顧東橋書〉之所謂拔本塞源論，實已先余此篇而深發其義，讀者其細參之。

八七 尊與敬

中國人極重社會風氣，善風良俗，可以數千年不變，如敬老尊賢。古代井田制度，年老歸田即成無業。然六十杖於鄉，七十杖於國，不僅家人侍養，亦獲鄉里邦國人之崇敬，所以高壽為人生一大幸福。而老年人慈祥安和之心情，無形中亦於社會一大影響，樂生之情，油然而生。

人群中必有才智俊秀異人，縱非大聖大賢，即鄉里之賢，必受鄉里之推尊。鄉里事皆受其判斷，從其指揮。余生三十年，每見此風尚在。周圍三十里內，鄉村市鎮必各有賢，一切事由其主持。故鄉里間經年可不上官府，官府亦經年不下鄉里。不僅如此，即府城縣城亦然。

余生前清光緒乙未年，後甲午戰爭一年。六歲庚子年，八國聯軍入京師。十一歲光緒卒，十七歲辛亥革命，余此十二年間，亦已稍有知識，至今尚多能追憶。要之，政府動亂於上，而社會仍安定於下。固是疆土遼闊，中央與地方疏隔不親，而社會風氣亦有種種作用，敬老尊賢乃其一端。

今則老年不僅不受敬，甚至無依靠，如此則心不安。人生必期望老壽，老壽不安，則成年人亦心不安。賢不尊，則別求表現以自尊。求富求貴，專為一己謀，不為他人謀。他人亦惟尊富貴，不尊賢。風氣如此，社會又何得安。果歸咎於政府，則舉國上下俱不安。人之才情意氣，必有所發洩，轉求發洩於國外，資本主義帝國主義乃為群心所共趨，而舉天下亦不安。

才性各異，亦有不務外求財富權位，而拳拳以杜門讀書自樂者，此亦可謂有賢於人。余幼年尊師重道之風猶有存，私塾師亦倍受尊敬，年老則所受尊敬益甚。余在新式小學中學讀書，年長諸師，其受尊程度亦較新進為高。及自為小學中學教師，雖年幼，亦備受社會推敬。師心安，學校亦安，全校諸生亦皆安心，受學無他心。

其實當時尊師之心，亦即傳統尊賢敬老之心。師即賢即老，人人心中皆知對他人有尊敬，此即中國人相傳之所謂禮，而樂亦隨之。不僅受尊敬者心安而樂，即尊敬他人者，其心亦安亦樂。中國人教人尊敬人，由家庭始。子弟地位輕，父兄地位高。即對死者亦然。《論語》曰：「慎終追遠，民德歸厚矣。」要之，教人不忘其子弟心，不忘其對人尊敬心，而又使人人能得人之尊敬，則生男育女以至老壽，生命自安自樂，亦自足矣，他復何求。故必自修身齊家，乃至於治國平天下，此乃中國傳統文化一貫大道之所在。

新文化運動以下，中國人心大變，不求尊人敬人，務求人尊人敬。不甘為子弟，盡求為父兄。但聞有青年為國家之棟樑，為求變之新進，其受尊敬有如此。苟為子弟，焉得求父兄之尊敬。人無子弟心，又焉得有父兄心。為父為兄，不復見尊敬，遂競求之外，曰財富，曰權位，曰名譽，成為人生之歸宿。而人心又難於驟變，中國傳統向不教人尊財富，故求人尊敬，亦不重財富，而更重權位與名譽。但財富亦非所鄙。尊家長則斥之曰封建，尊政府則斥之曰專制，尊師則斥之曰頑固守舊，鄉里都邑亦有賢，苟得尊敬，則斥之曰土豪劣紳。全國家全民族，則斥之曰不開化落後。風氣所趨，不論歷史與現代，乃無可尊無可敬。而其實際存心，則仍在求人尊求人敬。其惟一道途，惟一方法，則先尊敬西方，乃可得人尊敬。而其影響乃深及於舉國之上下。故當前立國為人之大道，惟曰尊西方敬西方，所幸者則尊敬二字仍自中國之舊傳統。果尊西方，則當尚爭奪，不務尊敬。故當前之中國社會，爭奪是其實，而尊敬則其虛，此為當前大禍深病之所在。

此種大禍深病，其影響之及於家庭者暫不論，其影響於政治者，則先成軍閥割據之局。各地軍人非欲自建一國，但不受中央命令，中央亦無奈之何，斯即為割據矣。其他各部門、各機關，苟能割據，亦同以自豪。其影響及於學校者，則風潮迭起，政府亦無如之何。其影響之及於學術者，則創造開新，各別自由。古人今人，同無尊敬。人自為說，相互間亦各不尊敬。但如此始可免人斥罵。要已為風氣之先驅，現代化之榜樣，亦得自慰自安矣。故社會動亂於下，政府亦終難安定於上。治安二字，亦終難言。

中國人之言尊敬，不僅當廣及於全天下全人類，並當廣及於天地萬物，眾祀林立，普遍皆是。今國人則又斥之謂多神教，屬迷信不科學。果使環我生而多神，可敬可尊，予茲藐焉，混然中處，斯何大福幸而得之。《孟子》曰：「可欲之謂善，有之己之謂信。」可敬可尊，寧非可欲？我心誠然，何謂不信？西方人無尊無敬，乃獨尊耶穌，以尊其所信之上帝。但上帝耶穌皆遠在天國，環顧四周，仍無可尊可敬，則此塵世之生，惟往天國，又何追求。一心之尊敬，乃由天賦。他人既無可尊敬，乃猶求他人之尊我敬我，則惟有在物質條件上求之。條件有限，乃相爭相奪，而終不獲他人之尊敬，誠人生一悲劇矣。

中國人信尚尊敬，首為父母，可尊可敬。大舜周公，父母不同，尊敬則一，乃亦同受人尊敬。則同孝父母，亦同受人尊敬。人孰不有父母，果能孝，亦孰不受人之尊敬。有所尊有所敬，斯能讓，故《孟子》曰人皆可以為堯舜，即不啻言人皆可以得人之尊敬。得人尊敬，則心樂心慰無餘憾矣。中國社會之可大可久，則惟此之賴。

今國人則儘言自由、平等、獨立，而全社會，通古今，乃不見有可尊可敬。而尊敬之心，則所天賦，終亦常存。故尊器尊物，尊財尊利，尊勢尊權，尊名尊位，無所往而不見尊，獨不尊己尊人。一若天生斯人，乃獨無可尊。西方人雖尊上帝，亦尊上帝之在天堂其位其勢，而非尊上帝之為人。雖尊耶穌，亦尊其為上帝之獨生子，上十字架而復活，但亦非尊耶穌之為人。今國人則尊西方人，但西方人亦非可尊，亦尊其財其利其權其勢而已。果使中國傳統文化復興，能尊敬父母，又能敬老尊賢，又能尊師重道，斯治國之下達於平天下。又必能尊敬及於外國，及於西方，及於全人類，則此一片尊敬之心，充實光輝，以達於聖而神之境界。而中西雙方以及全世界社會人生，亦未嘗不可臻於化而達於道一風同之境。

東漢魏晉南北朝，佛教東來，迄於隋唐而大盛。然中國孔子老子，亦同受尊敬。印度佛教衰亡，而釋迦在中國，則仍受尊敬。寧得謂西方一切，斷不能與中國舊傳統共存並立。

抑且蒙滿入主，中國人亦能尊能讓，但自尊自敬則如故，好古守舊亦如故。不久而蒙滿亦同化。晚清西化尊《紅樓夢》，一時稱《紅》學，但不尊曹雪芹，不得稱曹學。實則慕西化乃慕西物，非尊西人。他年物世界變，人當盡失。只求中國仍有人，則此物世界乃為中國人所有。換言之，當為中國遠自堯、舜、禹、湯、文、武、周公、孔子，以及伯夷、叔齊、顏淵、孟軻一脈之所有，此義則惟好古守舊者知之。尚物維新，恐所難知。再論西化，不論美，不論蘇，亦可自由通商，亦可勞工同利，只求不違人本性之大道，則西方人亦當與周公禮樂、孔子仁道相同化，而豈核子武器所能判此世界之大運。孔子曰：「其或繼周者，雖百世可知。」今亦可謂，雖有繼美蘇而起者，亦百世而可知矣。國人必求美必求蘇，乃使一國分裂，並不和同。若能求之道，求之仁，則反之己而得，歸而求之有餘師。是則果知尊己，即知尊人。能自敬，亦能敬他。平安和樂盡隨之，此乃中國古義，幸國人其試一再思之。

今國人提倡新文學，必求將中國舊文學盡情屏棄，《詩》、《騷》以下，一應作者盡失尊敬。但新文學作家，亦恐失其尊敬。新思想亦然，中國人已遭屏棄，則思想無論新舊，亦將同遭屏棄。百年來史實經過，豈不顯已成例。數十年前，提倡西化，受人尊敬，今則姓名湮晦，不在人口耳間。果中國當西化，百年來先知先覺又何限，當一體尊之敬之，此風氣乃可發展旺盛。今則亦加屏棄，西化東漸至少歷百年，而今日仍然提倡趨新，豈不仍在守舊之列。風氣變，不當謂由我乃始變。我亦隨人腳步，不尊敬他人，乃求人之尊敬於我，則又烏從而得之。

孔子曰：「述而不作，信而好古，竊比於我老彭。」近代國人亦信西方，好西方，述西方。言文學，則必莎士比亞。言哲學，則必康德。然終不敢自比莎士比亞康德。得與其下三四流人物相擬，則沾沾自喜矣。謙退之懷，亦猶孔子之自比老彭。如是則孔子又烏不如今人。但生在兩千五百年前，當時不知有今日之西化耳。後人迭尊孔子，亦為不知有西化。其有信有好有述，與其謙退之懷，則仍與近代國人無異。同為中國人，同此心情，過分加以申斥，豈不與其尊敬西方之胸懷相違異。

即在西方，亦知尊古敬古，有信有好有述。英國則有英國之古，法國則有法國之古，其他各國莫不然，猶有其共同所尊所敬所信所好所述之古，則為希臘與羅馬。今日國人於希臘羅馬，亦不勝其尊敬之情。但一遊長安洛陽曲阜各地，則不敢有尊有敬，有信有好。豈不同是一古，亦何不效西方能稍肖其好古之胸懷。於西方則有信，於中國則無信，豈其然乎？實則今日國人所信，亦已早不在西歐，僅在美蘇兩國。豈不國人又效孔子之為聖之時？似宜對孔子稍加同情，不予斥責，庶乃於人道有當。孟子拒楊墨，自稱：「予豈好辯哉，予不得已也。」今日國人宏揚美式民主自由，必予蘇式之共產極權加以力辯，則豈不亦當於孟子稍予以同情。苟於孔孟然，則於其他中國人亦所宜然。今日國人亦稱愛國家愛民族，則對國家民族稍有一分尊敬，豈不亦如西方之各自尊重其國家。今人西化，有國旗國歌，能對古人亦如一面旗一首歌，豈不甚佳。中國人重禮樂，亦如今日之有國旗國歌，又何必於禮樂則必加鄙棄。

要之，人群相處，不宜對他人無一分尊敬心。外國人亦然，本國人宜更然。現代同時人宜然，前代古人亦宜然。今日國人，對美蘇人知尊敬，對自己父母當亦知有一分尊敬，對祖宗亦然。吾國人稍加尋思，於當前風氣稍有助益，庶於本文所言，亦不深斥，則豈作者一人之萬幸乎。

八八　德行

(一)

孔門四科首德行。此德行二字，乃西方所無。如戰國有陰陽五行家，言五行生剋，亦稱五德終始，是五行即五德，實皆本於性，故曰德性，亦曰德行，或稱性行。孔子言有狂狷與中行之分，中行即德行或性行。衣食住行，乃個人自然生活中事，孝弟忠信，乃大群人文生命之行，兩者絕不同。

《易》言「果行育德」，乃謂以果決、果斷、果敢之行，以漸滋生長完成其德。故果行乃非人生日常之行，雖非成德之行，乃育德之行，乃生命性之行，非生活性之行。性屬自然，德則人文。

孔子曰：「十室之邑，必有忠信如丘者焉，不如丘之好學也。」果行育德，即是學而時習。中國之所謂學，乃生命之學，乃本於自然以達於人文，乃天人合一之學。故中國有教育一名辭。西方則傳授知識，有教無育。亦可謂西方人僅注重外在之自然方面，不注意到內在人文方面。故其學乃以成物，非以成人。

人謂中國傳統亦同有哲學，其實亦可謂中國傳統亦同有科學。惟中國哲學僅可謂多自然哲學，即偏在天的一面。而中國科學則多偏在人文方面，即如陰陽家五行五德之說，即可為人文科學一代表。中國陰陽家言，乃匯通儒道以立說。其實如墨家，如道家，皆可謂其有合於人文科學，但偏在自然哲學方面。儒家則較近於人文哲學與自然科學方面。要言之，自然與人文哲學與科學之會通合一，乃為中國學術思想主要一大綱領。德行之學，則可謂乃自然科學、人文哲學之會通，而孔門儒家為之主導。孟子繼孔子後有三聖人論，其實伊尹之任，伯夷之清，柳下惠之和，皆德行之學，皆人文哲學，而皆植根於自然科學，如是而已。

此下三千年，中國學術思想率無以逃於此。今人率尊西化，乃無德行之學可言。曰平等，曰自由，曰獨立，非德性，非人文生命所有，故可謂非人生之本行，乃人生之外行。僅以成物相爭，非能以成德自立。舉世禍殃，乃無可逃避矣。可歎何如。

(二)

行業二字可連言。然中國人則重行甚於重業。俗言三百六十行，行行出狀元。此行字即指業言，然必改言行，以其重要出人者在行不在業。如孝弟忠信，乃從事各業者所共同應具之行為。從事工商業仍當孝弟忠信，則同得為堯舜。謂之為狀元，乃言其為人上人，出人頭地，如山東有乞丐武訓是已。實則狀元並非能出人頭地，即仕為宰相，亦非出人頭地。古今為宰相而遭人鄙視詬罵者何限，即貴為皇帝亦多遭人鄙視詬罵。《孟子》曰：「聞誅一夫紂矣，未聞弒君也。」為君當有君行，如堯舜，即君中之狀元，故曰行行出狀元。中國人又常連言學業，然從事此業不為謀生，志於學，志於道，敬業樂群，乃不為一身謀，而為大群謀。故學行連言，猶多於學業連言，學業終與其他行業有不同。俗又言惟有讀書高，則學業又為百業中之狀元矣。

職事二字亦可連言。惟職業連言，則似最屬後起。言職業言行事，則職近業非所重，事屬行始當重。如紂為君，箕子比干微子為臣，論職則君尊臣卑，論事則紂可誅，而箕子、比干、微子、孔子稱之為三仁，永受後代崇仰。一職有一職當行之事，故曰為人君止於仁，為人臣止於敬。果居臣位，而其上不當則可辭職不居，如孔子之辭魯司寇是也。故職業有定分，而行事則可自由。亦有為一小吏，而其人乃高出君相之上者，史乘所載，歷代有之。

遠溯太古，原始人類即有職業行事可分。如出而漁獵，可稱是職業。歸洞窟中，男女老幼群聚團居，言笑歡樂，或石上雕刻繪畫，或玩弄牲畜如羊彘之類，或月夜在洞外歌唱舞蹈，此當屬行事，非職業。循此以下，畜牧時代，耕稼時代，迄於今，職業行事依然有分。大體言之，職業主要多對外物，行事主要則對同群。職業必由個人分別操作，行事則必聯合他人。職業所以維持生活，而行事則為生命之發抒。職業必有外在約束，而行事則出一己志願。職業乃屬人生之手段，而行事則為人生之本身。

務農經商，同屬職業，但業農自給自足，其事單純。日出而作，日入而息，家人團聚，職業行事分別易顯。業商則銷售貨品，必待他人購取，以其贏利維持生計，事已複雜。又供求雙方交涉多，家人共聚期轉促。疏者親，親者疏，職業與行事易混淆，難顯分別。抑使職業重於行事，而個人意義乃日增。中國人多業農，遂重家庭，重宗族，群體意識更深於個體。而西方古希臘人多業商，家庭觀念較淡，宗族觀念更渺然，而個人主義則日重。此皆由職業而影響其行事。

近代科學發展，利用機器，工商業性質大變，乃以集體為主，而有公司與工廠之組織。參加其業者，不僅隸屬於集體組織之下，抑又隸屬於各項機器之下，每一個人多失去其自主性。又有女工童工，一家皆散入工廠中，於是職業團體乃代私人團體而出現。即每一職業團體中之少數主持人，所謂企業家或資本家，上面復有政治壓逼，賦稅重重，於是自由、平等、獨立之呼聲，乃日呼日高。實則此等口號，乃從各人內心發出，乃人類生命之自然要求。於是先有政治革命，乃有近代之民主政治，繼之有職業革命，乃有更近代之共產主義，乃及集體罷工運動之出現。此可謂是人生行事。於是職業則多具服從性，而行事則多具反抗性。此誠近代人生一大變。

實則此一大變，乃胥由職業之團體組織化來。職業本為維持生活，應由私人各自負責，乃屬自由平等獨立性的。行事為生命之發抒，各人之小生命投入群體之大生命中，此為生命發抒之惟一趨向。如家如國如天下，有群體，斯見大生命。而此大生命則屬小生命之集體，當以各自小生命為中心。如夫婦，為夫始有婦，為婦始有夫，則夫婦互為此一體之中心。如父母子女，為父母始有子女，為子女始有父母，則父母子女亦互為此一體之中心。若各自自由平等獨立，則無此一體可言。故在職業上，始有自由平等獨立可言，乃帶有反抗性。在行事上，應無自由平等獨立可言，乃帶有服從性。如父母對子女言自由、平等、獨立，則不盡為父母之責任。如子女對父母言自由、平等、獨立，則不成為子女之身分。即夫婦亦然。由一家推之一國，君民上下，必當明責任，明身分，更無自由平等獨立可言。為君為卿，有其君卿之責任。為民眾，為百姓，有其民眾百姓之身分。即如近代之民主政治，國民只有一票選舉權，政治元首既經選定，則為國民者應向之服從。雖在選舉上少數服從多數，但在選舉後則多數仍服從少數。要之，政治以服從為主，不以反抗為主。若論職業，則應許反抗，可以辭職，可以轉業，豈得不許其自由。

如上所分析，政治應屬行事，不屬職業。中國向來為君主政體，然為君者，亦當知服從道義，服從制度。為臣者雖有出處、進退、辭受之自由，然居其位，則有其責，無所逃其任。即在近代民主政治，元首亦當服從法律。推而言及國際，亦屬政治問題。《孟子》曰：「以大事小者樂天者也，小事大者畏天者也。」仍當一本道義，相互服從，天下始得平。豈得各以自由、平等、獨立為言，則天下必入於亂矣。

中國《周易》六十四卦，首以乾坤兩卦，乾主健主陽主動，可謂具自由性。坤卦主順主陰主靜，可謂具服從性。一陰一陽之謂道，乾屬天，坤屬地，人生天地間必同具此乾坤兩道，始得成為人道。故無嚴格之自由與服從可分，但亦可謂人之行事則屬天道，人之職業則屬地道。近代之職業集體化，則不啻以天道轉隸於地道，而人道失其正，乃為近代人生一大問題所在。

然近代之職業集體化，乃由利用機器來。人生職業本為對物，今則物為人用，聽人支配，可省人力，則人之生命應可在行事上多發抒，而在職業上少拘束。然事實上乃有大不其然者，則在利用機器益增多產，而徒增貧富之別。其病乃在資本主義之為祟。果使如馬克斯之賸餘價值論，能使資本家所得之利潤平均分配，則其為害可減。但亦只解決了其問題之一半，其所解決之一半，乃在贏方，即賣方。不在輸方，即買方。而尤要不得者，在其唯物史觀與階級鬥爭論。唯物則將無人類可言，而勞工亦僅為一機器，尤為一最微末最卑下之機器。鬥爭則更無和平可言。故共產主義之為害，乃更超於資本主義。而將不可救藥。

今果使廢去資本主義，而並世科學落後諸民族，均教以利用機器，從事農工業，則人類生產當儘夠其維持生活。而商業牟利之性質，則必加改良。僅求通有無，以信義為主，一如中國傳統之所為，以農工為本，而商業僅為其副。則職業性之壓逼自可日減，而人類乃儘可向人生方面一途發抒邁進。而人生理想庶可正常而勿歧。

惟更有其重要者，自由、平等、獨立三口號，並非人生大道所在。抑且其語空洞，實無具體領導功能，於此最當加以糾正，而反抗性則尤須提防。非遇甚不得已，則不宜肆行反抗。反抗若屬積極性，其實轉屬消極。服從若屬消極性，其實正是積極。於此當深辨。而更主要者，則為務使人明得職業與行事之分別。職業乃人生中所不得免，當屬人生消極方面。行事乃人生所應有，正屬人生之積極方面。果能明此，則自能重行事而輕職業，即重德行而輕事為。中國傳統中之士，則正為惟求有德行，而非職業。仕宦從政，亦為求行事而非職業。學以明道，則學亦一行，而非事為職業。至於職業，則最多能不違一義字，但終當不起一道來。人群中能多不謀職業，而惟勞心明道努力行事之人，則病害宜少發生之餘地，而亦庶乎其幾矣。

㈢

今人言人生，好言行，言活動，言向前進步。孔子曰：「己欲立而立人，己欲達而達人。」行乃是生命一重要性，立是其起始，達則其歸終，各有其意義與價值。

西方人只言行，乃若個人生活性。中國人必言立達，其行乃若大群生命性。

宋代王荊公其先有志儒學，及相神宗，推行新法，反對者群起。荊公不之顧，亦卒無以消散反對者之氣氛，乃乞身退。神宗再起用之，所遭反對益盛，不得已，又乞身退。居於金陵之鍾山，以吟詠終老。如荊公，可謂有所立無所達，然讀其晚居鍾山詩，想像其生活，亦可謂在私人則有所達，終不失為一儒一學者，是即其所達也。其性褊急，執意肆行，事功無所成，而志節則完好。故後之學者亦終以平恕責之而止，不更加以深斥。

西漢末，王莽亦以厲行新法遭亂身死。然其與荊公終不同。王莽篡漢，改創新朝，其先之恭儉自約，博得眾譽，其志所在，無以自白。荊公則為國為民，其意在公，昭然明顯。行有未得，則潔身而退，亦只可謂其未達於大賢，未可疑其自始即非一君子。若王莽則令人疑其為一偽君子，真小人。乃其立身不正，非拘於今人所謂君主專制一觀念而責之。

後漢末曹操乃與王莽同稱。曹操天才橫溢，政治、軍事、文學皆超卓絕世。雖終身未敢正式篡位，乃以待其子而自居為周文王，偽跡無以自掩，此亦其居心立己之未達於正。若論成敗，則曹操未有敗，而身後則名裂，此見中國論人之嚴。

孔子罕言利，與命與仁。中國人言立己，首在立其志立其德，為仁人。命則其所遭遇。孔子之為大聖，在其志在其德。其道未行，則時代之命。孔子三十而立，其授徒，其出仕，其去衛去陳，其歸老，則未有一念之私以求有利於一身。如王莽，如曹操，使能忠於平帝獻帝，亦未嘗不足有為於其時。其自私自利，而不得為一仁人，則非時代限之如此。春秋責備於賢者，兩漢之亡，後人不以責之平獻兩帝，而必責之莽操，此於大群生命可謂有真知卓見。中國人之論立己大義有如此。

宋神宗尊信王荊公，使在相位，不以朝臣之群加反對而加以罷免，後人則賢之。果使神宗早免荊公，則荊公退居下位，或亦如歐陽修曾鞏，轉以益成其學，而宋祚亦不遽衰。然君職當用賢，荊公一時之賢，神宗能信用之，斯即無足深責。其責則在荊公不能寬裕以教，和協以濟，其失敗亦不得諉之於時代。堯能用舜，斯堯責已盡。舜之殛鯀而用禹，舜責亦已盡。使孔子居司寇不去，終亦不得行其道，斯孔子亦無以為大聖。中國人論立己大義又如此。

今人則先求己利，如為商即是。中國科舉制度商人不得應試，因求己利，則己先不立，更無以立人之上矣。如為勞工，僅求一身溫飽，亦為己利。然其利小，則亦不深責。但其不能立身則一。《孟子》曰：「勞力者食人，勞心者食於人。」勞力為己，勞心乃為人非為己，非為己乃可食於人。孔子為魯司寇，高官厚祿，非求而至，然而孔子乃辭而去。惟立己，能有所為，亦能有所不為。有進亦有退，自有立場，屹立不動，不隨外面形勢而轉移，始見其有己。如求富貴，則必隨人腳跟轉，依人意向移，無己可立矣。

孔子於門人獨許顏淵，曰：「用之則行，舍之則藏，惟我與爾有是夫。」實則其他門人皆求有立，子貢、子路亦未見其失身。冉有使季氏富於周公，孔子曰：「冉有非吾徒，小子鳴鼓而攻之。」實則冉子亦顯其理財之能，非為向季孫氏求進，而孔子非之。故知進不知退，騁其才能以顯其長，皆非立己之道。求富求貴，益可不論。

今人則知有進，不知有立。在資本主義下，求為一大企業家大富豪，而百千萬勞工屈居其下。微薪薄酬，勤苦度日，人與己同是一人，故立己立人非有二道。己當立，人亦當立，惟當各自從立己做起。剝奪勞工之剩餘價值，以為己利，既非立人之道，即亦非立己之道。又且經商贏利，如在賭場，有贏必有輸，己之富乃以形人之貧。輸者既竭，又何得贏。故商業有不景氣，商業進步必有止境。人不立，則己亦倒，何能以一贏長立於群輸中。共產主義繼起，當前實例已顯。然共產主義乃主無產階級專政，人各無產，則又何立。

抑且求富必繼之以求貴，否則又何以保其富。故資本主義之後，必繼之以民主政治。其先選舉資格乃以納稅額之高下為定，繼之以普選，然仍賴財富，始能操縱選舉。其在國際間，則尚武力，乃有帝國主義。立國猶立人，勝於他人，非所以立己，勝於他國，亦非立國之道。西方有羅馬帝國，繼之為大英帝國，今皆何在。非道則不可久，亦其宜也。又共產主義必自稱為世界主義，此亦一種變相的帝國主義。要之，今日世界趨勢，有己則無人，皆非中國傳統立己立人立國之道。

孔子曰：「志於道，據於德，依於仁，游於藝。」可謂乃中國人立己之道之四綱領。最後游於藝一項，包括最廣。食衣住行諸端所需，以及一切禮樂，皆即藝。立己不以損人，斯可矣。今人之藝，則務爭勝競利。即如樂師、樂工，中國古代早有之，乃一公職。守其職以維生命，維生命乃義非利。後代有樂妓，亦公職，亦以維生命。今之音樂家，則爭利並爭名。中國古樂師，亦有聲名可傳，如師曠、伯牙，名傳於今越兩千年，乃群譽之，非己之求。能立於己，則不待求於外矣。繪畫亦公職。中國以宗法社會而創為封建政治，同一氏族，組成同一國家，各業皆公營，非圖私利。立國為公，立己亦為公。漸解放，漸為私，此則為小人非君子。立己則自求為君子，不為小人。小人則即今之所稱個人是也。

近人則音樂繪畫皆成商業，畫家有展覽會，畫品標價出售，中國無此例。人慕其畫，請託求乞，而厚加餽贈，此屬禮，不屬商。其他如漁獵，亦由政府民眾集體為之，所獲歸之公，由公散之私。余幼年鄉間有一湖，廣五里，長十里，入冬定時大捕魚，亦公非私，即古禮之遺。即為人，亦不稱私，故人之幼年稱子弟。子弟父兄，亦公非私。非有父兄，焉得子弟之稱。非人亦焉得己稱。故立己乃立群中之己，非外於群而有己。故立己在立其德。如為子弟，則有孝友之德。如為朋友，則有忠恕之德。豈立己之為立其財富，立其權位乎。今人又好稱人權，依中國古人觀念，人之於人，皆非貴有權。若謂有之，則子弟亦惟有孝友之權而已。人之為君子為小人，他人無其權，惟己有之，故貴自立。今人又不稱子弟，改稱青年，此則西方之個人主義，乃可平等、自由、獨立於社會群體中，而他人不得相干涉。又常言青年為國家之棟樑，但從不聞人言子弟為國家之棟樑。此惟西方二字可以明辨其意旨之所在。

近人又有各種運動，皆重比賽，重競爭，必使一己超出他人之上。亦如財富權位，己為冠軍，則他人僅得為亞為季，而餘人則盡歸於失敗。豈非人之失即己之得乎。人盡如此，國亦然。如最近以色列之與巴基斯坦，只許以色列立國，再不許巴基斯坦同樣立國。其他國與國間亦儘相爭，更不相容。今日之國際相爭，亦如開一世界大運動會。中國言立己立人之道，豈固如此？故中國只求治平，求己國之治，不在他國之亂。而今日立國，則必言富強。然絕未聞己國之富必待他國之同富，己國之強必待他國之同強。此如運動會，決不能使預賽者之同為冠軍。中國少林寺以擅武藝聞，然打擂臺則屬江湖事，決不聞少林高僧亦為之。

今人好言自由、平等、獨立，竊謂此三語亦惟中國人立己之道最足以當之。《孟子》曰：「人皆可以為堯舜」，「是不為，非不能也。」人皆可以為，斯為最自由。如富如貴，非人皆可為，則無自由可言。人之德性，最為平等。如孝，如忠信，豈不人人能之。忠信或遭不利，人斯不為。然不忠不信，又豈必盡有利。儻人人盡為我，先以利計，又誰為必能得利。此則有命。今人又不信命，而惟好利，則將無所不為，而終亦無利可得。此可謂之愚而不仁。但時代如此，風氣如此，而我能獨立不懼，強力不反，此之謂能立，此之謂有己。若人盡好富，我亦好富，人盡好貴，我亦好貴，生斯世為斯世也善，此為孔子所深鄙之鄉愿。今則尊之曰現代化大眾化，而惜其無一己之獨立精神，彼不自惜，斯亦無奈之何矣。

孔子曰：「不患莫己知，求為可知。」富貴名位，人孰不知。己亦知富貴名位，乃不知其己。以今語言，則為不知有他自己獨立之人格。孔子之謂可知，即指己之人格言。中國人又說：「得一知己，死而無憾。」又曰：「人之相知，貴相知心。」己之心難以告人，惟富貴名位可以告人。故今日之人生，乃為一爭富爭貴爭名爭位之人生。其心則用在爭，在富貴名位，則又何能有一獨立之己。自由則在爭平等，爭富爭貴，實即在爭一不平等，如是而已，他復何知。

然則居今之世，而求立己之道又奈何。曰不求富，不求貴，不好名，不好位，不務前進，寧後退。處治世宜如此，處亂世則更然。今之世宜當為亂世非治世，則立己之道在是矣。或疑何以為國家，為民族？曰，己之不立，而惟有富貴名位之是圖，則又何國家民族之有？今之人為己爭，乃謂為國家民族爭，則國家民族前途乃全在己之富貴名位上，又豈然乎？范仲淹為秀才時，以天下為己任，能不富不貴，無名無位，而即自任以天下之重，此始是其己立。顧亭林言：「天下興亡，匹夫有責。」匹夫豈必有富貴名位。或曰，居今世，不鬥爭，不前進，則受輕蔑，受蹂躪。曰，立己貴有自信，亦貴能信及人。苟惟富貴名位之可信，此亦不信己，又不信人，孔子曰：「民無信不立」是矣。故孔子十有五而志於學，三十而立，四十而不惑，學即學其信而好古而已，立即立己，不惑亦即信其己之學，則立己立人自信己信人始。否則請信孔子。捨此復何道之從。

今人又好尚多數。惟今人僅尚一世之多數，中國人則尚千萬世之多數。孔子為至聖先師，其在中國已得兩千五百年之多數信仰，則孔子之自立其己，又豈不可信不可好乎？國人試以此思之，宜亦知所以立己之道矣。若並此而不之信，不之好，則又何言。

(四)

某西人治中國儒學有年，著有多書，謂中國儒學與西方個人主義相通，此層大值深究。孔子曰：「古之學者為己，今之學者為人。」孔子意，為己之學，乃學己之何以為人。為人之學，乃學己之何得為人用。人之生，乃求做一人，非求為人用。故孔子曰：「君子不器。」器即為人所用。學做人，當從自己做起。學為一人，乃共通義。當從己始，亦共通義。則此非個人主義可知。

孔子曰：「學而時習之。」習乃行，即習做人，故中國人之學，重行猶過於重知。書有之「匪知之艱，行之維艱」，明亦重行。陽明唱良知之學，為知行合一，曰：「不行只是不知」，其重行又可知。近代孫中山先生唱為知難行易之說，乃告其黨人信彼言而行，是亦重在行。不僅儒學重行，墨家道家亦重行。凡所陳義，皆必以行實踐，乃所謂學。豈著書立說之謂學乎。此一義最當認識明白。

孔子最稱顏淵為好學，曾曰：「我與回言終日，不違如愚。退而省其私，亦足以發。」省其私，即省其行。聞師言而發之行，斯謂好學矣。儻惟發之言語議論，則口耳之學，不足稱矣。顏淵亦曰：「夫子博我以文，約我以禮。」文即人文化成之文，非指書本文字。孔門四科，游夏列文學，亦可謂文章，非如後世之所謂文學。四子言志，子路志在治軍，冉有志在理財，公西華志在外交，此亦盡可歸入文章中。但常日用心在是，專一求用，機會未到，則人生落空，或不免於沉悶，並存未得知我之憾。故孔子獨與曾點，因其能不志於見用，而蕭然自得，則未失人生之正常。獨孔子稱顏淵則曰：「用之則行，舍之則藏，惟我與爾有是夫。」誠使顏淵一旦得用，當能大行其道，猶不限於治軍理財之一端一節上，此即顏淵所謂之夫子博我以文也。然方其未得用，一簞食，一瓢飲，在陋巷，人不堪其憂，回也不改其樂，即在日常人生中亦有可樂，何必如曾點之必浴乎沂風乎舞雩詠而歸之乃為樂乎。如子路，如冉有，雖能不憂簞食瓢飲，然仍亦有不見用之憂。顏淵之獨出於人人，即顏淵所謂之夫子約我以禮也。是則孔門以及儒家之為學，行固要，藏亦要，或者藏更要於行。有志於儒學者，必先識此。故後世儒家每以孔顏並稱，良有深意存其間矣。

己之行與藏，關鍵在乎人之用與舍，即人之知與不知。孔子曰：「不患莫己知，求為可知。」知不知在人，可知則在己。然學益進，則可知益深益難。孔子又曰：「人不知而不慍」，又曰：「知我者其天乎」，則孔子之不為人知，乃孔子終身之學使然。《老子》亦曰：「知我者希，則我者貴。」前述某西人，乃以此等意識為近於英雄豪傑，求以高出人者作自我表現。但中國人之所謂聖賢，非在求表現以異於人。凡其異於人者，乃其同於人之益廣大，益精微，不僅同於一世之人，抑亦同於古今千百世之人。孔子曰：「十室之邑，必有忠信如丘者焉，不如丘之好學也。」是孔子非不同於人。人之不能同於孔子，則在其學。故論中國之學，亦必先知論其人。其人不足道，其學又何足論。此乃中國人意見。

用與不用，亦有條件。魯哀公、季孫氏非不欲用孔子，亦如梁惠王、齊宣王非不欲用孟子。然所欲用者，乃孔孟之才與智，非能用孔孟之德。才智足以供人用，德則學以自成其己，而非以供人用。英雄豪傑乃以才智供人用，成德則為聖為賢，為己之學。孔子曰：「君子不器。」因君子以德稱，非供人用。使喪其德以供人用，則曲學阿世，豈孔孟之所願。今人皆以才智事業論學論人，則豈能知孔孟之所學。

人之製器為用，此亦通天人合內外之一事。但器為物，惟聽命於人，易滋人欲，長人傲。親於器而疏於人，使為己之德日趨於薄。電腦機器人，可得則必得。夫婦父母子女，可離亦即離。而核武器原子彈一枚，即可殺數十萬人，乃為人類謀求和平所必需，則今日世界器為主，人為奴，已為物世界，而非人世界。人則惟求於物世界中寄存，而猶有難得者。又何德之足言。中國儒家為己之學，即成德之學。德非外力可成，而由己之成德，乃亦成人成物。物亦可以為人用，此之謂通天人合內外。為己即所以為人，但此非人人能為，必由少數人導其先路，有施而不求報。此乃中國儒學之精義。

中國人言，人生每分動靜。人性亦可分個性與群性。當其動，則個性易見。靜則群性乃滋。如原始人時代，以畋以漁，獵取食物以維其生。是其動則賴個己之才智。逮其獵取已夠一日之生計，歸居洞窟，男女老幼聚處，則群性賴以長育。人生當嬰孩期，衣食賴人，不能自主，其時則靜過於動，而群性乃特顯。逮其成人，中年壯年期出至社會成事，是時則動多於靜，始多表現其個性。老而退休，復歸於靜，群性又特顯，如含飴弄孫之樂是也。故一家中，必貴有老有幼，老吾老，幼吾幼，乃中年壯年人事。而男主外，女主內，亦偏動偏靜。而女性則偏靜，亦偏於顯其群性。凡生物莫不如此，而人類之生則其著耳。

中國以農業社會為主，故其人生較偏靜，較富群性，而家庭亦特見重。西方以工商社會為主，故其人生較偏動，亦較富個性之表現，而家庭地位之穩固，則遠不如中國。中國儒學則求其人在中年壯年期投入社會，而勿忘其自身本具之群性之重要。夫婦、父子、兄弟、君臣、朋友之五倫，皆重群性。太過於發展個性，則無五倫可言矣。孔子論道首重仁，仁即群性。《孟子》曰：「大人者，不失其赤子之心者也。」赤子之心，亦惟見其富群性，而個性較若未見其確立。人道之大，乃在群性中培養其個性。赤子之心，豈不知有父母親長，而轉若不知有其己。孔子十有五而志於學，三十而立，即立其一己。大學之道，一是皆以修身為本，修身即修其一己，但非外於人群以立己，乃內在於人群中立一己。仁義禮智皆在群中，而皆立於己，成於己。己不與群為對立，而己立則為群之中心，此己之能為群之中心者，在其德。孔子少言性，重言德，十室之邑必有忠信如丘者焉，是其性。不如丘之好學，則德不如。而孔子又曰：「天生德於予」，則德亦天賦之性，而有待於學以成。惟性相近，習相遠。又曰：「學而時習之」，人生之習，能一本於學，則庶幾其近於孔子之儒學矣。

顏淵之贊孔子曰：「如有所立卓爾，雖欲從之，末由也矣。」此贊孔子之人，非贊孔子之學。其他弟子則曰：「夫子賢於堯舜遠矣，自生民以來，未有如夫子者。」此亦贊其人，非贊其學。《孟子》曰：「乃所願，則學孔子也。」亦學孔子之人。故曰知人論世，世不同，斯人亦不同。

學古人必知古人之世，世既變，斯為人之道亦當變。而其中存有不變者，知此則能自立其己矣。某西人言中國儒學亦猶西方之個人主義，能由此窺入，則不失儒學之真矣。

今人乃捨己以為學，一若學是學，己是己，學為己之人生中之一部分。學以為人，以供世用，非以學為己，即非學己之為人。如是而來批評古人之學，謂學術思想皆有其時代背景，則當改孟子言為知學論世，不當仍謂知人論世矣。

舜之孝，乃行於舜之家庭中。我之家庭與舜不同，則所行自不同，而仍當同於孝。孔子之學乃行於孔子之世，我之世與孔子不同，則所學亦不同，而仍當志於道、據於德、依於仁、游於藝則一。孟子稱伊尹為聖之任，伯夷為聖之清，柳下惠為聖之和，而孔子則為聖之時。此伊尹、伯夷、柳下惠之三聖，皆特顯其個性，而孔子則更顯其群性，以其最能追隨於時代，而若不見孔子之個性。然寧得謂孔子無個性，此則為孔子所最惡之鄉愿矣。今人好言現代化，當知於現代化中立一己，或為伊尹，或為伯夷，或為柳下惠，皆得為聖人。而惟孔子乃至聖。能明斯義，庶可與論中國之儒學。若己實無意於做一伊尹，或伯夷，或柳下惠，更無論於孔子，而輕以論孔子之學，則風馬牛不相及，亦以自表現其一己之所學而已。此孔子所謂「道不同，不相為謀」也。其於孔子又何預。

然則當今之世，欲學孔子又奈何。孔子生在兩千五百年前，又何嘗知有今世，則亦惟有自為其己，自志於學，自立自成其己而已。惟孔子曰：「述而不作，信而好古。」果欲學孔子，亦惟對孔子有信，能述而止矣。至於己之為己，則仍待己之自反。孔子曰：「後生可畏，焉知來者之不如今。」則孔子不拒來者，惟來者自拒孔子。則孔子曰：「桓魋其如予何」，亦惟一任之而已，此亦所謂不相為謀也。孔子之個人主義殆如此。歷代以來，凡有得於儒學之真傳者，殆亦如此而已。孔子曰：「足食足兵，民信之矣。」不得已則去兵，去食。而曰：「民無信不立。」信即群性完成之最要因素。夫與婦相信，父母與子女相信，人與人相信，國與國相信，而天下平。何以得人信，則在對人無欲。而女性陰靜，尤易有信。佛徒言「善男信女」，發揚群性在起信，發揚個性在行善，而善必在群中見。中國儒學精神在做人，主要在由己做起。然不能離群以為己，必處群始有己，故為己即所以為人，貴於群性中培其己。

孔子曰：「知者樂水，仁者樂山。知者動，仁者靜。知者樂，仁者壽。」故中國人於尊賢外，又必敬老。濂溪《通書》亦曰：「主靜立人極。」而婦女老幼皆偏靜偏群，若較弱，較無用。今人撇開做人來講儒學，不反求之己，不本於內在之性情，不本於人群相處，而徒以西方哲學家活動分子之言來治儒學，儒學之受人詬病，好靜不好動，在其弱，似無用，在其如群中之婦女老幼。而今人方各自務為一壯丁，務各自騁其才智為一英雄豪傑，以超出於人群之上。如此乃為道地的個人主義。苟使婦女老幼亦競倡個人主義，曰自由，曰平等，不僅違其性，亦徒自喫虧。中國儒學則務求人人可守可行，儘為大群著想，惟由己做起而已。天下平即平在此。殆非個人主義之可盡。此亦吾今日國人所當反身自省者。

八九　客觀與主觀

近日國人皆好言客觀，以為認識真理必從此入，主觀則不足恃。實則此觀念乃從西方來。在西方全文化體系中，幾乎無一處不見客觀精神之洋溢。中國則異。

先言宗教。宗教在西方文化中，似亦為人生大本大綱所繫。然其教主耶穌乃猶太人。猶太民族奔波流離，受人宰制。由中亞本土播遷埃及，復自埃及重返本土，莫非在其他民族驅逼中。自由為猶太民族所想望，而自力無可恃，惟待上蒼有帝加以拯救。耶穌乃謂上帝不獨救猶太人，亦救世界其他一切人。在漁港窮鄉中，僅得信徒十三人。終判罪上十字架。後其教傳入羅馬，在帝國主義下受壓迫，無生活自由之多數民眾聞而悅之。其先乃在地窟中活動。久而冤氣上升，洋溢及於全羅馬，皆信耶教。上撼政府，即政府元首亦不得不信。不久帝國崩潰，耶教勢力仍在其封建黑暗社會中潛滋暗長，而羅馬教皇聲勢權威遂淩駕於各地封建貴族之上。於是上帝遂成為超人類而客觀獨立存在之一地位。

其前，希臘人亦如猶太人，未能成立一國家，諸城市各自分裂，各有自由，而日常生活尤賴於其海外之經商。工業製造亦胥賴於海外之需求。海外人所愛，不得不努力以赴。從事工商業，不得單憑己心，而必曲從他人心以為心，始可於貿易上博利潤。故希臘人亦如猶太人，在其內心深處同感人事控制，非可專仗己力。雖其享有城邦政治之自由，較之猶太人處境遠為優勝，然終感外於我者，猶有一客觀具體之存在。惟猶太人則展演出上帝信仰，而成為宗教。希臘人則表現其真理尋求，而成為哲學。哲學與宗教有別，而其為一種向外探索則無異。

蘇格拉底之覓得正義，乃從集體討論，匯合眾意而來。此與孔子所謂「反己求之」，「知吾者其天乎」之意態，既已迥不相同。柏拉圖懸書門外，不通幾何學勿入我門。亦與孔子之言「過我門而不入我室，我不憾焉者，其惟鄉愿乎」之寓意，絕然相異。幾何學上之點、線、方、圓、勾、股、角、度，皆在外，不在內。皆在物，不在心。更推而外之，方圓諸形，皆有一超於物而獨立客觀之存在。於是遂有一套形而上學與宇宙論之確立。要之，哲學與宗教同有一種向外尋求之精神。而向外尋求，必先主張有一客觀存在則無異。循此以往，兩者配合，西方中古時期教會中乃有神學興起。此乃希臘哲學羼進耶教信仰，而由此即有文藝復興。希臘人之城市生活，商業活動，亦羼進耶穌教之信仰上帝，靈魂升入天堂之一種出世精神之中，而重求現世人生之滿足。此則顯為一種希臘精神之復活。然其一種向外尋求之共同趨嚮，則仍然無異。

自此乃有現代科學之興起。姑舉牛頓為例，力學三定律創始於牛頓對於地心吸力之發現。蘋果落地，此乃一常見現象，但蘋果離樹何以下落不上升，此在西方早成一問題。牛頓亦一耶教徒，雖不從事商業，而其一向之心理習慣則仍是一種向外尋求。偶得暇，乃注意到此。試問此於人事何干。自中國人觀念言，似屬一種無聊閒思。相傳牛頓畜兩貓，一大一小，乃於書房壁上鑿兩洞，亦一大一小，以便兩貓之進出。牛頓在日常人生上粗疏如此，亦可謂飽食終日，無所用心矣。遂得用心在蘋果落地一問題上。西方人因謂文化從閒暇中來，亦與中國觀念不同。若從中國人觀念，修身、齊家、治國、平天下，自堯、舜、禹、湯、文、武、周公，一日二日萬幾，於何得閒暇。民生在勤，小人閒居為不善。文化應從勤勞來，不從閒暇來。此見雙方用心之不同。

牛頓之發明，不為反宗教。惟凱撒之事由凱撒管，牛頓於信上帝一念之外，無所用心，閒暇中乃在於人事絕不相干處用心，始得有此結果。中國人非無科學發現，然皆發現在與人事有緊密相關處。如天文、曆法、水利、農田之類，皆喫緊人生，而非向外尋求。皆以人事為主，而非在人事外有一客觀存在之尋求。此即中西雙方文化精神一絕大不同之所在。

再言達爾文生物進化論，顯為反宗教。但達爾文之用心，亦不為反宗教。乃係心有閒暇，喜好觀察生物品種，遂求得隨一海輪向外尋索之機會。搜羅既富，有此發明。非作哲學思維，非為宗教信仰，而所得遂有超乎哲學與宗教之外者。是亦一種向外尋求，是亦一種客觀。其與哲學與宗教精神，亦無二致。但如哥白尼之天文學，達爾文之生物學，在西方亦曾引起極大爭議。而傳來中國，反易接受，並不與中國傳統思想有大衝突。此亦一異。

循此以下，直至近代，美國有杜威，英國有羅素，皆曾在民初來中國，極得國人信服。杜威實用主義之哲學，主張真理如一支票，須能兌現。此則仍是西方工商社會功利觀點，一切以外來所得為衡量。此即杜威心中之客觀。亦可謂實無客觀真理，惟外來所得乃始為真理。羅素則分言創造衝動與占有衝動。似認為占有未能滿足人之內在要求，故須不斷創造。但占有偏內，創造向外。而言衝動，更屬內心向外一現象。故杜威羅素仍是在西方重外不重內之傳統文化中未能突破。否則詩言志，辭達而已，皆一心之由內而外，又豈創造之足云。

故西方文化，自始即在其社會內不足之一種不安心情中進展。希臘農人僅供奴役榨取，工商業又各隨城市分裂。猶太人則以借貸博利潤致富，斯尤為等而下之之一種商業。羅馬人憑武力向外攫取，成為一帝國。中古時期封建社會中之農民，亦僅供奴役榨取，貴族則各困在其堡壘中，以武力自守。文藝復興，城市興起，希臘型之工商業又復盛。現代國家興起，羅馬型之帝國亦隨之復起，又兼以向外殖民。自西班牙葡萄牙而至荷蘭比利時，以迄英法兩大帝國，西方人之勢力遂普遍侵入全世界，然其社會內不足之不安心情則依然如故。故西方人終必向外依存。由於此一形勢而發展，則亦無怪乎其重視外面各種客觀條件。

近代美國，即自西方傳統之向外尋求來。東部十三州獨立成國，又不斷向西部發展，乃成今日之美國。乃為一大型國家，擁有大型農業，又兼以現代科學之大型工商業。此與希臘、羅馬，以及現代西歐西葡以至英法諸國各不同。乃可獨立自存，自足自安，不煩再向外索取。門羅主義適切其國情。乃其心理積習，終至成一移民國家，憑外不憑內，則依然西方傳統。以如是一富強大國，而內心依然不足不安，乃有星際發展太空發展之一種新嚮往新尋求。而其國內動力亦影響及於國外，而使全世界各地社會亦群增其一種不足不安之情緒，以釀成當前之禍亂。

東歐俄羅斯亦可為一大型農國，濟之以現代科學，亦可和平自守，自足自安。然馬克斯之共產主義，本出於猶太人之想像，仍偏向外，既主階級鬥爭，又主世界主義。今天的蘇維埃，乃並不重農業生產，又不重工商貿易，而傾其全力於海陸空三方之武裝發展，一意趨向於為羅馬型之帝國，仍不脫西方傳統心理之束縛。於可以自足自安之環境下，必求為一種不足不安。故美國與蘇維埃，雖一為資本社會，一為共產社會，而其內在心理則實同為西方文化之傳統。

中國則自始即為一統一大國，自堯舜迄於夏商周三代，即已成為一封建式之統一。雖下有各諸侯，而上則有一共主，有一天子，有一最高之中央政府。此與希臘之城邦，羅馬之帝國，各不同。社會生產則一以農業為主，普天之下莫非王土，而井地授田，僅收其九一十一之租稅。農民生活可以自足自安。農業亦非不有賴於外力，而此外力之存在，則既可知，又可信。如水旱之災，積三年之久，不能不有一次。又不能免兩年三年繼續之水旱，然亦很少有積至三年之上者。故三年耕，有一年之蓄。九年耕，有三年之蓄。水旱之災，即可預防，不足為害。其所依仗乃在己，不在人。乃在內，不在外。專問耕耘，莫問收穫，克勤克儉，不忮不求，內心自得平安。恬澹知足，自可維持於久遠。

農業之外，次及工業。古有疇人之官，天文曆數，敬授民時。其事與農業最有極深之關係，政府特設官專司其事。歲加廩餼，供其生活。蓋其人既非貴族，亦非農人，故易其名曰疇人。疇者，已耕之田。其人既專司其職，不遑耕種，故政府授廩亦猶授田，用以代耕。又使其子孫世襲其業，亦猶受田之世襲。《孟子》曰：「勞力者食人，勞心者食於人。」疇人之官，即勞心而食於人者。故中國古代自然科學之發展，乃與農業有甚深關係。亦猶古希臘人因商輪遠航，而發明幾何學。可見比論各項學術，必從其文化之全體系求之，此其一例。

推此言之，中國古代各業工人其實亦皆疇人之類。如陶業，如紡織業，如皮革業，在民間則亦農村中之附業。其事皆屬農，而政府亦特設官司之，令各業皆世襲，皆有廩餼，用以代耕。令各業工人，在其生活上，皆得內足自安，遂能一心專治所業。成器皆以上供，不許粗製濫造私自販賣以牟利。故得精益求精，其成器皆成為一藝術品，非商品。故中國人常連稱工藝，中國之工業既亦一種藝術。《論語》言：「百工居肆。」此肆字，乃指政府特設造作之所。以今語言之，乃廠房，非店舖。其時尚未有店舖林立之街市。工人居城市，各工肆皆官設，其義屬公不屬私。百工居肆，其事亦為公不為私。故工人亦當得稱之為疇人。

次言商業，亦復如是。民間交易，止於日中為市，非有私家經營之商業。凡商亦皆由政府設官分司。《論語》言：「不受命而貨殖。」則貨殖之必先受命可知。《左傳》中偶見有商人，皆屬政府指派。尤要在作國際商。如鄭商人弦高，乃得偽犒秦師，偽傳鄭政府之意旨。若如後世一私家商人，豈敢出此而不受敵人之疑。

此為中國式之封建社會，與西方封建大不同。中國式之封建，工商業皆由國營，與農業融為一體，既非一資本社會，亦非一共產社會，而自成一生產集團。其上有貴族武力保護，更上又有一中央政府。故曰治國平天下，如治水，使水流得其平。各業生產，亦務求其相流通，而各得一平。務求不復有外力干擾，而各得一既足且安之人生。

中國封建社會崩潰，乃在其既足且安之人生中，而驕奢淫佚。貴族如是，平民效之。乃離其本業，各有期求。與西方社會之內不足而必向外求之者不同。中國古人一「禮」字，乃從此來。人生有禮，如水流有堤，防其泛濫，而必導其流通。周公言禮治，而孔子唱仁道。仁從內心言。

為富不仁，在中國古代封建農業社會中，各求內足自安，又何可向外求富，以自造一不足不安之人生。此又為中國古社會與希臘之絕大不同處。

其後封建社會崩潰，貴族消失，農工商諸業，轉歸私人經營。司馬遷《史記》中乃有〈游俠〉、〈貨殖〉兩列傳，可見當時社會，形形色色，皆已大變。然自晁錯等盛唱重農主義，桑弘羊等又有鹽鐵政策，後世宗其意，工商資本主義遂絕不在中國社會中出現。中國遂始終成為在統一政治下以農業為中心之社會。工商業亦得絕大發展，然終以不害農業為本。又國內貿易遠超於國外貿易。非無大都市，然亦皆對內相通，非向外樹敵，如西方之例。生產各業既各對內自足，亦自不感有一客觀存在之外力堪加憂慮，而必待探索。故外力存在，自不如西方之受重視。而道德藝術，則為中國社會之所尚。

工業如陶瓷，歷唐宋元明以迄清代，皆有官窯，其出品皆受限制，須得保持其精美之水準。故中國工業均有一藝術水準，並世無其倫比。而商業如茶，如鹽，如絲綢陶瓷，凡大利所在，皆官督商辦，為人群通有無，尚信義，有道德美意存其間，而不許為私利爭。一切學術思想，其間亦存有一番公心可知。此一番公心，又必向內求。於是在中國，乃有其一番獨特突出之心性學。既不如西方之宗教與科學，亦不如西方之哲學，而有其內在深潛之一番修養與體認。

自孔子提出「仁」字，而孟子繼之提出「性」字。仁乃人心，亦人性。而喜怒哀樂之種種感情，乃特為中國人所重視。在西方如宗教，如科學，如哲學，皆不重情。情字當屬主觀，非客觀。而中國人乃特重此各人私有之主觀。其實主觀即客觀，「他人有心，予忖度之。」人同此心，即己心可以推他心。人之相知，貴相知心。能以己心推置他人腹中，斯乃人生一絕大道德，亦絕大藝術。

「天命之謂性」，在中國乃有「通天人合內外」之理想。我之內在，即同於外在。我之主觀，即同於客觀。天即在人中見，客即在主中存。不有主，何來客。不有人，何來天。雙方非對立，乃互成。中國人理想中，第一等人為聖人，聖字即寓通義。惟聖人之心乃可通彼我，通古今，通於全人類，而因以通於天地萬物。因人類為天地萬物之中心，而我心又為全人類之中心，故我之一心，實可以上通天地，旁通萬物。耶穌為上帝之獨生子，然必以上帝之心為心。而堯舜孔子乃中國聖人，貴於能以己心見天地心。實則天地無心，即以人心為心，亦即以聖人心為心。此乃中國人意見。故西洋哲學必從宇宙論轉入人生論。中國無如西方之哲學，若謂有之，則實當自人生論轉入宇宙論。先立乎其內，然後可以推及乎其外。此為中國思想之特有路向，與其特有進程。人心相通，斯為人生道德之主要，亦即人生藝術之主要。

周濂溪〈太極圖說〉，陰陽五行，太極無極，此為其宇宙論部分。然歸結於主靜立人極，則為其人生論部分。天地大自然有其太極，而實是無極。人生則貴能自立其極，此之謂人極。求立人極，須能主靜。此靜字，非從人生言，人生不能有靜而無動，乃從人生內在之心言。此心則貴能有一不變之定向。故濂溪主靜立極之心，即《孟子》所言之不動心。在實際人生中，不免有欲，如飢欲食，寒欲衣，勞欲息，倦欲臥，隨所遇而生其欲，斯其心常動無定向，必向外求之。濂溪曰：「無欲故靜。」能在實際人生中，節欲寡欲，而至於無欲，斯能不動其心矣。諸葛孔明有言：「澹泊明志，寧靜致遠。」志即人心之不動而有定向處，非澹泊不能明，澹泊即無欲。有此定向不搖動之志，斯能寧靜而致遠。一人如此，全人類亦如此。此即人類文化一遙遠前程之起腳點。如此則中國人意見，乃謂人類文化前程乃起腳於一己內在現有之一心。此非主觀而何？

然實際人生烏能無欲。《莊子．養生主》有言：「官知止而神欲行。」自然之欲，如飢欲食，寒欲衣，此即人之性。惟《莊子》不謂之性，而名之曰神欲。神欲即性。儒家所言無欲寡欲，斯指違性之欲言。不僅物質人生中多易引生出違性之欲，即在精神人生中，亦多引生出違性之欲。如宗教信徒一心欲死後靈魂上天堂，而不免隔絕人事，男則為神父，女則為修女。自儒家義言之，斯亦一種違性之欲。故西方宗教家乃以上帝心為主，中國儒家孔孟則以人性人心為主。一內在，一外在，其別判然。

羅素言，現代世界惟美、蘇、中三國有其前途，因其同為一大陸農國。此不失為能洞矚有遠見之言。然美蘇兩國，同束縛於西方文化內不足而一心外向之心理習慣，於可止中不知止，仍然一心向外。或以經濟，或尚武力，終於挑撥起外面種種糾紛衝突，使各陷於不足不安。循此不已，恐終將引起第三次世界大戰之大悲劇，乃使世界人生文化前途形成一大停頓。惟有中國，一心內向，自足自安。其文化傳統常教人克勤克儉，不忮不求，於無欲中見性，於澹泊中見心，於可止處且止，於一定向中寧靜致遠。而可以推己及人，以達於彼己俱足，人我俱安，世界大同，天下太平之一理想新境界。而惜乎現代之中國人，則捨己之田，芸人之田，亦惟西方文化是慕。不學蘇，則學美，多欲而不知靜。只認有客觀真理，不知尚有一主觀真理。斯則不僅為中國一悲劇，亦為全世界人類一悲劇。誠大可謂乃極可惋悼傷痛之一事。

九〇　理想與存養

人生有實際與理想，兩者當兼顧。縱是個人主義，亦該為超個人的社會大眾存一理想。縱是社會群體，但亦該為群體中各個人存一理想。

萬物並生育於天地之間，取於物以自給其生，此乃自然，不得已。至若取於人，終是要不得。漁獵、畜牧、耕稼莫非取於物，但商業則乃取於人。果是有供乃有取，但取於人以自給之心，恐終是要不得。

幼嬰非能取於人，乃人自育之。耄老非能取於人，乃人自養之。幼吾幼，老吾老，人各顧其私，而有益於天下之大公。自有幼稚園，有老人院，老幼各由公養，而人心之私反以大減。故惟督其私，庶以全其公。個人主義則太偏於私，無公可言。

至若拳擊運動等，則更無可言。參加各項運動會，亦惟為一時快意。但損己害人，事又何限。人生不快樂事多，乃有不顧一切，而惟求一時快意者。國際戰爭屢發，亦可謂乃求一時快意。故勿使人多不快意，斯其人亦不惟求快意。勿使人太不自由，斯其人亦不惟求自由。注意其消極反面，而積極正面乃有不求正而自正者。小而修心養性，大而治國平天下，皆當注意及此。父母寵愛其子女，常驕縱使其快意，則不如意事必連續而至。今日全世界皆求一時快意，則惟核子戰爭最為可然。言此何堪嗟歎。

中國有一古老道德舊傳統，但今日則改而趨向於一個前所未有的新社會。舊道德與新社會間，不免有隔閡，應各求遷就，使舊道德能適應新社會，而新社會亦能符合舊道德，始是當前一正途。今日又稱知識爆破時代，而知識在對物。中國人重道德，則是人對人。主要在幼童時期即須教養。今日則在小學中即提倡所謂視聽教育，幼童頭腦全花在對物上。對人的意識日淡日薄，天真已漓，成年後又如何再教他對人。這實是當前教育上一大問題。

中國乃一廣土眾民大一統的國家，君位最高。然尊其位非即尊其人。司馬遷《史記》以下，全部二十五史，帝王本紀僅為時事紀年標幟。歷代開國之君，秦始皇漢高祖以來，都遭譏議。惟東漢光武帝一人最少，但其受後人推崇，則尚遠不如同時富春江上垂釣之嚴光。守成諸君，惟漢武帝、唐太宗、清康熙三人多得後人稱述。然漢武帝、唐太宗晚節皆有虧，獨康熙一人較完好。

其當治平盛世，畢生數十年享安樂生活，亦無過甚差失者，惟清乾隆一人，然亦未得後人之稱重。中國人崇禮，賓主相交，貴各盡其禮。為人臣止於敬，亦自盡其禮而已。對富貴而過分卑謙，只自表其鄙賤，故歌功頌德亦所當戒。而居高位則更當自抑遜。試讀歷代帝王詔書，可知其立言陳辭之節制矣。凡此有關人心風氣，乃為論歷代政治制度者所未及。

道家言因應。事物之來，我但求所以應之而已，且莫問其所由來。如子女，或不孝，為父母者只求所以應，則可不見為子女之不孝，而終不失父母之慈。父母或不慈，為子女者只求有所應，則可不見為父母之不慈，而終不失子女之孝。儒家則謂盡其在我。果必問此事物來，則用心移在外，而在我轉有所不盡矣。故物理與人道有別。中國人只問所以應，其所見物理亦不同。西方人只問所由來，則其所盡人道亦不同。此所謂重內重外之分。

生老病死，人所同然。中國人生則謀養育之，老而謀侍奉之，病則求何以療治，死乃謀如何葬祭，而人道盡矣。釋迦必問生老病死何由來，乃逃家出走，而發明其一套涅槃之理論。西方人亦追問人生來歷，遂有靈魂自天堂謫降之說，於是其論人道亦相異，要之不本於人生之本身。其遇病，中國則因病治病，故中國醫學終不忘失人身之整體。而西方醫學則重解剖，俾使認清人身之各部分，於是目病治目，耳病治耳，而人身整體之氣血相通則轉多忽視。故即論自然，中西觀念亦不相同。

近代國人每好本西方思想來研討中國文化傳統，遂多格不相入處。如中國重禮樂，必牽涉到中國人之鬼神觀。但今人則謂中國人之鬼神觀迷信不科學，而西方人之靈魂觀念則謂是宗教信仰，又可外於科學來作研討。果能以中國之鬼神觀與西方人之靈魂觀作一比較，則中西文化相異，庶亦有一契入處。又如中國人之民族觀，乃中國社會結構一要項，亦可謂中國乃一氏族社會宗法社會，而近人又以封建觀念加以鄙斥，不加研尋，則一部中國社會史又將何從說起。

討論中國文學，亦當從中國文化大全體中探求其意義與價值之所在。如舉極微末之一端言，平劇中有《白蛇傳》，法海和尚懲治蛇精，此乃佛門大經大法，無可非議。然此故事屢經演變，白蛇精乃為盡人所同情，而法海所為乃轉使人內心反對，此中大有深意。中國人之文化理想，有曰：「夷狄而中國則中國之。」今則蛇而人，斯亦人之而已。又烏得必以其蛇而斥之。尤其是最後〈祭塔〉一齣，白蛇精所生子獲中狀元，親赴雷峯塔設祭，白蛇精從被幽中得出，親晤其子。一段唱腔，哀怨欣悅，聽者神往。較之《三娘教子》、《岳母刺字》各有勝場，而或覺情味更深。此固見平劇之藝術精美，但亦在文學傳統中有其宜加闡發處。

立場二字，不知起始何年，或傳譯西語，茲不詳考。但此二字在中國文化傳統中亦有涵義可申。立屬私，場屬公。如父慈子孝，父子地位不同，斯則慈孝有殊。但家之立場則同。苟非有家之共同立場，亦將無父子地位之分別。君仁臣敬，地位不同，但國之立場則同。苟無國，亦無君臣分別之地位。其父攘羊，其子證之，孔子曰：「吾黨之直異於是，子為父隱，父為子隱。」在家的立場上宜如此。瞽叟殺人，舜為天子，在國的立場言，宜治瞽叟以罪。但舜就家的立場言，則只有竊其父而逃。立場不同，而道亦異。立場有大小，家與家之共同立場則為國。國與國之共同立場為天下。周武王伐紂，伯夷叔齊叩馬而諫，議論行事各不同，其以天下為立場則同。西方人言個人主義，依中國觀念言，個人在人群中有地位，但地位非即立場。僅以個人為立場，則惟自私自利，謀富謀貴，此乃小人之至，而非人道所許。共產主義分有產階級與無產階級，但此兩階級應以社會為共同立場，不應在階級立場之上更無立場。如國與國之上，上有一天下共同立場。己所不欲，勿施於人，此乃中國之恕道。於是在共同立場下，始有和平相處之道。至馬克斯之唯物史觀，則雖號為世界主義，而人類立場專在物，人之自身乃亦無立場可言，則與西方之個人主義實相同。

處境與立場有異，人類大群與其他有生物同處天地中，但立場可各不同。道家言自然，可謂多發明了人類的處境。儒家言道，則著重在人類之立場。今人言人本位，應主立場言。人本位之下，又可有民族本位，但不可言家本位，則立場與本位又不同。今人治學，貴能於現行新名詞一一闡申其涵義，此亦可謂訓詁明而後義理明。

最近在夏威夷開一世界性的朱子學會議，余以不能親自出席，特撰文囑人在場宣讀。大意謂中國人為學不重求異，重在求同。故不貴一己特創著書立說，而以朱子為例。初疑如此立言，決不受人歡迎。乃事後代為宣讀者告余，歐美學人頗重此文，不少人在演講中提及，並有人謂西方哲學本亦如余文所指，特康德以下，近數百年來始不然。故專據近代歐美來比論中西，乃見有大相異處。余意則謂中西文化自始即相異，在此不詳論。但近代西方學人乃多治漢學，出席此會議者亦頗眾，並有主古代歐洲亦與中國同道者。此可見最近西方人途窮思變，乃與我國人之一尊西化，大異其趣。此亦微露其端倪而已，此下為變尚多。國人主新主變，試靜待數十年或百年以上，再觀西方之所變所新，再試立說，宜亦未為太遲。

人生應歷三階程，一為對物，次為對人，三為對己，即對心。如原始人出外漁獵，求取食物，此為第一階程人對物。漁獵有獲，歸其洞窟，男女老幼，相聚群居，此為第二階程人對人。在此第二階程中，有其喜怒哀樂，此為第三階程人對心。第一階程為維持生命之手段，第二階程乃真實生命，第三階程則為生命之深入與光輝。以嬰孩言，當其初出母胎，驟見陽光，感受空氣刺激，以驚以喜，放聲啼哭，實則發自其內心，此為人生第一階程，而第三階程已為之主。隨即有父母家人披以襁褓，哺以飲食，此即人生第二階程。嬰孩天生，原始人則屬人生。文化理想貴能由人生回向天生，故《孟子》曰：「大人者，不失其赤子之心者也。」人之老，無不回念其幼齡生活，此乃最自然最幸福之生活。無幼年何來有中年。無老年，則中年一切辛勞皆無留味。人能善盡其幼年與老年，則中年辛勞始可自慰而無憾。今人太過重視中年生活，童稚與老年，失其照顧，恐終非人生之理想。

董仲舒言：「明其道不計其功，行其義不謀其利。」今人乃謂中國重道義，西方重功利。其實功利即在道義中，道義即功利之大者。義字从羊从我，即我之私人權利。故攘人之羊，乃大不義。羊美食，此乃人對物自然方面事。但他人之羊，已不可攘，此乃人對人人文方面事。故必先知仁，乃有義。《老子》謂「失仁而後義」，即明其先後。其實原始人各在洞窟中畜羊，已是仁義。人生本已在仁義中，惟當戒不仁不義。《老子》謂：「失道而後德，失德而後仁」，亦明其先後。人在洞窟中畜愛其羊，此亦有道有德。故道德仁義，惟恐失之，非患不得。故《孟子》有由仁義行與行仁義之分別。今人則盡計功利，不守道義，貧由富人餓死，弱由強人殺死，不仁不義，又何功利可言。

孔子言治道，曰：「足食足兵，民信之矣。不得已而去兵去食，民無信不立。」韓非言治道，則曰，「耕戰」，又曰「儒以文亂法，俠以武犯禁」，則二者當去。秦始皇帝喜讀《韓非》書，漢武帝則表章五經，罷黜百家。秦始皇帝開始統一中國，而統一之局維持兩千年以來，則有賴於漢武帝。今人則言工商建國，農與兵皆當機器化工業化，物力居上，人力為次。又分開發國家與未開發國家兩等，開發皆指工商業言，未開發國家中能知從事開發者，則為落後國家。工商業落後，而再從事上進，則當從民生工業改進為策略工業。民生工業主內部之自給自足，策略工業則主向外推銷。最高先進則為推銷軍用品，至於推銷農產品，則仍為落後。主向外推銷，則必重大貿易商，必重機器化生產。又曰自動化生產，不賴人力。《孟子》有王霸之辨，曰：「王者以德服人，霸者以力服人。」近代則盡仗力，無德可言。又必能仗物力。推銷軍火，即得他人信服。然則此後世界進步，將為物世界，而人世界則為落後未開發世界。宗教信帝力，但帝力終不如物力之客觀具體而可信。民主政治則力在多數，捨卻一力字，尚何可言。

南郭子綦隱几而坐，嗒焉若喪其耦，曰：「今者吾喪我。」鄭玄言「仁者相人偶。」一人隱几，本已無偶。耦亦寄寓義，心寓於身，身與心偶。吾喪我謂心忘其身，則此心可作〈逍遙遊〉、〈齊物論〉矣。此即渾沌之帝，無分別，無對偶，則隱几喪我，亦即此心投入大自然與為一體，亦成為神矣。道家以靜坐工夫學為神仙，即本此。至於吐納鉛汞之術，並此身而長存，則更屬後起。儒家不主忘我，只求知己。必與人相偶，與人對立，始有己。故己欲立而立人，己欲達而達人。人己一體，始是仁之境界。宋儒亦靜坐，如程門立雪是矣。靜非以忘我，乃以存我。一時視聽俱泯，思慮不起，亦如渾沌，然乃以養其一體之真而已，此之謂存養。醒則尚有進學工夫。至象山之靜坐，只主明一心，不知此心必有耦。捨卻人倫，捨卻此身，此心復何在。固當於存養之外，復有進學，不得即以存養為進學，此則陸學之偏。近代則專以此心對物，不以此心對人，專尚知識，不重情感，是為個人主義。其心只在一身，此亦與儒家言立己不同。

文學而商品化，則於文學價值必有減失。如近代電影編製劇本者，內心空洞，僅為揣摩觀眾心理，戀愛、神怪、戰爭、冒險，曲折離奇，緊張刺激，皆為迎合觀眾要求。其實觀眾亦以空洞心情，徒求消遣娛樂，走入電影院。兩皆虛無，而千萬影片，層出不窮，如是而已。當在三十餘年前，大陸以梁山伯祝英臺故事用紹興調播為電影，香港南洋各地一時風靡，香港某電影公司遂以黃梅調改編，全臺灣觀眾如痴如狂，有兩老友面告，彼等皆連續觀賞至六七次不厭。迄今此片尚重製新版，達三次以上。梁祝故事不知始起何年，由何人編造，中經幾何轉變，久已家喻戶曉，耳熟能詳。但古老傳說受人歡迎，乃大出時代新人精心創作之上，此亦有大值深思者。化腐朽為神奇，豈亦如此之類乎。而眾人之喜新厭舊，如梁祝此片，亦可供作一大諷刺矣。又如《桑園會》，《秋胡戲妻》，此故事始見於漢樂府。當已有兩千年之歷史，及今演為平劇，受人喜愛。而如《搜孤救孤》，此故事起在孔子前，則至今已逾兩千五百年。何待創作，始得成為文學。故中國文學乃係長壽的，而西洋文學則多較短命。故中國文化理想，一天人，合內外，大人而不失其赤子之心。否則又烏得有若是之長壽。

中國為一人對人世界，而西方則為一人對物世界。南北朝時代，佛教傳播，如道安、慧遠、竺道生諸高僧，雖非佛徒，同知崇仰。至如雲岡石刻，極狀偉宏麗之致，然國人少所稱道。西化東漸，雲岡石刻之價值遂超道安、慧遠、竺道生諸高僧而上之。唐代佛教大盛，天台、華嚴、禪三宗，以及玄奘行事立說，雖非佛徒，同亦傳述加敬。敦煌在偏遠地，洞窟中遺留有佛教文物，國人初未注意，英法人來此，大量竊取，藏入倫敦巴黎國立博物院中，舉世哄傳。國人遊英法能傳抄影印加以闡說，即為無上新發明。而舊所稱述傳誦之諸高僧諸經典，則轉可置之不問，懵焉不知。佛法僧同為釋門三寶，今則見之物乃加珍視，傳之人則盡加鄙視。即此一端，其他亦可推。

余幼時鄉里間到處有土地廟，備受鄉人崇敬。稍長得進入城市，遊城隍廟，莊嚴肅穆，亦受感動。後乃飽聞國人言，此等皆不科學，皆迷信，足徵吾民族之落後。及遊歐美，到處見禮拜堂，較之幼年所見之土地廟城隍廟，建築上已無可倫比，而其得人崇敬，則尤遠超於余幼年所知土地城隍之上。然念上帝天堂靈魂，亦未經科學證明。苟使西方人心中抹去了一上帝，各地皆毀去了禮拜堂，則今日之西方世界，豈不更將有甚大變化，難以揣想。今日國人既盡排除了一切不科學之迷信，而耶教信仰亦未得吾國新文化運動者之盡量宣傳，但一時亦尚為盛行。民無信不立。今日西方人既信科學，又信宗教，復信財富，更信核武器。所信複雜，轉亦不知何以為立。而我國人，則國家民族古今一切言論行為盡所不信，惟信西方人所謂之科學。任重道遠，專習西方科技中一項目，又何以勝此重任上此遠道。且此又為西方每一科技所不論。然則聽天由命，恐仍不出吾古人之所言矣。其奈之何！其奈之何！

余又聞非洲人言，彼輩所願，乃一非洲黑人之上帝。中國亦有上帝，但分派土地城隍赴各城市各鄉村管理一切，不由上帝一人獨管，亦不只派一獨生子來作代表，故能於此廣土眾民綿延四五千年之大國，管得有條有理，使被管者皆得互信互安。此等管法，雖非自然科學可證，但在人文科學中，亦說得通。何以今日國人於政治上則必斥為帝皇專制，而在信仰上則又斥多神，必使一神盡管此上下古今一切世界人事，則誠難乎其為神矣。耶穌言，「凱撒事凱撒管」，則西方人心中之上帝，不管人間政治。帝王能專制，則儘可專制，則中國傳統政治之帝王專制，豈不早得上帝之默許。其中是非，誠難得定。不知吾國人究何去何從。或由非洲人言，則中國人豈不亦願有一中國之上帝。

耶穌當時自稱為上帝獨生子，但不言有母。耶教中有聖母，乃後起事。但耶穌有母，豈不上帝亦有妻，則亦為多神，非一神。今國人信耶教，必尊之曰一神教，但亦信有聖母，然又寧得謂聖母非神，又寧得謂上帝夫婦不平等。中國古代君王亦有后，但其臨朝聽政則后不得預，此卻近西方之上帝。近世西方國際外交，或總統，或首相，皆夫婦相偕，此事始於第二次大戰後之巴黎和會，美國總統所提倡。此真凱撒之事上帝不管。若在中國，則祭天大禮亦惟君王一人主祭，后不能預，此則較近當年耶穌設教之真情矣。然今日國人又必斥我中國為重男輕女，夫婦不平等。要之，今日國人心理，在西方則無一而非，在中國則無一而是。實則今日國人所崇信者，實非西方之上帝與耶穌，僅乃西方當前之富強。果使耶穌今日生中國，其言論行事，或仍將上十字架，如是則國人模倣西化始可謂得其真傳矣。

中國傳統文化深邃精義之所在，乃為對時間之認識，儒書《中庸》稱之曰「悠久」，道家莊周則名之曰「倏忽」。《莊子・應帝王》，中央之帝曰渾沌，南北之帝曰倏忽。不加分別，斯為渾沌。一加分別，即成倏忽。倏忽積而為悠久，悠久實即是倏忽。貴為天子，賤為庶民，其分別亦在倏忽間。不百年同為枯骨，同淪腐朽，其分別又何在。西洋史上先有羅馬帝國，後有大英帝國，及今視之，豈不倏忽同盡。《老子》言：「同謂之玄，玄之又玄，眾妙之門。」一切諸異，不必強為之同，時過即同。眾妙之門亦在時。苟日新，日日新，又日新，孔子聖之時，正為其與日俱新耳。自十有五而志於學，至於七十而從心所欲不逾矩，畢生盡在化境中。今人只顧目前，不能同其舊，烏能開其新。捨其舊而新是謀，另起爐竈，既非是舊，亦即非新。既非倏忽之事，亦非悠久之事。不知倏忽，斯不知悠久。不知悠久，宜亦不知其倏忽矣。

本與舊不同，舊可失，本不可失。孔子十有五而志於學，夢見周公，乃示其志學之後。為魯司寇不得志，則辭去，不復夢見周公，乃自歎其衰。則舊可去，有不可去。美國立國兩百年，豈為獲交於以色列。今乃不能捨去以色列，則往後之美國，亦可想而知矣。大英帝國先則逐步攫取，次則逐步退回。今香港不久亦重歸中國大陸。歐西人不再執世界之牛耳。美蘇抗衡之局代興，但核武器競賽，究何結局，此亦難判。要之，西方人重物輕人，此下當不再主宰此世界。而吾國人則一意崇慕西化，又當如何。孔子曰：「後生可畏，焉知來者之不如今。」吾中華自羲黃以來，歷五千年，孔子亦兩千五百年下一後生。自此兩千五百年，代有後生，善為主持。則今日處其變，他日處其常。後生可畏，又焉知來者之不如往。企予望之，企予望之。

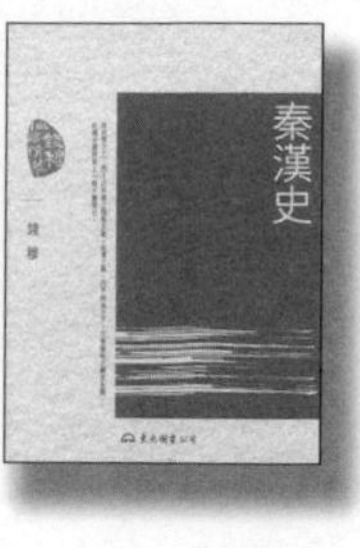

秦漢史

錢穆　著

你知道秦始皇如何統治龐大的帝國？焚書坑儒的真相又為何？漢帝國對外擴張遇到什麼樣的問題？重農抑商背後的事實是什麼？賓四先生以嚴謹的史學研究方法，就學術、政治及社會各層面，深入淺出地對秦漢史加以探討。不但一解秦漢史學的疑惑，更能提高讀者的眼界。

古史地理論叢

錢穆　著

本書彙集考論古代歷史、地理長短散文共二十二篇，其主要意義有二：一則以古代歷史上之異地同名來探究古代各部族遷徙之跡，從而論究其各地經濟、政治、人文進化先後之序；二為泛論中國歷史上南北兩地域經濟、政治、人文演進之古今變遷，指示出一些大綱領。要之為治歷史必通地理提示出許多顯明之事例。

中國歷史研究法

錢穆　著

本書根據賓四先生於民國五十年在香港講演之內容，記載修整而成。內容分通史、政治史、社會史、經濟史、學術史、歷史人物、歷史地理、文化史等八部分。此下三十年，賓四先生個人有關史學諸著作，大體意見悉本於此，故本書實可謂賓四先生史學見解之本源所在，亦可視為其對中國史學大綱要義之簡要敘述。

中國歷代政治得失

錢穆　著

本書提要鉤玄，專就漢、唐、宋、明、清五代治法方面，有關政府組織、百官職權、考試監察、財經賦稅、兵役義務，種種大經大法，敘述其因革演變，指陳其利害得失，要言不煩，將歷史上許多專門知識，簡化為現代國民之普通常識，實為現代知識分子所必讀。

中國歷史精神

錢穆　著

中國的歷史源遠流長，其間治亂興替，波譎雲詭，常令治史的人望洋興嘆，無從下手，讀史的人望而卻步，把握不住重點。本書作者錢穆先生，以其淵博的史學涵養，敏銳的剖析能力，將這個難題解開了，使人得窺中國歷史文化的堂奧。

黃帝

錢穆　著

司馬遷《史記》敘述中國古代史，遠始黃帝，惟百家言黃帝，何者可定為真古史，司馬遷亦難判別。然古人言黃帝亦異於神話，蓋為各種傳說之總彙，本書即以此態度寫黃帝，以黃帝為始，彙集許多故事，接言堯、舜、禹、湯、文、武、周公，一脈相傳，透過古史傳說，勾勒其不凡的生命風貌。讀者不必據此為信史，然誠可以此推考中國古史真相，一探古代聖哲之精神。

論語新解

錢穆　著

自西漢獨尊儒術以來，《論語》便是中國歷代學者必讀之作，諸儒為之注釋不絕，習《論語》者亦必兼讀其注。然而，學者往往囿於門戶之見而刻意立異，眾說多歧，未歸一是，致使讀者如入大海，汗漫而不知所歸。

賓四先生因此為之新解。「新解」之新，乃方法、觀念、語言之新，非欲破棄舊注以為新。一則備采眾說，折衷於是，以廣開讀者之思路，見《論語》義理之無窮；二則兼顧文言頗析之平易，與白話語譯之通暢，以求擺脫俗套，收今古相濟之效。讀者藉由本書之助，庶幾能得《論語》之真義。

孔子傳

錢穆　著

儒學影響中華文化至深，討論孔子生平言論行事之著作，實繁有徒，說法龐雜，本書為錢穆先生以《論語》為中心底本、綜合司馬遷後以下各家考訂所得，也是深入剖析孔子生平、言論、行事後，重為孔子所作的傳記。

作者從孔子的先祖談起，及至孔子的早年、中年、晚年。詳列一生行跡，並針對古今雜說，從文化脈絡推論考辨，以務實的治學態度辨明真偽，力求貼近真實的孔子。

朱子學提綱

錢穆　著

本書為《朱子新學案》一書之首部。中國宋元明三代之理學，朱子為其重要一中心。儻論全部中國學術思想史，則孔子為上古一中心，朱子乃為近古一中心。《朱子新學案》乃就朱子學全部內容來發揮理學之意義與價值，但過屬專門，學者宜先讀《宋元學案》等書，乃可入門。此編則從全部中國學術思想之演變來闡述朱子學，範圍較廣，但易領略，故宜先讀此編，再讀《朱子新學案》全部，乃易有得。

中國學術思想史論叢

錢穆　著

本套書凡三編，共分八冊，彙集了賓四先生六十年來，討論中國歷代學術思想，而未收入各專書之單篇散論。上編（一～二冊）自上古迄先秦，中編（三～四冊）自兩漢迄隋唐五代，下編（五～八冊）自兩宋迄晚清。先生治學主通不主專，是以能於歷代諸子百家中，梳理其學術流變，闡發其思想精微。三編一貫而下，中國歷代學術思想之脈絡自然呈現。

中華文化十二講

錢穆　著

本書乃賓四先生初定居臺灣期間，在各軍事基地之演講辭，共十二篇，大體討論中國文化問題。賓四先生認為中國文化有其特殊之成就、意義與價值，縱使一時受人輕鄙，但就人類生命全體之前途而言，中國文化必有其再見光輝與發揚之一日。或許賓四先生頌讚或有過分處，批評他人或有偏激處，要之讀此一集，即可見中國文化影響之悠久偉大。

八十憶雙親、師友雜憶（合刊）

錢穆　著

本書為《八十憶雙親》、《師友雜憶》二書之合編，皆為錢賓四先生對自己生平所作的記敘。《八十憶雙親》為先生八旬所誌，概述其成長的家族環境、父親的影響和母親的護恃。後著《師友雜憶》，繼述其生平經歷，以饗並世。不僅補前書之不足，歷數了先生的求學進程、於各地的工作經驗、做學問的契機、撰著寫就的過程以及師友間的往事等，使讀者對賓四先生有更完整、更深刻的認識；亦可藉由先生的回憶，了解其時代背景，追仰前世風範。

國家圖書館出版品預行編目資料

晚學盲言(下)／錢穆著.——二版一刷.——臺北市: 東大，2023

冊； 公分.——（錢穆作品精萃）

ISBN 978-957-19-3309-2 （上冊:平裝）
ISBN 978-957-19-3310-8 （下冊:平裝）
1. 中國哲學 2. 文集

120.7 111001251

晚學盲言（下）

作　者 | 錢　穆
發行人 | 劉仲傑
出版者 | 東大圖書股份有限公司
地　址 | 臺北市復興北路 386 號（復北門市）
臺北市重慶南路一段 61 號（重南門市）
電　話 | (02)25006600
網　址 | 三民網路書店 https://www.sanmin.com.tw

出版日期 | 初版一刷 1987 年 8 月
二版一刷 2023 年 1 月
書籍編號 | E120430
I S B N | 978-957-19-3310-8

東大圖書公司